핵심

PROPERTY DISPUTE

부동산 분쟁

강민구 저

머 리 말

일반 서민에게는 부동산은 곧 전 재산일 수 있다. 그래서 부동산을 담보로 돈을 빌리기도 하고, 부동산을 팔아서 그 돈으로 사업을 하기도 한다. 이렇듯 중요한 부동산과 관련하여 수많은 법률문제가 발생한다. 흔히 서점에 있는 부동산 관련법에 관한 책들은 교과서 식으로 편재되어 있어 로스쿨생이나 법조인들에게는 익숙할지 몰라도, 일반인들이 접근하기에는 너무 난해하고 방대해 보인다. 또한 실생활에 별로 필요도 없는 연혁, 이론적인 얘기, 요건 사실 등으로 많은 지면을 할애해서 일반인들이 읽기에는 지루함이 들기도 하고, 뭐가 중요한지 선뜻 눈에 들어오지 않는 경우도 있다. 필자는 이러한 법에 문외한의 입장에서 보다 쉽게 부동산 관련법들을 접근할 수 있도록 실생활에 꼭 필요한 내용들만 추려서 담아보려고 했다. 따라서 형식적인 틀보다는 실제로 소송에서 벌어지는 쟁점을 입체적으로 설명하려 했다. 필자는 수년간 신문 · 잡지 등에 기고한 자료들을 토대로 이 책을 집필하였는데, 이 책의 가장 두드러진 특징은 실체법은 물론 절차법과 집행에 관련된 내용까지 자유롭게 아우른 점이다. 나아가 부동산과 직접 관련이 없는 분야라도 실제로 부동산 소송을 할 때 자주 연관되는 다른 분야에 대해서도 간단하게 요점을 정리해 설명하였다. 필자는 23년간 검사와 변호사 생활을 하면서 체험에서 우러나온 실무 내용과 최신 판례들을 중심으로 사례 위주로 이 책을 구성해 보았는데, 이 책이 부동산과 관련 있는 여러분들께 조금이나마 실생활에서 피부로 느낄 수 있는 도움을 주었으면 한다.

2015년 8월

강 민 구

목 차

제 4 장 가압류 · 가처분 · 가집행

제 5 장 유 치 권

제 6 장 명의신탁과 관련된 민 · 형사상 법률관계

제7장 가 등 기

제8장 소유권 관계 소송

제9장 명도소송

제10장 주택임대차보호법 해설

제11장 상가건물임대차보호법 해설

제12장 경　매

제1장

소유관계

제 1 장 소유관계

민법상 소유관계는 단독소유 이외에 하나의 물건을 다수인이 공동으로 소유하는 '공동소유'도 있는데 이러한 공동소유에는 공유, 합유, 총유가 있다. 이러한 공동소유로 인해 복잡한 법률문제가 파생된다.

Ⅰ. 공유(共有)

1. 공유의 의의와 성질

물건이 지분에 의하여 수인의 소유로 된 때에 이를 공유라고 한다(민법 262조 1항). 수인은 각 목적물에 대하여 가지는 소유의 비율이 있는데 이를 지분이라고 한다. 공유물의 지분은 균등한 것으로 추정된다. 이러한 지분은 법률의 규정 또는 공유자의 의사에 의하여 정해진다. 부동산을 공유하고자 하는 경우 각 공유자는 이러한 공유지분비율을 등기해야 한다(부동산등기법 44조).

2. 지분이란 무엇인가?

지분은 소유권의 수량적 일부분이지만 하나의 소유권과 같은 성질을 가지고 있으므로 목적물을 사용·수익·처분하는 권능을 가지게 된다(민법 263조).

공유자는 자신의 지분을 처분할 수 있다. 공유자는 공유물을 단독으로 보존행위를 할 수 있다. 따라서 만약 제3자가 공유물의 점유를 빼앗거나 원인무효의 소유권이전등기를 해간 경우, 각 공유자가 단독으로 자기에게 전부의 인도를 청구하거나 제3자 앞으로 된 무효등기의 말소를 구할 수도 있다.

▸ 대법원 1993. 5. 11. 선고 92다52870 판결

부동산의 공유자의 1인은 당해 부동산에 관하여 제3자 명의로 원인무효의 소유권이전등기가 경료되어 있는 경우 공유물에 관한 보존행위로서 제3자에 대하여 그 등기 전부의 말소를 구할 수 있다.

하지만 공유자가 다른 공유자의 지분권을 대외적으로 주장하는 것은 공유물의 보존행위에 속하지 않는다. 따라서 부동산 공유자 중 1인이 제3자와 무효로 된 가등기를 유용하기로 하는 합의를 하고 그 가등기에 터잡아 순차로 소유권이전등기가 이루어진 사안에서, 다른 공유자가 자신의 소유지분을 침해하는 지분을 초과하는 부분에 대하여는 그 말소를 구할 수 없다(대법원 2009. 2. 26. 선고 2006다72802 판결).

3. 공유물의 보존

가. 의 의

공유물의 보존행위는 공유물의 멸실, 훼손을 방지하고 그 현상을 유지하기 위한 행위이다. 사실적인 행위는 물론 법률적인 행위도 포함된다. 이러한 공유물의 보존행위는 단독으로 할 수 있다(민법 265조 단서). 그 이유는 공유물의 보존행위는 공유물의 현상을 유지하기 위한 것으로서 공유자 전원의 이익이 되기 때문이다. 이러한 보존행위는 단독으로 할 수 있으므로 보존행위로서 제기하는 방해배제청구나 공유물반환청구는 필수적 공동소송이 아니다.

나. 보존행위로 인정된 사례

공유물에 대한 제3자의 방해 등에 대하여 방해배제나 공유물반환청구를 하는 것이 이에 해당된다. 또한 어느 한 공유자가 다른 공유자와 협의 없이 배타적으로 점유하여 사용할 경우, 다른 공유자는 공유물의 보존행위로서 공유물의 인도나 명도를 청구할 수 있다.

▶ 대법원 1994. 3. 22. 선고 93다9392·9408 전원합의체 판결

[다수의견]

지분을 소유하고 있는 공유자나 그 지분에 관한 소유권이전등기청구권을 가지고 있는 자라고 할지라도 다른 공유자와의 협의 없이는 공유물을 배타적으로 점유하여 사용 수익할 수 없는 것이므로, 다른 공유권자는 자신이 소유하고 있는 지분이 과반수에 미달되더라도 공유물을 점유하고 있는 자에 대하여 공유물의 보존행위로서 공유물의 인도나 명도를 청구할 수 있다.

[보충의견 1]

소수지분권자가 공유물의 전부나 일부를 자기의 지분범위를 넘어서 다른 공유자의 사용 수익을 배제하고 독점적으로 사용 수익한다면, 이러한 소수지분권자의 점유상태는 전체적으로 보아(비록 지분범위 내에서는 사용 수익권이 있으나) 법의 보호를 받을 수 없는 부적법한 것이라 할 수밖에 없고 따라서 소수지분권자라고 할지라도 이러한 위법상태를 시정하고 공유물의 현상을 적절한 상태로 유지 보존하기 위한 필요가 있으면, 공유물을 점유하고 있는 소수지분권자에 대하여 공유물 전부의 명도청구를 할 수 있다고 보는 것이 법질서유지의 관점에서나 민법 제265조 단서의 취지에 비추어 정당하다.

[보충의견 2]

보존행위는 당해 공유물의 멸실, 훼손을 방지하고 적절하게 유지 보존하기 위한 것이므로 이는 공유물의 관리 이전의 문제로서 공유지분의 많고 적음에 관계없이 할 수 있고 제3자에 대하여 할 수 있음은 물론이고 필요한 경우에는 다른 공유자에 대하여도 할 수 있을 것이며, 그 보존행위의 형태는 수선, 유지, 보관 등 여러 가지가 있을 수 있으나 필요한 경우에는 인도나 명도도 청구할 수 있다. 다만, 공유자는 원래 당해 공유물 전부를 그 지분의 비율에 따라 사용 수익할 권리가 있는 것이므로 다른 공유자가 하고 있는 점유의 인도를 구하는 경우에는 일률적으로 보존행위에 해당한다 안 한다 말할 수 없고, 그 인도를 구하는 이유를 살펴서 이것이 보존행위에 해당하는지 여부를 판단하여야 한다.

한편 건물공유자 중 일부만이 해당 건물을 점유하고 있는 경우, 이는 공유자 전원을 위한 보존행위로 취급되어 건물부지에 대한 시효취득의 효과는 공유자 전원에게 지분비율로 귀속된다.

▶ 대법원 2003. 11. 13. 선고 2002다57935 판결

건물 공유자 중 일부만이 당해 건물을 점유하고 있는 경우라도 그 건물의 부지는 건물 소유를 위하여 공유명의자 전원이 공동으로 이를 점유하고 있는 것으로 볼 것이며, 건물 공유자들이 건물부지의 공동점유로 인하여 건물부지에 대한 소유권을 시효취득하는 경우라면 그 취득시효 완성을 원인으로 한 소유권이전등기청구권은 당해 건물의 공유지분비율과 같은 비율로 건물 공유자들에게 귀속된다.

다. 보존행위로 인정되지 않은 사례

(1) 토지수용재결에 대한 이의신청

▶ 대법원 1982. 7. 13. 선고 80누405 · 406 판결

토지수용재결에 대한 이의신청은 공유물 보존행위에 해당된다고 볼 수 없으므로 공유자 중의 1인인 원고가 자기 명의로만 한 이의신청의 효력은 당해 원고에게만 미친다.

(2) 공유자의 이해와 충돌되는 경우

▶ 대법원 1995. 4. 7. 선고 93다54736 판결

원심판결 이유에 의하면 원심은, 공유자가 그 공유물에 대하여 아무런 원인 없이 경료된 소유권이전등기의 말소등기절차의 이행을 구하는 것은 공유물에 대한 보존행위로서 각 공유자가 그의 지분을 넘는 부분에 대하여도 그 말소를 청구할 수 있으므로 원고들은 공동상속인인 소외 이추◎ 지분에 대하여도 아울러 말소를 구할 수 있다고 판시하였다. 공유물의 보존행위는 공유물의 멸실·훼손을 방지하고 그 현상을 유지하기 위하여 하는 사실적·법률적 행위로서 이러한 공유물의 보존행위를 각 공유자가 단독으로 할 수 있도록 한 취지는 그 보존행위가 긴급을 요하는 경우가 많고 다른 공유자에게도 이익이 되는 것이 보통이기 때문이므로 어느 공유자가 보존권을 행사하는 때에 그 행사의 결과가 다른 공유자의 이해와 충돌될 때에는 그 행사는 보존행위로 될 수 없다고 보아야 한다. 기록에 의하여 살펴보면, 소외 이추◎는 이 사건 소 중 자신이 원고로 된 부분은 본인의 의사에 의하여 제기되지 않았다는 의사를 밝히면서 이를 취하하였고, 이 사건 소송에 증인으로 나와 피고들의 주장이 사실임을 증언하여 위 이명◇ 명의의 소유권이전등기에 이의가 없음을 확실히 하고 있다. 위 이추◎의 이러한 태도가 단순한 상속지분의 포기가 아니라 위 이명◇의 증여 또는 상속재산의 협의분할에 의하여 이 사건 부동산의 소유권을 취득하였다는 피고들의 주장이 받아들여지지 않는 경우에도 자신은 이를 인정하거나 자기의 지분을 피고들에게 새롭게 증여하여 그 현상을 유지하겠다는 취지라면 원고들이 공유물의 보존행위로서 이 사건 부동산 중 위 이추◎의 지분에 해당하는 부분까지 말소를 구하는 것은 분명 위 이추◎의 이해와 충돌된다고 아니할 수 없다. 그렇다면 원심으로서는 마땅히 위 이추◎의 진의가 무엇인지를 따져보아 원고들이 위 이추◎의 상속분에 대하여도 아울러 말소를 구하는 것이 공유물의 보존행위에 해당하는지 여부를 심리하였어야 함에도 불구하고 이에 이르지 아니한 원심판결에는 공유물의 보존행위에 관한 법리를 오해하고 심리를 미진하여 판결에 영향을 미친 위법이 있다고 할 것이고 이 점을 지적하는 논지는 이유 있다

(3) 다른 공유자의 지분권을 대외적으로 주장하는 경우

▶ 대법원 2009. 2. 26. 선고 2006다72802 판결

원고가 피고에 대하여 피고 명의로 마쳐진 소유권보존등기의 말소를 구하려면 먼저 원고에게 그 말소를 청구할 수 있는 권원이 있음을 적극적으로 주장·입증하여야 하며, 만일 원고에게 이러한 권원이 있음이 인정되지 않는다면 설사 피고 명의의 소유권보존등기가 말소되어야 할 무효의 등기라고 하더라도 원고의 청구를 인용할 수 없고(대법원 1999. 2. 26. 선고 98다17831 판결 참조), 부동산의 공유자의 1인은 당해 부동산에 관하여 제3자 명의로 원인무효의 소유권이전등기가 경료되어 있는 경우 공유물에 관한 보존행위로서 제3자에 대하여 그 등기 전부의 말소를 구할 수 있으나(대법원 1993. 5. 11. 선고 92다52870 판결 참조), 공유자가 다른 공유자의 지분권을 대외적으로 주장하는 것을 공유물의 멸실·훼손을 방지하고 공유물의 현상을 유지하는 사실적·법률적 행위인 공유물의 보존행위에 속한다고 할 수 없는바(대법원 1994. 11. 11. 선고 94다35008 판결 참조), 이 사건 토지의 공유자인 원고가 다른 공유자인 삼◎실업과 피고 1 주식회사 사

이에 실질관계의 소멸로 무효로 된 제1차 가등기를 유용하기로 하는 합의가 자신의 소유지분을 침해하는 지분 범위를 초과하는 부분에 대해서도 무효라고 주장하는 것은 다른 공유자인 삼◎실업의 지분권을 대외적으로 주장하는 것으로서 공유물의 보존행위에 속한다고 할 수 없으므로, 원고는 피고 2 주식회사에 대하여 제1차 가등기에 터잡아 순차로 이루어진 피고 2 주식회사의 소유권이전등기 중 자신의 소유지분을 침해하는 지분을 초과하는 부분에 대하여는 그 말소를 구할 수 없다.

4. 공유물분할(민법 268조)

가. 분할 청구

공유자는 공유물의 분할을 청구할 수 있다. 이러한 분할의 자유는 공유가 합유, 총유와 구분되는 본질적 특징 중 하나이다. 그러나 공유자가 5년을 넘지 않는 한도에서 분할하지 않기로 계약을 할 수도 있다. 하지만 집합건물의 대지의 공유지분은 분할하지 못한다. 즉 대지 위에 구분소유권의 목적인 건물이 속하는 1동의 건물이 있을 때에는 그 대지의 공유자는 그 건물 사용에 필요한 범위의 대지에 대하여는 분할을 청구하지 못한다(집합건물의 소유 및 관리에 관한 법률 8조).

나. 공유물분할 방법

(1) 원칙(공유자 전원 참여)

공유물분할에는 크게 협의상 분할과 재판상 분할이 있는데 그 어느 것도 반드시 공유자 전원의 참여를 요한다.

▶ 대법원 1968. 5. 21. 선고 68다414 · 415 판결

공유라 함은 수인이 지분에 의하여 공동으로 어떤 물건의 소유권을 갖는 상태를 말하며 그 공유관계를 종료시키는 방법이 즉 공유물의 분할이라 할 것인바, 공유물의 분할은 공유자들 가운데 어떤 사람들만에 의하여서는 할 수 없고 반드시 공유자 전원이 분할 절차에 참여하여야 한다는 것은 공유의 성질상 당연한 결과라 할 것이다. 따라서 각 공유자는 공유물의 분할에 있어서는 당사자로서 직접 이해관계를 갖는 것이므로 공유자 중 어떤 사람을 제외하고 분할 절차를 진행한다든가 하는 것은 **협의상의 분할**이냐 **재판상의 분할**이냐를 막론하고 절대로 이를 불허하는 것이다.

(2) 협의에 의한 공유물분할

㈎ 현물분할

이는 공유물을 그대로 분량적으로 나누는 것으로 분할방법의 원칙이다. 1필지의 공유부동산을 각 공유자의 협의하에 여러 필지로 나누어서 단독소유하는 형태가 이에 해당된다.

㈏ 대금분할

이는 공유물을 팔아서 그 대금을 나누는 방법이다. 1필지의 부동산에 대해 현물분할을 할 경우 토지의 형상에 따라 유리한 지역이 있다. 예컨대 도로에 접한 지역이나 평탄한 지형의 지역은 다른 곳보다 선호되고 가격도 다르다. 그래서 서로 그 지역을 갖겠다고 다투는 경우가 종종 발생하고 이러한 경우 차라리 팔아서 돈으로 나누는 편이 공평하고 뒷말이 안 나온다.

> ※ 공유물분할청구의 소(대금분할 청구취지)
>
> 1. 별지목록 기재의 부동산은 이를 경매하여 그 대금에서 경매비용을 공제한 금액을 3분하여 원고 및 피고들에게 각 3분의 1씩 배당한다.
> 2. 소송비용은 피고들의 부담으로 한다.
>
> 라는 판결을 구합니다.

㈐ 가격배상

공유자 중 한 사람이 다른 공유자들의 지분을 매수하여 단독소유자가 되는 방법이다. 토지를 제3자에게 팔 경우 제값을 다 받지 못할 경우도 있고, 다시 이를 환수하기가 매우 어렵기 때문에 이를 방지하기 위한 방편으로 많이 활용되는 분할방식이다.

〈서식〉

공유물분할합의서

갑·을은 공유물의 분할방법을 다음과 같이 합의한다.

제1조(공유물의 표시) 갑·을이 균등한 지분으로 공유하고 있는 부동산은 다음과 같다.

○○시 ○○구 ○○동 ○○번지

대 ○○평

제2조(분할의 방법) 위 공유부동산은 현물로써 분할한다.

제3조(분할의 표시) 위 공유부동산은 중앙의 ○○점을 기준선으로 하여 분할하되 당사자 간에 동일한 면적으로 하며 그 분할선은 별지 도면과 같다.

제4조(분할의 절차) 분할로 인한 분필절차에 관한 등기, 측량비, 기타의 비용은 갑·을이 균분하여 부담한다. 분필로 인하여 소유권이전등기절차에 필요한 서류는 ○○년 ○월 ○일 ○○장소에서 상호 교환하여야 한다.

제5조(분할의 시기) 분할절차는 ○○년 ○월 ○일까지 완료하고 동일분할이 이루어지는 것으로 한다.

제6조(담보책임) 분할된 이후 1년 이내에 분할된 부분에 관하여 공유로 인한 권리관계를 주장하는 자가 있을 경우 쌍방은 서로 책임을 진다.

제7조(계약의 해제와 손해배상) 이 공유물의 분할절차를 진행하던 중 당사자 일방이 그가 부담한 의무를 이행치 아니할 경우 손해액은 10만원으로 예정하고 상대방에게 이를 배상하여야 하며 그 이후는 위 공유물을 매매하여 가액으로 분할하기로 한다. 단 당사자 일방이 공유물을 매수하고자 할 경우는 평가액의 반액을 상대방에게 지급하고 단독명의로 소유권이전등기를 완료하는 데 필요한 의무를 이행하여야 한다.

본 계약서 2통을 작성하여 각 1통씩 보유한다.

년 월 일

(갑) ○ ○ ○ (인)

(을) ○ ○ ○ (인)

(3) 재판상 분할(민법 269조)

㈎ 고유필수적 공동소송

분할의 방법에 관하여 협의가 성립하지 아니한 때에는 공유자는 법원에 그 분할을 청구할 수 있다. 이러한 소송은 필수적 공동소송이므로 공유자 전원이 소송의 당사자가 되어야 하므로 피고가 되는 자는 원고를 제외한 나머지 공유자 전원이어야 한다. 이를 어긴 소송은 부적법한 소송으로 각하대상이 된다.

▶ 대법원 2003. 12. 12. 선고 2003다44615 · 44622 판결

공유물분할청구의 소는 분할을 청구하는 공유자가 원고가 되어 다른 공유자 전부를 공동피고로 하여야 하는 고유필수적 공동소송이고, 공동소송인과 상대방 사이에 판결의 합일확정을 필요로 하는 고유필수적 공동소송에 있어서는 공동소송인 중 일부가 제기한 상소는 다른 공동소송인에게도 그 효력이 미치는 것이므로 공동소송인 전원에 대한 관계에서 판결의 확정이 차단되고 그 소송은 전체로서 상소심에 이심되며, 상소심판결의 효력은 상소를 하지 아니한 공동소송인에게 미치므로 상소심으로서는 공동소송인 전원에 대하여 심리 · 판단하여야 한다.

▶ 대법원 2014. 1. 29. 선고 2013다78556 판결

공유물분할에 관한 소송계속 중 변론종결일 전에 공유자 중 1인인 甲의 공유지분의 일부가 乙및 丙주식회사 등에게 이전된 사안에서, 변론종결시까지 민사소송법 제81조에서 정한 승계참가나 민사소송법 제82조에서 정한 소송인수 등의 방식으로 일부 지분권을 이전받은 자가 소송의 당사자가 되었어야 함에도 그렇지 못하였으므로 위 소송 전부가 부적법하게 되었다.

㈏ 현물분할 원칙

재판상 분할의 경우 현물분할이 원칙이다. 하지만 현물로 분할할 수 없거나 분할로 인하여 현저히 그 가액이 감손될 염려가 있는 때에는 법원은 물건의 경매를 명하고 그 대금을 분할한다. 이는 '형식적 경매'[1]의 일종으로서 담보권

1 넓은 의미의 형식적 경매라고 함은 크게 유치권에 의한 경매도 포함되나, 좁은 의미의 형식적 경매라고 함은 공유물분할을 위한 경매가 대표적이며, 그 외 자조매각, 단주의 경매, 타

실행을 위한 경매의 예에 따라 실시한다(민사집행법[2] 274조 1항).

> **※ 현물분할 소송의 경우 청구취지 예**
>
> 별지 목록 기재 토지를, 별지 도면 표시 ㄱ, ㄴ, ㄷ, ㄹ, ㄱ의 각 점을 차례로 연결한 선내 ㉮ 부분 70㎡는 원고의 소유로, 같은 도면 표시 ㄴ, ㅁ, ㅂ, ㄷ, ㄴ의 각 점을 차례로 연결한 선내 ㉯ 부분 30㎡는 피고의 소유로 분할한다.[3]

㈐ **현물로 분할할 경우 고려대상**(실질적 평등)

공유물분할의 소는 형식적 형성의 소이므로 법원에서는 경계획정의 소와 같이 주문을 낼 때에 원고의 청구취지에 구속되지 않고 합목적적으로 판단하여 분할 부분을 정한다. 즉 공유물인 토지를 현물분할 함에 있어서는 위치, 토지면적, 토질, 수리(水利), 이용상황, 환경 등을 종합적으로 고려하여 합리적으로 나눔으로써 분할된 각 부분의 지분비율상의 교환가치가 같도록 분할하여야 한다.

▶ 대법원 1999. 6. 11. 선고 99다6746 판결

[1] 공유물분할의 소에 있어서 법원은 공유관계나 그 객체인 물건의 제반 상황을 종합적으로 고려하여 합리적인 방법으로 지분비율에 따른 분할을 명하여야 하는 것이고, 여기에서 지분비율이란 원칙적으로 지분에 따른 가액(교환가치)의 비율을 말하는 것이므로, 법원은 분할대상 목적물의 형상이나 위치, 이용상황이나 경제적 가치가 균등하지 아니할 때에는 원칙적으로 경제적 가치가 지분비율에 상응하도록 조정하여 분할을 명하여야 하는 것이며, 또한 재판에 의한 공유물분할은 현물분할의 방법에 의함이 원칙이나, 현물분할이 불가능하거나 그것이 형식상 가능하다고 하더라도 그로 인하여 현저히 가격이 감손될 염려가 있을 때에는 공유물의 경매를 명하여 대금을 분할하는, 이른바 대금분할의 방법에 의하

인의 권리를 상실시키는 경매, 청산을 위한 경매 등이 있다(법원실무제요 민사집행 Ⅱ).

2 이하 조문인용의 경우에는 '민집'으로 약칭함.

3 이러한 판결만으로도 원고 또는 피고가 공유물분할에 따른 목적물의 분필등기 및 지분이전등기를 단독으로 신청할 수 있기 때문에(등기선례요지집 4권, 200, 221항) 이전등기를 명할 필요가 없게 되므로 위와 같이 기재한다.

여야 하고, 여기서 '현물분할로 인하여 현저히 가격이 감손된다'라고 함은 공유물 전체의 교환가치가 현물분할로 인하여 현저하게 감손될 경우뿐만 아니라 공유자들 중 한 사람이라도 현물분할에 의하여 단독으로 소유하게 될 부분의 가액이 공유물분할 전의 소유지분 가액보다 현저하게 감손될 경우도 포함된다.

[2] 공유물분할의 소에 있어서 분할대상 목적물의 특정 부분만 도로에 접하여 다른 부분에 비하여 그 경제적 효용가치가 많음에도 분할 부분의 어느 한쪽을 도로변으로 치우치도록 하는 방법으로 현물분할하는 경우에는 분할 부분의 면적을 조정하거나 금전으로 경제적 가치의 과부족을 조정하는 방법으로 경제적 가치가 지분비율에 상응하도록 분할하여야 하며, 그 목적물이 상업지역으로 지정되어 현물분할할 경우 그 분할 부분의 어느 한쪽이 건축법상 상업지역의 건축물 대지면적의 최소한도 이하의 면적이 된다면 대금분할의 방법으로 분할하여야 한다.

㈑ 현물분할로 현저히 가격이 감소되는 경우의 의미

재판에 의한 공유물분할은 현물분할의 방법에 의함이 원칙이나 현물분할이 불가능하거나 그것이 형식상 가능하다고 하더라도 그로 인하여 현저히 가격이 감손될 염려가 있을 때에는 공유물의 경매를 명하여 대금을 분할하는, 이른바 대금분할의 방법에 의하여야 할 것이다. 여기서 '현물분할로 인하여 현저히 가격이 감손된다'고 함은 공유물 전체의 교환가치가 현물분할로 인하여 현저하게 감손될 경우뿐만 아니라 공유자들에게 공정한 분할이 이루어지지 아니하여 그 중의 한 사람이라도 현물분할에 의하여 단독으로 소유하게 될 부분의 가액이 공유물분할 전의 소유지분가액보다 현저하게 감손될 경우도 이에 포함된다.

▶ 대법원 1993. 1. 19. 선고 92다30603 판결

공유토지를 공유지분비율에 따라 현물분할할 경우 공유자 1인이 소유할 부분이 너무 작아서 지상에 건축이 불가능하게 된다면 그 대지부분의 가액은 분할 전 건축이 가능한 대지의 지분가액보다 현저하게 감손될 것이 명백하여 공정한 분할이라고 보기 어렵다.

※ 경매에 의한 분할소송(대금분할)에서의 청구취지 예

별지 목록 기재 부동산을 경매에 부쳐 그 대금에서 경매비용을 공제한 나머지 금액을 원고에게 7/10, 피고에게 3/10의 각 비율로 분배한다.[4]

5. 사례별 연구

가. 현물분할은 반드시 지분비율대로 분할해야 하나?

공유토지를 현물분할하는 경우에 반드시 공유지분의 비율대로 토지면적을 분할해야 하는 것은 아니고 토지의 형상이나 위치, 이용 상황이나 경제적 가치 등 제반 사정을 고려하여 경제적 가치가 지분비율에 상응하도록 분할할 수 있다(대법원 1993. 1. 19. 선고 92다30603 판결).

나. 공유자 중 1인에 대한 채권자가 강제집행을 신청한 경우

유치권에 의한 경매가 진행 중인 목적물에 대해 강제경매 또는 담보권의 실행을 위한 경매가 개시된 경우, 유치권에 의한 경매는 정지되고, 강제경매로 전환된다(민집 274조 2·3항). 하지만 공유물분할을 위한 경매의 경우는 이와 다르다. 즉, 공유물분할을 위한 경매로서 물건을 압류한 후 절차가 진행 중 공유자의 1인에 대한 채권자가 그 공유물의 지분에 대하여 강제집행을 신청하여 압류한 경우에는 뒤에 개시된 강제경매는 물건의 일부에 대하여만 집행하는 것이므로 이 경우에는 물건 전체를 집행목적으로 하는 공유물분할을 위한 경매절차가 우선하므로 목적물을 매각하여야 한다.[5] 결국 공유자 1인에 대한 채권자는 그 공유자가 배당받을 매각대금에서 배당받을 수밖에 없게 된다.

Ⅱ. 합유(合有)

1. 합유의 의의 및 성질

법률의 규정 또는 계약에 의해 수인이 조합체로서 물건을 소유하는 때에

4 '분배한다'는 표현 대신 '분할한다' 또는 '배당한다' 등의 표현도 사용된다.
5 법원실무제요 민사집행 Ⅱ.

그러한 공동소유관계를 '합유'라고 한다(민법 271조 1항). 합유에 있어서도 공유와 마찬가지로 합유자는 지분을 갖고 합유자의 권리는 합유물 전부에 관해 미치는 점도 공유와 마찬가지다. 그럼 공유와의 차이점은 무엇인가? 공유자는 자신의 지분을 마음대로 처분할 수 있지만 합유자의 지분은 공동목적을 위하여 구속되어 있어 자유롭게 처분할 수 없다.

2. 합유물 및 합유지분의 처분

합유물을 처분 또는 변경함에는 합유자 전원의 동의가 있어야 한다. 그러나 보존행위는 각자가 할 수 있다(민법 272조). 합유자는 전원의 동의 없이 합유물에 대한 지분을 처분하지 못한다. 합유자는 합유물의 분할을 청구하지 못한다(민법 273조). 그러나 이는 임의규정에 불과하므로 특약으로 분할을 할 수 있게 허용할 수도 있다. 그리고 부동산을 합유하는 때에는 이를 등기해야만 한다(부동산등기법 44조). 나아가 합유로 소유권이전등기가 된 부동산에 관하여 명의신탁 해지를 원인으로 한 소유권이전등기절차의 이행을 구하는 소송은 합유물에 관한 소송으로서 합유자 전원에 대하여 합일적으로 확정되어야 하는 고유필수적 공동소송에 해당한다(대법원 1996. 12. 10. 선고 96다23238 판결 참조). 이 점도 공유관계와 같다.

3. 동업을 목적으로 부동산을 취득한 경우

가. 합유 관계 성립

동업을 목적으로 한 조합이 조합체로서 또는 조합재산으로서 부동산의 소유권을 취득하였다면, 민법 제271조 제1항의 규정에 의하여 당연히 그 조합체의 합유물이 된다. 따라서 조합체가 합유등기를 하지 아니하고 그 대신 조합원들 명의로 각 지분에 관하여 공유등기를 하였다면, 이는 그 조합체가 조합원들에게 각 지분에 관하여 명의신탁한 것으로 보아야 한다. 즉 동업 목적의 조합체가 부동산을 조합재산으로 취득하였으나 합유등기가 아닌 조합원들 명의로 공유등기를 하였다면 그 공유등기는 조합체가 조합원들에게 각 지분에 관하여 명의신탁한 것에 불과하므로 부동산실명법 제4조 제2항 본문이 적용되어 명의수탁자인 조합원들 명의의 소유권이전등기는 무효이다. 그 결과 그 부동산 지분은 조합원들의 소유가 아니기 때문에 이를 일반채권자들의 공동담보에 공하여지는 책임재산이라고 볼 수 없고, 따라서 조합원들 중 1인이 조합에서 탈퇴하면서 나머지 조합원들에게 그 지분에 관한 소유권이전등기를 경료하여 주었다 하더라도 그로써 채무자인 그 해당 조합원의 책임재산에 감소를 초래한 것이라고 할 수 없으므로, 이를 들어 일반채권자를 해하는 사해행위라고 볼 수는 없으며, 그에게 사해의 의사가 있다고 볼 수도 없다(대법원 2002. 6. 14. 선고 2000다30622 판결).

나. 합유 관계 성립을 위한 요건

민법상 조합계약은 2인 이상이 상호 출자하여 공동으로 사업을 경영할 것을 약정하는 계약으로서(민법 703조), '특정한 사업을 공동경영하는 약정'에 한하여 이를 조합계약이라 할 수 있고, 공동의 목적 달성이라는 정도만으로는 조합의 성립요건을 갖추었다고 할 수 없다(대법원 2004. 4. 9. 선고 2003다60778 판결 참조). 한편, 수인이 부동산을 공동으로 매수한 경우, 매수인들 사이의 법률관계는 공유관계로서 단순한 공동매수인에 불과할 수도 있고, 그 수인을 조합원으로 하는 동업체에서 매수한 것일 수도 있는바(대법원 2002. 6. 14. 선고 2000다30622 판결 참조), 공동매수의 목적이 전매차익의 획득에 있을 경우 그것이 공동사업을 위해 동업체에서 매수한 것이 되려면, 적어도 공동매수인들 사이에서 그 매수한 토지를 공유가 아닌 동업체의 재산으로 귀속시키고 공동매수인 전원의 의사에 기해 전원의 계산으로 처분한 후 그 이익을 분배하기로 하는 명시적 또는 묵시적 의사의 합치가 있어야만 할 것이다. 만약 이와 달리 공동매수 후 매수인별로 토지에 관하여 공유에 기한 지분권을 가지고 각자 자유롭게 그 지분권을 처분하여 대가를 취득할 수 있도록 한 것이라면 이를 동업체에서 매수한 것으로 볼 수는 없다(대법원 2007. 6. 14. 선고 2005다5140 판결). 따라서 그들 사이의 소유관계는 공유에 불과하다.

4. 합유의 종료(민법 274조)

합유는 조합체의 해산 또는 합유물의 양도로 인하여 종료한다. 이 경우에 합유물의 분할에 관하여는 공유물의 분할에 관한 규정을 준용한다. 그럼 조합체의 해산은 어떤 경우에 가능한가?

가. 해산사유

조합관계에 있어서는 일반적으로 조합계약에서 정한 사유의 발생, 조합원 전원의 합의, 조합의 목적인 사업의 성공 또는 성공불능, 해산청구 등에 의하여 조합관계가 종료되고, 2인으로 된 조합관계에 있어 그 가운데 한 사람이 탈퇴하는 경우에도 역시 조합관계는 종료된다. 그럼 해산청구는 어느 경우에 할 수 있는가? 이 점에 관하여 대법원은, ① 경제계의 사정변경에 따른 조합 재산 상태의 악화나 영업부진 등으로 조합의 목적달성이 매우 곤란하다고 인정되는 객관적인 사정이 있거나 ② 조합 당사자 간의 불화・대립으로 인하여 신뢰관계가 파괴됨으로써 조합업무의 원활한 운영을 기대할 수 없는 경우 등 부득이한 사유가 있는 때에는 조합원이 조합의 해산을 청구할 수 있다고 판시하고 있다(대법원 1997. 5. 30. 선고 95다4957 판결).

나. 청산절차를 거친 후 해산

조합의 목적 달성 등으로 인하여 조합이 해산된 경우 별도로 처리할 조합의 잔무가 없고, 다만 잔여재산을 분배하는 일만이 남아 있을 때에는 따로 청산절차를 밟을 필요 없이 각 조합원은 자신의 잔여재산 분배비율의 범위 내에서 그 분배비율을 초과하여 잔여재산을 보유하고 있는 조합원에 대하여 바로 잔여재산의 분배를 청구할 수 있다. 하지만 만약 조합에 합유적으로 귀속된 채권의 추심이나 채무의 변제 등의 사무가 완료되지 아니한 상황이라면, 그 채권의 추심이나 채무의 변제는 원칙적으로 조합원 전원이 공동으로 하여야 하는 것이니만큼 그 추심이나 변제 등이 완료되지 않은 상태에서도 조합원들 사이에서 공평한 잔여재산의 분배가 가능하다는 특별한 사정이 인정되지 아니하는 한 조합이 처리하여야 할 잔무에 해당한다고 보아야 하고, 따라서 이러한 경우 청산절차를 거치지 않고 바로 잔여재산의 분배를 구할 수는 없다. 나아가 조합 해산 시에 어느 조합원이 다른 조합원을 상대로 청산절차를 거치지 않고 곧바로 하는 위와 같은 잔여재산의 분배청구는 청구의 상대방인 조합원이 그 분배비율을 초과하여 잔여재산을 보유하고 있는 경우에 한하여 그 분배비율을 초과하는 부분의 범위 내에서만 허용되는 것이므로, 그러한 분배청구가 가능하기 위해서는 조합의 전체 잔여재산의 내역과 그 정당한 분배비율 및 조합원 각자의 현재의 잔여재산 보유내역 등이 먼저 정확하게 확정될 수 있어야 한다(대법원 2009. 4. 23. 선고 2007다87214 판결).

다. 해산 후의 조합재산

조합이 해산된 경우에도 청산절차를 거쳐 조합재산을 조합원에게 분배하지 아니하는 한 조합재산은 계속하여 조합원의 합유이고, 청산이 종료할 때까지 조합은 존속하는바, 일부 조합원이 다른 조합원들의 동의를 얻지 아니한 채 조합재산인 채권을 타인에게 양도한 행위는 무효라고 할 것이다(대법원 1992. 10. 9. 선고 92다28075 판결). 또한 조합체의 해산으로 합유관계를 종료하게 되면 합유재산은 이를 분할하게 되는데, 그 분할에는 공유물의 분할에 관한 규정이 준용된다(민법 274조 2항).

Ⅲ. 총유(總有)

1. 총유의 의의 및 관리

총유는 법인이 아닌 사단이 소유하는 형태이다(민법 275조 1항). 법인 아닌 사단의 대표적인 예는 '권리능력 없는 사단'이나 '종중', '문중', '교회' 등이 그 좋은 예이다. 부동산의 총유는 이를 등기해야 하며 등기신청은 사단의 명의로 그 대표자 또는 관리인이 한다(부동산등기법 26조). 이 경우 권리능력 없는 사단 등의 명의로 등기신청을 할 경우 부동산등기용 등록번호를 증명하는 서면을 첨부해야 한다(부동산등기법 48조 2항). 총유에 관하여는 사단의 정관 기타 계약에 의하는 외에는 총유물의 관리 및 처분은 사원총회의 결의에 의한다. 그리고 각 사원은 정관 기타의 규약에 좇아 총유물을 사용·수익할 수 있다(민법 276조). 총유물에 관한 사원의 권리의무는 사원의 지위를 취득·상실함으로써 취득·상실된다(민법 277조).

2. 종중재산

가. 관리처분권의 귀속

종중을 대표하고 종중회의를 소집하는 권한은 관습상 종중원 중 연고행존자에 해당하는 '종장'에게 있으나 다만 종중규약 또는 당해 종중의 관습이나 일반관례에 의하여 별도로 종중대표자를 선임한 경우에는 이러한 종중대표자만이 종중대표권을 가지며, 특히 종중재산에 관하여는 종장에게 아무런 권한이 없고 오로지 '종중대표자'만이 종중을 대표하여 그 관리처분권을 갖는다. 일반 관례에 의하면 종중대표자는 적법한 종중대표자 또는 종중원 중에서 연고행존자에 해당하는 종장이나 종장으로부터 소집을 위임받은 자 등 적법한 소집권자가 국내에 거주하고 소재가 분명한 소집 가능한 성년남자인 모든 종중원들에게 소집통지를 하여 출석한 종중원으로 구성된 종중회의에서 과반수 결의로 선임하여야 한다(대법원 1983. 12. 13. 선고 83다카1463 판결). 그러나 처분의 대가는 종원에게 분배되지 않고, 새로운 위토의 구입, 이장 등의 비용으로 사용해야 된다. 이러한 종중은 민법상 '권리능력 없는 사단'의 일종으로 종중재산은 총유로 취급된다.

나. 등기 방법

종중에게 부동산 등기신청적격을 인정한다. 즉 종중(宗中), 문중(門中), 그 밖에 대표자나 관리인이 있는 법인 아닌 사단(社團)이나 재단(財團)에 속하는 부동산의 등기에 관하여는 그 사단이나 재단을 등기권리자 또는 등기의무자로 한다(부등법 26조).

다. 명의신탁 허용

종중재산을 종중명의로 등기해도 무방하나 현실적으로는 종중의 일원 명의로 단독 내지 공유로 등기하는 경우가 비일비재하다. 이러한 경우 법리적으로 종중이 종중재산을 명의자 앞으로 명의신탁한 것으로 취급되는데 이러한 명의신탁은 부동산실명법에 의해 인정되고 있다(부동산실명법 8조).

3. 교회재산

가. 재산관리 방법

교회는 교인들의 헌금, 십일조 등의 수입으로 재산을 가지고 있는데 교회재산의 귀속형태는 총유로 본다. 즉 교회는 권리능력 없는 사단법인의 일종으로 해석하는 것이다.

나. 교회 분열시 재산관계

종전 판례는, 종전 교회 재산의 관리·처분행위에 관한 소송은 분열 당시 교인들로 구성된 교인총회의 결의를 거쳐 종전 교회 자체가 당사자가 되어 제기하여야 한다고 판시함으로써, 과거의 분열시를 기준으로 한 종전 교회와 그 구성원들이 소 제기시에도 여전히 존재하는 것처럼 의제하여 교인 총회의 소집과 결의를 요구하였다. 그러나 현실사회에서 과거의 분열시를 기준으로 결의권 있는 교인을 확정하고 그들 전원의 생존 여부와 주소지를 파악한 다음 종전 교회의 대표권자로 하여금 그들에게 소집통지를 하여 총회를 개최하고 결의를 하는 일련의 절차를 거치게 할 것을 기대하기는 어렵고, 극단적으로는 오랜 시간이 지나 분열 당시 결의권을 가졌던 교인들이 행방불명되거나, 사망함으로써 총회 구성원이 존재하지 않게 되어 결의가 불가능할 수도 있다. 결국, 교회의 분열로 분쟁이 발생한 경우에 이를 해결하기 위하여 원고가 되어 소송을 제기하는 교회는 어느 쪽도 종전 교회에 의한 결의 요건이나 대표권을 갖출 수 없어 패소하게 되어 법률적인 분쟁 해결이 불가능하게 되었다. 이에 대법원은 전원합의체 판결로서 이 문제를 다음과 같이 해결하였다. 즉 교회가 분열되어 교인 일부 내지 상당수가 교회를 이탈하여 새로운 교회를 설립한 경우에는 이탈자들은 교회의 총유 재산의 관리처분에 관한 의결에 참가할 수 있는 지위나 그 재산에 대한 사용·수익권을 상실하고, 종전 교회는 잔존 교인들을 구성원으로 하여 실체의 동일성을 유지하면서 존속하며 종전 교회의 재산은 그 교회에 소속된 잔존 교인들의 총유로 귀속된다.

▶ 대법원 2006. 4. 20. 선고 2004다37775 전원합의체 판결

사단법인에 있어서 구성원의 탈퇴나 해산은 인정하지만 사단법인의 구성원들이 2개의 법인으로 나뉘어 각각 독립한 법인으로 존속하면서 종전 사단법인에게 귀속되었던 재산을 소유하는 방식의 사단법인의 분열은 인정하지 아니한다. 그 법리는 법인 아닌 사단에 대하여도 동일하게 적용되며, 법인 아닌 사단의 구성원들의 집단적 탈퇴로써 사단이 2개로 분열되고 분열되기 전 사단의 재산이 분열된 각 사단들의 구성원들에게 각각 총유적으로 귀속되는 결과를 초래하는 형태의 법인 아닌 사단의 분열은 허용되지 않는다.

교회가 법인 아닌 사단으로서 존재하는 이상, 그 법률관계를 둘러싼 분쟁을 소송적인 방법으로 해결함에 있어서는 법인 아닌 사단에 관한 민법의 일반 이론에 따라 교회의 실체를 파악하고 교회의 재산 귀속에 대하여 판단하여야 하고, 이에 따라 법인 아닌 사단의 재산관계와 그 재산에 대한 구성원의 권리 및 구성원 탈퇴, 특히 집단적인 탈퇴의 효과 등에 관한 법리는 교회에 대하여도 동일하게 적용되어야 한다. 따라서 교인들은 교회 재산을 총유의 형태로 소유하면서 사용·수익할 것인데, 일부 교인들이 교회를 탈퇴하여 그 교회 교인으로서의 지위를 상실하게 되면 탈퇴가 개별적인 것이든 집단적인 것이든 이와 더불어 종전 교회의 총유 재산의 관리처분에 관한 의결에 참가할 수 있는 지위나 그 재산에 대한 사용·수익권을 상실하고, 종전 교회는 잔존 교인들을 구성원으로 하여 실체의 동일성을 유지하면서 존속하며 종전 교회의 재산은 그 교회에 소속된 잔존 교인들의 총유로 귀속됨이 원칙이다. 그리고 교단에 소속되어 있던 지교회의 교인들의 일부가 소속 교단을 탈퇴하기로 결의한 다음 종전 교회를 나가 별도의 교회를 설립하여 별도의 대표자를 선정하고 나아가 다른 교단에 가입한 경우, 그 교회는 종전 교회에서 집단적으로 이탈한 교인들에 의하여 새로이 법인 아닌 사단의 요건을 갖추어 설립된 신설 교회라 할 것이어서, 그 교회 소속 교인들은 더 이상 종전 교회의 재산에 대한 권리를 보유할 수 없게 된다.

다. 소속 교단을 탈퇴한 경우

특정 교단에 가입한 지교회가 교단이 정한 헌법을 지교회 자신의 자치규범으로 받아들였다고 인정되는 경우에는 소속 교단의 변경은 실질적으로 지교회 자신의 규약에 해당하는 자치규범을 변경하는 결과를 초래한다. 그 결과, 만약 지교회 자신의 규약을 갖춘 경우에는 교단변경으로 인하여 지교회의 명칭이나 목적 등 지교회의 규약에 포함된 사항의 변경까지 수반하기 때문에, 소속 교단에서의 탈퇴 내지 소속 교단의 변경은 사단법인 정관변경에 준하여 의결권을 가진 교인 2/3 이상의 찬성에 의한 결의를 필요로 한다. 그러므로 그 결의요건을 갖추어 소속 교단을 탈퇴하거나 다른 교단으로 변경한 경우에 종전 교회의 실체는 이와 같이 교단을 탈퇴한 교회로서 존속하고 종전 교회 재산은 위 탈퇴한 교회 소속 교인들의 총유로 귀속된다(대법원 2006. 4. 20. 선고 2004다37775 전원합의체 판결). 이러한 교단변경은 종전의 교회가 동일성을 유지하면서 존속하되 소속 교단만을 달리하는 것이므로 교단변경에 있어서 사단법인 해산 결의 요건에 관한 절차규정을 유추 적용할 수 없다. 그러나 교단탈퇴에 교인이 의결권을 가진 교인의 2/3에 이르지 못한다면 종전 교회의 동일성은 여전히 종전 교단에 소속되어 있는 상태로서 유지되므로, 교단변경 결의에 찬성하고 나아가 종전 교회를 집단적으로 탈퇴하거나 다른 교단에 가입한 교인들은 교인으로서의 지위와 더불어 종전 교회 재산에 대한 권리를 상실한다(대법원 2006. 6. 30. 선고 2000다15944 판결).

제2장

부동산소유권의 취득 요건인 취득시효와 소멸시효

제 2 장 부동산소유권의 취득요건인 취득시효와 소멸시효

Ⅰ. 개 요

시효에는 크게 취득시효와 소멸시효가 있는데 취득시효는 일정시간을 점유할 경우 소유권을 인정받는 제도이고, 소멸시효는 그 반대로 일정시간 권리를 행사하지 않을 경우 그 권리가 소멸되는 제도이다. 부동산 관련 소송에 있어 시효의 중요성은 아무리 강조해도 지나치지 않을 정도로 중요하다. 장문의 소장과 엄청난 금액의 소송비용을 들여 청구를 해도 시효가 완성되면 더 나아가 볼 필요도 없이 패소당하기 때문이다.

Ⅱ. 부동산소유권의 취득시효

1. 점유취득시효와 등기부취득시효

점유취득시효는 20년간 점유만으로 취득시효가 완성되고, 등기부취득시효는 진정한 권리상태에 부합하지 않은 등기가 있을 때에 10년간 점유할 경우 취득시효가 완성되는 것이다. 즉 점유취득시효는 20년간 소유의 의사로 평온, 공연하게 부동산을 점유하는 자는 등기함으로써 그 소유권을 취득한다(민법 245조 1항). 그리고 등기부취득시효는 소유자로 등기된 자가 10년간 소유의 의사로 평온, 공연하게 선의이며 과실 없이 그 부동산을 점유한 때에는 소유권을 취득한다(동조 2항). 이에 관하여 몇 가지 쟁점을 정리하면 다음과 같다.

2. 공통 요건

가. 점유는 '소유의 의사'로 해야 한다

이를 실무상 '자주점유'라고 일컫기도 하는데 실무상 가장 치열하게 다투는 부분이다. 즉 과거에는 소유의 의사를 판단함에 있어 점유자의 주관적인 의사를 중요시하여 결정하였다. 그래서 무단점유자라도 소유의 의사만 있으면 취득시효가 인정되어 왔다. 하지만 이 점에 관하여 대법원은 전원합의체로 판례를 변경하여 소유의 의사는 자신이 진정한 소유권자로서 믿은 것을 요구하여 무단점유자의 자주점유를 인정하지 않고 있다.

▶ 대법원 1997. 8. 21. 선고 95다28625 전원합의체 판결

[1] 민법 제197조 제1항에 의하면 물건의 점유자는 소유의 의사로 점유한 것으로 추정되므로 점유자가 취득시효를 주장하는 경우에 있어서 스스로 소유의 의사를 입증할 책임은 없고, 오히려 그 점유자의 점유가 소유의 의사가 없는 점유임을 주장하여 점유자의 취득시효의 성립을 부정하는 자에게 그 입증책임이 있다.

[2] <u>점유자의 점유가 소유의 의사 있는 자주점유인지 아니면 소유의 의사 없는 타주점유인지의 여부는 점유자의 내심의 의사에 의하여 결정되는 것이 아니라 점유 취득의 원인이 된 권원의 성질이나 점유와 관계가 있는 모든 사정에 의하여 외형적·객관적으로 결정되어야 하는 것이기 때문에 점유자가 성질상 소유의 의사가 없는 것으로 보이는 권원에 바탕을 두고 점유를 취득한 사실이 증명되었거나, 점유자가 타인의 소유권을 배제하여 자기의 소유물처럼 배타적 지배를 행사하는 의사를 가지고 점유하는 것으로 볼 수 없는 객관적 사정, 즉 점유자가 진정한 소유자라면 통상 취하지 아니할 태도를 나타내거나 소유자라면 당연히 취했을 것으로 보이는 행동을 취하지 아니한 경우 등 외형적·객관적으로 보아 점유자가 타인의 소유권을 배척하고 점유할 의사를 갖고 있지 아니하였던 것이라고 볼 만한 사정이 증명된 경우에도 그 추정은 깨어진다.</u>

[3] [다수의견] 점유자가 점유 개시 당시에 소유권 취득의 원인이 될 수 있는 법률행위 기타 법률요건이 없이 그와 같은 법률요건이 없다는 사실을 잘 알면서 타인 소유의 부동산을 무단점유한 것임이 입증된 경우, 특별한 사정이 없는 한

점유자는 타인의 소유권을 배척하고 점유할 의사를 갖고 있지 않다고 보아야 할 것이므로 이로써 소유의 의사가 있는 점유라는 추정은 깨어졌다고 할 것이다.

[보충의견] 점유자가 점유 개시 당시에 소유권 취득의 원인이 될 수 있는 법률행위 기타 법률요건이 없이 그와 같은 법률요건이 없다는 사실을 알면서 타인 소유의 부동산을 무단점유한 경우에 그 점유자가 정상적인 사고와 행동을 하는 평균인이라면, 동산과는 달리 은닉하여 소유권자의 추급을 회피할 수도 없는 부동산을 점유 개시 당시부터 진정한 소유자의 소유권을 배척하고 점유할 의사를 갖고 있었던 것이 아니라, 오히려 진정한 소유자가 그 반환을 구하는 경우에 이를 반환할 것이지만 그동안 일시적으로 사용하겠다는 의사나 장차 그 소유권자로부터 본권을 취득할 의사로 점유를 개시하였다고 보는 것이 사회통념과 우리의 생활경험에 합치하는 것이고, 그것이 바로 평균인의 보편적 도의관념이라고 할 것이므로, 타인 소유의 부동산을 무단점유한 것임이 증명된 경우에는 그 점유자의 소유의 의사의 추정이 깨어진다고 봄이 마땅하다.

나. 점유의 기산점은?

(1) 원칙 — 실제 점유일을 기산일로

점유취득시효의 경우 점유의 기산점은 원칙적으로 실제로 점유를 시작한 때이다. 하지만 시효기간 중 계속해서 등기명의자가 동일하고 취득자의 변동이 없는 경우에는 시효기간의 기산점을 어디에 두든지 상관없다. 문제는 시효 완성 후 제3자가 부동산을 인수한 경우이다. 제3자가 시효완성 전에 부동산을 취득한 경우에는 점유자는 제3자에게도 시효완성을 주장할 수 있다. 하지만 시효완성 후에 부동산을 취득한 제3자가 있을 경우에는 그에게는 시효완성을 주장할 수 없다. 따라서 이러한 제3자가 있을 경우에는 실제로 점유를 개시한 시점을 주장해야지 제3자의 취득시점보다 시효완성시점을 늦추기 위해 점유개시시점을 뒤로 미뤄서 주장할 수 없는 것이다(대법원 1971. 12. 28. 선고 71다1566 판결).

(2) 예외 — 소유권변동이 있은 뒤에도 다시 제2차 시효가 완성된 경우

예컨대 A와 甲은 이웃인데 측량이 잘못되어 A가 甲의 토지를 일부 침범하여 1970. 1. 1.부터 1990. 1. 1.까지 20년간 소유의 의사로 점유해 왔다. 그런데 A가 甲을 상대로 점유취득시효를 주장해 등기를 넘겨받기 전에 甲이 1991. 1. 1. 乙에게 위 토지의 소유권을 이전했고, 그 후 1995. 1. 1. 乙은 다시 丙에게 다시 소유권을 이전하였다. 이 경우 종전의 판례[1]대로라면 A는 자신이 점유한 토지에 대해 제3자인 乙이나 丙에게 취득시효 완성을 주장할 수 없게 된다. 그런데 A는 乙이 소유권을 넘겨받은 이후에도 다시 20년 이상 계속 위 토지를 침범하여 점유하고 있었다면 어떻게 될까? 이 경우에는 대법원은 전원합의체판결로 A는 乙 명의로 이전된 시점(1991. 1. 1)을 새로운 2차 점유취득시효 기산일로 하여 2차 점유취득시효가 진행된다고 해석한다. 그 결과 2011. 1. 1. A의 2차 점유취득시효가 완성되는 것이며, 그 당시 소유자(丙)를 상대로 점유취득시효를 주장하여 이전등기를 청구할 수 있는 것이다. 물론 이 경우에도 2011. 1. 1. 이후에 새로운 소유권 변동이 있을 경우(예컨대 2012. 1. 1. 丙에서 丁에게 이전된 경우)에는 1차 때와 마찬가지로 丁에 대해 점유취득시효를 주장하지 못한다.

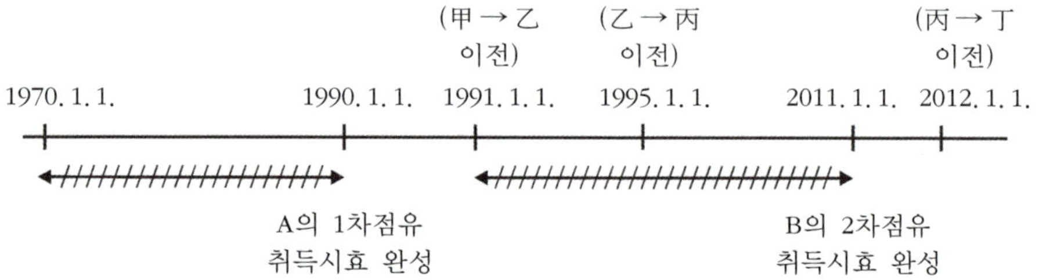

▶ 대법원 2009. 7. 16. 선고 2007다15172 · 15189 전원합의체 판결

부동산에 대한 점유취득시효가 완성된 후 취득시효 완성을 원인으로 한 소유권이전등기를 하지 않고 있는 사이에 그 부동산에 관하여 제3자 명의의 소유권이전등기가 경료된 경우라 하더라도 당초의 점유자가 계속 점유하고 있고 소유자가 변동된 시점을 기산점으로 삼아도 다시 취득시효의 점유기간이 경과한 경우에는 점유자로서는 제3자 앞으로의 소유권 변동시를 새로운 점유취득시효의 기

1 실제로 점유를 시작한 날을 기산점으로 삼아야 한다는 이른바 고정시설(固定時說) 이론.

산점으로 삼아 2차의 취득시효의 완성을 주장할 수 있다.[2]

[다수의견] 취득시효기간이 경과하기 전에 등기부상의 소유명의자가 변경된다고 하더라도 그 사유만으로는 점유자의 종래의 사실상태의 계속을 파괴한 것이라고 볼 수 없어 취득시효를 중단할 사유가 되지 못하므로, 새로운 소유명의자는 취득시효 완성 당시 권리의무 변동의 당사자로서 취득시효 완성으로 인한 불이익을 받게 된다 할 것이어서 시효완성자는 그 소유명의자에게 시효취득을 주장할 수 있는바, 이러한 법리는 새로이 2차의 취득시효가 개시되어 그 취득시효기간이 경과하기 전에 등기부상의 소유명의자가 다시 변경된 경우에도 마찬가지로 적용된다고 봄이 상당하다.

3. 등기부취득시효에 요구되는 선의 · 무과실

점유취득시효의 요건으로서 요구되는 20년간의 점유는 소유의 의사로 평온 · 공연하게 하는 것으로 충분하고 점유자의 선의 · 무과실은 그 요건이 아니다. 하지만 등기부취득시효에서는 점유자에게 선의 · 무과실이 요구된다. 이때 점유자의 선의는 추정되나(민법 197조) 무과실은 추정되지 않는다. 따라서 등기부취득시효를 주장하는 자가 자신이 선의인데 대해 과실이 없음을 증명해야 한다. 그러면 이러한 선의 · 무과실이 점유를 개시한 때만 있으면 되는가 아니면 시효기간 내내 있어야 하는가? 이 점에 관하여 대법원은 다음과 같이 점유의 개시 시점에 선의 · 무과실만 있으면 그 이후에 악의로 되어도 상관없다는 취지로 판시하였다.

2 대법원 1994. 3. 22. 선고 93다46360 전원합의체 판결로 인해 취득시효완성 후 토지소유자에 변동이 있고, 소유자가 변동된 시점을 새로운 기산점으로 삼아도 다시 취득시효 기간이 완성된 경우 취득시효의 완성을 주장할 수 있다는 원칙이 확립되었다. 하지만 이 판례는 그 전제조건으로 2차 취득시효 기산일로부터 현재까지 소유자의 변동 없이 20년간 점유한 경우에만 예외적으로 2차 점유취득시효를 인정했던 것이다. 그런데 위 새로운 전원합의체 판결로 인해 2차 점유취득시효 기간 중 소유권이 변동되어도 취득시효완성에 지장이 없다고 조건을 완화한 것이다. 결국 2차 점유취득시효의 경우 1차 점유취득시효와 법리적용에 있어 차이가 없게 된 것이다. 왜냐하면 1차 점유취득시효 기간 중에도 소유권의 변동이 있어도 취득시효에 지장이 없는 것은 주지의 사실이기 때문이다.

▶ **대법원 1987. 8. 18. 선고 87다카191 판결**

민법 제245조 제2항에서 정한 부동산의 등기부시효취득을 인정하기 위하여는 소유자로 등기된 자가 10년간 소유의 의사로 평온, 공연하게 선의로 부동산을 점유하였다는 요건 외에 점유의 개시에 과실이 없었음을 요하며 위와 같은 무과실에 대하여는 그 주장자에게 입증책임이 있는 것이다(당원 1986. 2. 25. 선고 85다카771 판결 참조).

4. 지적도와 등기부취득시효

가. 지적도상의 분필절차 없이 이루어진 분필등기의 경우

토지의 개수는 지적법에 의한 지적공부상의 토지의 필수를 표준으로 하여 결정되는 것으로서 1필지의 토지를 수필의 토지로 분할하여 등기하려면 지적법이 정하는 바에 따라 먼저 지적공부 소관청에 의하여 지적측량을 하고 그에 따라 필지마다 지번, 지목, 경계 또는 좌표와 면적이 정하여진 후 지적공부에 등록되는 등 분할의 절차를 밟아야 되고, 가사 등기부에만 분필의 등기가 이루어졌다고 하여도 이로써 분필의 효과가 발생할 수는 없다. 즉 일정한 토지가 지적공부에 1필의 토지로 등록된 경우, 그 토지의 소재 지번, 지목, 지적 및 경계는 일응 그 등록으로써 특정되고 그 토지의 소유권의 범위는 지적공부상의 경계에 의하여 확정된다. 따라서 등기부상만으로 어떤 토지 중 일부가 분할되고 그 분할된 토지에 대하여 지번과 지적이 부여되어 등기되어 있어도 지적공부 소관청에 의한 지번, 지적, 지목, 경계확정 등의 분필절차를 거친 바가 없다면 그 등기가 표상하는 목적물은 특정되었다고 할 수는 없으니, 그 등기부에 소유자로 등기된 자가 그 등기부에 기재된 면적에 해당하는 만큼의 토지를 특정하여 점유하였다고 하더라도, 그 등기는 그가 점유하는 토지부분을 표상하는 등기로 볼 수 없어 그 점유자는 등기부취득시효의 요건인 "부동산의 소유자로 등기한 자"에 해당하지 아니하므로 그가 점유하는 부분에 대하여 등기부시효취득을 할 수는 없다(대법원 1995. 6. 16. 선고 94다4615 판결).

나. 지적도의 경계와 현실의 경계가 다른 경우

지적도상 1필지의 토지로 등록되어 있는 토지의 소재, 지목, 지적 및 경계

〈취득시효를 원인으로 하는 소유권이전등기청구 서식〉

소 장

원 고 김 원 고 (주소)
피 고 이 피 고 (주소)

소유권이전등기 청구의 소

청 구 취 지

1. 피고는 원고에게 별지 물건목록 기재 부동산에 관하여 2000. 1. 1. 시효취득을 원인으로 한 소유권이전등기절차를 이행하라.
2. 소송비용은 피고의 부담으로 한다.

라는 판결을 구합니다.

청 구 원 인

1. 원고가 대상 부동산의 진정한 소유자인 사실
2. 민법 제245조상의 취득시효 완성 사실
3. 따라서 원고는 피고에 대하여 시효취득을 원인으로 한 소유권이전등기절차의 이행을 청구하여 이 사건 소를 제기합니다.

입 증 방 법

1. 갑 제1호증 등기부등본

기타 변론시 필요에 따라 수시로 제출하겠습니다.

첨 부 서 류

1. 소장부본 1통
1. 입증방법 1통
1. 송달료납부서 1통
1. 개별토지가격확인원 1통

2001 . . .

원고 김 원 고 ㊞

서울중앙지방법원 귀중

는 다른 특별한 사정이 없는 한 지적공부에 등록됨으로써 특정되는 것이고 그 토지의 소유권의 범위 역시 지적공부상의 경계에 의하여 확정된다. 따라서 지적도상의 경계와 현실의 경계가 다른 경우 각 토지의 소유권이전등기는 지적공부에 의하여 확정된 대지만의 소유권을 표상하는 것일 뿐 지적도상 그 필지에서 제외된 현실의 경계부분의 토지에 대한 소유권까지 표상하는 등기라고 볼 수 없으므로 위 지적도상의 범위를 초과하는 현실의 경계부분의 토지에 대한 등기부취득시효는 인정될 수 없다(대법원 1991. 6. 14. 선고 90다10346호 판결). 이 경우 초과하는 부분에 대하여 점유취득시효가 인정될 여지가 있는데 그 부분의 면적이 등기부상의 면적을 상당히 초과하는 경우에는 타주점유로 인정되고, 만약 그 부분이 측량의 착오로 기인될 정도에 그쳤다면 자주점유로 인정될 수 있음은 앞서 설명한 바와 같다.

5. 점유취득시효에서 요구되는 등기

점유취득시효에 있어서는 시효완성으로 바로 소유권을 취득하는 것이 아니라 등기를 해야만 소유권을 취득한다. 앞서 설명한 바와 같이 20년간 점유하여 시효가 완성되었다고 해도 이를 등기하기 전에 소유권자가 제3자에게 매도할 경우에는 그 매수자에게 시효완성을 주장할 수 없다(대법원 1971. 12. 28. 선고 71다1566 판결). 즉 시효완성이 되어도 실제로 등기를 넘겨받지 못하면 소유권을 행사할 수 없는 것이다. 여기서 시효완성으로 인한 등기는 통상 '이전등기'의 형식으로 이전된다.

6. 사례별 연구

가. 이웃 간의 경계 침범의 경우 취득시효 인정기준은?

통상 이웃 간에 경계가 실제 토지대장상의 경계와 달리 어느 한쪽이 이웃의 땅을 침범하여 다툼이 벌어지곤 한다. 그럼 이 경우 침범한 자가 과연 취득시효를 주장할 수 있을까? 두 가지로 나눠진다.

(1) 취득시효가 인정된 사례(자주점유로 봄)

▶ **대법원 1991. 2. 22. 선고 90다12977 판결**

원심판결이유에 의하면 원심은, 피고가 1964. 3. 20. 서울 ○○구 ○○동 357의 5 대지와 지상건물을 소외 선우◎로부터 매수하고 이를 인도받아 점유하여 왔는데, 담장경계 내에 위치하고 있는 원고 김◎명 소유인 같은 동 357의 9 대지 중 ○○시 ○○면 표시 ㊓부분 82평방미터도 위 357의 5의 일부로 알고 함께 인도받아 점유하여 온 사실을 인정한 다음, 특단의 사정이 없는 한 피고는 원고 소유의 위 계쟁토지 부분을 소유의 의사로 선의, 평온, 공연하게 점유하여 왔다고 할 것이므로 그로부터 20년이 경과한 1984. 3. 20. 이 부분 토지를 시효취득하였다고 판시하고, 나아가 1981. 11.경 피고가 위 82평방미터 부분이 원고 김◎명의 소유임을 승인하였다고 인정할 증거는 없고 1989.초순경에 이를 피고에게 매도하여 줄 것을 요청한 바 있으나 매수대금에 관한 견해차로 매수교섭이 결렬된 바 있었다는 사실만으로 피고가 시효이익을 포기하였다고 볼 수 없다고 하여 원고의 주장을 배척하였다. 기록에 의하여 살펴본바, 원심의 위와 같은 사실인정과 판단은 수긍이 가고 거기에 소론과 같은 채증법칙위반, 시효의 중단, 시효이익의 포기, 타주점유에로의 전환 등에 관한 법리오해의 위법은 없다.

▶ **대법원 1998. 11. 10. 선고 98다32878 판결**

(중략) 그러나 이 사건에서는 피고가 위 탁인◎으로부터 매수한 위 204의 100 대지의 공부상 면적은 69평(=228㎡)인데 피고가 인도받은 토지는 270㎡(=228㎡+42㎡)로서 공부상 면적의 118.4%(≒270㎡÷228㎡) 정도인 점, 이 사건 토지 주변이 경사지인 점 등의 형태로 보아 피고가 인도받은 대지의 면적이 공부상의 면적을 초과하여 이 사건 토지를 침범하고 있다는 사실을 알고 있었다고 볼 특별한 사정이 있다고 하기는 어렵다고 할 것이다.

▶ **대법원 1999. 6. 25. 선고 99다5866 · 5873 판결**

(중략) 그런데 이 사건의 경우, 원심이 인정한 사실과 기록에 의하면, 원고가 이 사건 합병 전 제1 토지를 매수할 당시 그 지상에 건축되어 있던 기존 건물의 외벽이 이 사건 토지의 일부를 침범하여 건축되어 있는 바람에 그 외벽이 현실의

경계 구실을 하고 있었는데, 이 사건 토지 중 ㉮, ㉯, ㉱ 부분은 위 기존 건물의 부지 등으로 사용되고 있었던 점, 그 당시 기존 건물의 외벽이 있던 부근에서는 이 사건 토지의 지표면이 이 사건 합병 전 제1 토지의 지표면보다 상당히 높았던 점, 원고는 위 김순◎으로부터 기존 건물의 외벽을 기준으로 하여 그 부지를 매수하여 인도받은 후 약 2개월 후에 위 기존 건물을 철거하고 그 부지를 그대로 사용하여 이 사건 건물을 신축한 점 등을 알 수 있다.

사정이 위와 같다면, 원고가 위 김순◎으로부터 기존 건물의 부지로 소유권이전등기를 경료받은 이 사건 합병 전 제1 토지의 면적이 73㎡인데, 피고 소유의 이 사건 토지 중 원고가 점유하고 있는 ㉮, ㉯, ㉱ 부분의 면적은 합계 27㎡에 이른다는 사실만으로는 원고가 매매 대상인 기존 건물의 부지의 면적이 등기부상의 면적을 상당히 초과하여 이 사건 토지를 침범하고 있다는 사실을 알고 있었다고 보기는 어렵다 할 것이다. 그럼에도 불구하고 원심이 위와 같은 사정 등을 고려하지 아니한 채 위 매매 대상인 기존 건물의 부지로서 인도받은 토지의 면적이 그 등기부상의 면적을 상당히 초과한다는 사실을 원고가 알고 있었다고 인정하고, 이를 전제로 기존 건물이 침범한 이 사건 토지 중 위 ㉮, ㉯, ㉱ 부분에 관하여는 원고가 그 점용권만을 매수한 것으로 보아서 위 토지 부분에 대한 원고의 점유를 타주점유라고 판단하여 ㉮, ㉯, ㉱ 부분에 대하여 취득시효를 원인으로 소유권이전등기를 구하는 원고의 본소청구를 배척하고, 오히려 위 ㉮, ㉯ 부분 지상 이 사건 제1 건물 부분의 철거, 이 사건 토지 중 위 ㉮, ㉯, ㉱ 부분의 인도 및 그 점유・사용으로 인한 부당이득의 반환을 구하는 피고의 반소청구를 인용한 것에는 자주점유에 관한 법리 등을 오해하고 심리를 다하지 아니한 위법이 있다고 할 것이다.

▸ 대법원 2000. 9. 29. 선고 99다58570・58587 판결

자주점유에 관한 법리오해의 점에 관하여 토지를 매수・취득하여 점유를 개시함에 있어서 매수인이 인접 토지와의 경계선을 정확하게 확인하여 보지 아니하여 착오로 인접 토지의 일부를 그가 매수・취득한 토지에 속하는 것으로 믿고서 인접 토지의 일부를 현실적으로 인도받아 점유하고 있다면 인접 토지의 일부에 대한 점유는 소유의 의사에 기한 것이라고 보아야 할 것이다(대법원 1992. 5. 26.

선고 92다2844 · 2851 · 2868 판결, 대법원 1998. 11. 10. 선고 98다32878 판결 등 참조). 기록에 의하면, 이 사건 충남 예산군 응봉면 송덕리 200의 12 임야에 인접하여 정옥◎과 피고가 매수하여 경작하고 있는 같은 리 200의 6 토지가 위치해 있는 사실, 정옥◎과 피고가 이 사건 임야 부분에 대한 점유를 개시할 당시 원고 소유이던 같은 리 40의 2 임야 위에 신작로가 나 있어 이 사건 임야 부분이 외관상 원고 소유의 위 40의 2 임야의 일부로 보이지 아니하고, 오히려 피고 소유의 위 200의 6 토지의 일부로 보일 수 있고, 이 사건 임야 대부분이 위 200의 6 토지에 연결된 경사진 부분인 사실 등을 알 수 있는바, 이 같은 사실을 종합하면 피고와 정옥◎이 이 사건 임야에 대한 점유를 개시할 당시 소유권취득의 원인이 될 수 있는 법률행위 기타 법률요건이 없다는 사실을 잘 알면서 이 사건 임야를 점유하였다고 볼 수는 없다고 할 것이다.

▸ 대법원 2001. 5. 29. 선고 2001다5913 판결

[1] 토지를 매수 · 취득하여 점유를 개시함에 있어서 매수인이 인접 토지와의 경계선을 정확하게 확인하여 보지 아니하여 착오로 인접 토지의 일부를 그가 매수 · 취득한 토지에 속하는 것으로 믿고서 점유하고 있다면 인접 토지의 일부에 대한 점유는 소유의 의사에 기한 것이므로, 자신 소유의 대지 위에 건물을 건축하면서 인접 토지와의 경계선을 정확하게 확인해 보지 아니한 탓에 착오로 건물이 인접 토지의 일부를 침범하게 되었다고 하더라도 그것이 착오에 기인한 것인 이상 그것만으로 그 인접 토지의 점유를 소유의 의사에 기한 것이 아니라고 단정할 수는 없다고 할 것이나, 일반적으로 자신 소유의 대지 위에 새로 건물을 건축하고자 하는 사람은 건물이 자리 잡을 부지 부분의 위치와 면적을 도면 등에 의하여 미리 확인한 다음 건축에 나아가는 것이 보통이라고 할 것이므로, 그 침범 면적이 통상 있을 수 있는 시공 상의 착오 정도를 넘어 상당한 정도에까지 이르는 경우에는 당해 건물의 건축주는 자신의 건물이 인접 토지를 침범하여 건축된다는 사실을 건축 당시에 알고 있었다고 보는 것이 상당하다고 할 것이고, 따라서 그 침범으로 인한 인접 토지의 점유는 권원의 성질상 소유의 의사가 있는 점유라고 할 수 없다.

[2] 그러나 기록에 의하면, 원고가 환지예정지 2,312.43평을 인도받아 1957. 3.

20.경 그 지상에 공장건물을 신축함에 있어서 측량을 한 사실은 인정이 되나, 원고가 침범한 인접 토지인 이 사건 제1 토지 중 판시 225.6㎡와 이 사건 제2 토지 302.5㎡의 위치와 형상이 환지예정지의 변에 인접하여 긴 직사각형의 모양을 하고 있는 점과 그 면적(528.1㎡)이 환지확정된 원고 소유의 토지의 7,621㎡의 7% 정도에 불과하여 그 침범 면적이 통상 있을 수 있는 시공 상의 착오 정도를 넘어 선다고 볼 수 없으므로 원고가 위 담장을 설치하여 이 사건 제1 토지 중 판시 225.6㎡와 이 사건 제2 토지 302.5㎡에 대한 점유를 개시할 당시에 위 담장이 피고 소유의 위 토지들을 침범하여 건축된다는 사정을 알았다고 보기는 어렵다고 할 것이고, 이와 같이 점유의 시초에 자신의 토지에 인접한 타인소유의 토지를 자신 소유의 토지의 일부로 알고서 이를 점유하게 된 자는 나중에 그 토지가 자신 소유의 토지가 아니라는 점을 알게 되었다고 하더라도 그러한 사정만으로는 그 점유가 타주점유로 전환되는 것은 아니라고 할 것이다(대법원 1989. 5. 23. 선고 88다카17785, 17792 판결, 대법원 1996. 5. 28. 선고 95다40328 판결 등 참조).

(2) 취득시효가 부정된 사례(타주점유로 봄)

▶ 대법원 1997. 1. 24. 선고 96다41335 판결

통상 부동산을 매수하려는 사람은 매매계약을 체결하기 전에 그 등기부등본이나 지적공부 등에 의하여 소유관계 및 면적 등을 확인한 다음 매매계약을 체결하므로, 매매 대상 대지의 면적이 등기부상의 면적을 상당히 초과하는 경우에는 특별한 사정이 없는 한 계약 당사자들이 이러한 사실을 알고 있었다고 보는 것이 상당하며, 그러한 경우에는 매도인이 그 초과 부분에 대한 소유권을 취득하여 이전하여 주기로 약정하는 등의 특별한 사정이 없는 한 그 초과 부분은 단순한 점용권의 매매로 보아야 하고, 따라서 그 점유는 권원의 성질상 타주점유에 해당한다.

▶ 대법원 2000. 4. 25. 선고 2000다348 판결

기록에 의하면 원고 장춘◎이 매수한 토지인 서울 노원구 상계동 138의 132 대지와 같은 동 138의 152 대지는 그 공부상 면적이 합계 162㎡인데 반하여, 위 원고가 전 매도인으로부터 이전받아 점유하는 대지의 면적 중에는 ㉮ 부분 26㎡

와 소외 김건일 소유의 같은 동 138의 3 중 원심 판시의 별지 도면표시 ㉯ 13㎡, ㉰ 부분 1㎡ 합계 40㎡가 포함되어 있어, 만일 위 원고가 점유하는 면적이 138의 132 대지와 138의 152 대지 전부와 ㉮, ㉯, ㉰ 부분을 합한 202㎡라면 원고 소유 토지의 공부상 면적을 상당히 초과한다고 보아야 할 것이므로 특별한 사정이 없는 한, ㉮ 부분에 대한 위 원고나 이전 점유자들의 점유는 그 권원의 성질상 타주점유에 해당한다고 보아야 할 것이다.

▸ 대법원 2000. 12. 8. 선고 2000다42977 · 42984 · 42991 판결

기록에 의하면, 소외 최봉◎은 그 면적이 46㎡에 불과한 자신 소유의 통영시 항남동 216의 3 대지 지상에 1층의 바닥면적만 52.46㎡나 되는 콘크리트 벽돌지붕 2층 주택 및 점포를 건축하였고, 그 결과 위 건물은 인접한 소외 오경◎ 소유의 같은 동 197의 38 대 99㎡ 중 3.3㎡, 대한민국 소유의 197의 35 대 2평, 217의 1 대 7㎡, 217의 2 대 10㎡ 중 19㎡ 및 통영시 소유의 위 분할 전의 토지 중 원심 판시 별지 도면 표시 ㉮, ㉯, ㉰ 부분 합계 19㎡를 각 그 부지로 침범하여 건축되었음을 알아 볼 수 있는바, 이와 같은 위 216의 3 대지의 면적과 그 지상에 건축된 건물의 바닥면적 및 그 건물의 부지로 사용된 인접 토지의 침범 면적을 서로 대조하여 살펴보면, 최봉◎국으로서는 자신이 건축하는 건물이 위 분할 전의 토지 중 위 ㉮, ㉯, ㉰ 부분 합계 19㎡를 포함한 인접 토지를 침범하여 건축된다는 사실을 건축 당시에 이미 알고 있었다고 봄이 상당하다고 할 것이고, 따라서 그 점유는 권원의 성질상 소유의 의사가 있는 점유라고는 볼 수 없다고 할 것이다. 그럼에도 불구하고 원심은 최봉◎이 위 분할 전의 토지 중 위 ㉮, ㉯, ㉰ 부분에 대하여 소유의 의사로 점유를 개시하였음을 전제로 그 점유개시일로부터 20년이 되는 1990. 6. 1.이 사건 대지(위 분할 전의 토지는 이 사건 대지와 같은 동 217의 4 대 86㎡로 분할되었고, 그 중 전자는 원고의 단독 소유가 되었다) 중 위 ㉮, ㉯, ㉰ 부분에 관하여 최봉◎의 점유를 승계한 피고의 점유취득시효가 완성되었다고 판단하고 말았으니, 이는 최봉◎의 소유의 의사에 관하여 심리를 충분히 하지 아니하였거나 자주점유에 관한 법리를 오해하여 판결 결과에 영향을 미친 위법을 저지른 것이라고 할 것이다.

▶ **대법원 2005. 6. 23. 선고 2005다13059 판결**

부동산을 매수하려는 사람은 통상 매매계약을 체결하기 전에 그 등기부등본이나 지적공부 등에 의하여 소유관계 및 면적 등을 확인한 다음 매매계약을 체결하므로, 매매로 인하여 점유를 넘겨받게 되는 토지 부분의 면적이 등기부 등 지적공부상의 면적을 상당히 초과하는 경우에는 특별한 사정이 없는 한 계약 당사자들이 이러한 사실을 알고 있었다고 보는 것이 상당하며, 그러한 경우에는 매도인이 그 초과 부분에 대한 소유권을 취득하여 이전하여 주기로 약정하는 등의 특별한 사정이 없는 한, 그 초과 부분은 단순한 점용권의 매매로 보아야 하고 따라서 그 점유는 권원의 성질상 타주점유에 해당한다고 할 것이고(대법원 1997. 1. 24. 선고 96다41335 판결, 대법원 2004. 5. 14. 선고 2003다61054 판결 등 참조), 그와 같이 매도인으로부터 점유를 넘겨받게 되는 토지 중 일부분이 매도인에게 처분권한이 없는 타인 소유의 토지라는 사실을 매수인이 알고 있는 경우에는 매수인은 그 타인 소유 토지의 매수인 점유 부분 전체에 대하여 타주점유를 하는 것이라고 볼 것이지, 그 점유 부분 중 일부 지상에 매수인이 소유하게 되는 건물이 있다고 하여 매수인이 그 건물이 건축된 토지 부분에 대하여만 따로 소유의 의사로서 점유를 한다고 볼 것은 아니다.

원심이, 원고가 이욱◎로부터 매수한 53-11 대지는 그 면적이 131.9㎡이고 이욱◎로부터 점유를 넘겨받게 된 담장 안쪽 토지 중의 일부분(약 70%)에 지나지 않는다는 사실을 원고가 알았다고 봄이 상당하며, 이욱◎가 원고에게 피고 소유인 위 (나), (다), (바)부분 토지의 소유권을 취득하여 이전하여 주기로 약정하였다는 등의 특별한 사정도 보이지 아니한다고 판단하면서도, 그 중 (나)부분 토지에 대하여는 단지 그 지상에 원고가 위 53-11 대지와 함께 매수한 이 사건 건물과 처마가 위치하고 있고 그 면적도 10.4㎡에 지나지 않는다는 이유를 들어, 원고가 그 부분에 한하여 타주점유를 한 것이 아니라고 판단한 것은, 자주점유에 관한 법리를 오해하여 판결 결과에 영향을 미친 위법이 있다고 할 것이므로, 이 점을 지적하는 상고이유의 주장은 그 이유가 있다

(3) 소　　결

결국 이러한 판례들을 분석해 보면 점유자 본인의 땅과 침범한 면적의 비

율, 침범한 면적의 정도 및 토지의 형상, 외벽의 존재와 같은 기존의 경계 현상 등 제반 사정을 고려해서 판단하는 것으로 보인다. 그 결과 침범자가 자신이 이웃의 땅인 것을 알거나 알 수 있었을 경우에는 점유취득시효가 부정되고, 실수로 침범하는 등 자신이 경계 침범 사실을 알 수 없었을 경우에는 점유취득시효를 인정하고 있는 것이다. 판례들을 구체적으로 분석해 보면 점유취득시효를 주장하는 사람이 침범한 면적이 자신의 땅의 면적에 비해 20% 이내의 경우는 통상 자주점유로 보아 점유취득시효를 인정해 주는 경향이 있다. 다만 예외적으로 20%가 넘어도 토지의 형질상 고저차이, 담벼락의 존재 경계현상 등으로 보아 점유자가 기존의 경계를 진실한 것으로 착각할 수 있는 다른 특별한 사정이 있는 경우는 자주점유로 인정해 주는 경우도 있다(위 대법원 1999. 6. 25. 선고 99다5866 판결 참조).

나. 부동산의 일부에 관한 점유도 인정되나?

점유는 반드시 독립한 물건, 즉 1필지의 토지 또는 1동의 건물에 관해 해야 하는가가 문제된다. 토지의 일부에 관한 점유도 취득시효가 인정된다.

▸ 대법원 1965. 1. 19. 선고 64다1254 판결

공부상 아직 분필되지 않은 토지의 일부라도 요건을 갖추면 그 부분에 관하여 취득시효가 완성되고 권리의 득실이 생길 수 있는 것이고 수인이 분필되지 아니한 토지를 일부분씩 각기 점유한 탓으로 각기 그 점유부분에 관하여 취득시효로 인한 권리취득의 현상이 생겼다 하여 일물일권주의의 법리에 어그러진 것이라고 말할 수 없다.

하지만 등기를 하려면 먼저 점유취득시효가 완성된 토지부분의 분필절차를 밟은 후에 시효취득의 등기를 하여야 한다.

다. 부동산 공유자의 1인이 공유물 전체를 점유하는 경우

(1) 부동산이 공유로 되어 있는데 그 중 공유자 한 사람이 부동산 전체를 점유하고 있는 경우가 있다. 특히 상속으로 공유가 되었는데 공유자 중 한 사

람이 전체를 관리하고 나머지 사람들은 외국에서 사는 경우에 이런 사례가 종종 발생하곤 한다. 이 경우 점유하고 있는 공유자 한 사람이 부동산 전체에 대해 점유취득시효를 주장할 수 있는가가 문제된다. 이에 대한 대법원은 원칙적으로 이런 경우에는 자주점유를 인정하지 않는다. 즉 이 경우에는 공유자 1인이 다른 공유자의 지분에 관하여 타주점유를 하는 것이므로 점유취득시효가 인정되지 않는다는 것이다(대법원 1995. 1. 12. 선고 94다19884 판결; 대법원 2008. 9. 25. 선고 2008다27752 판결).

▶ **대법원 1995. 1. 12. 선고 94다19884 판결**

그리고 원심이 인정한 바와 같이 원래 이 사건 부동산에 관하여 1927. 7. 19. 소외 박준◎, 박광◇, 박규△, 박진☆ 공유로 소유권이전등기가 경료되었다면, 다른 특별한 사정이 없는 한, 위 부동산은 위 4인의 공유이었다고 추정할 것이고, 공유부동산은 공유자 1인이 전부를 점유하고 있다고 하여도 다른 특별한 사정이 없는 한 권원의 성질상 다른 공유자의 지분비율의 범위 내에서는 타주점유라고 볼 수밖에 없으므로, 위 망 박준◇가 이 사건 부동산 전부를 점유하였다고 하더라도 다른 특별한 사정이 없다면 4분의 3지분의 범위 내에서는 타주점유이었다고 보아야 하고 위 망 박준◇의 상속인인 피고의 이 사건 부동산에 대한 점유 역시, 피고가 새로운 권원에 의하여 이 사건 부동산에 대한 점유를 개시하였다던가 다른 공유자에게 소유의 의사를 표시하였다고 볼 자료가 없는 한, 위 지분의 범위 내에서는 타주점유라고 보아야 할 것이다.

(2) 하지만 구분소유적 공유관계에서 자주점유 권원을 주장하는 경우에는 사정이 다르다. 구분소유적 공유관계라 함은 공유관계지만 사실상 내부적으로 지분을 나눠서 각자 따로따로 점유하여 사용·수익하는 것을 의미한다. 이와 같은 구분소유적 공유관계에서 어느 특정된 부분만을 소유·점유하고 있는 공유자가 매매 등과 같이 종전의 공유지분권과는 별도의 자주점유가 가능한 권원에 의하여 다른 공유자가 소유·점유하는 특정된 부분을 취득하여 점유를 개시하였다고 주장하는 경우에는 상대방이 타주점유를 증명해야 한다.

▶ 대법원 2013. 3. 28. 선고 2012다68750 판결

구분소유적 공유관계에서 어느 특정된 부분만을 소유·점유하고 있는 공유자가 매매 등과 같이 종전의 공유지분권과는 별도의 자주점유가 가능한 권원에 의하여 다른 공유자가 소유·점유하는 특정된 부분을 취득하여 점유를 개시하였다고 주장하는 경우에는 취득 권원이 인정되지 않는다고 하더라도 그 사유만으로 자주점유의 추정이 번복된다거나 점유권원의 성질상 타주점유라고 할 수 없고, 상대방에게 타주점유에 대하여 증명할 책임이 있다.

라. 등기부취득시효의 점유는 전 소유자의 점유도 승계되는가?

이 점에 관해 대법원은 과거에는 소유자로 등기된 시점과 점유시점이 모두 10년간 계속되어야 한다고 했으나 전원합의체 판결로 변경하였다. 즉 이제는 등기시효취득자의 명의로 반드시 10년간 등기되어야 하는 것은 아니며, 전주명의(前主名義)의 등기기간까지 포함해서 10년이 되면 등기부취득시효는 완성된다.

▶ 대법원 1989. 12. 26. 선고 87다카2176 전원합의체 판결

등기부취득시효에 관하여 민법 제245조 제2항은 "부동산의 소유자로 등기한 자가 10년간 소유의 의사로 평온, 공연하게 선의이며 과실 없이 그 부동산을 점유한 때에는 소유권을 취득한다"고 규정하고 있는데 그 뜻은 위 규정에 의하여 소유권을 취득하는 자는 10년간 반드시 그의 명의로 등기되어 있어야 하는 것은 아니고 앞사람의 등기까지 아울러 그 기간 동안 부동산의 소유자로 등기되어 있으면 된다는 것으로 풀이하여야 할 것이다. 왜냐하면 등기부취득시효에 있어서의 등기와 점유는 권리의 외관을 표상하는 방법에서 동등한 가치를 가진다 할 것이므로 등기에 관하여서도 점유의 승계에 관한 민법 제199조를 유추 적용함이 타당할 뿐만 아니라 위 규정이 "부동산의 소유자로 등기한 자"라는 문언을 썼다 하여 반드시 그 앞사람의 등기를 거기에서 배제하는 것이라고는 볼 수 없기 때문이다. 더구나 구 의용민법 제162조 제2항의 단기취득시효에 있어서는 거기에서 규정한 10년간의 점유만으로도 바로 소유권을 취득하였던 것인데 현행 민법이 물권변동에 관하여 형식주의를 채택하는 과정에서 등기부취득시효제도를 도입하여 점유 외에 등기를 갖추게 함으로써 그에 의한 소유권취득을 훨씬 어렵게

하는 한편, 민법 제245조 제1항이 규정하는 점유취득시효의 요건인 점유에 있어서의 평온, 공연 외에 선의, 무과실을 더 추가하면서도 그 기간을 20년에서 10년으로 단축한 것이므로 이와 같은 입법의 배경이나 취지로 보아 민법 제245조 제2항이 규정한 "부동산의 소유자로 등기한 자"를 위와 같이 해석하는 것이 물권변동에 관하여 형식주의를 취하면서도 등기에 공신력을 주고 있지 아니한 현행 법체계하에서 등기를 믿고 부동산을 취득한 자를 보호하려는 등기부취득시효제도에 부합한다 할 것이다. 따라서 이 견해에 어긋나는 당원 1968. 7. 16. 선고 67다752 판결; 대법원 1971. 7. 29. 선고 71다1132 판결; 대법원 1979. 4. 24. 선고 78다2373 판결; 대법원 1980. 7. 22. 선고 80다780 판결; 대법원 1983. 3. 8. 선고 80다3198 판결; 대법원 1985. 1. 29. 선고 83다카1730 판결 등은 모두 폐기하기로 한다.

마. 타주점유자의 상속인은 타주점유도 승계하나?

상속에 의하여 점유권을 취득한 경우에는 상속인은 새로운 권원에 의하여 자기 고유의 점유를 개시하지 않는 한 피상속인의 점유를 떠나 자기만의 점유를 주장할 수 없다. 따라서 선대의 점유가 타주점유인 경우, 선대로부터 상속에 의하여 점유를 승계한 자의 점유도 상속 전과 그 성질 내지 태양을 달리 하는 것이 아니어서, 특단의 사정이 없는 한, 그 점유가 자주점유로는 될 수 없고, 그 점유가 자주점유로 되기 위하여서는 점유자가 소유자에 대하여 소유의 의사가 있는 것을 표시하거나 새로운 권원에 의하여 다시 소유의 의사로써 점유를 시작하여야만 한다(대법원 1995. 1. 12. 선고 94다19884 판결).

바. 상속인에게도 취득시효를 주장할 수 있나?

정답 상속인에게 이전된 것은 소유자의 변경으로 보지 않으므로 상속인에게도 취득시효 주장할 수 있다.

▶ 대법원 1998. 4. 14. 선고 97다44089 판결

토지에 대한 점유로 인한 취득시효 완성 당시 미등기로 남아 있던 토지에 관하여 소유권을 가지고 있던 자가 취득시효 완성 후에 그 명의로 소유권보존등기를 마쳤다 하더라도 소유자에 변경이 있다고 볼 수 없으며, 그러한 등기 명의자로부터 상속을 원인으로 소유권이전등기를 마친 자가 있다 하여도 취득시효 완성을 주장할 수 있는 시점에서 역산하여 취득시효 기간이 경과되면 그에게 취득시효 완성을 주장할 수 있다. 점유시효취득 대상인 미등기 토지에 대하여 소유자의 상속인 명의로 구 소유권이전등기 등에 관한 특별조치법(1977. 12. 31. 법률 제3094호로 제정되어 1978. 12. 6. 법률 제3159호로 개정된 것)에 따른 소유권보존등기가 마쳐졌다 하여도 이는 시효취득에 영향을 미치는 소유자 변경에 해당하지 아니한다.

사. 취득시효 완성 후 점유자가 등기 이전하기 전에 제3자에게 소유권이 넘어간 경우의 법률관계는?

원칙적으로 시효로 취득한 자는 시효완성 당시의 소유자에게만 취득시효를 주장할 수 있을 뿐 그 후 소유권이 제3자에게 넘어간 경우 그 제3자에게는 취득시효를 주장하지 못한다(단, 앞서 점유의 기산일에 관해 설명한 바와 같이 2차 점유취득시효가 완성된 경우는 예외). 하지만 제3자 앞으로 넘어간 등기가 통정허위표시, 명의신탁 등 무효인 경우는 어떤가? 이 경우는 취득시효를 주장하는 자는 전 소유자를 대위하여 말소를 구할 수 있다

▸ 대법원 1993. 9. 14. 선고 93다12268 판결

취득시효가 완성된 후 점유자가 그 등기를 하기 전에 경료된 제3자 명의의 등기가 원인무효인 경우에는 점유자는 취득시효 완성 당시의 소유자를 대위하여 위 제3자 앞으로 경료된 원인무효인 등기의 말소를 구함과 아울러 위 소유자에게 취득시효 완성을 원인으로 한 소유권이전등기를 구할 수 있다.

Ⅲ. 소멸시효

소멸시효는 소유권 이외의 권리, 예컨대 채권 등에 적용된다. 이는 원칙적으로 부동산법과는 크게 상관이 없고 오히려 채권편에서 논해지는 분야이지만 취득시효와 대조해 설명하기로 한다. 특히 민사 실무상 소멸시효는 매우 중요한 분야이기도 하다.

1. 소멸시효 기간

가. 보통의 채권

보통의 채권의 소멸시효는 10년이다(민법 162조 1항). 그러나 상행위로 인한 채권은 상법상 5년의 소멸시효에 해당된다(상법 64조).

나. 3년의 단기소멸시효(민법 163조)

다음 각 호의 채권은 3년간 행사하지 아니하면 소멸시효가 완성한다.

① 이자, 부양료, 급료, 사용료 기타 1년 이내의 기간으로 정한 금전 또는 물건의 지급을 목적으로 한 채권
② 의사, 조산사, 간호사 및 약사의 치료, 근로 및 조제에 관한 채권
③ 도급받은 자, 기사 기타 공사의 설계 또는 감독에 종사하는 자의 공사에 관한 채권
④ 변호사, 변리사, 공증인, 공인회계사 및 법무사에 대한 직무상 보관한 서류의 반환을 청구하는 채권
⑤ 변호사, 변리사, 공증인, 공인회계사 및 법무사의 직무에 관한 채권
⑥ 생산자 및 상인이 판매한 생산물 및 상품의 대가
⑦ 수공업자 및 제조자의 업무에 관한 채권

다. 1년의 단기소멸시효(민법 164조)

다음 각 호의 채권은 1년간 행사하지 아니하면 소멸시효가 완성한다.

① 여관, 음식점, 대석, 오락장의 숙박료, 음식료, 대석료, 입장료, 소비물의 대가 및 체당금의 채권
② 의복, 침구, 장구 기타 동산의 사용료의 채권
③ 노역인, 연예인의 임금 및 그에 공급한 물건의 대금채권
④ 학생 및 수업자의 교육, 의식 및 유숙에 관한 교주, 숙주, 교사의 채권

라. 판결 등에 의하여 확정된 채권의 소멸시효(민법 165조)

판결에 의하여 확정된 채권은 단기의 소멸시효에 해당한 것이라도 그 소멸시효는 10년으로 한다. 파산절차에 의하여 확정된 채권 및 재판상의 화해, 조

정 기타 판결과 동일한 효력이 있는 것에 의하여 확정된 채권도 위와 같다. 다만 위와 같은 경우라도 판결확정 당시에 변제기가 도래하지 아니한 채권에는 적용되지 않는다.

2. 상사소멸시효는 어느 경우에 적용되나?

가. 상인의 개념 — 당연상인

상인은 자기 명의로 상행위를 하는 자를 말한다(상법 4조). 여기서 말하는 상행위는 '영업으로' 하는 경우여야 하는데 구체적 상행위의 예시는 상법 제46조에 열거하고 있다. 이를 '당연상인'이라고 부른다. 그 외 담보부사채신탁법(23조)은 사채의 인수를 상행위로 규정하고 있다.

※ 상법상 상행위(상법 46조)

영업으로 하는 다음의 행위를 상행위라 한다. 그러나 오로지 임금을 받을 목적으로 물건을 제조하거나 노무에 종사하는 자의 행위는 그러하지 아니하다.

1. 동산, 부동산, 유가증권 기타의 재산의 매매
2. 동산, 부동산, 유가증권 기타의 재산의 임대차
3. 제조, 가공 또는 수선에 관한 행위
4. 전기, 전파, 가스 또는 물의 공급에 관한 행위
5. 작업 또는 노무의 도급의 인수
6. 출판, 인쇄 또는 촬영에 관한 행위
7. 광고, 통신 또는 정보에 관한 행위
8. 수신·여신·환 기타의 금융거래
9. 공중(公衆)이 이용하는 시설에 의한 거래
10. 상행위의 대리의 인수
11. 중개에 관한 행위
12. 위탁매매 기타의 주선에 관한 행위
13. 운송의 인수
14. 임치의 인수
15. 신탁의 인수
16. 상호부금 기타 이와 유사한 행위

17. 보험
18. 광물 또는 토석의 채취에 관한 행위
19. 기계, 시설, 그 밖의 재산의 금융리스에 관한 행위
20. 상호·상표 등의 사용허락에 의한 영업에 관한 행위
21. 영업상 채권의 매입·회수 등에 관한 행위
22. 신용카드, 전자화폐 등을 이용한 지급결제 업무의 인수

판례에 의하면, 골재채취를 영업으로 하는 자(대법원 1989. 6. 27. 선고 89다카2957 판결) 복덕방과 부동산중개업을 동업으로 운영하는 조합체(대법원 1995. 4. 21. 선고 94다36643 판결) 등은 당연상인이지만, 낙찰계의 계주는 상행위를 하는 자가 아니므로 당연상인이 아니다(대법원 1993. 9. 10. 선고 93다21705 판결).

▸ 대법원 1993. 9. 10. 선고 93다21705 판결

[1] 낙찰계는 계주의 개인사업으로 운영되는 상호신용금고법 제2조 소정의 상호신용계에 유사한 무명계약의 일종인데 매월 낙찰받아 계금을 수령한 계원이 불입할 불입금을 공제한 나머지를 균등분할한 금액을 계불입금으로 불입하는 것은 계주로부터 대여받은 금원에 해당하는 계금에 관한 원리금변제의 성질을 가지고 있다고 새겨야 할 것이고, 따라서 계불입금채권은 채권관계가 일시에 발생하여 확정되고 변제방법에 있어서 매월 분할변제로 정하여진 것에 불과하여 기본이 되는 정기금채권에 기한 채권이라고 할 수 없기 때문에 3년의 소멸시효가 적용되는 채권이라고 할 수 없고, 계불입금채권을 원금부분과 이자부분으로 나누어 이자부분에 관하여만 3년의 소멸시효가 적용된다고 할 것도 아니다.

[2] 계주가 여러 개의 낙찰계를 운영하여 얻은 수입으로 가계를 꾸려 왔다 할지라도 계주가 상인적 방법에 의한 영업으로 계를 운영한 것이 아니라면 계주를 상법 제5조 제1항 소정의 의제상인이나 같은 법 제46조 제8호 소정의 대금, 환금 기타 금융거래를 영업으로 운영한 것에 해당한다고 볼 수 없으므로 위 계불입금채권을 5년의 소멸시효가 적용되는 상사채권으로 볼 수 없다.

나. 상인 개념의 확대 — 의제상인

점포 기타 유사한 설비에 의하여 상인적 방법으로 상행위 이외의 영업을 하는 자 및 상행위 이외의 영업을 하는 회사를 '의제상인'이라고 한다.

다. 상사소멸시효의 적용?

'상행위로 인한 채권'이란 기본적 상행위는 물론 보조적 상행위, 쌍방적 상행위와 일방적 상행위 모두 포함된다. 관련판례를 살펴보면 다음과 같다.

(1) 보조적 상행위(상법 47조)의 예

▸ 대법원 1995. 4. 21. 선고 94다36643 판결

부동산중개업자의 금원대여 행위를 상법 제47조에 의하여 영업을 위하여 한 상행위로 추정함이 상당하다 하여, 이로 인하여 발생한 채권은 상사채권으로서 5년의 상사시효의 적용을 받게 된다.

(2) 일방적 상행위의 예

▸ 대법원 2008. 4. 10. 선고 2007다91251 판결

상인이 사업자금을 조달하기 위하여 계에 가입한 경우, 계주가 위 상인에 대하여 가지는 계불입금채권은 상사채권에 해당하여 5년의 소멸시효기간이 적용된다.

▸ 대법원 2012. 4. 13. 선고 2011다104246 판결

[1] 상법은 점포 기타 유사한 설비에 의하여 상인적 방법으로 영업을 하는 자는 상행위를 하지 아니하더라도 상인으로 보면서(제5조 제1항), 제5조 제1항에 의한 의제상인의 행위에 대하여 상사소멸시효 등 상행위에 관한 통칙 규정을 준용하도록 하고 있다(제66조). 한편 영업의 목적인 상행위를 개시하기 전에 영업을 위한 준비행위를 하는 자는 영업으로 상행위를 할 의사를 실현하는 것이므로 준비행위를 한 때 상인자격을 취득함과 아울러 개업준비 행위는 영업을 위한 행위로서 최초의 보조적 상행위가 되는 것이고, 이와 같은 개업준비 행위는 반드시 상호등기 · 개업광고 · 간판부착 등에 의하여 영업의사를 일반적 · 대외적으로 표시할 필요는 없으나 **점포구입 · 영업양수 · 상업사용인의 고용 등 준비행위의 성**

질로 보아 영업의사를 상대방이 객관적으로 인식할 수 있으면 당해 준비행위는 보조적 상행위로서 여기에 상행위에 관한 상법의 규정이 적용된다. 그리고 영업자금 차입 행위는 행위 자체의 성질로 보아서는 영업의 목적인 상행위를 준비하는 행위라고 할 수 없지만, 행위자의 주관적 의사가 영업을 위한 준비행위이었고 상대방도 행위자의 설명 등에 의하여 그 행위가 영업을 위한 준비행위라는 점을 인식하였던 경우에는 상행위에 관한 상법의 규정이 적용된다고 봄이 타당하다.

[2] 甲이 학원 설립과정에서 영업준비자금으로 乙에게서 돈을 차용한 후 학원을 설립하여 운영한 사안에서, 제반 사정에 비추어 甲이 운영한 학원업은 점포 기타 유사한 설비에 의하여 상인적 방법으로 영업을 하는 경우에 해당하여 甲은 상법 제5조 제1항에서 정한 '의제상인'에 해당하는데, 甲의 차용행위는 학원영업을 위한 준비행위에 해당하고 상대방인 乙도 이러한 사정을 알고 있었으므로 차용행위를 한 때 甲은 상인자격을 취득함과 아울러 차용행위는 영업을 위한 행위로서 보조적 상행위가 되어 상법 제64조에서 정한 상사소멸시효가 적용된다.

라. 소　결

이와 같이 상사소멸시효는 당연상인은 물론 의제상인에게도 적용되며, 나아가 기본적 상행위는 물론 보조적 상행위, 일방적 상행위 등에 광범위하게 인정된다. 그러므로 점포를 구입하고 종업원을 고용하는 등 구체적인 개업준비에 들어간 사람에게 사업자금조로 돈을 빌려준 경우에도 상사소멸시효인 5년이 적용되므로 채권자의 입장에서는 각별한 주위를 요한다. 실무상 이러한 채권자들이 자신이 상인이 아니고 상대방도 아직 개업 전이므로 상인이 아니라고 판단하여 민사소멸시효 10년으로 착각하였다가 시효완성으로 소송에서 지는 경우가 종종 있다.

제3장

법정지상권—건물소유자를 보호하는 제도

제 3 장 법정지상권ㅡ건물소유자를 보호하는 제도

Ⅰ. 제도의 취지

요즘 토지와 그 지상 건물을 소유하고 있는 사람이 토지와 건물에 관하여 공동저당권을 설정한 후, 낡은 가옥을 헐고 연립주택이나 다세대주택을 재축하는 경우가 많다. 문제는 그 후 건물을 철거하고 새 건물을 신축하였는데 저당권의 실행으로 토지가 경락됨으로써 대지와 건물의 소유자가 달라졌을 경우, 토지에 관하여 신축건물을 위한 법정지상권이 성립하는지 여부가 쟁점이 되고 있다. 법정지상권이란 경매로 토지소유자와 건물소유자가 달라졌을 때 일정한 요건하에 건물소유자를 보호하는 제도이다. 토지와 건물이 원래는 같은 소유자의 소유였는데, 토지나 건물 어느 한쪽만이 경매에 회부되어 결국 소유자가 달라졌을 때 법정지상권이 인정되면 건물소유주는 건물을 철거하지 않아도 된다. 이렇게 되면, 토지를 낙찰받는 입장에서는 건물을 철거할 수 없게 되므로 이러한 토지를 낙찰받을 때는 특히 주의가 필요하다. 법정지상권과 대비되는 것은 약정지상권인데 이는 당사자 사이의 지상권설정계약에 의해 설정되는 지상권이다.

〈서식〉

지상권 설정계약서

지상권설정자 겸 소유자 ○○○(이하 "갑"이라 한다)와 지상권자 ○○주식회사(이하 "을"이라 한다)는 아래와 같이 지상권설정계약을 체결한다.

제 1 조【지상권의 설정】

지상권설정자는 자기 소유인 끝에 쓴 부동산(토지)에 대하여 건물 및 공작물의 소유를 목적으로 위 지상권자에게 지상권을 설정한다.

제 2 조【자료 및 제공과】

이 지상권에 대한 자료는 없고 이 계약을 맺은 때로부터 토지에 대한 모든 제세공과금과 보존상 필요한 일체의 비용은 지상권설정자가 부담한다.

제 3 조【기 한】

이 지상권의 존속기간은 20 년 월 일로부터 만 ○년으로 한다.

제 4 조【지상권의 처분】

지상권설정자는 지상권자가 타인에게 그 권리를 양도하거나 그 권리의 존속기간 내에 그 토지를 임대하더라도 이의를 제기할 수 없다.

제 5 조【토지의 처분 변경】

1. 지상권설정자는 사전에 지상권자의 승낙없이 지상권의 목적토지에 대한 소유권의 이전, 저당권 및 기타 권리의 설정, 토지에 공작물의 축조 또는 기타 그 현상을 변경하지 못한다.
2. 지상권의 목적토지에 멸실훼손, 공용징수 기타 사유로 인하여 이상이 생기거나 생길 우려가 있는 경우에는 지상권설정자는 이를 지상권자의 지시에 의하여 처리하여야 한다.

제 6 조【배상책임】

이 계약상 지상권설정자의 고의·과실로 인하여 지상권자에게 손해가 생겼을 때는 지상권설정자가 배상책임을 진다.

제 7 조【제비용】

지상권설정 등 등기비용과 지상권등기사항 변경으로 인한 비용 및 지상권 말소비용 일체는 지상권설정자의 부담으로 한다.

제 8 조 【 지상권의 소멸 】

지상권자는 이 지상권이 소멸한 때에는 토지를 원상복구하여 토지소유자에게 반환하거나 토지소유자에게 지상권자가 설치한 건물 또는 공작물을 반환받았을 때의 시가로 매수할 것을 요구할 수 있다.

제 9 조 【 재판 관할 】

본 계약에 관하여 소송의 필요가 생긴 때에는 서울민사지방법원(본원)을 관할법원으로 한다.

제10조 【 특약사항 】

상기 계약 일반사항 이외에 아래 내용을 특약사항으로 정하며, 일반사항과 특약사항이 상충되는 경우에는 특약사항을 우선하여 적용하도록 한다.

위와 같이 계약을 체결하고 계약서 2통을 작성, 서명 날인 후 "갑"과 "을"이 각각 1통씩 보관한다.

계약일자 : 20 년 월 일

갑 김 갑 동 (주소) 을 홍 길 동 (주소)

Ⅱ. 법정지상권의 종류

법정지상권에는 크게 법에 의해 인정되는 네 가지 종류의 법정지상권과 판례에 의해 인정되는 관습법상 법정지상권이 있다.

1. 건물의 전세권자(민법 305조 1항)

대지와 건물이 동일한 소유자에 속한 경우에 건물에 전세권을 설정한 때에는 그 대지소유권의 특별승계인은 전세권설정자에 대하여 지상권을 설정한 것으로 본다. 그러나 지료는 당사자의 청구에 의하여 법원이 이를 정한다. 이 경우에 대지소유자는 타인에게 그 대지를 임대하거나 이를 목적으로 한 지상권 또는 전세권을 설정하지 못한다.

2. 건물의 경매낙찰자(민법 366조)

저당물의 경매로 인하여 토지와 그 지상건물이 다른 소유자에 속한 경우에는 토지소유자는 건물소유자에 대하여 지상권을 설정한 것으로 본다. 그러나 지료는 당사자의 청구에 의하여 법원이 이를 정한다.

3. 가등기에 기한 본등기에 의한 건물취득자(가담법 10조)

토지와 그 위의 건물이 동일한 소유자에게 속하였는데, 그 토지나 건물에 대하여 채권자가 양도담보를 설정한 뒤 청산절차를 걸쳐 소유권을 취득하거나 담보가등기를 설정한 뒤 청산기간을 지나 본등기가 행하여지는 바람에 건물과 토지의 소유관계가 달라진 경우에는 그 건물의 소유를 목적으로 그 토지 위에 지상권이 설정된 것으로 본다. 이 경우 그 존속기간과 지료는 당사자의 청구에 의하여 법원이 정한다.

4. 입목의 경매낙찰자(입목에 관한 법률 6조)

입목의 경매나 그 밖의 사유로 토지와 그 입목이 각각 다른 소유자에게 속하게 되는 경우에는 토지소유자는 입목소유자에 대하여 지상권을 설정한 것으로 본다.

5. 관습상 법정지상권

위와 같은 법 규정에 의한 것이 아니라 판례에 의해 인정되는 법정지상권이다. 이는 경매를 제외하고 매매 기타 원인에 의하여 동일인이 소유하던 토지와 그 지상건물이 소유자를 달리하게 된 경우에는 당사자들 사이에 약정을 통하여 건물을 철거한다는 약정이 없는 한 역시 지상권이 인정되는 제도인데 이것을 '관습상의 법정지상권'이라고 부른다.

Ⅲ. 법정지상권의 성립요건

1. 독립된 건물의 존재

법정지상권이 성립되려면 독립된 건물이 존재하여야 한다. 건물이 아닌 수

목이나 기타 공작물에 대해서는 법정지상권이 인정되지 않는다. 그러므로 단순한 지상구조물인 경우는 독립된 건물로 볼 수 없다.

가. 자전거보관소, 철봉

법정지상권이 성립되지 않는다(대법원 1993. 2. 23. 선고 92다49218 판결).

나. 유류탱크

콘크리트 기초 위에 축조된 유류탱크는 폐유 등을 저장하기 위한 직육면체 형태의 철구조물로서 기둥이나 주벽 등 건물이 갖추어야 할 구조를 지니지 못하였을 뿐만 아니라 쉽게 해체되거나 이동될 수 있는 것이어서 독립된 건물로 볼 수 없으므로 법정지상권이 인정되지 않는다(부산고등법원 2007. 5. 11. 선고 2006나20306 판결).

다. 집진설비, 컨테이너, 파이프배관

위와 같은 구조물은 그 위치, 기능 및 형태 등에 비추어 볼 때 사회통념상 독립된 '건물'로 볼 수 없고, 건물의 불가분적 구성부분으로서 건물의 일부에 해당된다고 볼 수도 없으므로 법정지상권이 성립되지 않는다(인천지방법원 2005. 4. 1. 선고 2004나9176 판결).

라. 에이치빔(H－beam)

토지에 골프연습장 및 예식장을 건축하기 위하여 터파기공사를 마친 후 토사붕괴방지를 위하여 에이치빔(H－beam) 철골구조물만을 설치한 상태에서 공사가 중단된 경우, 그 구조물은 그 건물의 규모, 종류가 외형상 예상할 수 있는 정도까지 건축이 진전되어 있는 건축 중의 건물에 해당한다고 할 수 없으므로 법정지상권이 인정되지 않는다(대법원 2004. 2. 13. 선고 2003다29043 판결).

마. 정화조 : 법정지상권 인정

반면 대법원은 '정화조'의 경우는 이를 건물의 구성부분으로 보아 법정지상권이 성립된다고 보고 있다.

▸ **대법원 1993. 12. 10. 선고 93다42399 판결**

정화조는 건축법시행령 제47조, 오수, 분뇨 및 축산폐수의 처리에 관한 법률 제2조 제5호에 따라 수세식 화장실에서 배출하는 오수의 정화처리를 위하여 필수적으로 설치되어야 하고, 또 기록에 의하면, 이 사건 정화조가 위 3층 건물의 대지가 아닌 인접한 다른 필지의 지하에 설치되어 있기는 하지만 위 3층 건물 화장실의 오수처리를 위하여 위 건물 옆 지하에 바로 부속하여 설치되어 있음을 알 수 있어 독립된 물건으로서 종물이라기보다는 위 3층 건물의 구성 부분으로 보아야 할 것이다.

위 사례는 원심에서는 법정지상권이나 관습법상의 법정지상권 취득의 주장에 대하여는 위 법정지상권은 그 목적물이 건물에 한하고 건물 이외의 시설물은 여기에 포함되지 않는다는 이유로 이를 배척하였으나, 대법원은 정화조는 종물이 아니라 독립된 물건이고, 3층 건물의 구성부분으로 보아야 하므로 결국 독립된 건물의 일부로 법정지상권이 인정된다고 원심을 뒤집은 것이다.

※ 사례별 연구

가. 무허가 또는 미등기 건물도 독립된 건물인가?

정답 독립된 건물로 본다.

▸ **대법원 1988. 4. 12. 선고 87다카2404 판결**

동일인의 소유에 속하였던 토지와 건물이 매매, 증여, 강제경매, 국세징수법에 의한 공매 등으로 그 소유권자를 달리하게 된 경우에 그 건물을 철거한다는 특약이 없는 한 건물소유자는 그 건물의 소유를 위하여 그 부지에 관하여 관습상의 법정지상권을 취득하는 것이고 그 건물은 건물로서의 요건을 갖추고 있는 이상 무허가건물이거나 미등기 건물이거나를 가리지 않는다.

나. 건축 중인 건물, 어느 정도여야 법정지상권 인정받나?

(1) 원칙적으로 기둥, 지붕, 주벽 등 외관 갖춰야 한다

만약 토지에 대해 저당권을 설정할 당시 토지소유자가 그 지상에 건물을 짓고 있는 경우에도 그에게 건물에 대한 법정지상권이 인정될까? 이것은 경우에 따라 다르다. 즉 건물의 완성도에 따라 법정지상권의 성부가 결정된다. 원칙적으로 기둥, 지붕, 주벽 등 외관 갖춰야 법정지상권이 인정된다.

▸ 대법원 2004. 2. 13. 선고 2003다29043 판결

민법 제366조의 법정지상권은 저당권설정 당시 동일인의 소유에 속하던 토지와 건물이 경매로 인하여 양자의 소유자가 다르게 된 때에 건물의 소유자를 위하여 발생하는 것으로서, 토지에 관하여 저당권이 설정될 당시 토지 소유자에 의하여 그 지상에 건물을 건축 중이었던 경우 그것이 사회관념상 독립된 건물로 볼 수 있는 정도에 이르지 않았다 하더라도 건물의 규모, 종류가 외형상 예상할 수 있는 정도까지 건축이 진전되어 있었고, 그 후 경매절차에서 매수인이 매각대금을 다 낸 때까지 최소한의 기둥과 지붕 그리고 주벽이 이루어지는 등 독립된 부동산으로서 건물의 요건을 갖추어야 법정지상권의 성립이 인정된다.

여기서 주의할 점은 건물의 요건을 갖춰야 할 시점이 경락인이 '매각대금을 완납한 시점(=소유권 취득시점)'이라는 점이다. 즉 저당권이 설정될 당시 건축이 시작되었다면 그 저당권자는 당연히 그 토지에 장차 건물이 완성될 것을 예상해 저당물을 평가했을 것이기 때문에 법정지상권의 부담을 안게 된다. 다만 경락대금을 완납한 시점이 바로 토지와 건물의 소유권이 달라지는 시점인데 그 당시까지 독립된 부동산으로서의 요건이 성립되지 않을 경우에는 그 건축물은 건물로 평가되지 못하므로 토지의 부합물로 취급된다. 따라서 적어도 그 시점까지는 독립된 건물의 외관을 갖춰야만 법정지상권을 갖게 되는 것이다.

(2) 구분소유권의 대상이 될 수 있는 구조의 경우

이 경우는 구분소유권의 대상이 될 구조가 독립된 건물의 외관을 갖추었으면 족하다고 본다.

▶ 대법원 2003. 5. 30. 선고 2002다21592 · 21608 판결

신축 건물이 경락대금 납부 당시 이미 지하 1층부터 지하 3층까지 기둥, 주벽 및 천장 슬라브 공사가 완료된 상태이었을 뿐만 아니라 지하 1층의 일부 점포가 일반에 분양되기까지 하였다면, 비록 토지가 경락될 당시 신축 건물의 지상층 부분이 골조공사만 이루어진 채 벽이나 지붕 등이 설치된 바가 없다 하더라도, 지하층 부분만으로도 구분소유권의 대상이 될 수 있는 구조라는 점에서 신축 건물은 경락 당시 미완성 상태이기는 하지만 독립된 건물로서의 요건을 갖추었다.

다. 건물의 증축, 개축, 재축, 신축의 경우는 어떠한가?

(1) 원칙 — 구건물 기준으로 법정지상권 인정

저당권 설정 당시의 건물을 그 후 증 · 개축한 경우는 물론이고 그 건물이 멸실되거나 철거된 후 재건축, 신축한 경우에도 법정지상권은 소멸되지 않고 유효하다. 이 경우 신 · 구건물 사이에 동일성이 있거나 소유자가 동일할 것을 요하는 것도 아니다. 다만 법정지상권의 내용인 존속기간, 범위 등은 구건물을 기준으로 해야 한다.

▶ 대법원 2001. 3. 13. 선고 2000다48517 판결

민법 제366조 소정의 법정지상권이 성립하려면 저당권 설정 당시 저당권의 목적이 되는 토지 위에 건물이 존재하여야 하는데, 저당권 설정 당시의 건물을 그 후 개축 · 증축한 경우는 물론이고 그 건물이 멸실되거나 철거된 후 재건축 · 신축한 경우에도 법정지상권이 성립하며, 이 경우 신건물과 구건물 사이에 동일성이 있거나 소유자가 동일할 것을 요하는 것은 아니라 할 것이지만, 그 법정지상권의 내용인 존속기간 · 범위 등은 구건물을 기준으로 하여야 할 것이다.

(2) 예외 — 토지와 건물 모두에 공동저당권 설정된 경우

이 경우는 대법원은 전원합의체 판결로서 공동저당권자의 보호를 위해, 건물이 철거된 후 재건축된 경우에는 그 신축 건물에는 법정지상권이 성립되지 않는다고 판시함으로써, 기존의 반대되는 판례를 바꾸었다. 즉 동일인의 소유에 속하는 토지 및 그 지상 건물에 관하여 '공동저당권'이 설정된 후 그 지상

건물이 철거되고 새로 건물이 신축된 경우에는 특별한 사정이 없는 한, 저당물의 경매로 인하여 토지와 그 신축건물이 다른 소유자에 속하게 되더라도 그 신축건물을 위한 법정지상권은 성립하지 않는다.

▸ **대법원 2003. 12. 18. 선고 98다43601 전원합의체 판결**

동일인의 소유에 속하는 토지 및 그 지상 건물에 관하여 공동저당권이 설정된 후 그 지상 건물이 철거되고 새로 건물이 신축된 경우에는 그 신축건물의 소유자가 토지의 소유자와 동일하고 토지의 저당권자에게 신축건물에 관하여 토지의 저당권과 동일한 순위의 공동저당권을 설정해 주는 등 특별한 사정이 없는 한 저당물의 경매로 인하여 토지와 그 신축건물이 다른 소유자에 속하게 되더라도 그 신축건물을 위한 법정지상권은 성립하지 않는다고 해석하여야 하는바, 그 이유는 동일인의 소유에 속하는 토지 및 그 지상 건물에 관하여 공동저당권이 설정된 경우에는, 처음부터 지상 건물로 인하여 토지의 이용이 제한받는 것을 용인하고 토지에 대하여만 저당권을 설정하여 법정지상권의 가치만큼 감소된 토지의 교환가치를 담보로 취득한 경우와는 달리, 공동저당권자는 토지 및 건물 각각의 교환가치 전부를 담보로 취득한 것으로서, 저당권의 목적이 된 건물이 그대로 존속하는 이상은 건물을 위한 법정지상권이 성립해도 그로 인하여 토지의 교환가치에서 제외된 법정지상권의 가액 상당 가치는 법정지상권이 성립하는 건물의 교환가치에서 되찾을 수 있어 궁극적으로 토지에 관하여 아무런 제한이 없는 나대지로서의 교환가치 전체를 실현시킬 수 있다고 기대하지만, 건물이 철거된 후 신축된 건물에 토지와 동순위의 공동저당권이 설정되지 아니하였는데도 그 신축건물을 위한 법정지상권이 성립한다고 해석하게 되면, 공동저당권자가 법정지상권이 성립하는 신축건물의 교환가치를 취득할 수 없게 되는 결과 법정지상권의 가액 상당 가치를 되찾을 길이 막혀 위와 같이 당초 나대지로서의 토지의 교환가치 전체를 기대하여 담보를 취득한 공동저당권자에게 불측의 손해를 입게 하기 때문이다.

2. 토지와 건물이 동일인의 소유였어야 함

법정지상권은 토지와 건물이 동일인의 소유였다가 매매, 경매, 저당권실행 등의 사유로 소유자가 달라진 경우 건물 소유자의 보호를 위해 만들어진 제도이기 때문이다.

가. 동일 소유로 볼 수 없는 경우

토지 소유자나 저당권자 등으로부터 승낙을 얻어 건물을 신축했다고 해도 토지소유자와 건물소유자가 다르므로 법정지상권을 취득하지 못한다.

(1) 대지소유자의 승낙을 얻어 지은 건물의 경우

▸ 대법원 1971. 12. 28. 선고 71다2124 판결

피고소유의 건물의 존립을 목적으로 하는 대지사용을 그 대지소유자인 원고가 승낙하였다고 하여도 그 사실만으로 그 건물이 노후되어 멸실될 때까지 그 대지를 사용할 수 있는 관습상의 토지권이 설정되었다고 볼 수는 없다.

▸ 대법원 1988. 6. 28. 선고 87다카2895 판결

토지의 매매에 수반하여 토지소유자가 매수인으로부터 토지대금을 다 받기 전에 그 토지 위에 건물을 신축할 수 있도록 토지사용을 승낙하였다 하더라도 특별한 사정이 없는 한 매매당사자 사이에 그 토지에 관한 지상권 설정의 합의까지도 있었던 것이라고 할 수 없다 할 것이므로 그 매매계약이 적법하게 해제된 경우에는 토지매수인은 비록 당초에 토지사용 승낙을 받아 그 토지 위에 건물을 신축 중이었다 하더라도 그 토지를 신축건물의 부지로 점유할 권원을 상실하게 되는 것이고 또 당초에 건물과 그 대지가 동일인의 소유였다가 경매 등의 사유로 소유자를 달리하게 되는 경우가 아닌 이상 관습에 의한 법정지상권도 성립되지 아니한다.

▸ 대법원 1994. 4. 12. 선고 93다56053 판결

토지를 매수하여 사실상 처분권한을 가지는 자가 그 지상에 건물을 신축하여 건물의 소유권을 취득하였다고 하더라도 토지에 관한 소유권을 취득하지 아니한 이상 토지와 건물이 동일한 소유자에게 속하였다고 할 수는 없는 것이므로 이러한 상태의 건물에 관하여 강제경매절차에 의하여 그 소유권자가 다르게 되었다

고 하여 건물을 위한 관습상의 법정지상권이 성립하는 것은 아니다.

(2) 나대지의 저당권자가 건물신축을 동의한 경우

토지에 관하여 저당권이 설정될 당시 그 지상에 토지소유자에 의한 건물의 건축이 개시되기 이전이었는데, 건물이 없는 토지에 관하여 저당권이 설정될 당시 근저당권자가 토지소유자에 의한 건물의 건축에 동의하였을 경우에도 건물소유자가 법정지상권을 취득할 수 없다. 그 이유는 법정지상권 역시 물권이므로 전전유통이 되어야 하는데 이러한 건축동의는 등기부에 표출이 될 수 없기 때문에 제3자의 이익을 해칠 수 있기 때문이다.

▸ 대법원 2003. 9. 5. 선고 2003다26051 판결

민법 제366조의 법정지상권은 저당권 설정 당시부터 저당권의 목적되는 토지 위에 건물이 존재할 경우에 한하여 인정되며, 토지에 관하여 저당권이 설정될 당시 그 지상에 토지소유자에 의한 건물의 건축이 개시되기 이전이었다면, 건물이 없는 토지에 관하여 저당권이 설정될 당시 근저당권자가 토지소유자에 의한 건물의 건축에 동의하였다고 하더라도 그러한 사정은 주관적 사항이고 공시할 수도 없는 것이어서 토지를 낙찰받는 제3자로서는 알 수 없는 것이므로 그와 같은 사정을 들어 법정지상권의 성립을 인정한다면 토지 소유권을 취득하려는 제3자의 법적 안정성을 해하는 등 법률관계가 매우 불명확하게 되므로 법정지상권이 성립되지 않는다.

(3) 건물의 등기부상 소유 명의를 타인에게 신탁한 경우

신탁의 경우 대외적으로는 수탁자의 소유로 취급되므로 당연히 이 경우도 건물소유자는 법정지상권을 취득할 수 없다.

▸ 대법원 2004. 2. 13. 선고 2003다29043 판결

민법 제366조의 법정지상권은 저당권설정 당시 동일인의 소유에 속하던 토지와 그 지상건물이 경매로 인하여 각기 그 소유자가 다르게 된 때에 건물의 소유자를 위하여 발생하는 것이므로, 토지와 그 지상건물이 각기 소유자를 달리하고

있던 중 토지 또는 그 지상건물만이 경매에 의하여 다른 사람에게 소유권이 이전된 경우에는 위 법조 소정의 법정지상권이 발생할 여지가 없으며, 또 건물의 등기부상 소유명의를 타인에게 신탁한 경우에 신탁자는 제3자에게 그 건물이 자기의 소유임을 주장할 수 없고, 따라서 그 건물과 부지인 토지가 동일인의 소유임을 전제로 한 법정지상권을 취득할 수 없다.

(4) 양도담보로 대지 소유권을 넘겨준 경우

대지를 양도담보하면 담보권자가 그 대지의 소유권을 취득하고, 다만 담보의 목적으로 제한을 받는데 그친다. 등기부상으로도 채권자가 소유권을 이전받게 되고 다만 둘 사이에 양도담보계약서를 작성해 양도담보권자로 하여금 나중에 채권을 회수할 경우 소유권을 반환한다는 채권적 제한을 받을 뿐이다. 그리고 만약 양도담보설정자(채무자)가 채무를 갚지 않을 경우에는 양도담권자는 청산 후 소유권을 취득하게 되는 제한을 받게 되는 것이다. 하지만 양도담보권자는 대외적으로 소유권을 취득한 것으로 취급되므로 그로부터 부동산을 매수한 선의의 제3자는 보호를 받게 된다. 따라서 양도담보로 소유권을 이전해준 채무자(설정자)가 그 후에 그 대지상에 건물을 지었을 경우에는 채권자(양도담보권자)의 승낙을 얻었다 하더라도 채무자는 그 대지상에 관습에 의한 지상권이나 또는 지상권유사의 물권을 취득한 것이라고는 볼 수 없다.

▸ 대법원 1966. 5. 17. 선고 66다504 판결

양도담보의 경우에는, 담보권자가 채무자로부터, 담보 목적물에 대한 소유권을 취득하되, 다만, 담보의 목적에 의하여, 채권적으로 제한을 받는데 불과하다 할 것이므로, 채무자로서는, 그 담보 목적물인 대지의 소유권이 자기에게 있다고 주장할 수 없다 할 것은 물론이거니와, 더욱이 이 사건에서 제3자인 원고에게 대한 관계에서는, 피고는 위의 대지가, 그 양도담보기간 중, 자기의 소유이었다고 주장할 수 없다고 보아야 될 것이다. 따라서, 피고는 본건 건물을 자기 토지위에 지은 것으로 주장하지 못하고, 어디까지나 양도담보권자의 토지위에 지은 것이라고 보아야 될 것이다.

나. 공동 소유의 경우

법정지상권은 건물 소유자를 위해 토지 소유자의 권리를 제한하는 것이므로 기본적으로 토지가 공유인 경우 다른 공유자의 권리를 침범할 가능성이 있으므로 가령 다른 공유자의 지분 과반수 동의를 얻어 건물을 건축했다고 해도 법정지상권이 부인된다. 나아가 토지와 건물 모두가 각각 공유에 속한 경우에 토지에 관한 공유자 일부의 지분만을 목적으로 하는 근저당권이 설정되었다가 경매로 인하여 그 지분을 제3자가 취득하게 된 경우에도 마찬가지로 법정지상권은 성립되지 않는다. 그러나 반대로 토지가 단독 소유이고 건물이 공유인 경우에는 토지 소유자 역시 건물의 지분을 소유하고 있으므로 법정지상권이 인정된다.

(1) 토지공유자의 한 사람만의 소유 건물의 경우 법정지상권은 성립되지 않는다.

▶ 대법원 2014. 9. 4. 선고 2011다73038 · 73045 판결

토지공유자의 한 사람이 다른 공유자의 지분 과반수의 동의를 얻어 건물을 건축한 후 토지와 건물의 소유자가 달라진 경우 토지에 관하여 관습법상의 법정지상권이 성립되는 것으로 보게 되면 이는 토지공유자의 1인으로 하여금 자신의 지분을 제외한 다른 공유자의 지분에 대하여서까지 지상권설정의 처분행위를 허용하는 셈이 되어 부당하다. 그리고 이러한 법리는 민법 제366조의 법정지상권의 경우에도 마찬가지로 적용되고, 나아가 토지와 건물 모두가 각각 공유에 속한 경우에 토지에 관한 공유자 일부의 지분만을 목적으로 하는 근저당권이 설정되었다가 경매로 인하여 그 지분을 제3자가 취득하게 된 경우에도 마찬가지로 적용된다.

법정지상권은 물권의 일종으로 대외적으로 공시되어야만 제3자가 불측의 손해를 보지 않는데 다른 토지공유자의 동의를 얻어 건물을 건축하였다고 해도 이는 제3자가 알 수 없으므로 법정지상권이 인정되지 않는 것이다. 만약 법정지상권을 인정할 경우 건축에 동의한 토지공유자의 권리를 양수한 선의의 제3자가 피해를 볼 수 있기 때문이다.

(2) 건물공유자 중 한 사람이 그 부지를 단독으로 소유할 경우에는 법정지상권이 성립된다.

▸ 대법원 2014. 9. 4. 선고 2011다73038 · 73045 판결

한편 건물공유자의 1인이 그 건물의 부지인 토지를 단독으로 소유하면서 그 토지에 관하여만 저당권을 설정하였다가 위 저당권에 의한 경매로 인하여 토지의 소유자가 달라진 경우에도, 위 토지소유자는 자기뿐만 아니라 다른 건물공유자들을 위하여도 위 토지의 이용을 인정하고 있었다고 할 것인 점, 저당권자로서도 저당권 설정 당시 법정지상권의 부담을 예상할 수 있었으므로 불측의 손해를 입는 것이 아닌 점, 건물의 철거로 인한 사회경제적 손실을 방지할 공익상의 필요성도 인정되는 점 등에 비추어 위 건물공유자들은 민법 제366조에 의하여 토지 전부에 관하여 건물의 존속을 위한 법정지상권을 취득한다고 봄이 상당하다.

결국 법정지상권의 성부는 토지소유자에게 부담을 주는 결과를 초래하는 것이므로 토지소유자의 권리가 단독인가 공유인가가 중요하다. 만약 토지소유자가 단독소유일 경우에는 제3자가 불측의 손해를 볼 가능성이 없기 때문이다.

(3) 구분소유적 공유 관계의 경우 자신의 특정소유 부분에 건물을 신축한 경우에는 관습상의 법정지상권이 성립된다.

▸ 대법원 1990. 6. 26. 선고 89다카24094 판결

원고와 피고가 1필지의 대지를 공동으로 매수하여 같은 평수로 사실상 분할한 다음 각자 자기의 돈으로 자기 몫의 대지 위에 건물을 신축하여 점유하여 왔다면 비록 위 대지가 등기부상으로는 원 · 피고 사이의 공유로 되어 있다 하더라도 그 대지의 소유관계는 처음부터 구분소유적 공유관계에 있다 할 것이고, 따라서 피고 소유의 건물과 그 대지는 원고와의 내부관계에 있어서 피고의 단독소유로 되었다 할 것이므로 피고는 그 후 이 사건 대지의 피고지분만을 경락 취득한 원고에 대하여 그 소유의 위 건물을 위한 관습상의 법정지상권을 취득하였다고 할 것이다(이 사건 대지에 관하여 이미 위 경락 전에 소외 갑 앞으로 소유권이전등기가 되

어 있었다 하더라도 위 경락은 가압류에 의한 강제경매에 의하여 이루어졌고 위 갑 명의의 등기는 위 가압류 후에 이루어진 것이 분명하므로 위 경락에 의하여 말소될 운명에 있는 갑의 등기를 들어 피고의 소유권을 부정할 수 없으므로 경락 당시에 대지와 그 지상건물의 소유자가 동일인이 아니라고 할 수 없다).

▶ **대법원 1974. 2. 12. 선고 73다353 판결**

공유지상에 공유자의 1인 또는 수인 소유의 건물이 있을 경우 위 공유지의 분할로 그 대지와 지상건물이 소유자를 달리하게 될 때에는 다른 특별사정이 없는 한, 건물소유자는 그 건물부지상에 그 건물을 위하여 관습상의 지상권을 취득한다.

▶ **대법원 1997. 12. 26. 선고 96다34665 판결**

종전 토지의 공유자들이 합의하에 환지예정지를 특정하여 구분소유하고 있는 상태에서 그 중 1인인 갑이 환지예정지 중 그 소유 부분을 을에게 양도하고 지분소유권이전등기를 경료하였는데, 그 당시 그 지상에는 갑이 건축 중인 건물이 외형이 모두 완성되고 일부 내부공사 등 마무리공사만 남겨 둔 상태였던 경우, 공유자들 사이의 합의에 의하여 각각 환지예정지를 구분소유하기로 한 이상 다른 공유자들은 그 내부관계에서 갑이 소유하기로 한 환지예정지에 관한 한 종전 토지의 공유지분에 기한 사용·수익권을 포기하고, 갑의 처분행위로 인하여 갑이나 제3자가 종전 토지에 관한 법정지상권에 기하여 당해 환지예정지를 사용·수익하는 것까지도 용인하였다고 볼 수 있으므로, 갑은 그 건물의 소유를 위하여 을 등의 공유인 종전 토지에 관하여 관습법상의 법정지상권을 갖는다.

이와 같이 대지가 공유로 되어 있는 경우 지분을 낙찰받을 때에는 그 토지의 사용형태가 구분소유적 공유관계에 있는지, 경매 대상 지분권자가 실질적으로 배타적으로 특정지분을 사용하고 있는지, 그 특정지분 위에 지분권자 소유의 건물이 놓여 있는지 등을 반드시 살펴본 뒤 낙찰받아야 한다.

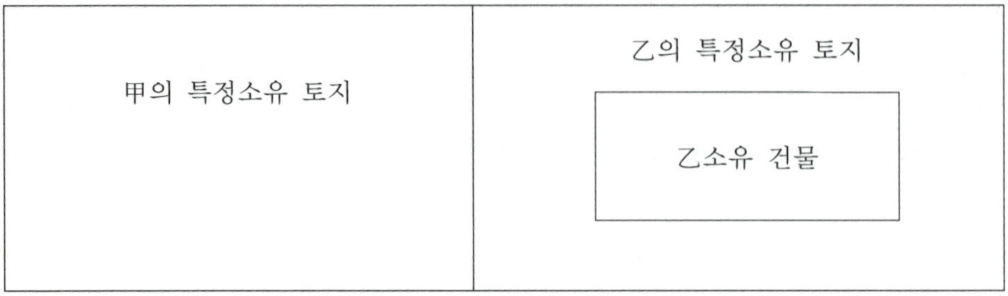

(4) 구분소유적 공유관계에 있는 자가 자신의 특정소유가 아닌 부분에 건물을 신축한 경우 관습상 법정지상권이 성립되지 않는다.

▸ 대법원 1994. 1. 28. 선고 93다49871 판결

원고들과 피고는 분할 전 이 사건 대지를 그 판시와 같이 각자 특정하여 매수하여 배타적으로 점유하여 왔으나 분필이 되어 있지 아니한 탓으로 그 특정부분에 상응하는 지분소유권이전등기만을 경료하였고, 피고는 그 판시와 같이 자신의 특정매수부분 지상에 건물을 신축하면서 그 건물의 일부가 자신의 특정매수부분을 넘어 원고들의 단독소유로 된 원심판시 이 사건 제1대지 일부를 침범하였으며, 그 후 원·피고들 사이에 분할 전 이 사건 토지를 각자의 특정 소유부분대로 분필함에 있어서 그 분필의 방법으로 협의에 의한 공유물분할의 형식을 취하여 그 판시와 같이 원심판시 이 사건 제1대지는 원고들의 공유로, 원심판시 이 사건 제2대지는 피고의 단독소유로 분필등기를 하였다면, 비록 분할 전 이 사건 대지가 등기부상으로는 원고들 및 피고의 공유로 되어 있다 하더라도 그 대지의 소유관계는 처음부터 구분소유적 공유관계에 있다 할 것이고, 또한 구분소유적 공유관계에 있어서는 통상적인 공유관계와는 달리 당사자 내부에 있어서는 각자가 특정매수한 부분은 각자의 단독 소유로 되었다 할 것이므로, 피고는 분할 전 이 사건 대지 중 그가 매수하지 아니한 부분에 관하여는 원고들에게 그 소유권을 주장할 수 없어 분할 전 이 사건 대지 중 피고가 매수하지 아니한 부분지상에 있는 건물부분은 당초부터 건물과 토지의 소유자가 서로 다른 경우에 해당되어 그에 관하여는 관습상의 법정지상권이 성립될 여지가 없다고 할 것이다(당원 1990. 6. 26. 선고 89다카24094 판결 참조).

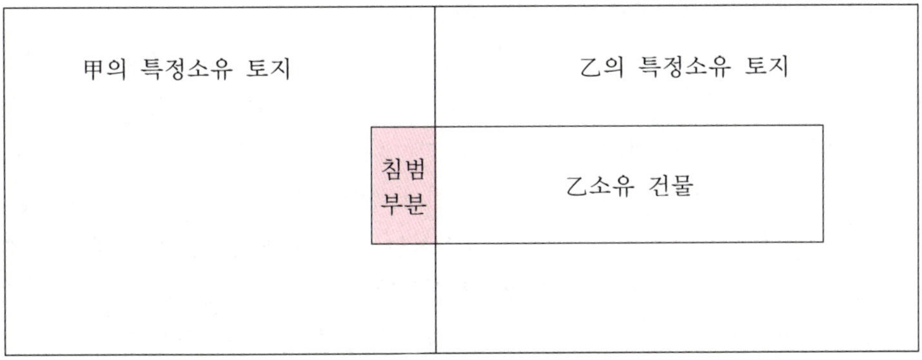

다. 어느 시점에 동일 소유여야 하나?

원칙적으로 법정지상권이 성립하기 위해서는 소유권이 유효하게 변동되는 시점에 동일인의 소유였으면 족하다.

(1) 원시적으로 동일 소유여야 하나?

법정지상권이 성립하기 위하여 토지와 그 지상 건물이 원시적으로 동일인 소유에 속하였을 것이 요구되는 것은 아니다. 소유권이 유효하게 변동될 당시에 동일인이 토지와 그 지상 건물을 소유하였던 것으로 족하다.

▶ 대법원 2012. 10. 18. 선고 2010다52140 전원합의체 판결

동일인의 소유에 속하고 있던 토지와 그 지상 건물이 강제경매 또는 국세징수법에 의한 공매 등으로 인하여 소유자가 다르게 된 경우에는 그 건물을 철거한다는 특약이 없는 한 건물소유자는 토지소유자에 대하여 그 건물의 소유를 위한 관습상 법정지상권을 취득한다(대법원 1967. 11. 28. 선고 67다1831 판결, 대법원 1997. 1. 21. 선고 96다40080 판결 등 참조). 원래 관습상 법정지상권이 성립하려면 토지와 그 지상 건물이 애초부터 원시적으로 동일인의 소유에 속하였을 필요는 없고, 그 소유권이 유효하게 변동될 당시에 동일인이 토지와 그 지상 건물을 소유하였던 것으로 족하다고 할 것이다(대법원 1995. 7. 28. 선고 95다9075 · 9082 판결 등 참조).

(2) 강제경매시 동일 소유에 대한 기준 시점

통상적으로 강제경매를 하는 경우에는 채권자가 채무자의 재산에 가압류나 압류 등을 한 뒤 채무명의(승소판결문)로 경매신청을 한다. 그리고 건물과 부동산이 일괄 경매되지 않고 예컨대 건물만 경매되는 경우에는 낙찰자가 매각대금을 완납한 때 소유권을 취득하게 된다(매각대금납부시점＝소유권변동시점). 즉 이 경우 건물과 대지의 소유권이 달라지는 시점은 매각대금을 납부한 시점이 된다. 대법원도 과거에 그와 같은 견해를 유지하였지만 최근 전원합의체 판결로 이를 변경하였다. 그 이유는 강제경매개시결정의 기입등기가 이루어져 압류의 효력이 발생한 후에 경매목적물의 소유권을 취득한 이른바 제3취득자는 경락인이 매각대금을 완납하면 직권말소대상이 되기 때문이다. 또한 나아가 현실적으로 살펴보아도 예컨대 건물을 압류할 당시 동일인의 소유였는데 그 후의 사정변경으로 인해 낙찰자가 소유권을 취득할 시점에 소유권이 달라져 버려 건물소유자가 법정지상권을 취득할 수 없게 된다면 건물의 담보가치가 하락되어 채권자가 불측의 손해를 입게 되고 경락인 역시 불안한 지위에 놓이기 때문이다. 나아가 가압류를 먼저 하고 그 뒤 본압류가 들어간 경우는 가압류 시점을 기준으로 토지와 건물의 동일 소유 여부를 판단한다.

▶ 대법원 2012. 10. 18. 선고 2010다52140 전원합의체 판결

강제경매의 목적이 된 토지 또는 그 지상 건물의 소유권이 강제경매로 인하여 그 절차상의 매수인에게 이전된 경우에 건물의 소유를 위한 관습상 법정지상권이 성립하는가 하는 문제에 있어서는 그 매수인이 소유권을 취득하는 매각대금의 완납시가 아니라 그 압류의 효력이 발생하는 때를 기준으로 하여 토지와 그 지상 건물이 동일인에 속하였는지 여부가 판단되어야 한다. 강제경매개시결정의 기입등기가 이루어져 압류의 효력이 발생한 후에 경매목적물의 소유권을 취득한 이른바 제3취득자는 그의 권리를 경매절차상의 매수인에게 대항하지 못하고, 나아가 그 명의로 경료된 소유권이전등기는 매수인이 인수하지 아니하는 부동산의 부담에 관한 기입에 해당하므로(민사집행법 제144조 제1항 제2호 참조) 그 매각대금이 완납되면 직권으로 그 말소가 촉탁되어야 하는 것이어서(대법원 2002. 8. 23. 선고 2000다29295 판결 등 참조), 결국 매각대금 완납 당시 소유자가 누구인지는 이 문제맥락에서 별다른 의미를 가질 수 없다는 점 등을 고려하여 보면 더욱 그러하다.

한편 강제경매개시결정 이전에 가압류가 있는 경우에는, 그 가압류가 강제경매개시결정으로 인하여 본압류로 이행되어 가압류집행이 본집행에 포섭됨으로써 당초부터 본집행이 있었던 것과 같은 효력이 있다(대법원 2002. 3. 15.자 2001마6620 결정 등 참조). 따라서 경매의 목적이 된 부동산에 대하여 가압류가 있고 그것이 본압류로 이행되어 경매절차가 진행된 경우에는 애초 가압류가 효력을 발생하는 때를 기준으로 토지와 그 지상 건물이 동일인에 속하였는지 여부를 판단할 것이다(대법원 1990. 6. 26. 선고 89다카24094 판결 참조). 이와 달리 강제경매로 인하여 관습상 법정지상권이 성립함에는 그 매각 당시를 기준으로 토지와 그 지상 건물이 동일인에게 속하여야 한다는 취지의 대법원 1970. 9. 29. 선고 70다1454 판결, 대법원 1971. 9. 28. 선고 71다1631 판결 등은 이 판결의 견해와 저촉되는 한도에서 변경하기로 한다.

(3) 저당권설정시 동일 소유에 대한 기준 시점

나아가 위 대법원전원합의체판결의 취지에 좇아, 저당권이 설정된 경우에도 건물과 토지의 소유권의 동일성 판단 기준시점을 압류나 가압류시점보다도 선행된 저당권설정시점까지 소급해서 적용해야 한다.

▸ 대법원 2013. 4. 11. 선고 2009다62059 판결

강제경매의 목적이 된 토지 또는 그 지상 건물에 관하여 강제경매를 위한 압류나 그 압류에 선행한 가압류가 있기 이전에 저당권이 설정되어 있다가 그 후 강제경매로 인해 그 저당권이 소멸하는 경우에는, 그 저당권 설정 이후의 특정 시점을 기준으로 토지와 그 지상 건물이 동일인의 소유에 속하였는지에 따라 관습상 법정지상권의 성립 여부를 판단하게 되면, 저당권자로서는 저당권 설정 당시를 기준으로 그 토지나 지상 건물의 담보가치를 평가하였음에도 저당권 설정 이후에 토지나 그 지상 건물의 소유자가 변경되었다는 외부의 우연한 사정으로 인하여 자신이 당초에 파악하고 있던 것보다 부당하게 높아지거나 떨어진 가치를 가진 담보를 취득하게 되는 예상하지 못한 이익을 얻거나 손해를 입게 되므로,

그 저당권 설정 당시를 기준으로 토지와 그 지상 건물이 동일인에게 속하였는지에 따라 관습상 법정지상권의 성립 여부를 판단하여야 한다.

라. 미등기 건물

미등기 건물이라도 법정지상권을 취득함에는 문제가 없다. 미등기 건물의 경우는 건축자가 원시취득을 하게 되고 등기를 해야만 처분을 할 수 있다(민법 187조). 그런데 이러한 미등기 건물이 사실상 양도된 경우에는 소유권을 이전할 방법이 없게 되므로 법정지상권과 관련하여 동일한 소유 여부가 문제가 된다. 유형별로 살펴본다.

(1) 대지만 소유권이 넘어간 경우

이 경우는 동일인이 건물과 대지를 소유하다가 대지만이 경매되어 건물의 소유자와 대지의 소유자가 다르게 된 것이므로 미등기 건물의 소유권자는 법정지상권을 취득한다.

▶ 대법원 2004. 6. 11. 선고 2004다13533 판결

민법 제366조의 법정지상권은 저당권 설정 당시 동일인의 소유에 속하던 토지와 건물이 경매로 인하여 양자의 소유자가 다르게 된 때에 건물의 소유자를 위하여 발생하는 것으로서, 토지에 관하여 저당권이 설정될 당시 토지 소유자에 의하여 그 지상에 건물을 건축 중이었던 경우 그것이 사회관념상 독립된 건물로 볼 수 있는 정도에 이르지 않았다 하더라도 건물의 규모·종류가 외형상 예상할 수 있는 정도까지 건축이 진전되어 있었고, 그 후 경매절차에서 매수인이 매각대금을 다 낸 때까지 최소한의 기둥과 지붕 그리고 주벽이 이루어지는 등 독립된 부동산으로서 건물의 요건을 갖추면 법정지상권이 성립하며, 그 건물이 미등기라 하더라도 법정지상권의 성립에는 아무런 지장이 없는 것이다

하지만 앞서 언급한 바와 같이, 만약 저당권 설정 당시에는 나대지였는데 그 후 토지 소유자가 건물을 신축한 것이라면 당연히 법정지상권은 성립되지 않는다(대법원 2003. 9. 5. 선고 2003다26051 판결).

(2) 대지와 미등기 건물이 함께 이전된 경우

이 경우는 미등기 건물의 양수인은 소유권을 취득하지 못하고 원시취득자인 건축주의 소유로 그대로 남게 된다. 따라서 이를 일괄로 처분했다고 해도 대지소유자와 건물소유자는 달라진 상태이므로 그 후 대지가 경매 또는 저당권의 실행에 의해 소유자가 다르게 된 경우에 건물의 소유자에 대한 법정지상권은 물론 관습법상 법정지상권도 인정되지 아니한다.

▶ 대법원 2002. 6. 20. 선고 2002다9660 전원합의체 판결

민법 제366조의 법정지상권은 저당권 설정 당시에 동일인의 소유에 속하는 토지와 건물이 저당권의 실행에 의한 경매로 인하여 각기 다른 사람의 소유에 속하게 된 경우에 건물의 소유를 위하여 인정되는 것이므로, **미등기 건물을 그 대지와 함께 매수한 사람이 그 대지에 관하여만 소유권이전등기를 넘겨받고 건물에 대하여는 그 등기를 이전받지 못하고 있다가, 대지에 대하여 저당권을 설정하고 그 저당권의 실행으로 대지가 경매되어 다른 사람의 소유로 된 경우에는, 그 저당권의 설정 당시에 이미 대지와 건물이 각각 다른 사람의 소유에 속하고 있었으므로 법정지상권이 성립될 여지가 없다**(대법원 1987. 12. 8. 선고 87다카869 판결, 대법원 1989. 2. 14. 선고 88다카2592 판결, 대법원 1991. 8. 27. 선고 91다16730 판결 등 참조).

또한, 관습상의 법정지상권은 동일인의 소유이던 토지와 그 지상건물이 매매 기타 원인으로 인하여 각각 소유자를 달리하게 되었으나 그 건물을 철거한다는 등의 특약이 없으면 건물소유자로 하여금 토지를 계속 사용하게 하려는 것이 당사자의 의사라고 보아 인정되는 것이므로 **토지의 점유·사용에 관하여 당사자 사이에 약정이 있는 것으로 볼 수 있거나 토지소유자가 건물의 처분권까지 함께 취득한 경우에는 관습상의 법정지상권을 인정할 까닭이 없다 할 것이어서, 미등기 건물을 그 대지와 함께 매도하였다면 비록 매수인에게 그 대지에 관하여만 소유권이전등기가 경료되고 건물에 관하여는 등기가 경료되지 아니하여 형식적으로 대지와 건물이 그 소유 명의자를 달리하게 되었다 하더라도 매도인에게 관습상의 법정지상권을 인정할 이유가 없다고 할 것이다**(대법원 1987. 7. 7. 선고 87다카634 판결, 대법원 1992. 4. 10. 선고 91다40610 판결, 대법원 1998. 4. 24. 선고 98다4798 판결 등 참조).

이와 달리, 대지와 그 지상의 미등기 건물을 양도하여 대지에 관하여만 소유권이전등기를 경료하고 건물에 관하여는 소유권이전등기를 경료하지 못하고 있다가 양수인이 대지에 설정한 저당권의 실행에 의하여 대지의 소유자가 달라지게 된 경우에 그 저당권설정 당시 양도인 및 양수인이 저당권자에게 그 지상건물을 철거하기로 하는 등의 특약을 한 바가 없다면 양도인이 그 지상건물을 위한 관습상의 법정지상권을 취득한다는 견해를 표명한 대법원 1972. 10. 31. 선고 72다1515 판결은 이와 저촉되는 한도 내에서 이를 폐기하기로 한다.

(3) 미등기 건물만 처분된 경우

이 경우는 대지의 소유권은 변동 없이 그 지상의 미등기 건물만 매매된 사례로서 미등기 건물에 대한 소유권을 이전할 수 없으므로 그 소유권은 여전히 대지소유자인 양도인에게 남아있게 되어 법적으로는 동일인의 소유로 평가된다. 따라서 대지 위에 설정된 저당권의 실행으로 대지의 소유권이 제3자에게 이전된다고 해도 건물의 양도인에게는 법정지상권이 인정된다. 나아가 건물의 사실상 양수인은 건물을 양도받으면서 그 법정지상권도 함께 이전받게 되므로, 토지의 경락인은 건물 양수인에게 건물철거를 구할 수 없다. 나아가 미등기 건물의 양수인은 채권자대위권을 행사하여, 대지경락인을 상대로 대지양도인에게 지상권 설정등기를 하도록 청구하고, 아울러 대지양도인을 상대로 그 지상권을 자신에게 이전해달라고 청구할 수도 있다.

▸ 대법원 1991. 5. 28. 선고 91다6658 판결

동일인의 소유에 속하던 토지와 지상건물 중 건물을 양수한 자가 미등기 건물인 관계로 소유권이전등기를 경료하지 못하였다면 그 소유권은 여전히 양도인에게 남아있다고 할 것이고 그러는 사이에 토지 위에 설정된 저당권이 실행된 결과 토지와 건물의 소유자가 달라진 경우에는 양도인이 건물의 소유를 위한 법정지상권을 취득한다. 건물소유자가 건물의 소유를 위한 법정지상권을 취득하기에 앞서 건물을 양도한 경우에는 특별한 사정이 없는 한 건물과 함께 장차 취득하게 될 법정지상권도 함께 양도하기로 하였다고 보지 못할 바 아니므로 양수인은 채권자대위의 법리에 따라 양도인 및 그로부터 이 사건 토지를 매수한 대지소유

자에 대하여 차례로 지상권설정등기 및 그 이전등기절차의 이행을 구할 수 있다.

법정지상권을 취득할 지위에 있는 건물양수인에 대하여 대지소유자가 건물의 철거를 구하는 것은 지상권의 부담을 용인하고 지상권설정등기절차를 이행할 의무가 있는 자가 그 권리자를 상대로 한 것이어서 신의성실의 원칙상 허용될 수 없다.

3. 토지와 건물의 소유자가 달라져야 함

토지와 건물이 동일 소유자였다가 둘 중 하나가 처분되거나 둘 다 동시에 처분되든지 소유자가 달라진 경우 법정지상권이 성립된다. 처분의 형태는 매매, 교환, 증여, 저당권실행으로 인한 임의경매, 강제경매 등 형태를 묻지 않는다. 한편 경매로 토지를 낙찰받은 경우 그 지상 건물이 토지의 부합물로 보아 함께 경락인의 소유로 되는가 아니면, 별도의 물건으로 취급되어 원소유자의 소유로 여전히 남게 되어 토지와 건물의 소유권이 달라지는가가 쟁점이 될 수 있다. 대법원은 이 경우 종물이 아닌 별도의 물건으로 보아 건물 소유자에게 법정지상권을 인정하고 있다.

▶ 대법원 1997. 9. 26. 선고 97다10314 판결

[1] 저당권은 법률에 특별한 규정이 있거나 설정행위에 다른 약정이 있는 경우를 제외하고 그 저당 부동산에 부합된 물건과 종물 이외에까지 그 효력이 미치는 것이 아니므로, 토지에 대한 경매절차에서 그 지상 건물을 토지의 부합물 내지 종물로 보아 경매법원에서 저당 토지와 함께 경매를 진행하고 경락허가를 하였다고 하여 그 건물의 소유권에 변동이 초래될 수 없다.

[2] 경락에 의하여 건물의 소유자와 그 토지의 소유자가 달라지게 되어 경매 당시의 건물의 소유자가 그 건물의 이용을 위한 법정지상권을 취득한 경우, 토지소유자는 건물을 점유하는 자에 대하여 그 건물로부터의 퇴거를 구할 수 없다.

4. 건물철거 등에 관한 특단의 합의가 없어야 함

가. 관습상 법정지상권을 사전 포기한 경우

(1) 토지임대차계약을 별도로 체결한 경우는 사전에 관습상 법정지상권을 포기한 경우에 해당된다.

▸ **대법원 1992. 10. 27. 선고 92다3984 판결**

동일인 소유의 토지와 그 토지상에 건립되어 있는 건물 중 어느 하나만이 타에 처분되어 토지와 건물의 소유자를 각 달리하게 된 경우에는 관습상의 법정지상권이 성립한다고 할 것이나, 건물소유자가 토지소유자와 사이에 건물의 소유를 목적으로 하는 토지 임대차계약을 체결한 경우에는 관습상의 법정지상권을 포기한 것으로 봄이 상당하다.

▸ **대법원 2008. 2. 15. 선고 2005다41771 판결**

[1] 동일인이 소유하던 토지와 그 지상건물이 매매 기타 원인으로 각각 소유자를 달리하게 되었으나 그 토지의 점유·사용에 관하여 당사자 사이에 약정이 있는 것으로 볼 수 있는 경우, 관습법상의 법정지상권이 성립하지 않는다.

[2] 甲이 건물을 제외한 채 그 대지와 부근의 토지들을 함께 乙에게 매도하여 건물과 대지가 소유자를 달리하게 되었더라도 甲이 위 대지 부분을 다시 매수하고 그 대신 乙에게 위 토지와 인접한 다른 토지를 넘겨주기로 하는 특약을 맺었다면, 당사자 사이에 매수인으로 하여금 아무런 제한 없는 토지를 사용하게 하려는 의사가 있었다고 보아야 하므로, 위 특약이 매도인측의 귀책사유로 이행불능된 이상 매도인은 위 건물을 위한 관습상의 법정지상권을 주장하지 못하고 건물을 철거하여 매수인에게 아무런 제한 없는 토지를 인도할 의무가 있다.

(2) 반면 토지의 계속적 사용을 염두해 놓은 경우에는 설사 구건물의 철거를 약속하였다고 해도 관습상의 법정지상권의 사전포기로 볼 수 없다.

▸ **대법원 1999. 12. 10. 선고 98다58467 판결**

건물 철거의 합의가 관습상의 법정지상권 발생의 소극적 요건이 되는 이유는 그러한 합의가 없을 때라야 토지와 건물의 소유자가 달라진 후에도 건물소유자로 하여금 그 건물의 소유를 위하여 토지를 계속 사용케 하려는 묵시적 합의가 있는 것으로 볼 수 있다는 데 있고, 한편 관습상의 법정지상권은 타인의 토지 위에 건물을 소유하는 것을 본질적 내용으로 하는 권리가 아니라, 건물의 소유를 위하여 타인의 토지를 사용하는 것을 본질적 내용으로 하는 권리여서, 위에서 말하는 '묵시적 합의'라는 당사자의 추정 의사는 건물의 소유를 위하여 '토지를 계속 사용한다'는 데 중점이 있는 의사라 할 것이므로, 건물 철거의 합의에 위와 같은 묵시적 합의를 깨뜨리는 효력, 즉 관습상의 법정지상권의 발생을 배제하는 효력을 인정할 수 있기 위하여서는, 단지 형식적으로 건물을 철거한다는 내용만이 아니라 건물을 철거함으로써 토지의 계속 사용을 그만두고자 하는 당사자의 의사가 그 합의에 의하여 인정될 수 있어야 한다.

토지와 건물의 소유자가 토지만을 타인에게 증여한 후 구 건물을 철거하되 그 지상에 자신의 이름으로 건물을 다시 신축하기로 합의한 경우, 그 건물 철거의 합의는 건물소유자가 토지의 계속 사용을 그만두고자 하는 내용의 합의로 볼 수 없어 관습상의 법정지상권의 발생을 배제하는 효력이 인정되지 않는다.

나. 법정지상권의 사전포기는 허용되지 않는다

민법 제366조는 가치권과 이용권의 조절을 위한 공익상의 이유로 지상권의 설정을 강제하는 것이므로 저당권설정 당사자 간의 특약으로 저당목적물인 토지에 대하여 법정지상권을 배제하는 약정을 하더라도 그 특약은 효력이 없다(대법원 1988. 10. 25. 선고 87다카1564 판결). 하지만 법정지상권이 성립된 뒤에, 즉 사후에 이를 포기하는 것은 자유이다.

Ⅳ. 법정지상권의 효력

1. 등기 없이도 행사가능

법정지상권의 내용은 보통의 지상권과 다름없다. 다만 법정지상권은 민법 187조에서 말하는 법률의 규정에 의한 물권취득에 해당되므로 건물소유자는 등기 없이도 바로 법정지상권을 취득하게 된다.

2. 지상권설정등기 청구권 발생

법정지상권자는 물권으로서의 효력에 의하여 이를 취득할 당시의 대지소유자나 이로부터 소유권을 전득한 제3자에 대하여도 등기 없이 지상권을 주장할 수 있는 것이므로 대지소유자에 대하여 지상권설정등기 청구권이 있다(대법원 1989. 5. 9. 선고 88다카15338 판결). 나아가 법정지상권자가 건물을 제3자에게 양도하는 경우에는 특별한 사정이 없는 한 건물과 함께 법정지상권도 양도하기로 하는 채권적 계약이 있었다고 할 것이며, 양수인은 양도인을 순차 대위하여 토지소유자 및 건물의 전소유자에 대하여 법정지상권의 설정등기 및 이전등기절차이행을 구할 수 있고, 토지소유자는 건물소유자에 대하여 법정지상권의 부담을 용인하고 그 설정등기절차를 이행할 의무가 있다 할 것이므로, 법정지상권이 붙은 건물의 양수인은 법정지상권에 대한 등기를 하지 않았다 하더라도 토지소유자에 대한 관계에서 적법하게 토지를 점유·사용하고 있는 자라 할 것이고, 따라서 건물을 양도한 자라고 하더라도 지상권 갱신청구권이 있고 건물의 양수인은 법정지상권자인 양도인의 갱신청구권을 대위 행사할 수 있다고 보아야 한다(대법원 1995. 4. 11. 선고 94다39925 판결).

3. 법정지상권이 미치는 범위

법정지상권이 미치는 범위는 반드시 그 건물의 기지만에 한하는 것이 아니며 지상건물이 창고인 경우에는 그 본래의 용도인 창고로서 사용하는데 일반적으로 필요한 그 둘레의 기지에 미친다(대법원 1977. 7. 26. 선고 77다921 판결).

Ⅴ. 법정지상권의 소멸 — 지료체납

1. 지료체납의 요건

가. 2년치 지료체납

법정지상권이 성립될 경우에도 토지소유자는 건물소유자에게 지료를 청구할 수 있으며, 2년치 지료지급을 하지 않을 경우에는 토지소유자는 지상권의 소멸을 청구할 수 있다. 여기서 2년치 지료를 지급하지 아니한 때라는 것은 체납된 지료액의 합계가 2년분 이상이 되는 것을 말한다. 연속해서 2년분의 지료를 체납해야 하는 것이 아니다. 그럼 지료는 어떻게 결정될까? 통상 법정지상권의 경우는 약정지상권과는 달리 지료에 관한 약정이 없다. 따라서 지료는 협의가 성립되지 않을 경우에는 당사자의 청구에 의해 법원에서 지료감정을 통해 정하게 된다(민법 366조 후단).

나. 일부 수령하여 2년 미만이 된 경우

연체된 지료를 이의 없이 수령한 경우에는 그 수령된 돈에 해당되는 기간은 연체기간의 산정에서 공제된다. 따라서 지료 일부를 수령하여 2년 미만이 된 경우에는 지상권 소멸청구를 하지 못한다.

▶ 대법원 2014. 8. 28. 선고 2012다102384 판결

지상권자가 2년 이상의 지료를 지급하지 아니한 때에는 지상권설정자는 지상권의 소멸을 청구할 수 있으나(민법 제287조), 지상권설정자가 지상권의 소멸을 청구하지 않고 있는 동안 지상권자로부터 연체된 지료의 일부를 지급받고 이를 이의 없이 수령하여 연체된 지료가 2년 미만으로 된 경우에는 지상권설정자는 종전에 지상권자가 2년분의 지료를 연체하였다는 사유를 들어 지상권자에게 지상권의 소멸을 청구할 수 없으며, 이러한 법리는 토지소유자와 법정지상권자 사이에서도 마찬가지이다.

다. 2년 기간 산정 방법

(1) 지료결정이 전혀 없는 경우

지료결정에 대한 아무런 증명이 없으면 지료지체 책임을 물을 수 없다.

▶ 대법원 2001. 3. 13. 선고 99다17142 판결

법정지상권의 경우 당사자 사이에 지료에 관한 협의가 있었다거나 법원에 의하여 지료가 결정되었다는 아무런 입증이 없다면, 법정지상권자가 지료를 지급하지 않았다고 하더라도 지료 지급을 지체한 것으로는 볼 수 없으므로 법정지상권자가 2년 이상의 지료를 지급하지 아니하였음을 이유로 하는 토지소유자의 지상권소멸청구는 이유가 없고, 지료액 또는 그 지급시기 등 지료에 관한 약정은 이를 등기하여야만 제3자에게 대항할 수 있는 것이고, 법원에 의한 지료의 결정은 당사자의 지료결정청구에 의하여 형식적 형성소송인 지료결정 판결로 이루어져야 제3자에게도 그 효력이 미친다.

(2) 지료결정이 난 경우

확정판결 전후에 걸쳐서 2년간 지료를 체납하면 법정지상권의 소멸을 청구할 수 있다. 즉 판결확정일로부터 2년 이상 지료의 지급을 지체하여야만 지상권의 소멸을 청구할 수 있는 것은 아니다.

▸ 대법원 2005. 10. 13. 선고 2005다37208 판결

[1] 원심은, 그 채용 증거들을 종합하여 판시와 같은 사실을 인정한 다음, 원고가 피고(선정당사자)를 상대로 지료지급청구를 한 종전 소송에서의 제1심, 제2심 재판 진행 과정이나 제2심에서 재판상 화해가 이루어진 경위에 비추어, 화해조서에 이 사건 지료의 기준기간이나 지료액이 명시되지는 않았다고 하더라도, 재판상 화해 당시 원고와 피고(선정당사자) 사이에는 원고가 청구한 2000. 12. 16.부터 2001. 11. 28.까지(이하 '이 사건 지료 기준기간'이라 한다) 기간 동안의 지료를 8,560,020원으로 확정하는 것에 대한 의사의 합치가 있었다고 보는 것이 상당하고, 특정 기간에 대한 지료의 지급을 구하기 위하여 소송이 제기되고, 그 소송에서 그 기간에 대한 지료가 결정되었다면 당사자 사이에서는 그 후 민법에서 정하는 바에 따른 지료증감청구를 하여 지료증감의 효과가 새로 발생하는 등의 특별한 사정이 없는 한 그 후의 기간에 대한 지료 역시 종전 기간에 대한 지료를 기초로 하여 그와 같은 비율로 산정하여야 할 것이므로, 이 사건 지료 기준기간 이후인 2001. 11. 29.부터의 지료도 위와 같이 확정한 액수를 기초로 하여 산정하여야 하며, 피고(선정당사자가)가 2001. 11. 29. 이후의 지료를 지급하지 않아 이 사건 소 제기 당시 지급하지 않은 지료가 2년분을 초과하는 이상, 원고는 피고(선정당사자)에 대하여 법정지상권의 소멸을 청구할 수 있다고 판단하였는바, 관련 법령에 비추어 기록을 살펴보면, 이러한 원심의 사실인정과 판단은 옳고, 거기에 채증법칙을 위배하여 사실을 오인하거나 지료 연체로 인한 법정지상권 소멸청구에 관한 법리 등을 오해한 위법이 있다고 할 수 없다.

[2] 법정지상권이 성립되고 지료액수가 판결에 의하여 정해진 경우 지상권자가 판결확정 후 지료의 청구를 받고도 책임 있는 사유로 상당한 기간 동안 지료의 지급을 지체한 때에는 지체된 지료가 판결확정의 전후에 걸쳐 2년분 이상일 경우에도 토지소유자는 민법 제287조에 의하여 지상권의 소멸을 청구할 수 있고,

판결확정일로부터 2년 이상 지료의 지급을 지체하여야만 지상권의 소멸을 청구할 수 있는 것은 아니라고 할 것이므로(대법원 1993. 3. 12. 선고 92다44749 판결 참조), 종전 소송에서 확정판결과 동일한 효력이 있는 재판상 화해가 이루어진 것이 2002. 9. 13.이라고 하더라도, 피고(선정당사자)가 그 이전인 2001. 11. 29. 이후 2년 이상 지료를 지급하지 않은 이상 토지소유자인 원고는 민법 제287조에 의하여 법정지상권의 소멸을 청구를 할 수 있다고 할 것이다.

재판상 화해의 확정력에 의하여 그 이전의 지료 연체를 이유로 지상권소멸청구를 할 수 없다는 상고이유 주장은 이유 없다.

2. 소유권이 변동된 경우 지료연체와 관계

가. 지상권의 변동이 있는 경우(=건물 소유자 변동)

지료액 또는 그 지급시기 등 지료에 관한 약정은 이를 등기하여야만 제3자에게 대항할 수 있는 것이므로(부동산등기법 136조), 지료의 등기를 하지 아니한 이상 토지소유자는 구 지상권자의 지료연체 사실을 들어 지상권을 이전받은 자에게 대항하지 못한다(대법원 1996. 4. 26. 선고 95다52864 판결). 더욱이 위 판결에 의하면, 변론종결 후에 건물소유권을 이전하여 법정지상권이 함께 넘어간 경우라도 지료지급채무를 자동으로 승계하는 것이 아니므로, 토지소유자는 변론종결 후의 건물소유권을 이전받은 자에게 지료소송의 기판력에 대해 승계적격을 주장할 수 없다.

나. 토지소유권의 변동이 있는 경우

이 경우 토지의 양수인은 양도인에 대한 연체기간의 합산을 주장할 수 없게 된다. 즉 만약 갑이 을에게 토지를 양도하였는데 법정지상권자인 A가 갑에 대해서는 2년 이상 지료를 연체하였는데 을에게 이전된 뒤에는 아직 2년 이상 지료를 연체하지 않았다면 을이 갑에 대한 연체기간을 자신에게 합산하여 2년 이상 지료를 연체하였다고 주장하면서 A에 대한 법정지상권의 소멸을 청구할 수 없는 것이다.

▶ 대법원 2001. 3. 13. 선고 99다17142 판결

민법 제287조가 토지소유자에게 지상권소멸청구권을 부여하고 있는 이유는 지상권은 성질상 그 존속기간 동안은 당연히 존속하는 것을 원칙으로 하는 것이나, 지상권자가 2년 이상의 지료를 연체하는 때에는 토지소유자로 하여금 지상권의 소멸을 청구할 수 있도록 함으로써 토지소유자의 이익을 보호하려는 취지에서 나온 것이라고 할 것이므로, 지상권자가 그 권리의 목적이 된 토지의 특정한 소유자에 대하여 2년분 이상의 지료를 지불하지 아니한 경우에 그 특정의 소유자는 선택에 따라 지상권의 소멸을 청구할 수 있으나, 지상권자의 지료 지급연체가 토지소유권의 양도 전후에 걸쳐 이루어진 경우 토지양수인에 대한 연체기간이 2년이 되지 않는다면 양수인은 지상권소멸청구를 할 수 없다.

3. 지료체납을 원인으로 법정지상권을 소멸시키는 방법

지상권자가 2년 이상 지료를 연체한 경우 토지소유자는 지상권의 소멸을 청구할 수 있다(민법 287조). 법정지상권 역시 마찬가지다. 그런데 법정지상권의 경우는 그것이 등기가 된 경우와 등기가 되지 않은 경우로 나눠 살펴보아야 한다. 먼저 등기가 되어 있는 경우는 지료체납을 이유로 지상권의 소멸을 청구한다고 해서 당연히 소멸된다고 단정할 수 없다. 즉 법원에 소멸청구소송을 제기하여 지상권설정등기를 말소해야만 한다. 반면 등기가 되어 있지 않는 법정지상권의 경우는 어떤가? 법원은 이러한 경우는 토지소유자가 지료체납을 이유로 지상권소멸청구의 의사표시를 함으로써 법정지상권은 자동으로 소멸된다고 보고 있다. 즉 이러한 경우 토지소유자의 법정지상권 소멸청구권은 형성권(形成權)으로 새기는 것이다.

▶ 대법원 2003. 12. 26. 선고 2002다61934 판결

피고 2, 3, 4, 6 내지 10의 상고에 대하여 법정지상권 또는 관습에 의한 지상권이 발생하였을 경우에 토지의 소유자가 지료를 청구함에 있어서 지료를 확정하는 재판이 있기 전에는 지료의 지급을 소구할 수 없는 것은 아니고, 법원에서 상당한 지료를 결정할 것을 전제로 하여 바로 그 급부를 구하는 청구를 할 수 있다 할 것이며, 법원도 이 경우에 판결의 이유에서 지료를 얼마로 정한다는 판단을 하면 족한 것이므로(대법원 1964. 9. 30. 선고 64다528 판결 참조), 토지소유자와 관습에 의한 지상권자 사이의 지료급부이행소송의 판결의 이유에서 정해진 지료에 관한 결정은 그 소송의 당사자인 토지소유자와 관습에 의한 지상권자 사이에서는 지료결정으로서의 효력이 있다고 보아야 할 것이고, 한편, 지료증감청구권에 관한 민법 제286조의 규정에 비추어 볼 때, 특정 기간에 대한 지료가 법원에 의하여 결정되었다면, 당해 당사자 사이에서는 그 후 위 민법규정에 의한 지료증감의 효과가 새로 발생하는 등의 특별한 사정이 없는 한, 그 후의 기간에 대한 지료 역시 종전 기간에 대한 지료와 같은 액수로 결정된 것이라고 봄이 상당하다.

원심은, 그 채용 증거들을 종합하여, 토지소유자인 이금◇과 관습상의 지상권자인 서강◎ 사이의 서울지방법원 동부지원 95가합5682호 건물철거・퇴거 및 지료 등의 지급을 구하는 이행소송의 판결의 이유에서 1992년도 및 1993년도의 지료의 액수가 정해진 사실, 그 후 서강◎은 위 판결의 이유에서 정해진 지료를 전혀 지급하지 않은 사실, 이금◇은 서강◎이 2년 이상의 지료를 지급하지 않았음을 이유로 서강◎에게 지상권소멸청구의 의사를 표시한 사실 등 판시 사실을 인정한 다음, 이금◇과 서강◎ 사이에서는 그들 중 누군가가 지료증감청구를 하여 지료의 액수가 변동되었다는 등의 특별한 사정이 없는 이상, 1994년도 이후에도 1993년도 당시의 지료를 법원에 의하여 결정된 지료라고 봄이 상당하고, 따라서 이 사건 상가를 위한 관습상의 법정지상권은 그 지상권자인 서강◎이 법원에 의하여 결정된 2년 이상의 지료를 지급하지 않았음을 이유로 한 이금◇의 지상권소멸청구의 의사표시에 의하여 이미 소멸하였다고 판단하였는바, 기록에 의하여 살펴보면, 이러한 원심의 판단은 위의 법리에 따른 것으로서 정당하고, 거기에 지료지급의 지체 또는 지상권의 소멸에 관한 법리를 오해한 위법이 없다.

Ⅵ. 법정지상권의 존속기간

1. 민법 제280조 제1항 기간 적용

법정지상권의 존속기간은 성립 후 그 지상목적물의 종류에 따라 규정하고 있는 민법 제280조 제1항 소정의 각 기간으로 봄이 상당하고 분묘기지권과 같이 그 지상에 건립된 건물이 존속하는 한 법정지상권도 존속하는 것이라고는 할 수 없다(대법원 1992. 6. 9. 선고 92다4857 판결).

> **제280조(존속기간을 약정한 지상권)** ① 계약으로 지상권의 존속기간을 정하는 경우에는 그 기간은 다음 연한보다 단축하지 못한다.
> 1. 석조, 석회조, 연와조 또는 이와 유사한 견고한 건물이나 수목의 소유를 목적으로 하는 때에는 30년
> 2. 전호 이외의 건물의 소유를 목적으로 하는 때에는 15년
> 3. 건물 이외의 공작물의 소유를 목적으로 하는 때에는 5년

계약으로 지상권의 존속기간을 정하지 아니한 때에는 그 기간은 위 최단존속기간으로 한다. 지상권설정 당시에 공작물의 종류와 구조를 정하지 아니한 때에는 지상권은 제2호의 건물의 소유를 목적으로 한 것으로 보므로 15년이 법정지상권의 기간이 된다(민법 281조).

2. '견고한 건물인가'의 판단기준

민법 제280조 제1항 제1호가 정하는 견고한 건물인가의 여부는 그 건물이 갖는 물리, 화학적 외력, 화재에 대한 저항력 또는 건물해체의 난이도 등을 종합하여 판단하여야 한다(대법원 1988. 4. 12. 선고 87다카2404 판결).

3. 위 최단기간 적용이 배제되는 경우

기존 건물의 사용을 목적으로 지상권이 설정된 경우, 지상권의 최단 존속기간에 관한 민법 제280조 제1항 제1호가 적용되지 않고 약정한 기간으로 만료된다. 즉 위 최단기간은 지상권자가 그 소유의 건물 등을 신축하거나 수목을 식재한 경우에만 적용될 뿐이고, 기존에 존재하고 있던 건물에 대해 지상권을 설정한 경우에는 그 적용이 배제된다.

▸ 대법원 1996. 3. 22. 선고 95다49318 판결

지상권은 타인의 토지에서 건물 기타의 공작물이나 수목을 소유하는 것을 본질

적 내용으로 하는 것이 아니라 타인의 토지를 사용하는 것을 본질적 내용으로 하고 있으므로 지상권 설정계약 당시 건물 기타의 공작물이나 수목이 없더라도 지상권은 유효하게 성립할 수 있고, 또한 기존의 건물 기타의 공작물이나 수목이 멸실되더라도 존속기간이 만료되지 않는 한 지상권이 소멸되지 아니하는 것은 소론이 지적하는 바와 같으나, 민법 제280조 제1항 제1호가 석조·석회조·연와조 또는 이와 비슷한 견고한 건물이나 수목의 '소유를 목적으로 하는' 지상권의 경우 그 존속기간은 30년보다 단축할 수 없다고 규정하고 있음에 비추어 볼 때 위 법조 소정의 최단 존속기간에 관한 규정은 지상권자가 그 소유의 건물 등을 건축하거나 수목을 식재하여 토지를 이용할 목적으로 지상권을 설정한 경우에만 그 적용이 있다고 할 것이다.

원심판결 이유를 기록에 의하여 살펴보면, 원심이 이 사건 지상권은 그 존속기간이 15년으로 약정되었고, 지상권설정자인 원고 소유의 건물들을 사용할 목적으로 한 것으로서 연와조 건물의 최단 존속기간을 30년으로 정한 민법 제280조 제1항 제1호의 규정이 적용되지 아니하므로 그 기간이 만료되었다고 한 조치는 모두 정당한 것으로 수긍이 가고, 거기에 소론과 같은 채증법칙 위반으로 인한 사실오인이나 지상권에 관한 법리를 오해한 위법이 없다.

Ⅶ. 사례별 연구

1. 구분소유적 공유관계의 공유지분을 이전한 경우 그 매수인 역시 구분소유적 공유관계를 그대로 승계하는가?

정답 구분소유적 공유관계는 원칙적으로 소멸하게 되고 전체에 대한 지분을 승계하게 된다.

▸ 대법원 2008. 2. 15. 선고 2006다68810 판결

[1] 1필지의 토지의 위치와 면적을 특정하여 2인 이상이 구분소유하기로 하는 약정을 하고 그 구분소유자의 공유로 등기하는 이른바 구분소유적 공유관계에 있어서, 각 구분소유적 공유자가 자신의 권리를 타인에게 처분하는 경우 중에는

구분소유의 목적인 특정 부분을 처분하면서 등기부상의 공유지분을 그 특정 부분에 대한 표상으로서 이전하는 경우와 등기부의 기재대로 1필지 전체에 대한 진정한 공유지분으로서 처분하는 경우가 있을 수 있고, 이 중 전자의 경우에는 그 제3자에 대하여 구분소유적 공유관계가 승계되나, 후자의 경우에는 제3자가 그 부동산 전체에 대한 공유지분을 취득하고 구분소유적 공유관계는 소멸한다. 이는 경매에서도 마찬가지이므로, 전자에 해당하기 위하여는 집행법원이 공유지분이 아닌 특정 구분소유 목적물에 대한 평가를 하게 하고 그에 따라 최저경매가격을 정한 후 경매를 실시하여야 하며, 그러한 사정이 없는 경우에는 1필지에 관한 공유자의 지분에 대한 경매목적물은 원칙적으로 1필지 전체에 대한 공유지분이라고 봄이 상당하다.

[2] 구분소유적 공유관계에 있는 토지지분에 대한 강제경매절차에서 이를 매수한 사람이 1필지 전체에 대한 공유지분을 취득하였다고 주장하는 사안에서, 그 공유지분이 토지의 특정 부분에 대한 구분소유적 공유관계를 표상하는 것으로 취급되어 감정평가와 최저경매가격 결정이 이루어지고 경매가 실시되었다는 점이 입증되지 않은 이상, 위 매수인은 1필지 전체에 대한 공유지분을 적법하게 취득하고 기존의 상호명의신탁관계는 소멸한다고 보아야 하며, 이는 매수인의 구분소유적 공유관계에 대한 인식 유무에 따라 달라지지 않는다.

2. 신축 전에 이미 토지를 타에 매도한 경우

토지와 건물이 동일인의 소유였다가 토지가 이전된 경우라고 해도 토지소유자가 건물을 신축하기 전에 이미 토지에 대해 매매계약을 체결한 상태라면 관습법상 법정지상권이 성립되는가?

정답 성립되지 않는다.

▶ 대법원 1994. 12. 22. 선고 94다41072 판결

토지와 건물이 동일인의 소유이었다가 매매 기타의 원인으로 그 소유자가 달라지게 된 경우에는 특히 그 건물을 철거한다는 특약이 없는 이상 건물소유자는 토지소유자에 대하여 관습상의 법정지상권을 취득하게 되는 것이나 토지의 소유자가 건물을 건축할 당시 이미 토지를 타에 매도하여 소유권을 이전하여 줄 의무를 부담하고 있었다면 토지의 매수인이 그 건축행위를 승낙하지 않는 이상 그 건물은 장차 철거되어야 하는 운명에 처하게 될 것이고 토지소유자가 이를 예상하면서도 건물을 건축하였다면 그 건물을 위한 관습상의 법정지상권은 생기지 않는다고 보아야 할 것이다(당원 1974. 6. 11. 선고 73다1766 판결 참조).

원심이 인용한 1심판결이유에 의하면, 원심은 원고(반소피고, 이하 원고라 한다)가 소외 장영◎를 거쳐 피고(반소원고, 이하 피고라 한다)로부터 장차 피고가 취득할 택지분양권을 전전매수한 사실, 피고가 이 사건 토지를 분양받기로 확정되어 피고와 한국토지개발공사 간에 택지분양계약이 체결된 후 원고가 피고에게 토지대금을 원고가 납부할 수 있도록 납부고지서를 줄 것을 요구하자 피고는 땅값상승을 이유로 추가로 금원을 지급하여 달라며 원고의 요구에 응하지 않다가 자신이 위 공사에 매매대금을 지급하고 소유권이전등기를 경료한 다음 이 사건 토지상에 단독주택을 신축한 사실을 각 확정하고, 피고가 이 사건 건물을 신축할 당시는 토지 및 건물이 모두 피고의 소유이었으나 한편 위 신축이전에 피고는 이 사건 토지에 관한 분양권을 매도하였고 위 분양권이 전전 양도되어 원고가 이를 취득하였다는 사실을 알면서도 건물을 신축한 것이므로 피고는 이 사건 토지의 소유권이 원고에게 이전되면 건물이 철거될 것임을 예상하였다 할 것이어서 이러한 경우에는 그 건물을 위한 관습상의 법정지상권이 생기지 않는다고 판단하였는바, 사실관계가 위와 같다면 관습상의 법정지상권이 생기지 않는다고 판단한 원심의 조치는 옳고 거기에 소론과 같은 법정지상권에 관한 법리오해가 없다. 논지는 이유 없다.

3. 법정지상권이 있는 건물을 경락받은 매수인은 법정지상권도 함께 이전받게 되나?

정답 법정지상권도 함께 이전받는다.

▸ 대법원 2014. 9. 4. 선고 2011다13463 판결

건물 소유를 위하여 법정지상권을 취득한 자로부터 경매에 의하여 건물의 소유권을 이전받은 경락인은 경락 후 건물을 철거한다는 등의 매각조건하에서 경매되는 경우 등 특별한 사정이 없는 한 건물의 경락취득과 함께 위 지상권도 당연히 취득한다. 이러한 법리는 압류, 가압류나 체납처분압류 등 처분제한의 등기가 된 건물에 관하여 그에 저촉되는 소유권이전등기를 마친 사람이 건물의 소유자로서 관습상의 법정지상권을 취득한 후 경매 또는 공매절차에서 건물이 매각되는 경우에도 마찬가지로 적용된다.

법정지상권은 건물에 속한 물권이다. 비록 이것이 등기부등본에 등재된 지상권은 아니지만 건물소유권의 일부나 다름없다. 그러므로 그 건물을 양수한 사람은 당연히 법정지상권도 취득하게 되는 것이다.

4. 법정지상권을 취득한 건물소유자가 채권자취소권에 의해 소유명의를 잃었을 경우 법정지상권도 함께 사라지나?

정답 법정지상권은 유지된다.

▶ 대법원 2014. 12. 24. 선고 2012다73158 판결

[1] 원심판결 이유와 기록에 의하면, ① 소외 1은 1991. 2. 8.부터 1995. 7. 10.까지 사이에 이 사건 제1토지, 이 사건 제2토지 및 이 사건 건물의 소유권을 취득한 사실, ② 소외 1은 2000. 2. 23. 원고 2에게 이 사건 건물 및 이 사건 제2토지를 매도하고 2000. 2. 25. 원고 2 앞으로 소유권이전등기를 마쳐 주었는데, 그 중 이 사건 건물에 관하여는 2005. 2. 25. 사해행위취소사건에 의한 확정판결을 원인으로 하여 위 소유권이전등기가 말소된 사실, ③ 이 사건 제1토지에 대하여 1995. 7. 19. 설정된 근저당권에 기하여 진행된 경매절차에서 소외 2가 2004. 10. 1. 매수대금을 납부함으로써 그 소유권을 취득하였고, 원고 1이 이를 매수하여 2005. 11. 30. 소유권이전등기를 마친 사실, ④ 이 사건 건물에 대한 강제경매개시결정에 따라 2006. 11. 16. 그 기입등기가 마쳐진 다음 진행된 경매절차에서 피고가 2007. 8. 17. 매수대금을 납부함으로써 그 소유권을 취득한 사실, ⑤ 피고가 이 사건 건물의 부지로 이 사건 제1토지 중 원심판결 별지 도면 ㄹ부분 80㎡ 및 이 사건 제2토지 중 같은 도면 ㄴ부분 11㎡를 점유·사용하고 있는 사실을 알 수 있다.

[2] 가. 먼저 이 사건 제2토지 중 위 ㄴ부분에 관하여 본다.

동일인의 소유에 속하고 있던 토지와 그 지상 건물이 매매 등으로 인하여 소유자가 다르게 된 경우에 그 건물을 철거한다는 특약이 없는 한 건물소유자는 그 건물의 소유를 위한 관습상 법정지상권을 취득한다(대법원 1997. 1. 21. 선고 96다40080 판결 등 참조). 그런데 민법 제406조의 채권자취소권의 행사로 인한 사해행위의 취소와 일탈재산의 원상회복은 채권자와 수익자 또는 전득자에 대한 관계에 있어서만 그 효력이 발생할 뿐이고 채무자가 직접 권리를 취득하는 것이 아니므로(대법원 2000. 12. 8. 선고 98두11458 판결 등 참조), 토지와 그 지상 건물이 함께 양도되었다가 채권자취소권의 행사에 따라 그중 건물에 관하여만 양도가 취소되고 수익자와 전득자 명의의 소유권이전등기가 말소되었다고 하더라도, 이는 관습상 법정지상권의 성립요건인 '동일인의 소유에 속하고 있던 토지와 그 지상 건물이 매매 등으로 인하여 소유자가 다르게 된 경우'에 해당한다고 할 수 없다.

위와 같은 사실관계를 이러한 법리에 비추어 보면, 소외 1이 원고 2에게 이 사건 건물 및 이 사건 제2토지를 함께 매도하였다가 채권자취소권의 행사에 따라 그중 이 사건 건물에 관하여만 매매계약이 취소되고 원고 2 명의의 소유권이전등기가 말소되었다고 하더라도, 원고 2는 이 사건 건물에 대한 압류의 효력이 발생할 당시까지도 이 사건 제2토지 및 이 사건 건물을 모두 소유하고 있었다고 할 것이다. 따라서 피고가 위 강제경매절차에서 이 사건 건물을 매수하고 2007. 8. 17. 그 매수대금을 납부함으로써 양자의 소유자가 다르게 되었으므로, 피고는 이 사건 제2토지 중 위 ㄴ부분에 대하여 관습상 법정지상권을 취득하였다고 봄이 타당하다.

나. 다음으로 이 사건 제1토지 중 위 ㄹ부분에 관하여 본다.
저당권설정 당시 동일인의 소유에 속하고 있던 토지와 그 지상 건물이 경매로 인하여 소유자가 다르게 된 경우에 건물소유자는 그 건물의 소유를 위한 민법 제366조의 법정지상권을 취득한다(대법원 2011. 1. 13. 선고 2010다67159 판결 등 참조). 그리고 건물 소유를 위하여 법정지상권을 취득한 사람으로부터 경매에 의하여 그 건물의 소유권을 이전받은 매수인은, 매수 후 건물을 철거한다는 등의 매각조건하에서 경매되는 경우 등 특별한 사정이 없는 한, 건물의 매수취득과 함께 위 지상권도 당연히 취득하는데(대법원 2013. 9. 12. 선고 2013다43345 판결 등 참조), 이러한 법리는 사해행위의 수익자 또는 전득자가 건물의 소유자로서 법정지상권을 취득한 후 채무자와 수익자 사이에 행하여진 건물의 양도에 대한 채권자취소권의 행사에 따라 수익자와 전득자 명의의 소유권이전등기가 말소된 다음 경매절차에서 그 건물이 매각되는 경우에도 마찬가지로 적용된다. 위와 같은 사실관계를 이러한 법리에 비추어 보면, 위 근저당권의 설정 당시 이 사건 제1토지 및 이 사건 건물이 모두 소외 1의 소유에 속하였고, 위 근저당권에 기하여 진행된 경매절차에서 소외 2가 이 사건 제1토지를 매수하고 2004. 10. 1. 그 매수대금을 납부함으로써 양자의 소유자가 다르게 되었으므로, 위 매수대금 납부 당시 이 사건 건물의 소유자인 원고 2가 이 사건 제1토지 중 위 ㄹ부분에 대하여 민법 제366조의 법정지상권을 취득하였다고 할 것이다. 그리고 채권자취소권의 행사에 따라 이 사건 건물에 관하여 원고 2명의의 소유권이전등기가 말소된 다음 경매절차에서 피고가 이 사건 건물의 소유권을 취득함으로써 그 소유를 위한 위 법정지상권도 함께 취득하였다고 보아야 한다.

채권자취소권은 상대적이다. 채무자와 수익자(전득자) 사이의 법률관계에는 영향이 없다. 즉 취소의 효과로서의 원상회복도 채권자와 수익자(전득자)와의 상대적 관계에서만 발생할 뿐, 채권자가 직접 권리를 취득하지 않는다. 채권자가 변제를 받은 나머지는 수익자(전득자)의 자산으로 돌아간다. 그 결과 위 판례와 같이, 수익자가 법정지상권을 일단 취득한 경우 그 후 채권자취소권의 행사에 의해 취소판결이 나도 법정지상권이 화체된 건물을 경락받은 자에게는 위 채권자취소권의 효력이 닿지 않는다. 또한 건물과 토지를 양수한 사람(수익자)에 대해 채권자가 건물 양도가 사해행위라고 주장하여 건물에 대한 등기를 사해행위취소를 원인으로 말소하였다고 해도 그 효력은 채권자와 수익자 사이에서만 상대적으로 발생하므로 압류 당시까지도 여전히 수익자는 건물과 토지 모두의 소유자로 취급받게 된다. 그 결과 강제경매에서 수익자의 건물을 경락받은 자는 관습법상 법정지상권을 취득하게 되는 것이다.

이 경우 반대로 토지가 경매된 경우 그 경락인의 입장에서 건물과 토지의 현재 소유관계가 일치하지 않으므로 법정지상권이 성립되지 않는다고 믿고 경락을 받았는데 사해행위의 상대효로 인해 위와 같이 법정지상권이 성립된 경우에 불측의 손해를 볼 염려가 있게 된다. 그러므로 이러한 토지에 대하여 경매를 신청할 경우에는 사전에 건물등기부등본을 반드시 살펴봐야 한다. 즉 건물등기부등본에 사해행위취소판결로 인해 소유권이전등기가 말소됨으로써 토지와 소유관계가 달라진 경우는 주의해야 한다. 건물등기부등본을 보면 사해행위취소판결로 인해 이전등기가 말소되는 경우에는, 예컨대 등기원인에 "2010년 11월 10일 서울중앙지방법원 확정판결"로 기재되어 있고, 권리자 및 기타사항 란에 "대위자 신용보증기금, 대위원인 서울중앙지방법원 2009가합8000호 사해행위취소 등 확정판결로 인한 채권보전"이라고 기재되어 있다.

6	3번 소유권이전등기말소	2011년5월31일 제70001호	2010년11월10일 서울중앙지방법원 확정판결	대위자 ○○ 신용보증기금 서울 마포구 공덕동 3000－5 취급지점 : 마포지점 대위원인 서울중앙지방법원 2009가합8000호 사해행위취소 등 확정판결로 인한 채권 보전

5. 환지처분으로 인하여 토지와 그 지상건물의 소유자가 달라진 경우, 관습법상 법정지상권이 성립되나?

정답 성립되지 않는다.

▶ **대법원 2001. 5. 8. 선고 2001다4101 판결**

환지로 인하여 새로운 분할지적선이 그어진 결과 환지 전에는 동일인에게 속하였던 토지와 그 지상건물의 소유자가 달라졌다 하더라도 환지의 성질상 건물의 부지에 관하여 소유권을 상실한 건물 소유자가 환지된 토지(건물부지)에 대하여 건물을 위한 관습상의 법정지상권을 취득한다거나 그 환지된 토지의 소유자가 그 건물을 위한 관습상의 법정지상권의 부담을 안게 된다고는 할 수 없다.

Ⅷ. 분묘기지권

1. 분묘기지권의 의의 및 미치는 범위

타인의 토지에 분묘(사체 또는 유품을 묻는 곳)라는 특수한 공작물을 설치한 자는 그 분묘를 소유하기 위하여 분묘와 그 주변의 일정부분의 타인 소유 토지를 사용할 수 있는 권리로서 지상권에 비슷한 성질을 갖는 일종의 물권을 취득하는데 이를 분묘기지권이라 일컫는다. 분묘기지권은 분묘를 수호하고 봉제사하는 목적을 달성하는 데 필요한 범위 내에서 타인의 토지를 사용할 수 있는 권리를 의미하는 것이다(대법원 1993. 7. 16. 선고 93다210 판결). 하지만 이러한 분묘기지권에는 그 효력이 미치는 지역의 범위 내라고 할지라도 기존의 분묘 외에 새로운 분묘를 신설할 권능은 포함되지 아니하는 것이므로, 부부 중 일방이 먼저 사망하여 이미 그 분묘가 설치되고 그 분묘기지권이 미치는 범위 내에서 그 후에 사망한 다른 일방의 합장을 위하여 쌍분(雙墳)형태의 분묘를 설치하는 것도 허용되지 않는다(대법원 1997. 5. 23. 선고 95다29086 판결).

2. 취득요건

가. 합의에 의한 취득

토지소유자의 승낙을 얻어 그 토지에 분묘를 설치한 경우에는 당연히 분묘기지권을 취득한다.

나. 분묘가 설치된 토지를 매매한 경우

자기 소유의 토지에 분묘를 설치한 자가 후에 분묘도 함께 이전한다는 특약을 함이 없이 토지를 매매 등으로 처분한 때에는 그 분묘를 소유하기 위하여 분묘기지권을 취득한다.

▶ 대법원 1967. 10. 12. 선고 67다1920 판결

자기소유 토지에 분묘를 설치하고 이를 타에 양도한 경우에는 그 분묘가 평장되어 외부에서 인식할 수 없는 경우를 제외하고는 당사자 간에 특별한 의사표시가

없으면 판 사람은 분묘소유를 위하여 산 사람이 토지에 대하여 지상권 유사의 물권을 취득한다.

다. 시효로 인한 취득

타인 소유의 토지에 그의 승낙 없이 분묘를 설치한 경우에는 20년간 평온·공연하게 그 분묘의 기지를 점유함으로써 분묘기지권을 시효로 취득한다.

▶ **대법원 2011. 11. 10. 선고 2011다63017 · 63024 판결**

타인 소유의 토지에 소유자의 승낙 없이 분묘를 설치한 경우에는 20년간 평온·공연하게 그 분묘의 기지를 점유하면 지상권 유사의 관습상 물권인 분묘기지권을 시효로 취득하고, 분묘기지권은 분묘를 수호하고 봉제사하는 목적을 달성하는 데 필요한 범위 내에서 타인의 토지를 사용할 수 있는 권리를 의미하는 것으로서, 분묘기지권은 분묘의 기지 자체뿐만 아니라 분묘의 설치목적인 분묘의 수호 및 제사에 필요한 범위 내에서 분묘 기지 주위의 공지를 포함한 지역에까지 미치는 것이다.

3. 분묘기지권의 귀속주체와 존속기간

분묘기지권은 종손 또는 종중에게 귀속하고, 존속기간은 특별한 약정이 없는 한 분묘의 수호와 봉사를 계속하며 그 분묘가 존속하고 있는 동안 계속하여 존속한다.

▶ **대법원 2007. 6. 28. 선고 2005다44114 판결**

[1] 분묘의 수호 관리나 봉제사에 대하여 현실적으로 또는 관습상 호주상속인인 종손이 그 권리를 가지고 있다면 그 권리는 종손에게 전속하는 것이고 종손이 아닌 다른 후손이나 종중에서 관여할 수는 없다고 할 것이나, 공동선조의 후손들로 구성된 종중이 선조 분묘를 수호 관리하여 왔다면 분묘의 수호 관리권 내지 분묘기지권은 종중에 귀속한다.

[2] 토지소유자의 승낙을 얻어 분묘가 설치된 경우 분묘소유자는 분묘기지권을 취득하고, 분묘기지권의 존속기간에 관하여는 당사자 사이에 약정이 있는 등 특

별한 사정이 있으면 그에 따를 것이나, 그러한 사정이 없는 경우에는 권리자가 분묘의 수호와 봉사를 계속하며 그 분묘가 존속하고 있는 동안 존속한다고 해석함이 타당하다. 또, 분묘가 멸실된 경우라고 하더라도 유골이 존재하여 분묘의 원상회복이 가능하여 일시적인 멸실에 불과하다면 분묘기지권은 소멸하지 않고 존속하고 있다고 해석함이 상당하다.

4. 장사 등에 관한 법률(이하 '장사법')에 의한 제한

이와 같이 분묘기지권의 시효취득과 존속기간 등에 관하여 2001. 1. 13.부터 시행되는 장사법에 의해 존속기간과 시효취득이 제한된다. 다만 동법 부칙 제2조(적용례)에 의하면 "제17조 및 제23조 제3항의 개정규정은 이 법 시행 후 최초로 설치되는 분묘부터 적용한다"라고 규정하여 결국 2001. 1. 13.까지 설치된 분묘의 경우는 장사법의 제한을 받지 않고, 2001. 1. 14. 이후 설치된 분묘의 경우에만 다음과 같은 제한을 받게 된다.

가. 존속기간의 제한

매장을 한 자는 매장 후 30일 이내에 매장지를 관할하는 특별자치시장·특별자치도지사·시장·군수·구청장에게 신고하여야 하며(장사법 8조 1항) 이를 위반하면 과태료를 부과받는다(장사법 42조 1항 1호). 또한 그러한 절차를 밟은 분묘라고 하더라도 존속기간은 원칙적으로 15년으로 제한된다(장사법 19조 1항). 그리고 그 기간이 지난 분묘의 연고자가 시·도지사, 시장·군수·구청장 또는 제14조 제3항에 따라 법인묘지의 설치·관리를 허가받은 자에게 그 설치기간의 연장을 신청하는 경우에는 한 번에 15년씩 3회에 한정하여 그 설치기간을 연장하여야 한다(장사법 19조 2항). 그러한 설치기간이 끝난 분묘의 연고자는 설치기간이 끝난 날부터 1년 이내에 해당 분묘에 설치된 시설물을 철거하고 매장된 유골을 화장하거나 봉안하여야 한다(장사법 20조 1항).

나. 시효취득의 제한

장사법 제27조에 의하면 토지소유자는 자신의 승낙 없이 해당 토지에 설치한 분묘에 대하여 그 분묘를 관할하는 시장 등의 허가를 받아 분묘에 매장된 시신 또는 유골을 개장할 수 있다(동조 1항). 다만 이 경우 토지소유자는 개장을 하려면 미리 3개월 이상의 기간을 정하여 그 뜻을 해당 분묘의 설치자 또는 연고자에게 알려야 한다. 다만, 해당 분묘의 연고자를 알 수 없으면 그 뜻을 공고하여야 한다(동조 2항). 그리고 이 경우 분묘의 연고자는 해당 토지소유자에게 토지 사용권이나 그 밖에 분묘의 보존을 위한 권리를 주장할 수 없다(동조 3항). 결국 위 3항으로 인하여 2001. 1. 14. 이후 설치된 분묘의 경우는 20년간 점유하였다는 이유만으로 분묘기지권에 관한 시효취득을 주장할 수 없게 되었다.

제4장

가압류·가처분·가집행

제 4 장 가압류·가처분·가집행

Ⅰ. 민사소송 중 빼돌리는 재산 막는 법, 가압류·가처분 제도

채권을 회수하기 위해 소송을 제기하면 변론절차를 거쳐 승소판결을 받은 다음 채무자의 재산에 강제집행을 함으로써 목적을 달성하게 된다. 하지만 이러한 소송절차는 상당한 시간이 걸리기 때문에, 채권자가 승소판결을 받아 강제집행을 하기까지 채무자의 재산상태가 악화되거나, 때로는 의도적으로 집행할만한 재산을 처분하고 재산도피를 하여 나중에 강제집행을 못하도록 방해하는 사례도 있다. 따라서 채권자는 채무자가 이러한 조치를 취하기 전에 재산을 처분하지 못하도록 법적으로 봉쇄하는 조치를 취함으로써 나중에 승소판결에 의한 강제집행을 차질 없이 하도록 보전할 필요가 있다. 이것을 "보전처분"이라고 하는데 흔히 가압류, 가처분이 이에 해당된다. 가압류 · 가처분은 채무자에게 미리 알리지 않고 신속하게 하지 않으면 안 되므로 대개 소를 제기하기 전이나 소를 제기할 때 동시에 신청하는 것이 일반적이다.

Ⅱ. 금전과 관련된 민사소송시 알아두어야 할 가압류

1. 가압류의 의의

가압류란 민사집행법에 따른 금전과 관련된 채권을 가진 채권자가 채권보전을 위해 미리 채무자의 재산을 동결시키는 것을 말한다. 즉 채무자로부터 그 재산에 대한 처분권을 잠정적으로 가져오는 집행보전제도이다. 가압류를 신청하려면 청구채권의 내용과 신청취지 및 이유 등을 기재하여 가압류신청서와 가압류신청 진술서를 작성해야 한다. 또한, 법원은 가압류로 생길 수 있는 채무자의 손해에 대하여 담보제공을 명령할 수 있다. 이때 담보제공명령을 받은 채권자는 현금공탁이나 공탁보증보험 가입을 통해 담보제공을 할 수 있어야 한다. 특히 부동산가압류의 경우 공탁보증보험으로 담보제공을 하는 경우가 많은데 반해, 공사대금청구권 등 채권가압류의 경우에는 실무상 현금공탁 비율이 상당히 높아짐에 유의해야 한다. 채권자는 가압류의 집행상태가 계속되고 있는 한 언제든지 집행기관에 대해 집행해제신청을 할 수 있고, 가압류결정을 받기 위해 현금공탁을 한 채권자는 가압류결정 이전에 신청을 취하하거나 가압류결정 이후 법원의 담보취소결정을 받아 공탁금을 회수할 수 있다.

2. 가압류소송 요령

가압류소송은 가압류할 물건이 있는 곳을 관할하는 지방법원이나 본안의 관할법원에 전속한다(민집 278조). 가압류신청에는 다음 각 호의 사항을 적어야 한다(민집 279조).

가. 청구채권의 표시, 그 청구채권이 일정한 금액이 아닌 때에는 금전으로 환산한 금액
나. 제277조의 규정에 따라 가압류의 이유가 될 사실의 표시

청구채권과 가압류의 이유는 소명하여야 한다. 가압류신청에 대한 재판은 변론 없이 할 수 있다(민집 280조 1항). 청구채권이나 가압류의 이유를 소명하지 아니한 때에도 가압류로 생길 수 있는 채무자의 손해에 대하여 법원이 정한 담보를 제공한 때에는 법원은 가압류를 명할 수 있다. 청구채권과 가압류의 이유를 소명한 때에도 법원은 담보를 제공하게 하고 가압류를 명할 수 있다. 채권자는 가압류신청을 기각하거나 각하하는 결정에 대하여 즉시항고를 할 수 있다.

〈서식〉

부동산가압류신청

채권자: 김 원 고 (인적사항)
채무자: 이 피 고 (인적사항)

청구채권의 표시

금 50,000,000 원정
채권자가 채무자에 대하여 가지는 대여금 채권 금 100,000,000 원 중 일부금

가압류할 부동산의 표시

별지 목록 기재와 같음.

신 청 취 지

채권자가 채무자에 대하여 가지는 위 채권의 집행을 보전하기 위하여 채무자 소유의 별지목록 기재 부동산을 가압류합니다.
라는 재판을 구합니다.

신 청 이 유

1. 피보전권리의 요지
   채권자는 채무자에 대하여 20 . . . 금 원을 변제기일 20 . . . 이자, 월 푼으로 약정하여 대여하였으나 채무자는 변제기일이 무려 개월이나 지났음에도 아직 이를 변제하지 아니하고 있습니다.
2. 따라서 채권자는 귀원에 금 원의 지급을 구하는 본소를 준비 중에 있으나 채권자가 조사한 바에 의하면 채무자는 채권자 이외에도 많은 채무를 부담하고 있어 매번 일시적 모면을 하면서 채권자에 대한 채권을 변제치 않고 있는 상황이고 채무자는 현재 별지목록 기재 부동산만이 유일한 재산인바, 이것 또한 언제 어느 형식으로 처분하여 채권자에 대한 채무를 면탈할지 알 수 없는 실정이므로 채권자는 후일 채무자를 상대로 하는 승소판결의 집행보전을 위하여 이 가압류 신청을 합니다.

소명방법 및 첨부서류

1. 소 갑 제1호증 000
2. 소 갑 제2호증 부동산등기부등본

20 년 월 일
위 채권자 : 김 원 고 (인)

서울중앙지방법원 귀중

(별지 부동산목록 생략)

3. 피보전권리의 존재

가압류신청을 함에 있어 중요한 두 가지 요소는 피보전권리의 존재 및 보전의 필요성이다. 피보전권리라 함은 가압류를 한 뒤 나중에 본안소송을 하였을 경우 원고가 승소할 수 있는 채권이 있어야 하는 것이다. 여기서 채권이라 함은 금전채권이나 금전으로 환산할 수 있는 채권이어야 한다. 금전채권이어야 하므로 친족법상의 청구권은 피보전권리가 될 수 없다. 하지만 금전으로 환산할 수 있는 채권, 예컨대 특정물의 이행 그 밖의 재산상의 청구권이 채무불이행이나 계약해제 등에 의하여 손해상채권으로 변하거나 강제집행 불능시의 대상청구권과 같은 것은 피보전권리가 된다. 반면 피보전채권은 재판시까지는 청구권이 성립하여야 한다. 만약 성립여부가 불투명할 경우에는 피보전권리가 될 수 없다. 하지만 조건이 붙어있는 것이거나 기한이 차지 아니한 것이라도 무방하다(민집 276조 2항). 기한은 확정된 것인지 여부와 상관없으나 지나치게 이행기가 먼 장래에 발생될 채권의 경우는 채무자가 단기간 내에 책임재산을 처분하려고 하는 경우와 같이 특별한 사정이 있는 경우를 제외하고는 보전의 필요성이 없다. 그 밖에 동시이행이나 유치권의 항변이 부착된 청구권이나 채권양도의 대항요건을 갖추지 아니한 청구권도 피보전권리가 될 수 있다.[1] 결국 피보전권리가 존재하는 점에 관하여 채권자는 본안만큼은 아니더라도 적어도 개연성 정도는 어느 정도 소명을 해야만 한다.

▸ **대법원 1993. 2. 12. 선고 92다29801 판결**

가압류의 피보전권리는 가압류신청 당시 확정적으로 발생되어 있어야 하는 것은 아니고 이미 그 발생의 기초가 존재하는 한 조건부 채권이나 장래에 발생할 채권도 가압류의 피보전권리가 될 수 있다.

4. 보전의 필요성

가압류는 이를 하지 아니하면 판결을 집행할 수 없거나 판결을 집행하는 것이 매우 곤란할 염려가 있을 경우에 할 수 있다(민집 277조). 판결을 집행하는

1 법원실무제요 민사집행 Ⅳ.

것이 매우 곤란할 염려가 있어야 하므로 채권자가 가압류를 하지 않을 경우 장래 금전채권에 기한 본안판결에서 승소하여도 그 집행이 매우 곤란하게 되는 경우를 뜻한다. 예컨대 책임재산의 낭비, 훼손, 포기, 은닉, 염가매매 등이 이에 해당된다.[2] 하지만 채권자의 금전채권에 관하여 충분한 물적담보가 설정되어 있거나 채무자에게 재산이 충분히 있음이 소명된 경우 동시이행관계에 있는 반대급부가 이행불능이 된 경우 등에는 보전의 필요성이 부인된다.

▸ 대법원 1992. 1. 21. 선고 91다33032 판결

○○아파트 수분양자인 을에 대하여, ○○아파트 건설회사인 병 회사로부터 토지(대지지분권)에 관한 소유권이전등기절차를 이행받음과 동시에 갑에게 금원을 지급하라는 내용의 확정판결에 기한 채무명의를 갖고 있으나 위 확정판결이 명한 반대급부의 의무 이행자는 제3자인 병 회사일 뿐 아니라 위 토지에 관한 지분소유권자는 또 다른 제3자이며, 을 등 위 아파트 수분양자들이 위 대지지분권에 관한 이전등기를 경료받음과 상환으로 잔대금을 지급하라는 위 토지소유자들의 청구를 인낙한 경우 병 회사의 을에 대한 위 대지지분권이전등기절차의 이행이나 그 이행의 제공은 사실상 불가능하게 되었다고 보아 갑의 권리는 그 보전의 필요성이 없다.

5. 가압류신청 진술서

종전의 보전소송의 실무관행에 관하여 보전명령의 발령은 지나치게 관대하고, 그에 대한 사후구제는 지나치게 제한적으로 이뤄졌다는 반성에서 2003. 9. 22. 전국신청담당판사회의가 개최되었고, 그 결과 보전처분신청사건의 사무처리요령(재민 2003-4)을 제정하여 2003. 11. 1.부터 가압류신청 진술서 제도를 도입하였다.[3] 이는 채권자에게 보전의 필요성, 가압류신청 후 기각된 적이 있는지 등을 상세히 기록토록 하고 이를 엄격히 심사하여 사실상 채무자를 압박하기 위한 수단으로 가압류를 남용하거나 기각된 사건을 다른 법원에 재신청하는 사례를 방지하고자 하는 것이다.[4] 진술서가 첨부되지 아니한 때에는 특

2 법원실무제요 민사집행 Ⅳ.
3 법원실무제요 민사집행 Ⅳ.
4 이시윤, 신민사집행법(박영사).

별한 사정이 없는 한 보정명령 없이 신청을 바로 기각한다(대법원재판예규 재민 2003-4).

〈서식〉

가압류신청 진술서
채권자는 가압류 신청과 관련하여 다음 사실을 진술합니다. 다음의 진술과 관련하여 고의로 누락하거나 허위로 진술한 내용이 발견된 경우에는, 그로 인하여 보정명령 없이 신청이 기각되거나 가압류이의절차에서 불이익을 받을 것임을 잘 알고 있습니다. 20 . . . 채권자(소송대리인) (날인 또는 서명) ※ 채무자가 여럿인 경우에는 각 채무자별로 따로 작성하여야 합니다.

◇ 다 음 ◇

1. 피보전권리(청구채권)와 관련하여

가. 채무자가 신청서에 기재한 청구채권을 인정하고 있습니까?

□ 예

□ 아니오 → 채무자 주장의 요지 :

□ 기타 :

나. 채무자의 의사를 언제, 어떠한 방법으로 확인하였습니까? (소명자료 첨부)

다. 채권자가 신청서에 기재한 청구금액은 본안소송에서 승소할 수 있는 금액으로 적정하게 산출된 것입니까? (과도한 가압류로 인해 채무자가 손해를 입으면 배상하여야 함)

□ 예 □ 아니오

2. 보전의 필요성과 관련하여

가. 채권자가 채무자의 재산에 대하여 가압류하지 않으면 향후 강제집행이 불가능하거나 매우 곤란해질 사유의 내용은 무엇입니까?

나. 채권자는 신청서에 기재한 청구채권과 관련하여 공정증서 또는 제소전화해조서가 있습니까?

다. 채권자는 신청서에 기재한 청구채권과 관련하여 취득한 담보가 있습니까? 있다면 이 사건 가압류를 신청한 이유는 무엇입니까?

라. [채무자가 (연대)보증인인 경우] 채권자는 주채무자에 대하여 어떠한 보전조치를 취하였습니까?

마. [다수의 부동산에 대한 가압류신청인 경우] 각 부동산의 가액은 얼마입니까? (소명자료 첨부)

바. [유체동산 또는 채권 가압류신청인 경우] 채무자에게는 가압류할 부동산이 있습니까?

□ 예 　　　□ 아니오 → 채무자의 주소지 소재 부동산등기부등본 첨부

사. ["예"로 대답한 경우] 가압류할 부동산이 있다면, 부동산이 아닌 유체동산 또는 채권 가압류신청을 하는 이유는 무엇입니까?

□ 이미 부동산상의 선순위 담보 등이 부동산가액을 초과함 → 부동산등기부등본 및 가액소명자료 첨부

□ 기타 사유 → 내용 :

아. [유체동산가압류 신청인 경우]

① 가압류할 유체동산의 품목, 가액은?

② 채무자의 다른 재산에 대하여 어떠한 보전조치를 취하였습니까? 그 결과는?

3. 본안소송과 관련하여

가. 채권자는 신청서에 기재한 청구채권과 관련하여 채무자를 상대로 본안소송을 제기한 사실이 있습니까?

□ 예 　　　□ 아니오

나. ["예"로 대답한 경우]

① 본안소송을 제기한 법원·사건번호·사건명은?

② 현재 진행상황 또는 소송결과는?

다. ["아니오"로 대답한 경우] 채권자는 본안소송을 제기할 예정입니까?

□ 예 → 본안소송 제기 예정일 :

□ 아니오 → 사유 :

4. 중복가압류와 관련하여

가. 채권자는 신청서에 기재한 청구채권(금액 불문)을 원인으로, 이 신청 외에 채무자를 상대로 하여 가압류를 신청한 사실이 있습니까? (과거 및 현재 포함)

□ 예 　　　□ 아니오

나. ["예"로 대답한 경우]

① 가압류를 신청한 법원·사건번호·사건명은?

② 현재 진행상황 또는 결과(취하/각하/인용/기각 등)는? (소명자료 첨부)

다. [다른 가압류가 인용된 경우] 추가로 이 사건 가압류를 신청하는 이유는 무엇입니까? (소명자료 첨부)

6. 담보공탁제도(민집 280조 2·3항)

가. 개 요

청구채권이나 가압류의 이유를 소명하지 아니한 때에도 가압류로 생길 수 있는 채무자의 손해에 대하여 법원이 정한 담보를 제공한 때에는 법원은 가압류를 명할 수 있다. 청구채권과 가압류의 이유를 소명한 때에도 법원은 담보를 제공하게 하고 가압류를 명할 수 있다. 담보를 제공한 때에는 그 담보의 제공과 담보제공의 방법을 가압류명령에 적어야 한다.

나. 담보금액의 상향조정

종전에 채권 가압류시에는 청구금액의 1/5, 유체동산 가압류시에는 청구금액의 1/3을 각 현금공탁하거나 그에 상당하는 보증서를 제출하도록 했었다. 하지만 가압류, 가처분의 남소를 방지하고자 법원은 담보제공액을 대폭 상승시켰다. 그 결과 현재는 공탁금액을 채권 가압류시에는 청구금액의 2/5로, 유체동산 가압류시에는 청구금액의 4/5로 각 상향조정하였다. 특히 급여 및 예금 가압류시에는 청구금액의 1/5를 유체동산 가압류시에는 청구금액의 2/5를 반드시 현금공탁하도록 하였다(대법원재판예규 재민 2003-5). 하지만 부동산(자동차, 건설기계 포함)에 대한 가압류나 가처분의 경우는 청구금액의 1/10을 담보제공하도록 하고 있다. 이는 부동산에 대한 보전처분의 경우 부동산 소유권자는 채권이나 유체동산보다 당장 받는 재산상·정신적 고통이 상대적으로 적기 때문이다.

다. 담보취소

이렇듯 채권자가 제공한 담보는 채권자가 법원으로부터 담보취소결정을 받아야 다시 찾을 수 있다(민사소송법 125조). 담보취소 사유는 ① 담보사유의 소멸, ② 채무자의 동의, ③ 소송완결 후의 권리행사 최고 등이 있다.

(1) 담보사유의 소멸(민사소송법 125조 1항)

담보를 제공한 원인이 부존재하거나 손해발생의 가능성이 없는 경우로서, 채권자가 본안의 승소확정판결을 얻은 때나 이행권고가 확정된 때를 의미한다

(대법원 2006. 6. 30.자 2006마257 결정).

▸ **대법원 2006. 6. 30.자 2006마257 결정**

민사집행법 제23조에 의하여 가압류를 위한 담보에도 준용되는 민사소송법 제125조 제1항에서 담보의 취소사유로 규정하고 있는 담보사유가 소멸된 것이란 그 담보를 제공할 원인이 부존재인 경우는 물론이고 그 후 담보의 존속을 계속시킬 원인이 부존재하게 된 경우 또는 장래에 있어서 손해발생의 가능성이 없게 된 경우 등을 의미하는 것으로서, 가압류 채권자가 본안소송에서 승소의 확정판결을 얻은 것과 같이 이미 집행된 가압류 등 보전처분의 정당성이 인용됨으로써 손해가 발생되지 아니할 것이 확실하게 된 경우도 이에 해당한다고 할 것인바, 소액사건심판법 제5조의7 제1항에서는 확정된 이행권고결정도 확정판결과 같은 효력을 가진다고 규정하고 있으므로, 이행권고결정이 확정된 경우에도 본안승소의 확정판결을 받은 것과 같이 담보사유가 소멸되었다고 해석함이 상당하다.

하지만 보전명령 후 집행기간의 경과(대법원 1967. 12. 29.자 67마1009 결정), 보전처분의 집행불능(대법원 1967. 4. 19.자 67마154 결정), 보전처분의 집행불능 후 보전처분신청의 취하(대법원 1981. 12. 22.자 81마290 결정) 만으로는 담보사유가 소멸하지 않았다는 것이 판례이다.

(2) **채무자의 동의**(민사소송법 125조 2항)

채무자의 동의는 담보권의 포기를 의미하므로 담보취소사유로 한 것이다. 채무자의 동의는 서면으로 하며, 법원이 담보취소결정을 할 경우 그에 대한 항고권을 포기한다는 채무자의 서면까지 동의서에 첨부하여 채권자가 담보취소신청을 하는 것이 실무상의 관례이다.[5]

5 〈서식〉 담보취소신청서 및 담보취소동의서 참조.

〈피신청인으로부터 동의를 득하였을 경우 담보취소신청 서식〉

담보취소신청서

신 청 인 김 원 고 (주소)

피 신 청 인 이 피 고 (주소)

위 당사자간 귀원 20○○카단 제○○호 유체동산가압류신청사건에 관하여 신청인이 피신청인의 손해담보를 위하여 금○○만원을 귀원 20○○년 금제○○호로 공탁하였는데, 피신청인이 담보취소에 동의를 하였으므로 이건 담보취소를 신청합니다.

첨 부 서 류

1. 담보취소동의서 1통
1. 즉시항고권포기서 1통
1. 인감증명서 2통
1. 영수증(피공탁자 1통, 공탁자 3통) 3통
1. 가압류결정문사본 1통
1. 납부서 1통

20○○년 ○월 ○일

신 청 인 김 원 고(인)

서울중앙지방법원 귀중

〈서식〉

담보취소동의서

신 청 인(채권자) 김 원 고
○○시 ○○구 ○○동 ○
피신청인(채무자) 이 피 고
○○시 ○○구 ○○동 ○

위 당사자간 귀원 ○○카단○○○ 부동산가압류 신청사건에 관하여 신청인이 피신청인의 손해를 담보하기 위하여 귀원 ○○금제○○호로 금 ○○○원을 공탁하였는바, 피신청인은 신청인이 위 공탁금을 회수하기 위한 담보취소에 동의합니다.

20○○. ○. ○.

피신청인 이 피 고 ㊞

서울중앙지방법원 귀중

(3) 소송완결 후의 권리행사 최고(민사소송법 125조 3항)

소송의 완결이라 함은 담보권의 객체인 피담보채권(손해배상청구권)이 확정되고 그 금액의 계산에 장애가 없어진 상태를 말한다. 소송이 완결된 때에는 손해발생 여부도 확정되므로, 담보제공자의 신청에 의하여 법원이 일정한 기간(통상 1-2주 정도)을 정하여 담보권자에게 그 담보권의 행사를 최고하고, 만약 위 기간이 경과하도록 담보권을 행사하지 않으면 담보취소에 동의한 것으로 간주하여 담보취소결정을 할 수 있다. 여기서 담보권의 행사라 함은 보전처분으로 인한 손해배상을 구하는 소제기 등과 같이 피담보채권 자체에 관한 재판상의 청구이어야 한다(대법원 2003. 6. 17.자 2003마826 결정, 대법원 2008. 3. 17.자 2008마60 결정). 즉 소송비용액의 확정결정신청이나 집행비용액확정결정신청은 이에 해당되지 아니한다.[6]

▸ 대법원 2008. 3. 17.자 2008마60 결정

민사소송법 제125조 제3항은 소송완결 후 담보제공자의 신청에 의하여 법원이 담보권리자에 대하여 일정한 기간 내에 그 권리를 행사할 것을 최고하고, 담보권리자가 그 기간 내에 권리행사를 하지 아니하는 때에는 담보취소에 관하여 담보권리자의 동의가 있는 것으로 간주하여 법원이 담보취소결정을 할 수 있다고 규정하고 있는바, 이 경우 담보권리자의 권리행사는 담보의무자에 대하여 소송의 방법으로 하여야 하는 것이고(대법원 1992. 10. 20.자 92마728 결정 등 참조), 담보취소결정이 확정되기 전에 담보권리자가 권리행사를 하고 이것을 증명한 경우에는 담보권리자가 담보취소에 동의한 것으로 간주하여 발하여진 담보취소결정은 그대로 유지할 수 없는 것이다(대법원 2000. 7. 18.자 2000마2407 결정 참조).

한편, 권리행사기간 안에 또는 담보취소결정이 확정되기 전에 일단 담보권리자에 의한 소의 제기 등의 권리행사가 있었으나 그 후 그 소가 취하되거나 취하간주 되는 등의 이유로 권리행사가 처음부터 없었던 것으로 보는 때에는 권리행사기간이 경과함으로써 담보취소에 관하여 담보권리자의 동의가 있는 것으로 간주하여야 할 것이다.

6 법원실무제요 민사집행 Ⅳ.

라. 채무자의 반격

채무자가 나중에 본안 소송에서 승소하였을 경우 그는 억울하게 자신의 재산을 가압류당한 것이다. 이로 인해 당연히 손해배상청구권이 발생하게 된다. 재판상 담보공탁에 있어서 담보권리자(피공탁자)는 담보물에 대하여 질권자와 동일한 권리가 있다(대법원 2007. 6. 14.자 2007마214 결정). 따라서 채무자는 소송의 계속 중이라도 채권자의 공탁금회수청구권을 가압류할 수 있다. 그리고 채무자가 본안소송에서 승소가 확정된 후, 보전처분으로 인한 손해배상을 구하는 소 제기를 하여 인용될 경우, 그 인용된 승소금액을 한도로 채권자의 공탁금회수청구권을 압류 및 추심 또는 전부명령을 받을 수도 있다. 이 경우 담보권리자는 질권자와 같은 지위이므로 그 담보된 공탁금에 대해서는 제3자보다 우선변제를 받을 수 있다.

▸ **대법원 2004. 11. 26. 선고 2003다19183 판결**

구 민사소송법(2002. 1. 26. 법률 제6626호로 전문 개정되기 전의 것) 제113조에 의하면, 재판상 담보공탁에 있어 담보권리자(피공탁자)는 담보물에 대하여 질권자와 동일한 권리가 있는바, 담보권리자가 공탁금회수청구권을 압류하고 추심명령이나 확정된 전부명령을 받은 후 담보취소결정을 받아 공탁금회수청구를 하는 경우에도 그 담보공탁금의 피담보채권을 집행채권으로 하는 것인 이상, 담보권리자의 위와 같은 담보취소신청은 어디까지나 담보권을 포기하고 일반 채권자로서 강제집행을 하는 것이 아니라 오히려 적극적인 담보권실행에 의하여 그 공탁물회수청구권을 행사하기 위한 방법에 불과하다고 보는 것이 합리적이므로 이는 담보권의 실행방법으로 인정되고, 따라서 이 경우에도 질권자와 동일한 권리가 있다고 할 것이므로 그에 선행하는 일반 채권자의 압류 및 추심명령이나 전부명령으로 이에 대항할 수 없다.

위 사안에서는 담보권리자가 가압류로 인한 손해배상청구에서 승소한 후 담보제공자를 대위하여 법원으로부터 담보취소 결정을 받아 압류 및 추심명령을 받았다. 하지만 담보제공자에 대한 제3의 채권자가 그 전에 이미 위 공탁금회수청구권을 압류 및 전부명령을 받았던 사안이었다. 결국 두 채권압류가 경

〈가압류결정문 예〉

서울중앙지방법원

결 정

사 건 2015카단100 부동산가압류

채 권 자 김 원 고
서울 강남구 도곡동 000

채 무 자 이 피 고
서울 서초구 서초동 000

주 문

채무자 소유의 별지 기재 부동산을 가압류한다.

채무자는 다음 청구금액을 공탁하고 집행정지 또는 그 취소를 신청할 수 있다.

청구채권의 내용 부당이득금반환청구권

청구금액 금 200,000,000원

이 유

이 사건 부동산가압류 신청은 이유 있으므로 담보로 공탁보증보험증권(서울보증보험주식회사 증권번호 제100－000－201500218149호)을 제출받고 주문과 같이 결정한다.

2015. 1. 19.
판사 정 판 관

※ 1. 이 가압류결정은 채권자가 제출한 소명자료를 기초로 판단한 것입니다
2. 채무자는 이 결정에 불복이 있을 경우 가압류이의나 취소신청을 이 법원에 제기할 수 있습니다.

합되었지만 법원은 위 담보공탁에 대해서는 담보권리자가 질권과 같은 권리를 갖고 있으므로 제3자가 먼저 압류 및 전부명령을 받아도 담보권리자에게 대항할 수 없다고 판단한 것이다. 담보로 제공된 공탁금의 성격이 가압류를 당한 사람의 손해를 보전하기 위한 목적이므로 당연한 해석이라고 생각된다.

Ⅲ. 가압류의 소멸 — 채무자의 구제방법

가압류 채무자를 위한 구제방법으로는 가압류결정에 대해 이의신청, 제소명령신청, 사정변경으로 인한 가압류취소신청이 있다. 이러한 가압류이의나 취소신청은 가처분에도 그대로 원용된다(민집 301조, 310조).

1. 가압류결정에 대한 이의신청

채무자는 가압류결정에 대하여 그 가압류의 취소나 변경을 신청하는 이유를 밝혀 이의신청을 할 수 있다. 하지만 이러한 이의신청은 가압류의 집행을 정지하지 아니한다(민집 283조). 채무자는 이의신청을 하였다가도 채권자의 동의 없이 언제든 이를 취소할 수 있다(민집 285조). 이의신청이 있는 때에는 법원은 변론기일 또는 당사자 쌍방이 참여할 수 있는 심문기일을 정하고 당사자에게 이를 통지하여야 하고 재판은 결정으로 한다. 법원은 이러한 결정으로 가압류의 전부나 일부를 인가 · 변경 또는 취소할 수 있다. 이 경우 법원은 적당한 담보를 제공하도록 명할 수 있다(민집 286조).

〈가압류이의사건의 판결주문 기재례(채권자 패소)〉

1. 위 당사자 사이의 이 법원 2008카단1500 부동산가압류 신청사건에 관하여 이 법원이 2008. 8. 2.에 한 가압류결정은 이를 취소한다.
2. 채권자의 가압류신청을 기각한다.
3. 소송비용은 채권자의 부담으로 한다.
4. 제1항은 가집행할 수 있다.

2. 본안의 제소명령신청(민집 287조)

가압류나 가처분 등 보전처분의 경우는 긴급성을 요건으로 하는 잠정처분인데 만약 채권자가 가압류를 해놓고 그대로 장기간 방치할 경우에는 채무자는 이로 인해 불이익을 얻게 된다. 이러한 것을 방지하기 위해 채무자가 법원에 채권자로 하여금 본안의 소를 제기하도록 명해달라고 신청할 권한이 주어지는데 이를 '제소명령신청'이라고 한다. 즉 가압류법원은 채무자의 신청에 따라 변론 없이 채권자에게 상당한 기간(2주 이상) 이내에 본안의 소를 제기하여 이를 증명하는 서류를 제출하거나 이미 소를 제기하였으면 소송계속사실을 증명하는 서류를 제출하도록 명하여야 한다. 채권자가 위 기간 이내에 소송계속사실 증명서류를 제출하지 아니한 때에는 법원은 채무자의 신청에 따라 결정으로 가압류를 취소하여야 한다.

3. 사정변경에 따른 가압류취소(민집 288조 1항 1호)

채무자 또는 이해관계인은 다음과 같은 사정변경이 있을 경우 가압류취소를 신청할 수 있다. 여기서 취소사유는 보전처분의 발령 전후를 묻지 않고 취소사건의 사실심 변론종결시까지 생긴 사유이면 된다.

가. 피보전권리에 관한 사정변경

피보전권리의 전부 또는 일부가 변제, 양도, 상계, 소멸시효의 완성 등으로 소멸하거나 변경된 경우이다. 또한 본안 소송에서 채권자가 패소로 확정된 경우도 이에 해당된다(대법원 1973. 3. 20. 선고 72다165 판결). 그럼 채권자가 1심에서 패소하였지만 항소심에서 다투고 있는 경우에는 가압류취소 청구가 가능할까? 오래전 대법원 판례로서 이러한 경우라도 상소심에서 채권자의 패소판결이 변경될 것 같지 아니하면 그 가압류결정은 사정변경을 이유로 취소될 수 있다고 본 사례도 있다(대법원 1977. 5. 10. 선고 77다471 판결). 하지만 통상적인 실무는 1심에서 채권자가 패소하였다고 해도 상소하여 다투는 이상 확정된 것이 아니므로 가압류취소신청을 받아들이지 않는다. 왜냐하면 상소심에서 변경될 것 같지 않다는 확실한 증명이 있어야 하는데 그것에 대한 판단이 쉽지 않기 때문이다. 그러므로 이러한 경우 채권자는 통상 가압류이의 신청절차에서 이를 주장하여 가압류취소결정을 받는다.

나. 담보를 제공한 때(보전의 필요성 관련한 사정변경)

가압류명령에는 가압류의 집행을 정지시키거나 집행한 가압류를 취소시키기 위하여 채무자가 공탁할 금액을 적어야 한다(민집 282조). 그리고 가압류채무자가 위 금액을 공탁한 때에는 법원은 결정으로 집행한 가압류를 취소하여야 한다(민집 299조 1항). 이를 '해방금' 또는 '해방공탁금'이라고 한다. 해방공탁금은 가압류의 집행정지나 취소로 인한 채권자의 손해를 담보하는 것이 아니고 가압류의 목적재산에 갈음하는 것이므로, 금전에 의한 공탁만이 허용되고, 유가증권에 의한 공탁은 그 유가증권이 실질적 통용가치가 있는 것이라고 하더라도 허용되지 않는다(대법원 1996. 10. 1.자 96마162 결정). 따라서 소송비용의 담보에 관한 규정이 준용되지 않고, 채권자는 여기에 대해 우선변제권이 없다.

▸ 대법원 1996. 11. 11.자 95마252 결정

채무자의 가압류해방공탁금 회수청구권이 가압류채권자의 본안소송에서의 패소확정 등을 정지조건으로 하는 조건부 채권이라고 하더라도 가압류해방공탁금은 가압류목적물에 갈음하는 것으로서 이를 공탁하게 하는 목적이 가압류의 집행과 마찬가지로 피보전채권의 강제집행을 보전하는 데 있고, 가압류채권자가 가압류목적물에 대하여 우선변제를 받을 권리가 없는 것과 마찬가지로 가압류 해방공탁금에 대하여도 우선변제권이 없다.

다. 가압류가 집행된 뒤에 3년간 본안의 소를 제기하지 아니한 때(가압류결정의 실효)

가압류가 집행된 뒤에도 채권자가 3년간 본안의 소를 제기하지 아니한 경우에는 채무자 또는 이해관계인이 가압류의 취소를 구할 수 있다(민집 288조 1항 3호). 이는 가압류나 가처분 등의 보전처분의 남용을 방지하고 채무자의 재산권을 보호하기 위한 제도이다. 과거에는 위 기간이 10년이었는데 그 뒤 여러 차례 법이 개정되면서 5년을 걸쳐 최종적으로 3년으로 변경된 것이다. 실무상

〈서식〉

가압류결정에 대한 이의신청

채권자 김 원 고 (주소)
채무자 이 피 고 (주소)

신 청 취 지

위 당사자간 서울중앙지방법원 2013카단500 유체동산 가압류 신청 사건에 대하여 2014. 8. 30 위 법원에서 한 유체동산 가압류결정을 취소한다.
채권자의 이 사건 가압류신청을 기각한다.
소송비용은 채권자의 부담으로 한다.
라는 재판 및 제1항에 대한 가집행선고를 구함.

신 청 이 유

1. 채권자는 신청취지 기재 가압류결정에 의하여 채무자의 유체동산을 가압류 집행하였다.

2. 채권자의 가압류신청 이유에 의하면 채무자가 채권자에게 2011. 7. 15 발행한 액면 금 500,000원짜리 약속어음의 변제기가 도래하여 채무자에게 그 지급제시를 하였음에도 불구하고 이를 지급하지 않고 있으며 채무자는 유체동산 이외에는 달리 재산이 없는데다가 위 채무를 면탈할 목적으로 전가할 우려가 있으므로 위 채권의 집행보전을 위하여 가압류 신청을 한다고 하였다.

3. 채무자가 위 일자에 위 약속어음 1매를 채권자에게 발행한 것은 사실이나, 위 약속어음채권은 그 권리가 소멸되었다. 채무자가 이와 같이 새로 어음을 교부하면서 먼저 발행한 약속어음의 반환을 요구하자 채권자는 그 분실을 이유로 반환치 아니하고 앞으로 동 어음이 발견되는 즉시 반환하거나 소각하겠다고 굳게 약속하여 이를 믿고 새로운 약속어음을 재발행한 것이다.

4. 채무자는 현재 주거지에서 채무자 소유명의의 주택과 대지 등 많은 재산을 소유하고 지속적인 영업행위를 영위하는 중이므로 도주 우려가 있다는 채권자의 이유 또한 부당하다.

이상과 같은 이유에 의하여 이 사건 가압류결정은 부당하므로 그 취소를 구하기 위하여 이의신청을 합니다.

소 명 방 법

1. 유체동산 가압류집행조서등본 1통
1. 부동산등기부등본(토지, 건물) 2통

2014년 9월 30일
위 채무자 이 피 고

서울중앙지방법원 귀중

가압류, 가처분의 취소를 위해 유용하게 이용되는 조항이다.

4. 가압류집행취소 절차

만약 가압류나 가처분 등 보전처분이 취소·변경되는 판결이 확정되면 보전처분의 효력을 상실하나, 집행의 효과가 당연히 상실되는 것은 아니므로 채무자는 집행기관(가압류 선고한 법원)에 판결문 정본을 제출하여 집행취소를 구해야 한다. 구체적으로는 채무자는 가압류이의나 취소의 승소판결문,[7] 송달증명(채권자에게 송달되었다는 증명) 및 송달료를 첨부[8]해서 법원에 가압류등기 말소촉탁을 신청하고, 집행법원 촉탁에 따라 등기관이 가압류등기 말소처분을 하게 된다. 이와 같이 가압류취소 결정이 내려졌다고 해도 그에 기하여 가압류등기가 말소되기 전까지는 그 가압류집행으로 인한 처분금지의 효력이 여전히 유지되므로 가압류채권자는 그 가압류집행을 취소하는 결정에 대하여 불복(즉시항고)하면서 아직 말소되지 아니한 가압류등기에 기초하여 적법하게 강제경매신청을 할 수 있다. 이와 같이 가압류집행이 있은 후 그 가압류가 강제경매개시결정으로 인하여 본압류로 이행된 경우에 가압류집행이 본집행에 포섭됨으로써 당초부터 본집행이 있었던 것과 같은 효력이 있고, 본집행의 효력이 유효하게 존속하는 한 상대방은 가압류집행의 효력을 다툴 수는 없고 오로지 본집행의 효력에 대하여만 다투어야 한다. 따라서 가압류취소 결정이 났다고 해도 가압류등기가 말소되기 전에 가압류가 본압류(본집행)로 이행된 경우에는 가압류취소를 더 이상 구할 소의 이익이 없으므로 각하된다(대법원 2010. 11. 30. 자 2008마950 결정). 즉 이러한 경우 본집행이 취소, 실효되지 않는 한 가압류집행이 취소되었다고 하여도 이미 그 효력을 발생한 본집행에는 아무런 영향을 미치지 않는 것이다.

Ⅳ. 가압류와 구별되는 가처분

가처분이란 금전채권 이외의 특정 지급을 목적으로 하는 청구권을 보전하기 위하거나 쟁의 있는 권리관계에 관하여 임시의 지위를 정함을 목적으로 하

7 이 판결문은 광의의 집행력이 인정되는 채무명의로서 집행문이 별도로 필요하지 않다.
8 만약 부동산가압류 취소의 경우에는 등록세 및 등기수수료도 납부해야 한다.

〈서식〉

제소명령신청

채 권 자 : 김 원 고

○○시 ○○구 ○○동 ○○○－○○번지

채 무 자 : 이 피 고

○○시 ○○구 ○○동 ○○○－○○번지

위 당사자 간의 귀원 2013 카합 ○○호 가압류 명령신청 사건에 대하여 귀원에서 2013. 9. 7. 가압류 명령을 발하였으나 채권자는 아직까지 본안 소송을 제기하지 않으므로 상당기간을 정하여 본안 소송을 제기하라는 제소명령을 하여 주시기 바랍니다.

2013년 9월 11일

채 무 자 : ○ ○ ○

서울중앙지방법원 귀중

는 재판이다. 가처분에는 '다툼의 대상에 관한 가처분'과 '임시의 지위를 정하는 가처분'이 있다.

1. 다툼의 대상에 관한 가처분

'다툼의 대상에 관한 가처분'은 채권자가 금전 이외의 물건이나 권리를 대상으로 하는 청구권을 가지고 있을 때, 그 강제집행시까지 다툼의 대상이 처분, 멸실되는 등 법률적, 사실적 변경이 생기는 것을 방지하고자 다툼의 대상의 현상을 동결시키는 보전처분이다. 통상 부동산처분금지가처분과 점유이전금지가처분이 그 대표적인 예이다. 실무상 '부동산처분금지가처분'에는 채권자취소, 점유취득시효, 명의신탁해지, 유류분반환청구 소송 등의 경우에 주로 활용되고 있다. 또한 민사상 흔한 부동산 명도소송에서 나중에 승소판결을 받더라도 집행 전에 점유가 이전되면 새로운 점유자를 상대로 다시 명도소송을 해야 하므로 명도소송 전에는 '점유이전금지가처분' 결정을 반드시 받아 놓아야 한다. 금전채권의 집행보전을 위해서가 아니라 특정의 지급을 목적으로 하는 청구권(예컨대 부동산소유권이전청구)에 대한 강제집행의 보존을 위해 그 효능이 있는 것으로 금전채권의 보전을 위한 가압류와 구별된다. 가처분 후 본안에 관한 확정판결이 있게 되면 그대로 본 집행으로 이전되는 것이 아니고 가처분된 상태에서 따로 청구권 실현을 위한 강제집행을 해야 한다.

2. 임시의 지위를 정하는 가처분

'임시의 지위를 정하는 가처분'은 당사자 사이에 현재 다툼이 있는 권리나 법률관계가 존재하고 그에 대한 확정판결이 있기까지 현상의 진행을 그대로 방치한다면 권리자에게 큰 손해를 입게 하는 등 소송의 목적을 달성하기 어려운 경우에 그로 인한 위험을 방지하기 위해 잠정적으로 하는 보전처분이다. 대표적인 예는 다음과 같다.

가. 직무집행정지가처분

① 임기만료가 임박한 이사에 대한 직무집행정지가처분

② 조합장해임청구권을 피보전권리로 하는 직무집행정지가처분

〈서식〉

부동산처분금지 가처분신청

신 청 인 김갑동
피신청인 홍길동

목적물의 표시
별지목록 기재와 같습니다.

목적물의 가격
금○○○원

피보전권리의 요지
20 년 월 일 대금 124,500,000원의 매매를 원인으로 한 소유권이전등기청구권

신 청 취 지

피신청인은 별지 목록기재 부동산에 대하여 매매, 증여, 양도, 저당권, 임차권, 및 전세권의 설정 기타 일체의 처분을 하여서는 아니된다.
라는 재판을 구합니다.

신 청 이 유

신청인은 별지목록기재 부동산을 피신청인으로부터 20○○. ○. ○. 금 124,500,000원에 매매계약을 체결하고, 동년 10. 21. 금 10,000,000원을 계약금으로 지불하고, 동년 11. 13. 중도금으로 금 50,000,000원을 지불하고 잔금은 동년 12. 15. 금 64,500,000원을 지불하기로 별첨 매매계약서와 같이 계약을 체결하였으나 피신청인은 중도금을 지불 받고도 동 부동산을 타에 처분하려고 획책하고 있으므로 신청인은 피신청인을 상대로 소유권이전등기청구소송을 준비중에 있어 동 청구권의 집행보전을 위하여 본건 신청을 합니다.
본 건 부동산처분금지가처분의 손해담보로 제공할 공탁금은 민사소송법 제475조 제3항, 동 제112조에 의하여 지급보증위탁계약을 체결한 문서를 제출하는 방법에 의하여 담보를 제공할 것을 허가하여 주시기 바랍니다.

첨 부 서 류

1. 등기부등본 1통
1. 매매계약서 1통
1. 공시지가 확인원 1통

20 년 월 일

위 신청인 : 김 갑 동 (인)

나. 건설공사중지 관련

① 지하굴착으로 인한 위험성에 근거한 '공사중지가처분'

② 일조권침해를 이유로 하는 '건축공사중지가처분'

다. 상가 내 경업금지약정을 위반을 이유로 하는 '경업금지가처분'

라. 회사법 관련

① 의결권행사금지

② 신주발행금지

③ 주주총회결의효력정지

④ 주주총회개최금지

⑤ 주식명의개서금지

⑥ 주식처분금지

마. 기 타

그 외 최근에는 흔히 헤어진 부부나 애인 사이 혹은 악의적 스토커에 대한 인격권침해를 이유로 하는 '접근금지가처분'이나 '업무방해금지가처분'의 활용도 증가되고 있는 추세이기도 한데, 이 경우에는 위반시 매회 금전지급을 명하는 간접강제도 함께 신청해야 효과를 거둘 수 있다. 또한 지방자치단체에서 발주한 입찰관련 소송에서 많이 활용되고 있는 적격심사대상자순위보전 및 계약금지 가처분 소송 등도 증가하고 있는 추세이다.

V. 가집행선고와 그 구제방법

1. 가집행선고의 의미

흔히 가압류 · 가처분과 많이 혼돈하기 쉬운 것이 가집행이다. 가압류 · 가처분은 소송의 시작 전에 하는 집행 보전을 위한 보전처분인데 반해, 가집행은 1심 혹은 2심에서 이행판결 선고와 동시에 선고되는 만족집행인 점에서 확정판결에 의한 본집행과 다를 바 없다. 다만 가집행은 본집행과 달리 상급심에서 본안판결이 취소 · 변경되는 것을 해제조건으로 집행의 효력이 발생한다는 점

〈서식〉

이사직무집행정지 가처분신청

신 청 인　　김 원 고 (주소)
피신청인　　이 피 고 (주소)

신 청 취 지

1. 피신청인은 신청외 ○○주식회사의 대표이사로서의 직무를 행하여서는 아니된다.
2. 위 직무집행 기간 중 법원에서 위임하는 자로 하여금 위 대표이사로서의 직무를 대행하게 한다.

라는 재판을 구합니다.

신 청 이 유

1. 사실관계 생략
2. 따라서 신청인은 위 피신청인을 대표이사로 신임한 주주총회에서의 결의에 대한 부존재 확인의 소를 20 .　.　. 귀 원에 제기 하였는 바, 위 본안 소송의 판결이 있기까지는 상당한 시간을 요하므로 피신청인에 의하여 회사의 업무가 진행된다면 신청외 ○○주식회사에 회복할 수 없는 손해를 입힐 염려가 있기 때문에 이건 신청에 이른 것입니다.

소 명 방 법

1. 소갑 제1호증　임시주주총회의사록
1. 소갑 제2호증　신문공고

첨 부 서 류

1. 위 입증방법　　각2통
1. 소제기증명원　　1통
1. 회사등기부등본　　1통

20 .　.　.
위 신청인 김 원 고 ㊞

서울중앙지방법원　　귀중

이다(대법원 1993. 10. 8. 선고 93다26175 판결). 즉 가집행선고라 함은 미확정의 종국판결에 확정된 경우와 마찬가지로 미리 집행력을 주는 형성적 재판이다. 판결확정 전에 미리 집행할 수 있어 승소자의 신속한 권리실현에 이바지하며, 패소자가 강제집행의 지연은 노려 상소권을 남용하는 것을 억제하는 것이 주된 기능이다.[9]

2. 가집행선고의 대상

가. 재산권의 청구에 관한 판결

가집행선고는 재산권의 청구에 관한 판결로 널리 집행할 수 있는 것이어야 한다. 즉 재산권의 청구에 관한 판결은 가집행의 선고를 붙이지 아니할 상당한 이유가 없는 한 직권으로 담보를 제공하거나, 제공하지 아니하고 가집행을 할 수 있다는 것을 선고하여야 한다. 다만, 어음금 · 수표금 청구에 관한 판결에는 담보를 제공하게 하지 아니하고 가집행의 선고를 하여야 한다. 법원은 직권으로 또는 당사자의 신청에 따라 채권전액을 담보로 제공하고 가집행을 면제받을 수 있다는 것을 선고할 수 있다(민사소송법 213조). 가집행은 재산권의 청구에 관한 판결에만 붙일 수 있으므로 이혼청구 등 신분상의 청구와 같은 비재산권의 청구에 대해서는 가집행을 할 수 없다. 그럼 이혼과 동시에 재산분할을 명하는 판결을 할 경우 그 재산분할 부분에 한해서는 가집행을 선고할 수 있을까? 판례는 이를 부인하고 있다.

▶ 대법원 1998. 11. 13. 선고 98므1193 판결

민법상의 재산분할청구권은 이혼을 한 당사자의 일방이 다른 일방에 대하여 재산분할을 청구할 수 있는 권리로서 이혼이 성립한 때에 그 법적 효과로서 비로소 발생하는 것이므로, 당사자가 이혼이 성립하기 전에 이혼소송과 병합하여 재산분할의 청구를 하고, 법원이 이혼과 동시에 재산분할을 명하는 판결을 하는 경우에도 이혼판결은 확정되지 아니한 상태이므로, 그 시점에서 가집행을 허용할 수는 없다

9 이시윤, 신민사집행법(박영사).

나. 이행판결에 한함

(1) 원 칙

가집행의 대상이 되는 판결은 이행판결에 한하며, 확인판결이나 형성판결의 경우는 가집행을 붙일 수 없다. 대법원도 절차법상의 일종의 형성력의 발생을 목적으로 하는 이른바 형성청구에는 특별한 규정이 있거나 또는 그 성질상 허용하는 경우 이외에는 가집행선고를 붙일 수 없다고 하면서 "피고의 신청에 의한 위 부동산에 대한 부동산임의경매는 이를 불허한다"라는 부분에 가집행선고를 붙인 것은 위법이고 판시하고 있다(대법원 1966. 1. 25. 선고 65다2374 판결). 이행판결인 이상 '부동산 명도소송'의 경우에도 가집행선고가 가능하다.

▶ 대법원 1992. 1. 31.자 91마718 결정

가집행선고 있는 판결에 대한 강제집행정지를 위한 담보는 채권자가 그 강제집행정지 자체로 인하여 손해를 입을 경우에 그 손해배상채권을 확보하기 위한 것이라고 할 것이다. 이 사건에 있어 신청인이 제공한 담보는 재항고인이 신청인을 상대로 제기한 점포명도청구사건에 관한 제1심 가집행선고부 승소판결에 기한 강제집행을 그 항소심 판결 선고 시까지 정지하기 위한 보증공탁이므로, 이는 특별한 사정이 없는 한 재항고인이 위 강제집행정지 기간 동안 그 점포에 대하여 명도집행을 하지 못함으로써 발생하게 될 임료 상당의 손해배상청구권을 담보하는 것으로 볼 것이다.

(2) 예외 — 의사의 진술을 명하는 판결

그럼 모든 이행판결에 가능한가? 예외적으로 의사의 진술을 명하는 판결, 예컨대 '소유권이전등기절차의 이행을 명하는 판결'은 확정되어야만 집행력이 생기기 때문에(민집 263조) 가집행선고를 붙일 수 없다. 만약 1심 판결에서 착오로 이와 같은 등기절차 이행판결에 가집행선고가 붙은 경우에는 그 부분에 한하여 무효이므로 항소심에서 이를 경정할 수 있다.

▶ 서울중앙지방법원 2004. 10. 7. 선고 2002나58487 판결

본안과 더불어 항소된 가집행선고의 재판에 비록 잘못이 있더라도 본안사건에 대

한 항소가 이유 없다고 판단되는 경우에는 가집행선고의 재판을 시정하는 판단을 할 수 없는 것이나, 등기절차의 이행을 명하는 판결과 같이 본래 그 성질상 가집행선고가 허용되지 아니함에도 착오로 이를 선고한 경우, 이를 즉시 시정하지 않는다면, 그 후 위 가집행선고에 기한 등기신청이 있을 경우 형식적 심사권밖에 없는 등기관으로서는 실제로 그 신청에 따라 등기를 경료해 줄 수밖에 없어 보이고, 비록 그와 같이 경료된 등기는 위법한 가집행선고에 기한 것으로서 무효라고 할 것이나, 등기의 공시적 효력상 위 등기를 토대로 또 다른 제3자의 이해관계 있는 등기가 순차 경료될 위험성이 상존하며, 이와 같이 등기부상 이해관계가 복잡하게 얽히고 난 후 상고심에서 그 가집행선고의 기초가 되었던 본안재판이 뒤집어질 경우, 위 가집행선고에 기한 등기뿐만 아니라, 이를 토대로 하여 순차 경료된 제3자의 등기 또한 모두 말소될 운명에 처하게 되어, 등기의 공시적 효력을 신뢰하였던 제3자로서는 돌이킬 수 없는 불이익을 입게 되는 점 등을 종합적으로 고려하여 볼 때, 적어도 등기절차의 이행을 명하는 판결과 같이 그 성질상 당연히 가집행선고를 붙일 수 없는 사건에 있어서 착오로 가집행선고의 재판이 내려진 경우에는 본안재판의 인용 여부를 불문하고 이를 즉시 시정하여 줌이 상당하다.

3. 직권선고

가집행선고는 법원의 직권으로 한다. 따라서 당사자가 신청하든 하지 않든 상관없이 법원에서 직권으로 가집행선고를 할 수 있다. 실무상 보통 원고가 가집행선고를 신청하는데 이는 법원의 직권발동을 촉구하는 의미밖에 없다. 따라서 1심에서 가집행선고가 나지 않았어도 2심에서 직권으로 가집행선고를 할 수도 있다.

▸ 대법원 1991. 11. 8. 선고 90다17804 판결

가집행선고는 재산권의 청구에 관한 판결의 경우 상당한 이유가 없는 한 당사자의 신청 유무와 관계없이 선고하게 되어 있는 것으로 법원의 직권판단사항이어서 처분권주의를 근거로 하는 민사소송법 제385조의 적용을 받지 않는 것이므로 가집행선고가 붙지 않은 제1심판결에 대하여 피고만이 항소한 항소심에서 법원이 항소를 기각하면서 가집행선고를 붙였다 하여 제1심판결을 피고가 신청한 불복의 한도를 넘어 불이익하게 변경한 것이라 할 수 없다.

4. 가집행선고의 효력과 실효

가집행선고가 있는 판결은 선고와 동시에 집행력이 발생한다. 따라서 이행판결이면 바로 집행권원이 된다. 비록 피고가 상소하여도 집행이 정지되지 아니한다. 그럼 피고의 입장에서 1심에서 패소하였지만 항소심에서 다투고 싶은데 당장 원고가 가집행을 할 경우 어떻게 대응해야 하나? 단지 항소한다고 해도 이를 막을 수 없기 때문에 강제집행정지를 신청해야 한다. 즉 피고는 가집행의 선고가 붙은 판결에 대해 상소를 하고 법원에 서면으로 강제집행정지신청을 해야 한다(민사소송법 501조, 500조, 민사소송규칙 144조). 이 경우 법원은 통상적으로 담보의 제공을 명하는 경우가 많은데 그 담보액은 1심 패소액을 초과해서 제공하게 하기도 한다. 이는 1심 패소액과 그 이후 발생하는 이자를 감안하기 때문이다. 이렇듯 담보제공을 조건으로 강제집행을 정지하는 결정이 날 경우 원고는 그 제공된 담보금액에 추후 집행할 수 있다. 가집행선고 있는 제1심 판결이 항소심에서 취소되면 가집행도 역시 실효된다. 하지만 취소된 항소심 판결이 다시 상고심에서 파기될 경우에는 원래의 가집행선고의 효력이 되살아난다. 이때에는 가집행선고 있는 1심 판결에 기하여 집행개시나 집행의 속행을 구할 수 있다.

▸ 대법원 1999. 12. 3.자 99마2078 전원합의체 결정

제1심판결에 붙은 가집행선고는 그 본안판결을 변경한 항소심판결에 의하여 변경의 한도에서 효력을 잃게 되지만 그 실효는 변경된 그 본안판결의 확정을 해제조건으로 하는 것이어서 그 항소심판결을 파기하는 상고심판결이 선고되면 가집행선고의 효력은 다시 회복되기에, 그 항소심판결이 확정되지 아니한 상태에서는 가집행선고부 제1심판결에 기한 가집행이 정지됨으로 인하여 입은 손해의 배상을 상대방에게 청구할 수 있는 가능성이 여전히 남아 있다고 할 것이므로 가집행선고부 제1심판결이 항소심판결에 의하여 취소되었다 하더라도 그 항소심판결이 미확정인 상태에서는 가집행선고부 제1심판결에 대한 강제집행정지를 위한 담보는 그 사유가 소멸되었다고 볼 수 없다.

<서식>

강제집행정지결정 신청서

신청인 김 원 고
서울 서초구 서초동 50
전화번호 539－0000

피신청인 이 피 고
서울 중구 서소문동 100

신 청 취 지

신청인과 피신청인의 서울중앙지방법원 2012가합(가단) 제○○○호 대여금청구 사건의 가집행선고가 있는 판결에 의하여 한 강제집행은 본안판결의 확정시까지 (또는 항소심 판결선고시까지) 이를 정지한다. 라는 재판을 구합니다.

신 청 이 유

서울지방법원은 신청인과 피신청인간의 위 사건에 있어서 ○년 ○월 ○일 신청인 패소의 가집행선고 판결을 하고, 피신청인은 그 집행력있는 정본에 기하여 ○년 ○월 ○일 신청인 소유의 유체동산에 대하여 집행 중에 있습니다. 그러나 신청인은 위 판결에 승복할 수 없으므로 ○년 ○월 ○일 귀 법원에 항소를 제기하고 이 건 신청을 하기에 이르렀습니다.

소 명 방 법

1. 항소장 접수증명원 1통
2. 판결사본 1통

2014 . . .

위 신청인 김 원 고 (인)

서울중앙지방법원 귀중

제5장
유 치 권

제5장 유 치 권

Ⅰ. 유치권의 개념

1. 민사유치권

민사유치권이라 함은 타인의 물건 또는 유가증권을 점유한 자가 그 물건이나 유가증권에 관하여 생긴 채권을 가지게 된 경우에 그 채권의 변제를 받을 때까지 그 물건 또는 유가증권을 유치할 수 있는 권리를 말한다(민법 320조 1항). 여기서 중요하는 것은 채권이 유치권의 목적물, 즉 유치하는 물건에 관하여 생긴 것이어야 한다. 이를 견련성이라고 부른다. 예컨대 건물을 수리해준 사람이 그 수리비 채권으로 건물을 유치하는 경우를 생각하면 쉽게 이해할 수 있다.

2. 상사유치권(상법 58조)

상사유치권이라 함은 '상인 간의 상행위'로 인한 채권이 변제기에 있는 때에는 채권자는 변제를 받을 때까지 '그 채무자에 대한 상행위로 인하여' 자기가 점유하고 있는 '채무자 소유의 물건 또는 유가증권'을 유치할 수 있는 권리를 말한다. 반드시 쌍방이 상인이어야 하며 일방적 상행위는 이에 해당되지 않는다. 또한 '채무자에 대한 상행위'로 인하여 점유가 시작되어야 하므로 이와 무관하게 점유를 개시한 경우도 상사유치권을 행사할 수 없다. 한편 민사유치권과의 가장 큰 차이점으로는 견련성을 요구하지 않는 대신 채무자 소유여야 한다는 점이다. 채무자 소유의 물건 또는 유가증권이어야 하는데, 여기서 물건에 부동산도 포함되는가에 관해 그동안 논란이 있었는데 최근 대법원은 부동산도 이에 해당된다고 판시하였다(대법원 2013. 5. 24. 선고 2012다39769 · 39776 판결).

3. 적용순서

상사에 관하여 본법에 규정이 없으면 상관습법에 의하고, 상관습법이 없으면 민법의 규정에 의한다(상법 1조). 즉 상법은 민법의 특별법에 해당되므로 상사유치권이 성립될 경우에는 민사유치권보다 이를 우선적으로 적용해야 한다.

Ⅱ. 유치권이 문제되는 경우

유치권이 가장 문제되는 것은 부동산이 경매로 넘어갈 때다. 이때 채권자가 유치권신고를 하는 경우가 종종 있는데 이 경우 경매가 유찰되는 등 기피현상이 뚜렷해져 경락가격이 떨어진다. 그 결과 채권자들은 물론 경락부동산의 원소유자도 피해를 보게 된다. 부동산 경매절차에서의 매수인은 민사집행법 제91조 제5항에 따라 유치권자에게 그 유치권으로 담보하는 채권을 변제할 책임이 있는 것이 원칙이나, 채무자 소유의 건물 등 부동산에 경매개시결정의 기입등기가 경료되어 압류의 효력이 발생한 후에 채무자가 위 부동산에 관한 공사대금 채권자에게 그 점유를 이전함으로써 그로 하여금 유치권을 취득하게 한 경우 그 부동산에 관한 경락인에게 대항할 수 없게 된다. 또한 유치권은 목적물에 관하여 생긴 채권이 변제기에 있는 경우에 비로소 성립하므로(민법 320조), 경매개시결정의 기입등기가 마쳐져 압류의 효력이 발생한 후에 공사를 완공하여 공사대금채권을 취득함으로써 그때 비로소 유치권이 성립한 경우에는, 수급인은 유치권을 내세워 경매절차의 매수인에게 대항할 수 없다.

Ⅲ. 민사유치권의 성립요건

1. 채권이 유치권의 목적물에 관하여 생긴 것이어야 함(민법 320조 1항)

즉 채권과 목적물 사이에 견련관계가 있어야 한다. 채권이 목적물 자체로부터 발생한 경우는 물론 목적물에 지출한 비용의 상환청구권, 목적물로부터 받은 손해배상청구권 등이 모두 포함된다. 이 점에 관하여는 나중에 상사유치권과의 차이점을 논하면서 자세히 설명하고자 한다.

2. 채권이 변제기에 있어야 함

▶ 대법원 2007. 9. 21. 선고 2005다41740 판결

유치권은 그 목적물에 관하여 생긴 채권이 변제기에 있는 경우에 성립하는 것이므로 아직 변제기에 이르지 아니한 채권에 기하여 유치권을 행사할 수는 없다고 할 것이다. 원심판결 이유를 위 법리와 기록에 비추어 살펴보면, 원심이 이 사건에서 피고가 주장하는 지상물매수청구권이나 부속물매수청구권 또는 비용상환청구권 등은 어느 것이나 피고의 전세권의 존속기간이 만료되는 때에 발생하거나 변제기에 이르는 것인데, 아직 그 전세권의 존속기간이 만료되지 아니하였으므로 위 각 채권에 기한 피고의 유치권은 성립되지 아니한다는 취지로 판단한 것은 정당하다.

3. 유치권자는 타인의 물건을 '점유'해야 함

가. 점유의 의미

채권자는 자신의 채권을 변제받을 때까지 사실상 물건을 점유해야 한다. 만약 점유를 잃으면 후술하는 바와 같이 적법한 자력탈환이 성립되지 않는 한 유치권을 상실하게 된다. 즉 점유는 유치권의 성립요건이자 존속요건이다. 예컨대 건물을 건축한 사람이 건물을 유치하는 경우 건물 입구에 '유치권 행사중'이라는 문구의 플래카드를 설치하고, 유치권의 근거되는 채권에 대해 상세하게 기재한 공문도 건물 입구 등에 붙여 공고한다. 나아가 상시 그곳을 관리하는 사람을 주둔시키고 건물의 시정장치 등을 관리토록 한다. 이에 유치기간이 길어질 경우 상당한 비용도 발생하게 되므로 유치권을 행사하려면 이러한 손익계산도 사전에 해야 된다. 점유라고 함은 물건이 사회통념상 그 사람의 사실적 지배에 속한다고 보여지는 객관적 관계에 있는 것을 말하고 사실상의 지배가 있다고 하기 위해서는 반드시 물건을 물리적, 현실적으로 지배하는 것만을 의미하는 것이 아니고, 물건과 사람과의 시간적, 공간적 관계와 본권관계, 타인지배의 배제가능성 등을 고려하여 사회관념에 따라 합목적적으로 판단하여야 한다. 공장 신축공사 공사잔대금 채권에 기한 공장 건물의 유치권자가 공장 건물의 소유 회사가 부도가 난 다음에 그 공장에 직원을 보내 그 정문 등에 유치권자가 공장을 유치 · 점유한다는 안내문을 게시하고 경비용역회사와 경비용역계약을 체결하여 용역경비원으로 하여금 주야 교대로 2인씩 그 공장에 대한 경비 · 수호를 하도록 하는 한편 공장의 건물 등에 자물쇠를 채우고 공장 출입구 정면에 대형 컨테이너로 가로막아 차량은 물론 사람들의 공장 출입을 통제하기 시작하고, 그 공장이 경락된 다음에도 유치권자의 직원 10여 명을 보내 그 공장 주변을 경비 · 수호하게 하고 있었다면, 유치권자가 그 공장을 점유하고 있었다고 볼 여지가 충분하다(대법원 1996. 8. 23. 선고 95다8713 판결). 반면 가령 유치권을 행사한다는 취지의 안내문을 부착하고 임의경매절차에서 유치권자로서 권리신고를 하는 한편, 직원들이 가끔 건물에 들러 사무실의 책상을 사용하였으나 상주하거나 관리하지는 아니하였다면, 실제로 건물의 열쇠를 교부받아 건물을 상주하면서 관리한 시점부터 유치물을 점유하고 있다고 볼 수 있다(서울고등법원 2008. 6. 25. 선고 2008나42036 판결).

나. 적법한 점유여야 함

유치권행사를 위해서는 적법한 권원에 의한 점유를 해야 하므로 불법점유자는 유치권행사를 할 수 없다(민법 320조 2항).

▶ 서울고등법원 1970. 4. 29. 선고 69나1994 판결

원인무효인 보존등기를 경료하고 있는 자로부터 그 부동산을 임차한 사람은 정당한 소유자가 위 등기의 말소소송을 제기하여 승소 확정한 후 자기가 그 소유자임을 고지받았다면 그 이후부터 불법점유자가 되고 따라서 현재의 소유자에게 그 이후의 수리비로서 유치권 항변을 할 수 없다.

그 결과 아무리 공사업자라고 해도 건축주나 소유자의 동의나 승낙없이 점유를 개시했다면 불법점유이므로 유치권이 성립되지 아니한다. 이런 경우는 특히 공사업자가 건물을 완공했거나 공사중단 상태에서 공사현장을 건축주에게 인도하거나 현장을 임의로 떠나버린 경우에 문제가 발생한다. 공사 진행 도중에는 공사업자의 점유가 건축주나 소유자의 동의하에 이뤄지므로 그 연장선상에서 유치권을 행사한다고 해도 점유 자체가 불법적인 것은 아니다. 그러나 위와 같이 일단 점유를 풀어버린 뒤 다시 재점유를 할 경우에는 건축주나 소유자의 동의를 받는다는 것은 사실상 어려운 상황이 되므로 이를 무시하고 공사업자가 점유를 해버린 경우에는 건축주 내지 소유자의 동의나 승낙이 없는 한 불법점유가 되어 유치권이 성립되지 않는다.

▸ 서울고등법원 2007. 11. 20. 선고 2007나30722 판결

공사업자가 건축주의 부도로 공사대금채권의 변제를 받기가 어려워지자 그 채권을 지급받기 위해 목적 부동산에 잠금장치가 되어 있지 아니한 것을 이용하여 점유를 개시하였다고 자인하고 있고, 달리 공사업자가 건축주가 부도내기 전부터 목적 부동산을 점유하고 있었음을 인정할 만한 자료가 없다면, 그 공사업자는 점유개시 당시 점유할 권리가 없었다고 볼 수밖에 없어, 결국 공사업자의 점유는 불법점유에 해당하여 유치권이 성립하지 아니한다.

다. 유치물은 간접점유도 가능

유치권의 성립요건인 유치권자의 점유는 직접점유이든 간접점유이든 관계없다(대법원 2002. 11. 27.자 2002마3516 결정 등 참조). 다만 간접점유를 인정하기 위해서는 간접점유자와 직접점유를 하는 자 사이에 일정한 법률관계, 즉 점유매개관계가 필요하며 이러한 점유매개관계는 직접점유자가 자신의 점유를 간접점유자의 반환청구권을 승인하면서 행사하는 경우에 인정된다.

▸ 대법원 2012. 2. 23. 선고 2011다61424 · 61431 판결

점유자가 점유의 침탈을 당한 때에는 그 물건의 반환 등을 청구할 수 있다(민법 제204조 제1항 참조). 이러한 점유회수의 소에 있어서는 점유를 침탈당하였다고 주장하는 당시에 점유하고 있었는지의 여부만을 살피면 되는 것이고, 여기서 점유라고 함은 물건이 사회통념상 그 사람의 사실적 지배에 속한다고 보이는 객관적 관계에 있는 것을 말하고 사실상의 지배가 있다고 하기 위하여는 반드시 물건을 물리적 · 현실적으로 지배하는 것만을 의미하는 것이 아니고 물건과 사람과의 시간적 · 공간적 관계와 본권관계, 타인지배의 배제가능성 등을 고려하여 사회관념에 따라 합목적적으로 판단하여야 한다(대법원 1996. 8. 23. 선고 95다

8713 판결).

그리고 점유회수의 소에 있어서의 점유에는 직접점유뿐만 아니라 간접점유도 포함되는 것이기는 하나, 간접점유를 인정하기 위해서는 간접점유자와 직접점유를 하는 자 사이에 일정한 법률관계, 즉 점유매개관계가 필요하다. 이러한 점유매개관계는 직접점유자가 자신의 점유를 간접점유자의 반환청구권을 승인하면서 행사하는 경우에 인정된다.

Ⅳ. 유치권행사에 대한 대응책

1. 경락 전에는 유치권부존재확인의 소

유치권이 경매법원에 신고되어서, 매각물건명세서 등에 기재되어 공시된 경우, 또는 공시되지는 않았으나 사실상 경매에 영향을 미치는 경우에는 유치권의 존재는 경락가에 큰 영향을 주는 존재가 된다. 경락가가 하락할 경우에 실질적인 손해를 받을 가능성이 있는 자들은 유치권자를 피고로 하여 유치권부존재확인의 소를 제기할 수 있다. 원고가 될 수 있는 자들을 열거하면 경매신청인, 경매물건의 경락 전 소유자, 근저당권자, 권리신고 및 배당요구를 한 신청인, 경락인 등이 될 것이다. 경매신청인이나 권리신고 및 배당요구를 한 신청인, 근저당권자는 목적물이 정당하게 평가되어 자신이 정당하게 배당받을 수 있는 확인의 이익이, 경매물건의 경락 전 소유자는 정당한 낙찰가를 받을 확인의 이익이 있다. 경락 전 소유자는 소유권에 기해 후술하는 유치물 인도청구의 소도 가능하나 인도청구만으로는 경락가의 하락사태를 막을 수 없기 때문에, 경락가를 정당히 받기 위해서는, 유치권부존재확인의 소를 제기하는 것이 효과적이다. 주로 금융기관이 경매신청인이나, 근저당권자인 경우가 많은데 실무상으로는 금융기관들이 유치권으로 인해서 배당을 제대로 받지 못할 것을 대비하여, 유치권부존재확인의 소를 제기하는 경우가 많다.[1]

1 이성환 변호사, 경매에서의 유치권 실무(법률신문).

〈서식〉

부동산인도명령 신청서

사　　건　　　　　　2010 타경0000　부동산강제(임의)경매
신 청 인(매수인)　　김 원 고 (인적사항)
피신청인(점유자)　　이 피 고 (인적사항)

채권자와 채무자간의 별지 목록 기재 부동산에 관한 귀원 부동산강제(임의)경매 사건에서 신청인은 매수인으로서 2010. 12. 20.에 낙찰대금을 완납한 후, 피신청인에게 위 부동산의 인도를 청구하였으나 이에 불응하고 있으므로 피신청인으로 하여금 신청인에게 위 부동산을 인도하라는 명령을 발하여 주시기 바랍니다.

첨 부 서 류

부동산목록　　3부
매각대금완납증명사본　　1부

2011.　1.　5.
신청인　김 원 고
전화번호　010－0000－0000

서울중앙지방법원　귀중

(별지 부동산목록 생략)

2. 경락 후에는 인도명령 내지 명도청구 소송

가. 인도명령

일단 부동산을 경락받은 경우에는 법원에 인도명령을 신청하면 된다. 즉 매수인은 매수잔금을 납부한 후 6개월 이내에 소유자나, 채무자 또는 부동산점유자를 상대로 인도명령을 신청할 수 있다(민집 136조). 여기서 인도명령을 신청할 수 있는 자는 매수인과 매수인의 상속인 등 일반승계인에 한하고 특별승계인은 신청할 자격이 없다. 따라서 경락부동산을 매수한 사람은 인도명령을 신청할 수 없으며 나아가 경락인을 대위하여 인도명령을 신청할 수도 없다(대법원 1966. 9. 10.자 66마713 결정). 인도명령의 상대방은 소유자, 채무자 또는 부동산점유자이다. 그러나 경락인에게 대항할 수 있는 권원에 의해 점유하는 사람에게는 인도명령을 내릴 수 없다(민집 136조 1항 단서). 그러므로 정당한 유치권자는 인도명령의 상대방이 될 수 없다. 다만 그 점유권원에 관하여는 유치권자에게 증명책임이 있다. 법원은 채무자 및 소유자 외의 점유자에 대하여 인도명령을 하려면 권원 없음이 명백한 경우 외에는 그 점유자를 심문하여야 한다(민집 136조 4항). 그러므로 유치권자는 그때 법원에 자신의 유치권원을 증명해야 한다.

나. 명도청구 소송

건물의 소유자(경락 전에는 원래의 소유자, 경락 후에는 경락인)는 소유권에 기하여 유치물의 명도를 청구할 수 있다. 유치물 명도청구의 소는 소유권자만이 할 수 있으나, 앞서 설명한 유치권부존재확인의 소는 배당, 잉여배당에서 이해관계에 있는 자도 원고적격이 있다는 점에서 차이가 있다. 실무상 주로 경락 전에는 이해관계인들이 경락가격을 높이기 위해 유치권부존재확인의 소를 제기하는 데 반해, 경락 후에는 경락인이 인도명령을 신청하고, 이에 상대방이 점유권원을 주장하여 다투는 경우 명도청구의 소를 제기하고 있다.

V. 민사유치권 vs 상사유치권, 대표적인 차이점은?

1. 채권과의 견련관계

유치권 분쟁에 휘말릴 경우 유치권의 성부에 관한 명확한 법리검토가 필요하다. 특히 민사유치권과 상사유치권으로 구분하여 전략적으로 소송에 대응할 경우 효과적일 것이다. 앞서 언급한 바와 같이 민사유치권을 규정한 민법 제320조 제1항에서 '그 물건에 관하여 생긴 채권'은 채권이 목적물 자체로부터 발생한 경우는 물론이고, 채권이 목적물의 반환청구권과 동일한 법률관계나 사실관계로부터 발생한 경우도 포함한다. 즉 채권과 목적물 사이의 견련관계가 필요하다. 한편, 상인 간의 쌍방적 상행위[2]로 인한 채권자가 행사할 수 있는 상사유치권(상법 58조)의 경우, 민사유치권과 달리 피담보채권이 '목적물에 관하여' 생긴 것일 필요는 없다. 즉 견련관계가 불필요하다.

▸ **대법원 2007. 9. 7. 선고 2005다16942 판결**

민법 제320조 제1항에서 '그 물건에 관하여 생긴 채권'은 유치권 제도 본래의 취지인 공평의 원칙에 특별히 반하지 않는 한 채권이 목적물 자체로부터 발생한 경우는 물론이고 채권이 목적물의 반환청구권과 동일한 법률관계나 사실관계로부터 발생한 경우도 포함하고, 한편 민법 제321조는 "유치권자는 채권 전부의 변제를 받을 때까지 유치물 전부에 대하여 그 권리를 행사할 수 있다"고 규정하고 있으므로, 유치물은 그 각 부분으로써 피담보채권의 전부를 담보하며, 이와 같은 유치권의 불가분성은 그 목적물이 분할 가능하거나 수개의 물건인 경우에도 적용된다.

2. 유치물의 소유 관련

민사유치권의 행사를 위해서는 위와 같이 채권과 목적물 사이에 견련성만 있으면(즉 그 물건에 관해 생긴 채권이면) 굳이 그 목적물이 채무자의 소유가 아니어도 상관없으나, 상사유치권은 반대로 그러한 견련성은 불필요하나 유치목

2 양당사자가 모두 상인인 경우의 상행위.

적물이 반드시 채무자 소유여야 한다.

▸ 대법원 2013. 2. 28. 선고 2010다57350 판결

상사유치권은 민사유치권과 달리 피담보채권이 '목적물에 관하여' 생긴 것일 필요는 없지만 유치권의 대상이 되는 물건은 '채무자 소유'일 것으로 제한되어 있다(상법 제58조, 민법 제320조 제1항 참조). 이와 같이 상사유치권의 대상이 되는 목적물을 '채무자소유의 물건'에 한정하는 취지는, 상사유치권의 경우에는 목적물과 피담보채권 사이의 견련관계가 완화됨으로써 피담보채권이 목적물에 대한 공익비용적 성질을 가지지 않아도 되므로 피담보채권이 유치권자와 채무자 사이에 발생하는 모든 상사채권으로 무한정 확장될 수 있고, 그로 인하여 이미 제3자가 목적물에 관하여 확보한 권리를 침해할 우려가 있어 상사유치권의 성립범위 또는 상사유치권으로 대항할 수 있는 범위를 제한한 것으로 볼 수 있다.

3. 점유의 취득원인과의 관계

민사유치권은 채권이 그 목적물에 관해 생긴 것이면 족하고, 채권과 목적물의 점유 자체와의 견련성까지 요구되지는 않는다. 따라서 목적물을 점유하기 전에 그 목적물에 관련되는 채권이 발생하고 그 후 어떤 사정으로 목적물의 점유를 취득한 경우에도 유치권은 성립하게 된다(대법원 1965. 3. 30. 선고 64다1977 판결). 하지만 상사유치권의 경우는 '점유의 취득원인'이 '채무자에 대한 상행위'로 인한 것이어야 한다(상법 58조). 이 점에 관하여 채권자와 채무자 사이의 쌍방적 상행위여야 한다는 견해도 있지만, 채무자에 대한 일방적 상행위로 족하다고 보아야 한다.

	민사유치권	상사유치권
목적물과의 견련성	필요	불필요
채무자의 소유	불필요	필요
점유의 취득원인	제한 없음	상행위로 인한 점유

Ⅵ. 하수급업체의 유치권행사에 대해 건물주는 방어할 수 있나?

•정답 판례가 정착되어 있지 아니하나 방어할 수 있다고 생각한다. (사견)

이러한 차이점은 실무상 하수급업체의 유치권행사 관련 분쟁에서 중요성이 부각된다. 하도급거래 공정화에 관한 법률 제14조에 의하면 수급인이 하수급인에게 공사대금을 지급하기 곤란한 사정이 있을 경우, 하수급인은 발주자(원도급인)에게 직접 공사대금을 달라고 요청할 수 있다. 그 결과 하수급인은 발주자에게 직접 채권을 갖게 되므로 발주자의 건물에 대해 유치권행사를 할 수 있다. 하지만 만약 발주자가 수급인에게 이미 공사대금을 지불하였음에도 수급인이 하수급인에게는 공사대금 전체를 변제하지 않고 딴 곳에 유용한 경우에도 하수급인은 원도급자 소유의 건물에 유치권을 행사할 수 있을까? 이런 사례에 대해 아직 판례가 구체적으로 정착된 것은 아니므로 논란의 여지가 있다. 통상 건축공사의 경우는 수급인과 하수급인은 공사업체들이므로 당연히 상인일 가능성이 높고, 만약 건축물이 상가의 경우 원도급인 역시 상인일 가능성도 크기 때문에 이러한 법률관계에서 상사유치권이 민사유치권보다 우선적으로 적용되어야 할 가능성이 있기 때문이다. 이 점에 관하여 종래의 대법원판례 중 2007. 9. 7. 선고 2005다16942 판결과 2007. 5. 15.자 2007마128 결정 내용 중에 하수급인이 수급인으로부터 공사대금을 못 받은 경우 원도급자의 건물에 독립된 유치권을 행사할 수 있다는 것을 전제로 판시한 바 있다는 이유로 하수급인의 건물에 대한 독립된 유치권행사가 가능하다는 견해도 있다.[3] 하지만 위 판례들은 쌍방이 민사유치권의 성립 여부에만 다툼이 있었을 뿐, 상사유치권에 관한 주장 자체가 없었으므로 이를 근거로 상사유치권의 성부 여부를 판단하기에는 미흡하다고 생각한다. 더욱이 위 판례들은 그동안 부동산이 상사유치권의 대상이 되는 것인가에 관해 논란이 되어 왔던 시절에 나온 판례인데 최근 대법원은 부동산도 상사유치권의 대상이라고 판시하였다(대법원 2013. 5. 24. 선고 2012다39769 · 39776 판결). 이러한 변화 속에서 더 이상 위 판례들 중 판시된 내용만을 근거로 하수급인의 독자적 유치권이 인정된다고 해석하기에는 논거가 약하다고 본다.

3 최광석 변호사, 하수급인의 유치권 행사(2008. 12. 1. 법률신문).

만약 거시된 두 사례들의 경우, 유치권을 부인하려는 소송당사자가 하수급인의 유치권은 상사유치권에 해당되므로 유치목적물이 채무자의 소유여야만 한다고 주장하였다면 소송의 결과가 달라졌을지도 모른다. 왜냐하면 위 상사유치권 관련 판례(대법원 2013. 2. 28. 선고 2010다57350 판결)의 취지상, 하수급인은 발주자에게 직접 채권이 없어 유치목적물의 소유자가 채무자가 아니게 된다. 따라서 이런 논리라면 하수급인은 건물주를 상대로 상사유치권을 행사할 수 없게 된다. 앞으로 더 논의되어야 할 과제이기는 하나, 생각건대 건물주인 도급인의 입장에서는 이미 자신은 수급인에게 공사대금 전체를 지불하였음에도 수급인이 하수급인에게 공사대금을 다 지불하지 아니하였다는 이유로 하수급인의 유치권을 인정하게 된다면 도급인에게 이중지급의 부담을 지우는 불합리한 결과가 초래되므로 이러한 경우에는 상사유치권의 특칙을 우선 적용하여 하수급인의 유치권을 부인하는 것이 옳다고 생각한다. 다만 실제 소송의 경우 처분권주의(민사소송법 203조)로 인해 유치권을 부인하려는 당사자가 상대방의 유치권이 민사유치권이 아닌 상사유치권에 해당된다고 이를 주장 · 증명해야만 법원에서 판단을 하게 된다는 점을 유의해야 한다.

Ⅶ. 유치권의 성립시기와 대항력

1. 경매절차

가. 민사유치권

부동산 경매절차에서의 매수인은 민사집행법 제91조 제5항에 따라 유치권자에게 그 유치권으로 담보하는 채권을 변제할 책임이 있는 것이 원칙이나, 채무자 소유의 부동산에 '경매개시결정의 기입등기가 경료'되어 압류의 효력이 발생한 후에 채무자가 위 부동산에 관한 공사대금 채권자에게 그 점유를 이전함으로써 그로 하여금 유치권을 취득하게 한 경우, 점유자로서는 위 유치권을 내세워 그 부동산에 관한 경매절차의 매수인에게 대항할 수 없다. 즉 유치권의 성립 시기는 늦어도 '경매개시결정의 기입등기일'까지는 유치권을 취득해야 한다는 것이다. 만약 그때까지 유치권을 취득한다면 유치권취득 이전에 이미 선행 근저당이 설정되어 있다고 해도 경락인에게 유치권으로 대항할 수 있다.

▶ **대법원 2009. 1. 15. 선고 2008다70763 판결**

부동산 경매절차에서의 매수인은 민사집행법 제91조 제5항에 따라 유치권자에게 그 유치권으로 담보하는 채권을 변제할 책임이 있는 것이 원칙이나, 채무자 소유의 건물 등 부동산에 경매개시결정의 기입등기가 경료되어 압류의 효력이 발생한 후에 채무자가 위 부동산에 관한 공사대금 채권자에게 그 점유를 이전함으로써 그로 하여금 유치권을 취득하게 한 경우, 그와 같은 점유의 이전은 목적물의 교환가치를 감소시킬 우려가 있는 처분행위에 해당하여 민사집행법 제92조 제1항, 제83조 제4항에 따른 압류의 처분금지효에 저촉되므로 점유자로서는 위 유치권을 내세워 그 부동산에 관한 경매절차의 매수인에게 대항할 수 없다. 그러나 이러한 법리는 경매로 인한 압류의 효력이 발생하기 전에 유치권을 취득한 경우에는 적용되지 아니하고, 유치권 취득시기가 근저당권설정 후라거나 유치권 취득 전에 설정된 근저당권에 기하여 경매절차가 개시되었다고 하여 달리 볼 것은 아니다.

결론적으로, 경매로 인한 압류시점(즉 경매개시결정 기입등기일)보다 먼저 유치권을 취득한 경우에는 설사 근저당권설정 후에 유치권을 취득해도 경락인에게 대항할 수 있으나, 압류시점 이후에 유치권을 취득한 경우에는 경락인에게 대항할 수 없다.

나. 상사유치권

상사유치권은 민사유치권과 달리 피담보채권이 '목적물에 관하여' 생긴 것일 필요는 없지만 유치권의 대상이 되는 물건은 '채무자 소유'일 것으로 제한되어 있다(상법 58조, 민법 320조 1항 참조). 이와 같이 상사유치권의 대상이 되는 목적물을 '채무자 소유의 물건'에 한정하는 취지는 상사유치권의 경우에는 목적물과 피담보채권 사이의 견련관계가 완화됨으로써 피담보채권이 목적물에 대한 공익비용적 성질을 가지지 않아도 되므로 피담보채권이 유치권자와 채무자 사이에 발생하는 모든 상사채권으로 무한정 확장될 수 있고, 그로 인하여 이미 제3자가 목적물에 관하여 확보한 권리를 침해할 우려가 있어 상사유치권의 성립범위 또는 상사유치권으로 대항할 수 있는 범위를 제한한 것으로 볼 수 있다. 즉 상사유치권이 채무자 소유의 물건에 대해서만 성립한다는 것은, 상사유치권은 성립 당시 채무자가 목적물에 대하여 보유하고 있는 담보가치만을 대상으로 하는 제한물권이라는 의미를 담고 있다 할 것이고, 따라서 유치권 성립 당시에 이미 목적물에 대하여 제3자가 권리자인 제한물권이 설정되어 있다면, 상사유치권은 그와 같이 제한된 채무자의 소유권에 기초하여 성립할 뿐이고, 기존의 제한물권이 확보하고 있는 담보가치를 사후적으로 침탈하지는 못한다고 보아야 한다. 그 결과 상사유치권자가 가령 경매개시결정 기입등기 전에 유치권을 취득했다고 해도, 민사유치권과 달리 경매절차로 진행될 경우 선행저당권이 있을 경우 그 경락인에게 대항하지 못한다.

▸ 대법원 2013. 2. 28. 선고 2010다57350 판결

채무자 소유의 부동산에 관하여 이미 선행(先行)저당권이 설정되어 있는 상태에서 채권자의 상사유치권이 성립한 경우, 상사유치권자는 채무자 및 그 이후 채무자로부터 부동산을 양수하거나 제한물권을 설정받는 자에 대해서는 대항할 수 있지만, 선행저당권자 또는 선행저당권에 기한 임의경매절차에서 부동산을 취득한 매수인에 대한 관계에서는 상사유치권으로 대항할 수 없다.

2. 공매절차

공매절차의 경우 유치권의 성립 및 대항력의 법률관계는 어떨까? 국세청이 체납처분압류를 한 부동산에 대하여 공매절차가 진행되기 전에 경매절차가 다시 경합해 진행하게 되어 경매절차에서 낙찰된 사안에서 대법원은 공사업자가 경매개시결정등기 전에 민사유치권을 취득하였다면 그 시점이 체납처분압류 이후라고 해도 경매절차의 매수인에게 유치권을 행사할 수 있다고 전원합의체로 판결하였다.

▸ 대법원 2014. 3. 20. 선고 2009다60336 전원합의체 판결

[다수의견] 부동산에 관한 민사집행절차에서는 경매개시결정과 함께 압류를 명하므로 압류가 행하여짐과 동시에 매각절차인 경매절차가 개시되는 반면, 국세징수법에 의한 체납처분절차에서는 그와 달리 체납처분에 의한 압류(이하 '체납

처분압류'라고 한다)와 동시에 매각절차인 공매절차가 개시되는 것이 아닐 뿐만 아니라, 체납처분압류가 반드시 공매절차로 이어지는 것도 아니다. 또한 체납처분절차와 민사집행절차는 서로 별개의 절차로서 공매절차와 경매절차가 별도로 진행되는 것이므로, 부동산에 관하여 체납처분압류가 되어 있다고 하여 경매절차에서 이를 그 부동산에 관하여 경매개시결정에 따른 압류가 행하여진 경우와 마찬가지로 볼 수는 없다.

따라서 체납처분압류가 되어 있는 부동산이라고 하더라도 그러한 사정만으로 경매절차가 개시되어 경매개시결정등기가 되기 전에 부동산에 관하여 민사유치권을 취득한 유치권자가 경매절차의 매수인에게 유치권을 행사할 수 없다고 볼 것은 아니다.

[대법관 신영철, 대법관 민일영, 대법관 박보영의 반대의견] 국세징수법에 의한 체납처분절차는 압류로써 개시되고, 체납처분에 의한 부동산 압류의 효력은 민사집행절차에서 경매개시결정의 기입등기로 인한 부동산 압류의 효력과 같으므로, 조세체납자 소유의 부동산에 체납처분압류등기가 마쳐져 압류의 효력이 발생한 후에 조세체납자가 제3자에게 그 부동산의 점유를 이전하여 유치권을 취득하게 하는 행위는 체납처분압류권자가 체납처분압류에 의하여 파악한 목적물의 교환가치를 감소시킬 우려가 있는 처분행위에 해당하여 체납처분압류의 처분금지효에 저촉되므로 유치권으로써 공매절차의 매수인에게 대항할 수 없다.

나아가 체납처분에 의한 부동산 압류 후 그 부동산에 관하여 개시된 경매절차에서 부동산이 매각되는 경우에 마치 공매절차에서 부동산이 매각된 것과 같이 매수인이 체납처분압류의 부담을 인수하지 아니하고 체납처분압류등기가 말소되는바, 선행하는 체납처분압류에 의하여 체납처분압류권자가 파악한 목적물의 교환가치는 그 후 개시된 경매절차에서도 실현되어야 하므로, 체납처분압류의 효력이 발생한 후에 채무자로부터 점유를 이전받아 유치권을 취득한 사람은 유치권으로써 경매절차의 매수인에게 대항할 수 없다고 보아야 한다.

그런데 위 대법원판례는 국세청의 체납처분압류 후 공매절차로 넘어가기 전에 민사집행법상 경매절차로 넘어간 특별한 경우이다. 사실 경매와 공매는 각 절차와 근거법이 상이하므로 동시에 진행이 가능하며 먼저 소유권을 취득한 자[4]가 우선되는 구조이다. 그러므로 두 절차의 경합이 가능하여 위와 같은 경우가 발생한 것이다. 그렇다면 만약 체납처분압류 후 유치권이 성립되었고 그 후 (경매절차의 진행 없이) 그대로 공매절차에 의해 낙찰된 경우는 어떻게 될까? 통상 공매절차의 경우는 체납처분압류 후 국세청에서 공매진행을 한국자산관리공사(KAMCO)에 의뢰해서 진행하는데 한국자산관리공사는 이를 심사한 후 공매진행 여부를 결정한다. 그런데 실무상 체납처분압류 후 수개월에서 1년 정도의 시간이 경과된 뒤에 실질적으로 공매가 진행된다. 공매진행은 과거에는 부동산등기부에 기입등기 없이 진행하였지만 2011. 4. 4. 신설된 국세징수법 제67조의2 규정에 의거하여 이제는 공매공고 후 즉시 그 사실을 부동산등기부에 기입하도록 되어 있다. 그러면 이 경우 유치권자와 공매낙찰자의 권리관계에서 우선권의 기준점은 어디가 될까? 민사집행법상 경매의 경우는 압류와 동시에 경매개시가 되고 바로 경매개시결정등기가 되므로 시간적 차이가 없으나, 공매는 위와 같이 압류시점과 공매공고 및 공매개시 시점 사이에 1년 가까이 시간적 차이가 나므로 권리관계가 더욱 복잡해진다. 이 점에 관해 아직 확립된 대법원판례는 없고, 위 전원합의체판례의 다수설에서도 이 점에 관해서는 침묵하고 있다. 하지만 위 판례의 소수설에서도 지적하였다시피, 국세징수법에 의한 체납처분절차는 압류로써 개시되고, 체납처분에 의한 부동산 압류의 효력은 민사집행절차에서 경매개시결정의 기입등기로 인한 부동산 압류의 효력과 같으므로, 조세체납자 소유의 부동산에 체납처분압류등기가 마쳐져 압류의 효력이 발생한 후에 조세체납자가 제3자에게 그 부동산의 점유를 이전하여 유치권을 취득하게 하는 행위는 체납처분압류권자가 체납처분압류에 의하여 파악한 목적물의 교환가치를 감소시킬 우려가 있는 처분행위에 해당하여 체납처분압류의 처분금지효에 저촉되므로 그 유치권으로써 공매절차의 매수인에게 대항할 수 없다고 보아야 한다(서울행정법원 2006. 4. 18. 선고 2005구합27734 판결 참조).

결론적으로 공매절차의 경우, 유치권의 대항력 기준시점은 원칙적으로 '체납처분압류'를 기준으로 결정되는 것이나, 만약 그 후 경매절차가 경합하여 진행되어 그 절차에서 낙찰을 받게 된 경우에는 그 기준 시점은 경매절차의 기준시점인 '경매개시결정등기'가 된 때로 판단해야 한다. 따라서 이 경우에는 국세청에서 체납처분압류를 했다고 해도 그 후 경매절차로 진행될 경우는 공

4 대금을 먼저 납부한 매수자.

사업자가 경매개시결정등기 전까지 유치권을 취득한 경우 경락인에게 대항할 수 있다.

Ⅷ. 경매절차에서의 유치권분쟁

1. 매각허가에 대한 이의사유

민사집행법 제91조 제5항은 사실상 부동산경매의 매수인에게 유치권으로 담보되는 채권을 변제하도록 하는 인수주의를 취하고 있다. 그러나 경매절차에서 유치권신고는 의무가 아니며, 경매법원은 유치권의 성립 여부 등을 매수희망자에게 알려주지 않고 있다. 더욱이 유치권은 다른 부동산 위의 권리와는 달리 등기 등 공시방법이 없이 단순한 점유만으로도 성립하므로 낙찰자의 입장에서는 복병이 아닐 수 없다. 따라서 경매절차에서 전혀 신고되지 아니한 유치권이 뒤늦게 나타날 경우 경매낙찰자는 매각허가에 대한 이의신청을 할 수 있다. 즉 민사집행법 제121조(매각허가에 대한 이의신청사유) 제6호에 의하면 '천재지변, 그 밖에 자기가 책임을 질 수 없는 사유로 부동산이 현저하게 훼손된 사실 또는 부동산에 관한 중대한 권리관계가 변동된 사실이 경매절차의 진행 중에 밝혀진 때에는 낙찰자는 매각허가에 관한 이의를 제기할 수 있다고 규정되어 있다. 집행법원으로서는 이러한 이해관계인의 이의신청 내지 직권으로 매각불허가 결정을 내릴 수 있다.

▶ 대법원 2005. 8. 8.자 2005마643 결정

매각허가에 대한 이의신청사유를 규정한 민사집행법 제121조 제6호에서 말하는 '부동산에 관한 중대한 권리관계의 변동'이라 함은 부동산에 물리적 훼손이 없는 경우라도 선순위 근저당권의 존재로 후순위 처분금지가처분(내지 가등기)이나 대항력 있는 임차권 등이 소멸하거나 또는 부동산에 관하여 유치권이 존재하지 않는 것으로 알고 매수신청을 하여 매각허가결정까지 받았으나 그 이후 선순위 근저당권의 소멸로 인하여 처분금지가처분(내지 가등기)이나 임차권의 대항력이 존속하는 것으로 변경되거나 또는 부동산에 관하여 유치권이 존재하는 사실이 새로 밝혀지는 경우와 같이 매수인이 소유권을 취득하지 못하거나 또는 매각부동산의 부담이 현저히 증가하여 매수인이 인수할 권리가 중대하게 변동되는 경우를 말한다.

▸ **대법원 2005. 12. 9.자 2005마952 결정**

매각허가에 대한 이의신청사유를 규정한 민사집행법 제121조 제6호에서 말하는 '부동산에 관한 중대한 권리관계의 변동'이라 함은 부동산에 물리적 훼손이 없는 경우라도 선순위 근저당권의 존재로 후순위 처분금지가처분(내지 가등기)이나 대항력 있는 임차권 등이 소멸하거나 또는 부동산에 관하여 유치권이 존재하지 않는 것으로 알고 매수신청을 하여 매각허가결정까지 받았으나 그 이후 선순위 근저당권의 소멸로 인하여 처분금지가처분(내지 가등기)이나 임차권의 대항력이 존속하는 것으로 변경되거나 또는 부동산에 관하여 유치권이 존재하는 사실이 새로 밝혀지는 경우와 같이 매수인이 소유권을 취득하지 못하거나 또는 매각부동산의 부담이 현저히 증가하여 매수인이 인수할 권리가 중대하게 변동되는 경우를 말한다(대법원 2005. 8. 8.자 2005마643 결정 등 참조).

▸ **대법원 2007. 5. 15.자 2007마128 결정**

부동산 임의경매절차에서 매수신고인이 당해 부동산에 관하여 유치권이 존재하지 않는 것으로 알고 매수신청을 하여 이미 최고가매수신고인으로 정하여졌음에도 그 이후 매각결정기일까지 사이에 유치권의 신고가 있을 뿐만 아니라 그 유치권이 성립될 여지가 없음이 명백하지 아니한 경우, 집행법원으로서는 장차 매수신고인이 인수할 매각부동산에 관한 권리의 부담이 현저히 증가하여 민사집행법 제121조 제6호가 규정하는 이의 사유가 발생된 것으로 보아 이해관계인의 이의 또는 직권으로 매각을 허가하지 아니하는 결정을 하는 것이 상당하다(대법원 2005. 8. 8.자 2005마643 결정 참조).

이러한 법리에 비추어 이 사건의 경우를 보면, 재항고인이 이 사건 부동산 임의경매절차에서 매각기일을 지나 매각결정기일 이전에 유치권의 신고를 함과 아울러 그 유치권의 발생원인을 주장함에 있어, 서강종합기술산업 주식회사(이하 '서강산업'이라 한다)가 채무자로부터 이 사건 다세대주택 12세대의 신축공사를 도

〈서식〉

유치권 권리신고서

사　　건　20○○타경 ○○○○호 부동산강제(임의)경매

채 권 자　주식회사 ○○은행

채 무 자　홍　길　동

소 유 자　이　몽　룡

신 고 인　주식회사 ○○○○건설
(유치권자)　○○○시 ○○구 ○○동 ○○○

위 사건에 관하여 유치권신고인은 ○○시 ○○구 ○○동 ○○○○ 소재 모텔 소유자 박○○와 20○○. 5. 10. 첨부서류와 같이 모텔 신축공사를 체결하고 공사완료 후 총 공사대금 80,000,000원 중 금 50,000,000원을 수령하고 그 차액금 30,000,000원 남아 있어 이에 위 모텔을 점유하고 있으므로 그 권리를 신고합니다.

첨 부 서 류

1. 건축계약서 사본　　1통
1. 세금계산서　　1통
1. 영수증 사본　　1통
1. 사업자등록증 사본　　1통

20○○. ○. ○.

위 신고자 주식회사 ○○○○건설
○○○시 ○○구 ○○동 ○○○
대표이사 ○ ○ ○ (인)

서울중앙지방법원 귀중

급받아 그 중 골조공사 부분을 재항고인에게 하도급하는 계약을 체결하되, 총 12세대 중 4세대는 채무자가 직접 분양하는 반면, 나머지 8세대는 서강산업이 분양하여 재항고인과 사이에 그 분양대금을 일정 비율로 나누어 공사비에 충당하기로 하였으나, 다세대주택의 준공 후에도 분양이 되지 아니하자, 재항고인이 서강산업으로부터 담보조로 이 사건 다세대주택 2세대를 인도받아 현재 점유하고 있다는 내용의 주장을 내세우고 있다면, 하수급인인 재항고인이 자신의 공사대금채권을 위한 독립한 유치권을 취득·행사하는 것이거나 최소한 수급인인 서강산업의 유치권을 원용하여 행사하는 것으로 볼 여지가 있고, 따라서 재항고인의 유치권은 그때까지 성립 여부가 불분명한 경우에 해당될 뿐, 성립할 여지가 없음이 명백한 경우에 해당된다고 볼 수 없으므로, 집행법원으로서는 이해관계인인 최고가매수인의 이의를 정당한 것으로 인정하여 매각을 허가하지 아니한 결정을 하는 것이 상당하다.

2. 유치권신고의 의무화 논의

이러한 유치권의 문제점과 부동산 경매절차에서 유치권의 음성적 행사로 인한 부작용이 만연하고 있는 현실 속에서 경매절차에서 유치권신고를 의무화해야 한다는 논의가 일고 있다. 이는 후술하는 등기부동산에 대한 유치권 폐지 논의와 함께 향후 유치권과 관련되어 풀어야만 할 과제이기도 하다. 즉 유치권이 있는 부동산경매의 문제점을 해소하여 정상화시키기 위해서는 부동산경매절차에서 대항요건으로서의 유치권신고를 의무화하되 경매부동산의 매수인은 배당요구종기까지 신고한 유치권에 한하여 유치권자에게 그 피담보채권을 변제할 책임이 있는 것으로 민사집행법을 개정하자는 것이다.[5]

Ⅸ. 유치권에 의한 경매신청

유치권자는 채권의 변제를 받기 위해 유치물을 경매할 수 있다. 이를 '유치권에 의한 경매'라고 한다. 유치권에 의한 경매의 경우 과거에 논란이 있었

5 부동산경매에서 유치권신고의 의무화(최동홍, 유세종 연구논문); 부동산경매에서 유치권의 개선에 관한 연구(김기찬 박사학위논문, 건국대학교, 2008); 부동산유치권 강제집행에 대한 문제점과 입법론적 고찰(오시영, 토지법학 23-2호).

으나 최근 대법원에서는 인수주의 대신 소멸주의를 천명하였다. 즉 집행법원이 목적부동산 위의 부담이 소멸하지 않고 매수인에게 이를 인수시키기로 하는 변경결정을 하지 않은 이상, 경락인은 유치권이 없는 깨끗한 부동산을 취득할 수 있게 되었다.

▶ **대법원 2014. 1. 23. 선고 2011다83691 판결**

유치권에 의한 경매에도 채권자와 채무자의 존재를 전제로 하고 채권의 실현·만족을 위한 경매를 상정하고 있는 점, 반면에 인수주의를 취할 경우 필요하다고 보이는 목적부동산 위의 부담의 존부와 내용을 조사·확정하는 절차에 대하여 아무런 규정이 없고 인수되는 부담의 범위를 제한하는 규정도 두지 않아, 유치권에 의한 경매를 인수주의를 원칙으로 진행하면 매수인의 법적 지위가 매우 불안정한 상태에 놓이게 되는 점, 인수되는 부담의 범위를 어떻게 설정하느냐에 따라 인수주의를 취하는 것이 오히려 유치권자에게 불리해질 수 있는 점 등을 함께 고려하면, 유치권에 의한 경매도 강제경매나 담보권 실행을 위한 경매와 마찬가지로 목적부동산 위의 부담을 소멸시키는 것을 법정매각조건으로 하여 실시되고 우선채권자뿐만 아니라 일반채권자의 배당요구도 허용되며, 유치권자는 일반채권자와 동일한 순위로 배당을 받을 수 있다고 봄이 상당하다. 다만 집행법원은 부동산 위의 이해관계를 살펴 위와 같은 법정매각조건과는 달리 매각조건 변경결정을 통하여 목적부동산 위의 부담을 소멸시키지 않고 매수인으로 하여금 인수하도록 정할 수 있다(대법원 2011. 6. 15.자 2010마1059 결정 참조).

하지만 유치권자가 경매를 신청할 경우에는 일반채권자와 같은 입장에서 배당을 받을 수 있을 뿐 경락인에게까지 유치권을 행사할 수 없게 되므로 유치권에 의한 경매는 신중을 기해야 한다. 따라서 유치권자는 가능한 경매신청을 직접 하는 것보다는 다른 채권자들의 경매신청을 기다렸다가 경락인에게 유치권을 행사하여 자신의 채권을 변제받는 편이 더 유리하다. 한편 유치권에 의한 경매절차는 목적물에 대하여 강제경매 또는 담보권 실행을 위한 경매절차가 개시된 경우에는 정지되도록 되어 있다(민집 274조 2항). 따라서 유치권에 의한 경매절차가 정지된 상태에서 그 목적물에 대한 강제경매 또는 담보권 실행을 위한 경매절차가 진행되어 매각이 이루어졌다면 유치권에 의한 경매절차가 소멸주의를 원칙으로 하여 진행된 경우와는 달리 그 유치권은 소멸하지 않는다(대법원 2011. 8. 18. 선고 2011다35593 판결). 다만 이 경우 강제경매 또는 담보권 실행을 위한 경매가 취소되면 유치권에 의한 경매가 다시 살아나 속행된다(민집 274조 3항).

X. 사례별 연구

1. 건물공사에 사용된 건축자재의 대금채권으로 건물에 대한 유치권을 행사할 수 있나?

정답 유치권을 행사하지 못한다.

▸ 대법원 2012. 1. 26. 선고 2011다96208 판결

원심판결 이유에 의하면, 피고는 위 건물 신축공사의 수급인인 한울과의 약정에 따라 그 공사현장에 시멘트와 모래 등의 건축자재를 공급하였을 뿐이라는 것인바, 그렇다면 이러한 피고의 건축자재대금채권은 그 건축자재를 공급받은 한울과의 매매계약에 따른 매매대금채권에 불과한 것이고, 피고가 공급한 건축자재가 수급인 등에 의해 위 건물의 신축공사에 사용됨으로써 결과적으로 위 건물에 부합되었다고 하여도 건축자재의 공급으로 인한 매매대금채권이 위 건물 자체에 관하여 생긴 채권이라고 할 수는 없다.

2. 건물간판의 공사대금채권으로 건물에 유치권을 행사할 수 있나?

정답 유치권을 행사하지 못한다.

▸ 대법원 2013. 10. 24. 선고 2011다44788 판결

원심판결 이유에 의하더라도, 피고 2가 주장하는 이 사건 유치권의 피담보채권은 삼보종합건설과의 하도급계약에 따라 이 사건 호텔의 외부 간판 등의 설치공사를 완료함으로써 발생한 채권임을 알 수 있다. 그런데 건물의 옥탑, 외벽 등에 설치된 간판의 경우 일반적으로 건물의 일부가 아니라 독립된 물건으로 남아 있으면서 과다한 비용을 들이지 않고 건물로부터 분리할 수 있는 것이 충분히 있을 수 있고, 그러한 경우에는 특별한 사정이 없는 한 간판 설치공사 대금채권을 그 건물 자체에 관하여 생긴 채권이라고 할 수 없다.

3. 공사수급인은 어느 정도 공사를 완료해야 유치권을 행사할 수 있는가?

정답 사회통념상 독립한 건물이라고 볼 수 있는 경우 행사 가능하다.

▶ 대법원 2008. 5. 30.자 2007마98 결정

건물의 신축공사를 한 수급인이 그 건물을 점유하고 있고 또 그 건물에 관하여 생긴 공사금 채권이 있다면, 수급인은 그 채권을 변제받을 때까지 건물을 유치할 권리가 있는 것이지만(대법원 1995. 9. 15. 선고 95다16202·16219 판결 등 참조), 건물의 신축공사를 도급받은 수급인이 사회통념상 독립한 건물이라고 볼 수 없는 정착물을 토지에 설치한 상태에서 공사가 중단된 경우에 위 정착물은 토지의 부합물에 불과하여 이러한 정착물에 대하여 유치권을 행사할 수 없는 것이고, 또한 공사중단 시까지 발생한 공사금 채권은 토지에 관하여 생긴 것이 아니므로 위 공사금 채권에 기하여 토지에 대하여 유치권을 행사할 수도 없는 것이다.

기록에 의하면, 재항고인은 토지소유자와의 사이에 이 사건 토지 위에 공장을 신축하기로 하는 내용의 도급계약을 체결하고 기초공사를 진행하면서 사회통념상 독립한 건물이라고 볼 수 없는 구조물을 설치한 상태에서 이 사건 토지에 대한 경매절차가 진행됨으로 인하여 공사가 중단되었음을 알 수 있는바, 이러한 경우 위 구조물은 토지의 부합물에 불과하여 이에 대하여 유치권을 행사할 수 없다고 할 것이고, 공사중단 시까지 토지소유자에 대하여 발생한 공사금 채권은 공장 건물의 신축에 관하여 발생한 것일 뿐, 위 토지에 관하여 생긴 것이 아니므로 위 공사금 채권에 기하여 이 사건 토지에 대하여 유치권을 행사할 수도 없다고 할 것이다.

4. 건물의 임차보증금 및 손해배상 채권으로 유치권행사 가능한가?

정답 유치권을 행사하지 못한다.

▶ 대법원 1976. 5. 11. 선고 75다1305 판결

건물의 임대차에 있어서 임차인의 임대인에게 지급한 임차보증금 반환청구권이나 임대인이 건물시설을 아니하기 때문에 임차인에게 건물을 임차목적대로 사용 못한 것을 이유로 하는 손해배상청구권은 모두 민법 제320조 소정 소위 그 건물에 관하여 생긴 채권이라 할 수 없으므로 그에 관한 유치권을 주장할 수 없다.

5. 상가건물 임차인이 투자한 실내인테리어비로 유치권을 행사할 수 있나?

정답 유치권을 행사하지 못한다.

통상적으로 이런 경우 상가임차인이 자신의 영업을 위해 투자한 인테리어 비용은 유익비로 인정받지 못한다. 왜냐하면 유익비라 함은 임차인이 투자한 금액 중 그 가액의 증가가 현존하는 때에 한하여 임차인이 지출한 금액이나 그 증가액을 청구할 수 있기 때문이다(민법 626조 2항). 그런데 통상적으로 상가임차인이 자신의 장사를 위해 설치한 인테리어는 건물자체의 가액을 증가시켰다고 볼 수 없다. 왜냐하면 그 상가를 다시 임차한 사람이 새로운 업종을 할 경우에는 모두 철거해야 할 대상에 불과하기 때문이다. 따라서 이러한 비용은 유익비로 인정되지 못하며 나아가 이를 근거로 유치권을 행사할 수도 없다. 다만 임차인이 설치한 것이 객관적으로 그 건물의 가치를 높였을 때(예컨대 수도관을 수리했다던가, 지붕에 물이 새는 것을 고쳤다던가 하는 경우)에는 이는 유익비로 평가되어 유치권을 행사할 수 있다. 하지만 만약 이 경우도 건물의 임차인이 임대차관계 종료시에는 건물을 원상으로 복구하여 임대인에게 명도하기로 약정한 경우, 즉 '원상복구약정'을 한 경우에는 유익비나 필요비 등을 근거로 유치권을 행사할 수 없다.

▶ **대법원 1975. 4. 22. 선고 73다2010 판결**

건물의 임차인이 임대차관계 종료시에는 건물을 원상으로 복구하여 임대인에게 명도하기로 약정한 것은 건물에 지출한 각종 유익비 또는 필요비의 상환청구권을 미리 포기하기로 한 취지의 특약이라고 볼 수 있어 임차인은 유치권을 주장을 할 수 없다.

▶ **대법원 1995. 6. 30. 선고 95다12927 판결**

임대차계약에서 "임차인은 임대인의 승인 하에 개축 또는 변조할 수 있으나 부동산의 반환기일 전에 임차인의 부담으로 원상복구키로 한다"라고 약정한 경우, 이는 임차인이 임차 목적물에 지출한 각종 유익비의 상환청구권을 미리 포기하기로 한 취지의 특약이라고 봄이 상당하다.

▶ **창원지방법원 2013. 4. 24. 선고 2013가단112 판결**

피고가 이 사건 부동산의 필요비 및 유익비를 지출하였음을 인정할 아무런 증거가 없고, 설령 피고가 위 비용을 지출하였다거나 안g과 사이에 위 비용을 보전받기로 하는 약정이 있었다고 하더라도 그 후 피고가 서f과 임대차계약 체결하면서 특약사항으로 계약해지 시 이 사건 부동산을 원상회복하기로 약정하였음은 앞서 인정한 바와 같은바, 이는 필요비 및 유익비 등 상환청구권을 포기하기로 하는 약정이라고 할 것이므로, 어느 모로 보나 피고의 이 사건 부동산에 관한 유치권은 존재하지 아니한다고 할 것이다.

6. 명의신탁자는 부당이득반환청구권을 근거로 유치권을 행사할 수 있나?

정답 그 부동산에 관해 발생한 채권이 아니므로 유치권을 행사하지 못한다.

▶ **대법원 2009. 3. 26. 선고 2008다34828 판결**

명의신탁자와 명의수탁자가 이른바 계약명의신탁약정을 맺고 명의수탁자가 당사자가 되어 명의신탁약정이 있다는 사실을 알지 못하는 소유자와 사이에 부동산에 관한 매매계약을 체결한 뒤 수탁자 명의로 소유권이전등기를 마친 경우에는, 명의신탁자와 명의수탁자 사이의 명의신탁약정은 무효이지만 그 명의수탁자는 당해 부동산의 완전한 소유권을 취득하게 되고(부동산 실권리자명의 등기에 관한 법률 제4조 제1항, 제2항 참조), 반면 명의신탁자는 애초부터 당해 부동산의 소유권을 취득할 수 없고 다만 그가 명의수탁자에게 제공한 부동산 매수자금이 무효의 명의신탁약정에 의한 법률상 원인 없는 것이 되는 관계로 명의수탁자에 대하여 동액 상당의 부당이득반환청구권을 가질 수 있을 뿐이다. 명의신탁자의 이와 같은 부당이득반환청구권은 부동산 자체로부터 발생한 채권이 아닐 뿐만 아니라 소유권 등에 기한 부동산의 반환청구권과 동일한 법률관계나 사실관계로부터 발생한 채권이라고 보기도 어려우므로, 결국 민법 제320조 제1항에서 정한 유치권 성립요건으로서의 목적물과 채권 사이의 견련관계를 인정할 수 없다.

7. 유치물에 대한 점유를 침탈당해 자력탈환한 경우 유치권은 회복되나?

정답 수 시간 이내 자력탈환한 경우에만 예외적으로 유치권이 회복된다.

판례는 점유를 침탈당한 뒤 2시간 후 회복한 경우는 유치권이 회복되는 것으로 보았으나, 5일 이후에 회복한 경우는 자력탈환이 적법한 자력탈환으로 볼 수 없어 유치권을 상실한다고 해석하였다. 즉 유치권자가 점유를 불법적으로 침탈당하였다고 하더라도 즉시 그 점유를 회수하거나 점유회수의 소를 제기하여 점유를 회수하지 않은 이상 적법한 유치권자로 인정받을 수 없다.

▶ 대법원 1987. 6. 9. 선고 86다카1683 판결(자력탈환이 인정된 경우)

갑이 병을 상대로 점포에 관한 점유이전금지가처분결정을 받아 그 집행을 한 다음 병을 상대로 하여 받은 본안판결에 기하여 을이 위 점포에 소유주들과 사이에 임대차계약을 체결하고서 인도를 받아 적법하게 점유하고 있던 위 점포에 대하여 명도집행을 단행하였다면 위 가처분이나 본안판결의 효력이 미칠 수 없는 을에 대하여 그가 점유하고 있던 위 점포에 대하여 명도집행을 단행한 것은 위법하고 이러한 위법한 강제집행에 의하여 부동산의 명도를 받는 것은 공권력을 빌려서 상대방의 점유를 침탈하는 것이 되므로 을이 위 강제집행이 일응 종료한 후 불과 2시간 이내에 자력으로 그 점유를 탈환한 것은 민법상의 점유자의 자력

구제권의 행사에 해당한다.

▶ **대법원 1993. 3. 26. 선고 91다14116 판결(자력탈환이 부인된 경우)**

민법 제209조 제1항에 규정된 점유자의 자력방위권은 점유의 침탈 또는 방해의 위험이 있는 때에 인정되는 것인 한편, 제2항에 규정된 점유자의 자력탈환권은 점유가 침탈되었을 때 시간적으로 좁게 제한된 범위 내에서 자력으로 점유를 회복할 수 있다는 것으로서, 위 규정에서 말하는 '직시'란 '객관적으로 가능한 한 신속히' 또는 '사회관념상 가해자를 배제하여 점유를 회복하는 데 필요하다고 인정되는 범위 안에서 되도록 속히'라는 뜻으로 해석할 것이므로(당원 1987. 6. 9. 선고 86다카1683 판결 참조), 점유자가 침탈 사실을 알고 모르고와는 관계없이 침탈을 당한 후 상당한 시간이 흘렀다면 자력탈환권을 행사할 수 없다 할 것이다.

원심이 채택한 갑 제11호증의 2, 갑 12호증, 갑 제15호증의 2, 갑 제19호증의 8, 9, 12, 13, 17, 19 내지 22, 49의 각 기재와 제1심 증인 김기◎, 김영◇의 각 증언에, 원심이 배척하지 아니한 갑 제19호증의 10, 25, 갑 제20호증의 43 내지 50의 각 기재, 갑 제19호증의 30 내지 47, 갑 제20호증의 18 내지 24, 26 내지 41의 각 영상, 제1심 증인 김문☆의 증언을 종합하면, (1) 원고는 1987. 2. 27.경 피고 청한건설에 이 사건 공사도급계약의 해제를 통고하고, 경비원 한 사람에게 이 사건 기성부분을 점유 관리하도록 하여 온 사실, (2) 피고 서은△는 같은 해 7. 7.부터 그달 11.까지 위 화해조서의 집행으로서가 아니라 임의로 매일 중장비 1대와 인부 10여명을 동원하여 이 사건 기성부분을 철거하기 시작한 사실, (3) 원고는 그달 12. 08:00부터 서울에서 동원한 인부 34명으로 하여금 이 사건 기성부분을 보호하려 하였으나, 그달 13. 08:00 피고 서은△의 인부들에게 쫓겨난 사실, (4) 위 피고는 그달 13. 13:00부터이 사건 기성부분의 철거를 계속하는 한편, 서울민사지방법원에 대체집행신청을 하였고, 그달 14. 위 법원으로부터 대체집행결정을 받은 사실, (5) 원고는 그날 07:00부터 그달 16. 11:00까지 인부 약 100명을 동원하여 이 사건 기성부분을 지켰지만, 결국 위 피고의 인부들에게 쫓겨난 사실, (6) 피고 서은△는 그달 16. 11:00 위 대체집행결정에 터잡아 집달관에게 위임하여 이 사건기성부분에 대한 철거집행을 하려 하였지만, 원고가 집달관에게 관계문서를 제시하면서 그 소유권을 주장하는 한편, 피고 서은△의 인부

약 50명과 원고의 인부 약 100명이 서로 충돌하는 바람에 위 집행은 불능으로 끝난 사실, (7) 피고 서은△는 대체집행이 불능되자 다시 중장비와 인부들을 동원하여 무단철거를 강행하였고, 그달 22.경 이 사건 기성부분을 완전히 철거한 사실들을 인정할 수 있는바, 이에 따르면, 원고는 이 사건 기성부분이 완성된 때부터 이를 계속 점유하여 왔으나, 적어도 피고 서은△가 이를 철거하기 시작한 그달 7. 이후에는 그 점유를 피고 서은△에게 침탈당하였다고 보이고, 그렇다면 원고가 그달 12, 14, 16.에 각 인부를 동원하여 그 탈환을 시도한 것은 자력탈환권의 요건인 "직시"에 해당한다고도 할 수 없고, 원고가 피고 서은△의 침탈 또는 방해하려는 행위에 대하여 자력방위권을 행사하였다는 자료도 전혀 없다.

▸ 서울동부지방법원 2015. 1. 13. 선고 2014가단13397 판결(자력탈환이 부인된 경우)

사실관계 정리

가. 주식회사 우리프라자(이하 '우리프라자'라 한다)는 D토지에 E건물(이하 '이 사건 건물'라 한다)을 건축, 분양하는 사업을 시행하였고, 피고는 우리프라자와 사이에 체결된 공사도급계약에 따라 이 사건 건물의 신축공사를 진행하였다.

나. 피고는 우리프라자에 대하여 이 사건 건물의 공사대금 중 일부를 지급받지 못하여, 이 사건 건물을 완공한 이후 별지 목록 기재 부동산(이하 '이 사건 부동산'이라 한다)에 디지털도어록을 설치하고 이를 계속 점유하고 있던 중 우리프라자가 2013. 9. 24. 디지털도어록의 비밀번호를 임의로 변경한 후 원고들에게 이 사건 부동산의 점유가 이전하였다.

다. 그 후 피고는 2013. 11. 27. 자력탈환권의 행사로 다시 디지털도어록을 교체하여 이 사건 부동산에 대한 점유를 회복하였는바, 2013. 11. 27.부터 현재까지 이 사건 부동산을 점유하고 있다.

법원의 판단

가. 피고는 2013. 11. 27. 자력탈환권의 행사로 다시 디지털도어록을 교체하여 이 사건 부동산에 대한 점유를 회복하였는바, 피고는 이 사건 부동산을 위 공사대금 채권을 담보하기 위한 유치권에 기하여 적법하게 점유하고 있는 것이라고 주장한다.

나. 살피건대, 가사 피고의 주장과 같이 이 사건 건물이 완공된 후 이 사건 부동산을 피고가 계속 적법하게 점유하고 있었고 우리프라자가 2013. 9. 24. 디지털도어록의 비밀번호를 임의로 변경한 후 원고들이 이 사건 부동산을 점유하게 된 것이 피고의 점유를 불법적으로 침탈한 것이라 하더라도, 유치권자가 점유를 상실한 이상 그것이 불법적인 점유침탈로 인한 것이라고 하더라도 유치권은 소멸되는 것이고(대법원 2012. 2. 9. 선고 2011다72189 판결, 대법원 2004. 2. 27. 선고 2003다46215 판결 참조), 민법 제209조 제2항에 규정된 점유자의 자력탈환권은 점유가 침탈되었을 때 시간적으로 좁게 제한된 범위 내에서 자력으로 점유를 회복할 수 있다는 것으로서, 위 규정에서 말하는 '직시'란 '객관적으로 가능한 한 신속히' 또는 '사회관념상 가해자를 배제하여 점유를 회복하는 데 필요하다고 인정되는 범위 안에서 되도록 속히'라는 뜻으로 해석할 것이므로 점유자가 침탈사실을 알고 모르고와는 관계없이 침탈을 당한 후 상당한 시간이 흘렀다면 자력탈환권을 행사할 수 없는 것인바(대법원 1993. 3. 26. 선고 91다14116 판결 참조),

다. 피고의 주장에 의하더라도 2013. 9. 24. 침탈된 이 사건 부동산의 점유를 그로부터 2개월이 이미 경과한 2013. 11. 27. 탈환하였다는 것이므로, 이는 적법한 자력탈환권의 행사라고 보기 어렵다. 따라서 피고의 현재 이 사건 부동산에 관한 점유는 불법행위에 기한 점유라고 볼 수 있고 불법행위에 의하여 시작된 점유에 기초하여서는 유치권을 인정할 수 없으므로(민법 제320조 제2항), 결국 위 주장은 이유 없다.

결국 위 대법원 판례들을 정리해보면 점유의 침탈을 당한 뒤 수 시간 내 적어도 당일을 넘기지 말고 탈환해야만 적법한 자력탈환으로 인정받을 수 있다고 보아야 한다. 물론 하급심 판결 중에는 2일 혹은 7일 뒤에 탈환한 경우 자력탈환으로는 볼 수 없으나 불법점유는 아니라며 유치권을 인정한 사례들[6]도 있으나, 논리적으로 모순이라고 보인다. 즉 위 서울동부지방법원의 판례 취지대로 자력탈환의 범위를 벗어난 상태에서 강제적으로 점유를 회복하였다면 그 자체가 불법점유로 해석될 수밖에 없기 때문에 유치권이 회복될 수 없다고

6 서울중앙지방법원 2007. 5. 30. 선고 200나17316 판결, 수원지방법원 2009. 3. 13. 선고 2008나 12917 판결.

보아야 한다. 다만 탈환하려고 즉시 노력하였으나 침탈자의 저항으로 다소 지연된 경우는 위법성이 조각되어 자력탈환으로 볼 수도 있을 것이다.

▶ **부산고등법원 2007. 9. 7. 선고 2007나859 판결**

점유자는 그 점유를 부정히 침탈 또는 방해하는 행위에 대하여 자력으로써 이를 방위할 수 있고, 그 점유물이 부동산일 때에는 침탈 후 직시(直視) 가해자를 배제하여 이를 탈환할 권리가 있는바(민법 209조 1항, 2항), 피고가 원고들의 점유침탈이 있은 뒤 바로 피고의 직원들과 경비업체 직원들로 하여금 건물의 점유를 탈환하려고 시도하는 한편, 경찰에 신고를 하는 등의 조치를 취하다가 결국 침탈이 있은 지 48시간 이내에 자력으로 원고들을 배제하여 이 사건 건물을 탈환한 것은 객관적으로 가능한 신속한 시간 내에 점유물을 탈환한 것으로서, 이는 자력구제권의 정당한 행사에 해당한다고 판단되므로 위법성을 조각한다고 할 것이다.

XI. 부동산경매에 있어서 허위유치권의 남용

1. 소송사기죄 등 형사처벌 대상

유치권을 남용하는 경우도 심심치 않다. 유치권이 없음에도 허위의 공사계약서를 작성하고 마치 공사를 한 것처럼 영수증을 위조하여 유치권의 요건 사실을 만들어 행사하는 등 유치권을 악용하는 것이다. 이러한 유형은 허위유치권으로서 아예 유치권이 없는 사람이 채무자(소유자)와 공모하여 유치권이 있는 것처럼 서류를 위조하거나, 공사계약으로 정한 공정 이외의 공사를 하였다고 주장하기도 한다. 또한 유치권에 의한 경매를 신청한 유치권자가 피담보채권인 공사대금 채권을 실제와 달리 허위로 크게 부풀려 경매를 신청하기도 한다. 이와 같이 허위의 유치권을 행사해 경매를 신청할 경우에는 소송사기죄 내지 소송사기미수죄에 해당될 여지가 있다. 또한 허위의 유치권을 주장해 낙찰자에게 부동산의 반환을 거부할 경우, 위계에 의한 경매 또는 입찰의 공정을 해한 경우에 해당되므로 경매, 입찰방해죄(형법 315조)에도 해당될 수 있다.

▶ 대법원 2012. 11. 15. 선고 2012도9603 판결

유치권에 의한 경매를 신청한 유치권자는 일반채권자와 마찬가지로 피담보채권액에 기초하여 배당을 받게 되는 결과 피담보채권인 공사대금 채권을 실제와 달리 허위로 크게 부풀려 유치권에 의한 경매를 신청할 경우 정당한 채권액에 의하여 경매를 신청한 경우보다 더 많은 배당금을 받을 수도 있으므로, 이는 법원을 기망하여 배당이라는 법원의 처분행위에 의하여 재산상 이익을 취득하려는 행위로서, 불능범에 해당한다고 볼 수 없고, 소송사기죄의 실행의 착수에 해당한다고 할 것이다.

▶ 대법원 2008. 2. 1. 선고 2007도6062 판결

원심은 종합건설 주식회사는, ○○ 김○○에 대하여 이 사건 건물에 관한 미지급 공사대금 5,500만 원의 채권을 보유하고 있던 중 이를 당초 약정에 따라 이 사건 건물 중 2층에 관한 임대차보증금 채권으로 갈음하였음에도, 허위의 유치권을 신고하려는 피고인 유○○의 요청에 따라 자신이 이 사건 공사도급계약서에 추가 기재를 하고 추가공사확인서 등에 서명하였다는 취지의 김○○의 진술은, 그 판시와 같은 사정에 비추어 신빙성이 있고, 여기에 다른 채용증거들을 종합하여 보면, 피고인들이 공모하여 허위의 채권을 가장하여 유치권 신고를 함으로써 위계의 방법으로 경매의 공정을 해한 사실을 인정할 수 있다고 판단하였는바, 기록에 비추어 살펴보면, 원심의 위와 같은 증거취사, 사실인정 및 판단은 모두 정당하고, 거기에 상고이유에서 주장하는 바와 같은 채증법칙위반으로 인한 사실오인 등의 위법이 있다고 할 수 없다.

2. 등기부동산에 대한 유치권 폐지 논의 진행

2014년 경매에 나온 충북 청주의 한 종합병원 건물. 최종감정가가 134억원으로 나왔지만 무려 7차례나 유찰된 끝에 결국 4분의 1 수준인 33억 7000만원에 낙찰됐다. 원인은 이 건물에 신고된 65억원 상당의 유치권이었다. 초기 건물 공사에 참여했던 A시공사 대표가 이 금액의 유치권을 허위로 신고해 다른 수요자의 낙찰을 막고 가격을 떨어뜨린 후 지인으로 하여금 헐값에 낙찰받도록 한 것이다. 결국 A사 대표는 작년 말 경매방해죄와 사기죄 혐의로 실형을 선고받았다. '가짜 유치권'으로 멀쩡한 경매 물건이 잇따라 유찰돼 가격이 폭락하는 피해 사례가 잇따르고 있지만 이를 해결하기 위한 법은 국회의원들의 외면 탓에 2년째 국회에서 잠만 자고 있다. 최근 경매가 빠르게 대중화된 만큼 경매질서를 파괴하는 허위유치권 행사를 막기 위한 제도적 정비가 시급하다는 지적이다. 2015년 2월 26일 지지옥션에 따르면 전국 법원에서 진행 중인 건축물 경매 총 31만 9926건 가운데 유치권이 신고된 물건은 3,246건에 달한다. 전체 물건에서 차지하는 비중은 크지 않지만 이 중 90%가 허위 또는 법적으로 유치권행사가 안 되는 물건인 것으로 추정된다는 게 문제다. 유치권은 원래 시공사가 공사대금을 못 받았을 경우 해당 건물을 점유할 수 있는 권리를 말한다. 유치권을 행사하면 건물이 경매로 팔렸을 경우 낙찰자에게서는 대금을 회수할 수 있다. 원래 영세 건설업체를 보호하기 위해 도입됐지만, 위 사례처럼 악용되는 경우가 적지 않다. 채무자와 결탁한 제3자가 허위유치권을 주장해 건물 가격을 떨어뜨린 후 물건을 싸게 가져가는 것이 대표적인 사례이고, 이렇게 경매에서 낙찰되면 가압류 등 각종 권리관계가 사라지는 만큼 물건을 '세탁'하기 위한 용도로 쓰이기도 한다. 그 결과 다른 채권자들이 피해를 보게 된다. 유치권은 경매 낙찰자가 떠안아야 하는 '채무'이다 보니 일단 유치권이 신고된 물건에는 경매가 유찰되기 십상이다. 물론 채무자나 낙찰자가 명도소송을 하면 그 과정에서 대부분 유치권 진위 여부가 가려진다. 하지만 일단 소송에 들어가면 수개월에서 수년 간 시간이 지연되고 소송비용도 만만치 않게 든다는 게 문제다. 이에 법무부는 2013년 7월 등기가 끝난 부동산에 대해서는 유치권을 인정하지 않는 민법 개정안을 발의했지만 현재 이 법은 지금까지도 국회 법제사법위원회의 벽을 넘지 못하고 있다.[7]

XII. 유치권의 소멸

민법 제324조에 의하면, 유치권자는 선량한 관리자의 주의로 유치물을 점유하여야 하고(1항), 유치권자는 유치물의 보존에 필요한 사용을 제외하고는 채무자의 승낙 없이 유치물을 사용, 대여 또는 담보제공을 하지 못하며(2항), 유치권자가 이를 위반하는 때에는 채무자는 유치권의 소멸을 청구할 수 있다

7 매일경제신문 기사(2015. 2. 26.자).

고 규정되어 있다(3항). 위 조항에는 승낙권자가 채무자로 기재되어 있으나, 이는 통상 채무자가 유치물의 소유권자이기 때문일 뿐 실질적인 승낙권자는 소유자이다. 따라서 유치물에 대해 소유권자와 채무자가 다를 경우에는 반드시 소유자의 승낙을 얻어 유치물을 사용, 대여를 해야 하며, 채무자의 동의만을 얻은 것만으로는 부족하다. 소유자로부터 승낙을 얻을 경우에는 채무자에게는 별도로 승낙을 받을 필요가 없다.

▸ **대법원 2011. 2. 10. 선고 2010다94700 판결**

유치권의 성립요건인 유치권자의 점유는 직접점유이든 간접점유이든 관계없지만, 유치권자는 채무자 또는 소유자의 승낙이 없는 이상 그 목적물을 타에 임대할 수 있는 권한이 없으므로(민법 제324조 제2항 참조), 유치권자의 그러한 임대행위는 소유자의 처분권한을 침해하는 것으로서 소유자에게 그 임대의 효력을 주장할 수 없다. 따라서 소유자의 승낙 없는 유치권자의 임대차에 의하여 유치권의 목적물을 임차한 자의 점유는 소유자에게 대항할 수 있는 적법한 권원에 기한 것이라고 볼 수 없다(대법원 2002. 11. 27.자 2002마3516 결정, 대법원 2004. 2. 13. 선고 2003다56694 판결 참조).

원심판결 이유에 의하면, 원심은 그 채택 증거를 종합하여 판시와 같은 사실을 인정한 다음, 설령 소외 1이 소외 2로부터 공사대금 680,873,334원을 지급받을 때까지 이 사건 건물에 대한 유치권을 가진다고 하더라도, 피고가 소외 1의 위 유치권을 원용하여 원고의 이 사건 건물에 관한 인도청구를 거절하기 위해서는 피고가 소외 1로부터 이 사건 건물을 임차함에 있어 당시 이 사건 건물의 소유자인 정안실업 주식회사(이하 '정안실업'이라고 한다) 또는 이후 소유자가 된 소외 3, 원고로부터 이에 관한 승낙을 받았다는 점에 관한 입증이 있어야 하는데, 피고가 주장하는 소외 1에 대한 위 공사대금 채무자인 소외 2의 동의만으로는 민법 제324조 제2항에 따른 동의가 있었다고 볼 수 없다는 취지로 판단하였다. 위 법리 및 기록에 비추어 보면, 원심의 이러한 사실인정과 판단은 정당하다. 거기에 이 부분 상고이유의 주장과 같이, 원심이 유치권에 관한 법리를 오해함으로써 필요한 심리를 다하지 아니하거나 논리와 경험의 법칙에 위배하고 자유심증주의의 한계를 벗어나 사실을 인정한 위법 등이 없다.

▶ **서울고등법원 2014. 7. 2. 선고 2014나12050 판결**

甲이 乙주식회사와 乙회사 소유 토지 위에 건물을 신축하는 공사도급계약을 체결하고 공사하였으나 공사대금을 받지 못하였고, 공사대금채권을 피담보채권으로 하여 위 건물에 유치권을 행사하던 중 이를 제3자에게 임대하였는데, 위 건물 임의경매에서 소유권을 취득한 丙이 甲을 상대로 유치권부존재확인을 구한 사안에서, 甲이 乙회사의 승낙 없이 위 건물을 제3자에게 임대한 것은 유치물의 보존에 필요한 범위를 넘은 것으로 유치권자의 선량한 관리자의 주의의무를 위반한 것이므로, 乙회사의 유치권소멸청구에 따라 甲의 유치권이 소멸하였다.

XIII. 맺 음 말

경매가 진행될 경우 통상 허위 혹은 착오로 존재하지 않는 유치권을 행사하는 경우가 비일비재하다. 이러한 허위유치권을 깨는 것이 또한 부동산전문변호사의 역할이기도 하다. 허위유치권이 있는 부동산은 경락인에게 위기가 될 수 있다. 하지만 이러한 특수경매 물건만을 사냥하는 사람들도 있다. 왜냐하면 경락대금이 많이 떨어진 물건을 싸게 산 뒤 변호사를 통해 유치권부존재확인의 소를 청구해 온전한 물건을 소유하는 것이 그들이 전략이다. 하지만 소송전략적인 면에서 볼 때는 경락인은 인도명령을 받은 후 유치권자가 소송을 걸어올 경우, 그 유효성 여부를 다투는 것이 유리하다고 생각한다.

제6장

명의신탁과 관련된 민·형사상 법률관계

제 6 장 명의신탁과 관련된 민·형사상 법률관계

Ⅰ. 명의신탁의 종류 개관

명의신탁이라 함은 대내적인 관계에서는 신탁자가 소유권을 보유하면서 등기부상의 소유명의는 수탁자 앞으로 등재해 두는 것을 말한다. 그런데 1995. 7. 1.부터 시행된 부동산실권리자명의등기에 관한 법률(속칭 '부동산실명법')은 부동산에 관한 명의이전약정과 이에 따른 부동산물권변동은 무효라고 규정하였다. 다만 예외적으로 부동산에 관한 물권을 취득하기 위한 계약에서 명의수탁자가 어느 한쪽 당사자가 되고, 상대방 당사자는 명의신탁약정이 있다는 사실을 알지 못하는 경우에는 유효하다고 한다(동법 4조 1·2항). 이 규정의 의미가 과연 무슨 뜻일까? 이를 설명하기 위해서는 명의신탁의 유형을 먼저 살펴봐야 한다. 명의신탁에는 세 가지가 있는데 ① 양자간 명의신탁(2자간 명의신탁), ② 3자간 명의신탁(중간생략등기형 명의신탁), ③ 계약명의신탁이 그것들이다. 이것은 계약의 유·무효는 물론 형사상 배임죄의 성부와도 관련된다.

Ⅱ. 명의신탁의 효력과 횡령죄 성부

먼저, 부동산실명법에 의하더라도 유효한 명의신탁의 경우에 부동산의 처분이 횡령죄를 구성한다는 것은 당연하다. 종중이 보유한 부동산을 종중 이외의 자 명의로 등기하거나, 배우자 명의로 부동산을 등기하는 경우가 이에 해당한다. 그러나 이 이외에 명의신탁된 부동산을 임의로 처분하는 것이 횡령죄를 구성하는가는 명의신탁의 유형에 따라 달라진다. 먼저 명의신탁은 다음의 세 가지 유형으로 나눌 수 있다.

1. 양자간 명의신탁(=2자간 명의신탁)

가. 횡령죄의 성립 여부

양자간 명의신탁이라 함은 부동산의 소유자가 그 등기명의를 타인에게 신탁하기로 하는 명의신탁약정을 하고, 수탁자에게 등기를 이전하는 형식의 명의신탁을 말한다. 이 경우에는 부동산실명법에 의하여 명의신탁약정과 소유권이전등기는 무효이므로 부동산의 소유권은 신탁자에게 있다. 그럼 만약 이 경우 수탁자가 자신의 명의로 등기된 것을 기화로 제3자에게 처분할 경우 수탁자에게 횡령죄가 성립될 수 있을까? 원래는 법률상 원인 없는 무효의 등기로서 그 등기명의인이 등기된 토지를 제3자에게 유효하게 처분할 수 있는 지위에 있지 않을 때에는 그 등기명의인은 타인의 재물을 보관하는 자에 해당한다고 할 수 없다고 보아 횡령죄의 성립이 부정된다(대법원 1966. 5. 24. 선고 66도519 판결, 대법원 1989. 2. 28. 선고 88도1368 판결). 하지만 이러한 법리를 명의신탁 관계에도 적용할 경우 문제가 생긴다. 왜냐하면 명의수탁자의 처분행위는 대외적으로 유효하므로 양수인은 유효하게 소유권을 취득하게 된다(부동산실명법 4조 3항). 심지어는 선의의 양수인이 아니라도 수탁자의 처분행위를 유도하여 적극적으로 가담한 경우 이외에는 보호받게 된다. 그러므로 수탁자 명의 등기는 신탁자와의 대내적 관계에서만 무효일 뿐, 대외적으로는 수탁자가 소유권자로 취급되므로 수탁자가 임의로 신탁부동산이 자신 명의로 되어 있음을 기화로 처분할 경우에는 횡령죄가 성립된다. 대법원도 명의수탁자는 등기명의에 의하여 이 부동산을 보관하는 자에 해당하므로 신탁부동산을 처분한 때에는 횡령죄가 성립된다고 판시하고 있다.[1]

[1] 이 경우 혹자는 명의신탁약정에 따른 등기이전이 불법원인급여에 해당되어 횡령죄가 성립되지 않고 신탁자는 반환을 구하지 못한다고 주장하기도 하나, 불법원인급여는 강행법규에 위반한 모든 경우에 성립하는 것이 아니라 선량한 풍속에 반하는 경우로 제한적으로 해석해야 하므로 불법원인급여에 해당된다고 볼 수 없다.

▶ 대법원 2000. 2. 22. 선고 99도5227 판결

부동산을 소유자로부터 명의수탁받은 자가 이를 임의로 처분하였다면 명의신탁자에 대한 횡령죄가 성립하며, 그 명의신탁이 부동산실권리자명의등기에 관한 법률 시행 전에 이루어졌고 같은 법이 정한 유예기간 이내에 실명등기를 하지 아니함으로써 그 명의신탁약정 및 이에 따라 행하여진 등기에 의한 물권변동이 무효로 된 후에 처분행위가 이루어졌다고 하여 달리 볼 것이 아니다.

나. 민사상 구제방법

신탁자와 수탁자 사이의 명의신탁약정은 부동산실명법에 의하여 무효가 되므로 양자 간에는 계약관계가 존재하지 아니하게 되어 신탁자가 수탁자를 상대로 명의신탁해지를 원인으로 하는 원상회복청구를 할 수 없음은 당연하다. 그러면 어떠한 구제방법이 있을까? 이 경우 수탁자 앞으로 경료된 등기가 무효인 이상, 신탁자는 여전히 신탁부동산에 대하여 소유권을 보유하고 있다. 따라서 신탁자는 수탁자를 상대로 '원인무효에 의한 소유권이전등기말소'를 구하거나 '진정한 등기명의의 회복을 원인으로 한 소유권이전등기절차의 이행'을 구할 수도 있다.

▶ 대법원 2002. 9. 6. 선고 2002다35157 판결

1995. 3. 30. 법률 제4944호로 공포되어 1995. 7. 1.부터 시행된 부동산실권리자명의등기에 관한 법률 제4조, 제11조, 제12조 등에 의하면, 부동산실명법 시행 전에 명의신탁약정에 의하여 부동산에 관한 물권을 명의수탁자의 명의로 등기하거나 하도록 한 명의신탁자는 법 시행일로부터 1년의 기간 이내에 실명등기를 하여야 하고, 그 기간 이내에 실명등기 또는 매각처분 등을 하지 아니하면 그 이후에는 명의신탁약정은 무효가 되고, 명의신탁약정에 따라 행하여진 등기에 의한 부동산의 물권변동도 무효가 된다고 규정하고 있으므로, 원칙적으로 일반 명의신탁의 명의신탁자는 명의수탁자를 상대로 원인무효를 이유로 그 등기의 말소를 구하여야 하는 것이기는 하나, 자기 명의로 소유권을 표상하는 등기가 되어 있었거나 법률에 의하여 소유권을 취득한 진정한 소유자는 그 등기명의를 회복하기 위한 방법으로 그 소유권에 기하여 현재의 원인무효인 등기명의인을 상대

로 진정한 등기명의의 회복을 원인으로 한 소유권이전등기절차의 이행을 구할 수도 있으므로, 명의신탁대상 부동산에 관하여 자기 명의로 소유권이전등기를 경료한 적이 있었던 명의신탁자로서는 명의수탁자를 상대로 진정명의회복을 원인으로 한 이전등기를 구할 수도 있다.

다. 점유시효취득자와의 관계

부동산에 관한 점유취득시효기간이 경과하였다고 하더라도 그 점유자가 자신의 명의로 등기하지 아니하고 있는 사이에 먼저 제3자 명의로 소유권이전등기가 경료되어 버리면, 특별한 사정이 없는 한 그 제3자에 대하여는 시효취득을 주장할 수 없다. 하지만 그 제3자가 취득시효기간 만료 당시의 등기명의인으로부터 신탁 또는 명의신탁받은 경우라면 종전 등기명의인으로서는 언제든지 이를 해지하고 소유권이전등기를 청구할 수 있고, 점유시효취득자로서는 종전 등기명의인을 대위하여 이러한 권리를 행사할 수 있으므로, 그러한 제3자가 소유자로서의 권리를 행사하는 경우 점유자로서는 취득시효완성을 이유로 이를 저지할 수 있다(대법원 2007. 10. 11. 선고 2007다43894 판결).

라. 명의신탁 재산도 이혼시 재산분할의 대상이 되나?

정답 명의신탁은 무효이므로 당연히 소유권은 명의신탁자에게 있게 된다. 그러므로 이는 명의신탁자가 이혼할 경우 배우자에게 재산분할을 해줘야 하며 만약 수탁자가 이를 처분했을 경우 부당이득반환청구 내지 불법행위로 인한 손해배상청구권인 채권 자체가 분할 대상이 된다.

▸ 서울가정법원 2006. 4. 26. 선고 2004드합8654, 2005드합1827(병합) 판결

부동산이 비록 제3자 명의로 되어 있더라도 그것이 부부 중 일방에 의하여 명의신탁된 재산 또는 부부의 일방이 실질적으로 지배하고 있는 재산으로서 부부 쌍방의 협력에 의하여 형성된 것이거나 부부 쌍방의 협력에 의하여 형성된 유형, 무형의 자원에 기한 것이라면 재산분할의 대상이 된다. 그리고 명의수탁자가 제3자에게 이미 처분하였다 하더라도 위 부동산 매매대금 상당의 부당이득반환청구 또는 불법행위로 인한 손해배상청구를 함으로써 위 각 부동산 가액 상당을

회복할 수 있으므로 피고는 여전히 위 각 부동산 가액 상당을 보유하고 있는 것으로 본다.

2. 3자간 명의신탁(중간생략등기형 명의신탁)

가. 횡령죄의 성립 여부

3자간 명의신탁이라 함은 신탁자가 수탁자와 명의신탁약정을 맺고 신탁자가 매매계약의 당사자가 되어 매도인과 매매계약을 체결하되 등기는 매도인으로부터 수탁자 앞으로 직접 이전하는 형식의 명의신탁을 말한다. 소위 '중간생략등기형 명의신탁'이라고 부른다. 이 경우에 명의신탁약정은 무효이고, 그에 따라 행하여진 수탁자 앞으로의 소유권이전등기도 효력을 잃게 되므로 소유권은 매도인에게 남게 된다. 매도인과 매수인 사이에 매매계약이 유효한 것은 물론이다. 따라서 수탁자가 신탁부동산을 처분할 경우 횡령죄가 성립한다.

▸ 대법원 2002. 8. 27. 선고 2002도2926 판결

부동산에 관하여 신탁자가 수탁자와 명의신탁약정을 맺고 신탁자가 매매계약의 당사자가 되어 매도인과 매매계약을 체결하되 다만 등기를 매도인으로부터 수탁자 앞으로 직접 이전하는 방법으로 명의신탁을 한 경우 명의수탁자가 그 부동산을 임의로 처분하였다면 횡령죄가 성립한다.

문제는 이 경우에 매도인에 대한 횡령죄가 성립하는가, 또는 신탁자에 대한 관계에서 횡령죄가 성립한다고 할 것인가에 있다. 판례는 신탁자에 대한 횡령죄가 성립한다고 판시하였다.

▸ 대법원 2001. 11. 27. 선고 2000도3463 판결

부동산을 그 소유자로부터 매수한 자가 그의 명의로 소유권이전등기를 하지 아니하고 제3자와 맺은 명의신탁약정에 따라 매도인으로부터 바로 그 제3자에게 중간생략의 소유권이전등기를 경료한 경우, 그 제3자가 그와 같은 명의신탁약정에 따라 그 명의로 신탁된 부동산을 임의로 처분하였다면 신탁자에 대한 횡령죄가 성립하고, 그 명의신탁이 부동산실권리자명의등기에 관한 법률 시행 전에 이루어졌고 같은 법이 정한 유예기간 이내에 실명등기를 하지 아니함으로써 그 명의신탁약정 및 이에 따라 행하여진 등기에 의한 물권변동이 무효로 된 후에 처분이 이루어졌다고 하여 달리 볼 것은 아니다.

그런데 위 판례는 논리적으로는 모순이 있기는 하다. 왜냐하면 이 경우 명의신탁이 무효가 되어 소유권이 매도인에게 남게 되기 때문이다. 그러한 논리라면 횡령죄의 피해자가 매도인이 되어야 한다. 하지만 한편으로는 다음과 같은 이유로 판례의 입장을 이해할 수 있다. 명의신탁이 무효가 되어 수탁자 앞으로 경료된 등기는 무효이고 그 경우 일단은 매도인에게 소유권이 돌아가나, 한편 신탁자와 매도인과의 매매계약은 여전히 유효하다. 따라서 신탁자는 매도인에게 소유권이전등기청구권을 행사할 수 있으므로 종국적으로 신탁자에게 그 소유권이 귀속되게 되므로 실질적 횡령의 피해자를 신탁자로 보는 것이다.

나. 신탁자의 민사상 구제방법

만약 수탁자가 자신의 명의로 되어 있음을 기화로 소유권이전등기를 거부할 경우에는 신탁자의 입장에서는 어떻게 할 수 있을까? 먼저 명의신탁약정이 무효이므로 신탁자는 수탁자를 상대로 명의신탁해지를 원인으로 하는 소유권이전등기를 구할 수 없다. 그럼 어떻게 구제받을 수 있을까? 세 가지 경우를 생각할 수 있다.

첫째, 횡령죄로 형사고소를 하고 불법행위로 인한 금전적 손해배상청구를 하는 것이다. 명의신탁의 무효는 제3자에게 대항하지 못하기 때문에 수탁자로부터 부동산에 관한 권리를 취득한 제3자가 있을 경우에는 신탁자는 그 부동산을 온전히 돌려받지 못한다. 따라서 이 방법은 이와 같이 수탁자가 부동산을 타인에게 처분하거나 담보를 설정하는 등의 행위를 했을 경우에 유용한 방법이다.

둘째, 만약 수탁자가 그 부동산을 제3자에게 팔거나 공용수용된 경우에는 그 매매대금 내지 보상금을 부당이득한 것이므로 신탁자는 그 돈에 대해 부당이득반환청구를 할 수 있다.

▶ 대법원 2011. 9. 8. 선고 2009다49193 · 49209 판결

이른바 3자간 등기명의신탁에서 부동산 실권리자명의 등기에 관한 법률에서 정한 유예기간이 경과한 후 명의수탁자가 신탁부동산을 임의로 처분하거나 강제수용이나 공공용지 협의취득 등을 원인으로 제3취득자 명의로 이전등기가 마쳐진 경우, 특별한 사정이 없는 한 제3취득자는 유효하게 소유권을 취득하게 되므로(같은 법 제4조 제3항), 그로 인하여 매도인의 명의신탁자에 대한 소유권이전등기의무는 이행불능으로 되고 그 결과 명의신탁자는 신탁부동산의 소유권을 이전받을 권리를 상실하는 손해를 입게 되는 반면, 명의수탁자는 신탁부동산의 처분대금이나 보상금을 취득하는 이익을 얻게 되므로, 명의수탁자는 명의신탁자에게 그 이익을 부당이득으로 반환할 의무가 있다.

셋째, 만약 수탁자가 부동산을 처분하지 않았을 경우에는 신탁자는 그 부동산 자체를 돌려받기 원할 수 있다. 이와 같이 신탁자의 입장에서 부동산의 소유권을 바로 넘겨받고 싶다면, 매도인을 대위하여 무효한 수탁자 명의의 등기의 말소를 구하고, 아울러 매도인을 상대로 매매계약에 기한 소유권이전등기청구를 해야 한다.

▶ 대법원 2011. 9. 8. 선고 2009다49193 · 49209 판결

부동산 실권리자명의 등기에 관한 법률에 의하면, 이른바 3자간 등기명의신탁의 경우 같은 법에서 정한 유예기간의 경과에 의하여 기존 명의신탁약정과 그에 의한 등기가 무효로 되고 그 결과 명의신탁된 부동산은 매도인 소유로 복귀하므로, 매도인은 명의수탁자에게 무효인 명의 등기의 말소를 구할 수 있고, 한편 같은 법에서 정한 유예기간 경과 후에도 매도인과 명의신탁자 사이의 매매계약은 여전히 유효하므로, 명의신탁자는 매도인에게 매매계약에 기한 소유권이전등기를 청구할 수 있고, 소유권이전등기청구권을 보전하기 위하여 매도인을 대위하여 명의수탁자에게 무효인 명의 등기의 말소를 구할 수 있다.

이 경우 신탁자는 수탁자를 상대로 매도인을 대위하여 처분금지가처분을 사전에 신청해 놓는 것이 유리하다. 나아가 동시에 매도인에 대한 소유권이전

등기청구권을 피보전권리로 하여 처분금지가처분도 함께 해둘 경우 더욱 안전할 것이다.[2]

다. 명의신탁한 부동산을 돌려받기 위해 한 가등기 역시 무효

최근 토지의 실소유주인 명의신탁자가 나중에 등기 명의를 빌려준 명의수탁자로부터 토지를 돌려받기 위해 하는 소유권이전등기청구권보전등기 가등기는 무효라는 대법원판결이 나왔다. 이 같은 명의신탁 자체가 무효이기 때문에 가등기를 해도 효력이 없다는 취지다. 명의신탁이 무효이면 토지를 처음 팔았던 매도인에게 다시 소유권이 돌아가기 때문에 명의신탁자는 매도인의 권리를 대신 행사해 명의수탁자를 상대로 등기 말소를 청구해야 한다. 그런데 위 사례의 경우, 명의신탁자는 토지를 구입하면서 명의수탁자의 이름으로 등기를 했는데 명의수탁자가 토지를 임의로 처분하는 것을 막기 위해 지인인 제3자의 이름으로 매매 예약을 원인으로 한 소유권이전청구권보전등기 가등기도 마쳤다. 이후 토지 반환을 요구했지만 돌려주지 않자 소송을 냈는데 이에 대해 원심을 깨고 명의신탁이 무효이므로 위 가등기 역시 무효라고 판결한 것이다.

▸ 대법원 2015. 2. 26. 선고 2014다63315 판결

부동산실명법 시행 이후 부동산을 매수함에 있어 매수대금의 실질적 부담자와 명의인 간에 명의신탁관계가 성립한 경우, 그들 사이에 매수대금의 실질적 부담자의 요구에 따라 부동산의 소유 명의를 이전하기로 하는 등의 약정을 하였다고 하더라도, 이는 부동산실명법에 의하여 무효인 명의신탁약정을 전제로 명의신탁 부동산 자체 또는 그 처분대금의 반환을 구하는 범주에 속하는 것이어서 역시 무효라고 보아야 한다(대법원 2006. 11. 9. 선고 2006다35117 판결, 대법원 2013. 3. 14. 선고 2011다103472 판결 등 참조). 나아가 명의신탁자와 명의수탁자가 위와 같이 무효인 명의신탁약정을 함과 아울러 그 약정을 전제로 하여 이에 기한 명의신탁자의 명의수탁자에 대한 소유권이전등기청구권을 확보하기 위하여 명의신탁 부동산에 명의신탁자 명의의 가등기를 마치고 향후 명의신탁자가 요구하는 경우 본등기를 마쳐 주기로 약정하였더라도, 이러한 약정 또한 부동산실명법에

2 이건영, 부동산실명법하에서의 이른바 계약명의신탁과 부당이득(논문).

의하여 무효인 명의신탁약정을 전제로 한 것이어서 무효이고, 위 약정에 의하여 마쳐진 가등기는 원인무효라 할 것이다(대법원 2009. 4. 9. 선고 2009다2576 · 2583 판결 참조). 한편 설령 명의신탁자가 명의신탁약정과는 별개의 적법한 원인에 기하여 명의수탁자에 대하여 소유권이전등기청구권을 가지게 되었다 하더라도, 이를 보전하기 위하여 자신의 명의가 아닌 제3자 명의로 가등기를 마친 경우 위 가등기는 명의신탁자와 그 제3자 사이의 명의신탁약정에 기하여 마쳐진 것으로서 그 약정의 무효로 말미암아 효력이 없다고 할 것이다(대법원 2010. 12. 23. 선고 2009다97024 판결 참조).

3. 계약명의신탁

계약명의신탁이라 함은 신탁자가 수탁자에게 부동산의 매수위임과 함께 명의신탁약정을 맺고, 수탁자가 당사자가 되어 매매계약을 체결하고 수탁자 앞으로 이전 등기하는 형식의 명의신탁이다. 3자간 명의신탁과의 차이점은 '계약의 당사자가 누구인가?'이다.

▸ 대법원 2013. 10. 7.자 2013스133 결정

명의신탁약정이 이른바 3자간 등기명의신탁인지 아니면 계약명의신탁인지의 구별은 계약당사자가 누구인가를 확정하는 문제로 귀결된다. 그런데 타인을 통하여 부동산을 매수함에 있어 매수인 명의를 그 타인 명의로 하기로 하였다면 이때의 명의신탁관계는 그들 사이의 내부적인 관계에 불과하므로, 설령 계약의 상대방인 매도인이 그 명의신탁관계를 알고 있었다고 하더라도, 계약명의자인 명의수탁자가 아니라 명의신탁자에게 계약에 따른 법률효과를 직접 귀속시킬 의도로 계약을 체결하였다는 등의 특별한 사정이 인정되지 아니하는 한, 그 명의신탁관계는 계약명의신탁에 해당한다고 보아야 함이 원칙이다.

즉 3자간 명의신탁의 경우는 신탁자가 매매계약의 당사자가 되어 계약을 체결한 뒤 등기는 수탁자 앞으로 바로 이전하는 것이다. 이에 반해 계약명의신탁은 매도인과 수탁자가 매매계약의 당사자가 되고, 수탁자 앞으로 명의를 이전하는 것이다. 이 경우 신탁자는 매매계약에 외관상 전혀 개입되지 않는 것이다. 이 경우에는 매도인이 명의신탁사실을 알고 있는 경우와 모르는 경우를 구별하여 검토할 필요가 있다.

가. 매도인이 명의신탁사실을 모르는 경우

매도인으로부터 수탁자에게 이루어진 소유권이전등기는 명의신탁약정의 무효에도 불구하고 유효하므로(동법 4조 2항 단서), 부동산에 대한 소유권은 수탁자에게 귀속한다. 따라서 수탁자가 부동산을 처분한 경우에도 횡령죄는 성립할 수 없다.

▶ 대법원 2000. 3. 24. 선고 98도4347 판결

횡령죄는 타인의 재물을 보관하는 자가 그 재물을 횡령하는 경우에 성립하는 범죄인바, 부동산실권리자명의 등기에 관한 법률 제2조 제1호 및 제4조의 규정에 의하면, 신탁자와 수탁자가 명의신탁약정을 맺고, 이에 따라 수탁자가 당사자가 되어 명의신탁약정이 있다는 사실을 알지 못하는 소유자와 사이에서 부동산에 관한 매매계약을 체결한 후 그 매매계약에 기하여 당해 부동산의 소유권이전등기를 수탁자 명의로 경료한 경우에는, 그 소유권이전등기에 의한 당해 부동산에 관한 물권변동은 유효하고, 한편 신탁자와 수탁자 사이의 명의신탁 약정은 무효이므로, 결국 수탁자는 전소유자인 매도인뿐만 아니라 신탁자에 대한 관계에서도 유효하게 당해 부동산의 소유권을 취득한 것으로 보아야 할 것이고, 따라서 그 수탁자는 타인의 재물을 보관하는 자라고 볼 수 없다.

이러한 계약명의신탁 관계는 특히 '타인의 이름으로 경매를 받는 경우'에 많이 발생하게 된다. 즉 이 경우에도 경락대금을 신탁자가 전액 지급했고 수탁자는 이름만 빌려줬다고 해도 경락인이 그 부동산의 소유권을 취득하게 된다.

▶ 대법원 2000. 4. 7. 선고 99다15863 · 15870 판결

부동산의 경매절차에서 경매 목적 부동산을 경락받은 경락인이 실질적인 권리자가 아니라 단순히 타인을 위하여 그 명의만을 빌려준 것에 불과하다 하더라도 그 경매절차에서 경락인으로 취급되는 자는 어디까지나 명의차용자인 타인이 아니라 그 명의인일 뿐이므로, 경매목적부동산의 소유권은 경락대금을 실질적으로 부담한 자가 누구인가와 상관없이 그 명의인이 적법하게 취득한다.

※ 사례별 연구

① 계약명의신탁의 명의수탁자가 다시 신탁자의 요청에 의해 재산을 제3자에게 이전한 경우에는 소유권은 누구에게 있나?

정답 여전히 명의수탁자의 소유가 된다. 왜냐하면 재차 명의신탁한 것이 무효이기 때문이다.

▸ 대법원 2009. 9. 10. 선고 2006다73102 판결

계약명의신탁의 경우에 명의신탁자와 명의수탁자 및 제3자 사이의 새로운 명의신탁약정에 의하여 명의수탁자가 다시 명의신탁자가 지정하는 제3자 앞으로 소유권이전등기를 마쳐 주었다면, 제3자 명의의 소유권이전등기는 위 법률 제4조 제2항에 의하여 무효이므로, 제3자는 소유권이전등기에도 불구하고 그 부동산의 소유권을 취득하거나 그 매수대금 상당의 이익을 얻었다고 할 수 없다. 또한, 제3자 명의로 소유권이전등기를 마치게 된 것이 제3자가 명의수탁자를 상대로 제기한 소유권이전등기 청구소송의 확정판결에 의한 것이더라도, 소유권이전등기절차의 이행을 명한 확정판결의 기판력은 소송물인 이전등기청구권의 존부에만 미치고 소송물로 되어 있지 아니한 소유권의 귀속 자체에까지 미치지는 않으므로 명의수탁자가 여전히 그 부동산의 소유자임은 마찬가지이다.

② 계약명의신탁의 경우 신탁자와 수탁자 사이의 명의신탁약정을 위배한 점에 대해 횡령죄로 처벌이 안 되면 배임죄로는 처벌할 수 있을까?

정답 판례는 배임죄도 역시 성립되지 않는다고 한다.

▸ 대법원 2004. 4. 27. 선고 2003도6994 판결

신탁자와 수탁자가 명의신탁약정을 맺고, 그에 따라 수탁자가 당사자가 되어 명의신탁약정이 있다는 사실을 알지 못하는 소유자와 사이에서 부동산에 관한 매매계약을 체결한 계약명의신탁에 있어서 수탁자는 신탁자에 대한 관계에서도 신탁 부동산의 소유권을 완전히 취득하고 단지 신탁자에 대하여 명의신탁약정의 무효로 인한 부당이득반환의무만을 부담할 뿐인바, 그와 같은 부당이득반환의무는 명의신탁약정의 무효로 인하여 수탁자가 신탁자에 대하여 부담하는 통상의 채무에 불과할 뿐 아니라, 신탁자와 수탁자 간의 명의신탁약정이 무효인 이상, 특별한 사정이 없는 한 신탁자와 수탁자 간에 명의신탁약정과 함께 이루어진 부동산 매입의 위임 약정 역시 무효라고 볼 것이어서 수탁자를 신탁자와의 신임관계에 기하여 신탁자를 위하여 신탁 부동산을 관리하면서 신탁자의 허락 없이는 이를 처분하여서는 아니 되는 의무를 부담하는 등으로 신탁자의 재산을 보전·관리하는 지위에 있는 자에 해당한다고 볼 수 없어 수탁자는 타인의 사무를 처리하는 자의 지위에 있지 아니하다 할 것이고(대법원 2001. 9. 25. 선고 2001도2722 판결, 대법원 2002. 4. 12. 선고 2001도2785 판결 참조), 이러한 계약명의신탁의 법리는 부동산실권리자명의 등기에 관한 법률 제4조 제1항에 따라 무효인 명의신탁약정에 대하여 신탁자가 그 소유권이전등기의 경료 이전에 해지의 의사를 표시한 경우에도 마찬가지로 적용되는 것으로 보아야 할 것이다.

결국 이러한 경우 매도인과 수탁자 사이의 법률관계는 유효하고, 수탁자는 소유권을 취득하게 된다. 그럼 이 경우 신탁자는 수탁자에게 어떠한 민사상 구제방법이 있을까? 신탁자가 매매대금을 지출하였을 경우 수탁자는 신탁자에게 부당이득을 받은 것이 된다. 따라서 신탁자는 수탁자를 상대로 부당이득반환청구를 해서 자신이 투자한 돈에 대한 금전적 배상을 받을 수 있을 뿐이다.

▸ 대법원 2014. 8. 20. 선고 2014다30483 판결

계약명의신탁약정이 부동산실명법 시행 후에 이루어진 경우에는 명의신탁자는 애초부터 당해 부동산의 소유권을 취득할 수 없었으므로 위 명의신탁약정의 무효로 명의신탁자가 입은 손해는 당해 부동산 자체가 아니라 명의수탁자에게 제공한 매수자금이고, 따라서 명의수탁자는 당해 부동산 자체가 아니라 명의신탁자로부터 제공받은 매수자금만을 부당이득한다.

③ 계약명의신탁의 명의수탁자가 신탁자에게 그 부동산을 스스로 이전해 준 경우에는 어떻게 되나? 이 경우 수탁자는 신탁자를 상대로 명의신탁약정이 무효인 것을 이유로 원인무효로 인한 이전등기 말소를 구할 수 있을까?

정답 말소를 구하지 못한다. 판례는 이를 부인하고 있다.

즉 수탁자가 신탁자에게 소유권을 넘겨준 것은 자신이 지급할 부당이득금에 대한 대물변제로서 이전한 것이므로 애초의 명의신탁약정과는 무관하게 이루어진 별도의 계약에 의한 것이므로 유효하다는 것이다.

▶ 대법원 2014. 8. 20. 선고 2014다30483 판결

계약명의신탁의 당사자들이 명의신탁약정이 유효한 것, 즉 명의신탁자가 이른바 내부적 소유권을 가지는 것을 전제로 하여 장차 명의신탁자 앞으로 목적 부동산에 관한 소유권등기를 이전하거나 부동산의 처분대가를 명의신탁자에게 지급하는 것 등을 내용으로 하는 약정을 하였다면 이는 명의신탁약정을 무효라고 정하는 부동산실명법 제4조 제1항에 좇아 무효이다. 그러나 명의수탁자가 앞서 본 바와 같이 명의수탁자의 완전한 소유권 취득을 전제로 하여 사후적으로 명의신탁자와의 사이에 위에서 본 매수자금반환의무의 이행에 갈음하여 명의신탁된 부동산 자체를 양도하기로 합의하고 그에 기하여 명의신탁자 앞으로 소유권이전등기를 마쳐준 경우에는 그 소유권이전등기는 새로운 소유권이전의 원인인 대물급부의 약정에 기한 것이므로 약정이 무효인 명의신탁약정을 명의신탁자를 위하여 사후에 보완하는 방책에 불과한 등의 다른 특별한 사정이 없는 한 유효하고, 대물급부의 목적물이 원래의 명의신탁부동산이라는 것만으로 유효성을 부인할 것은 아니다.

④ 계약명의신탁의 경우 납세의무는 누가 부담하나?

정답 수탁자가 소유권을 취득하므로 수탁자만 부담하고 신탁자는 납세의무를 부담하지 않는다.

▶ **서울동부지방법원 2011. 8. 26. 선고 2011가합6203 판결**

계약명의신탁의 경우, 구 지방세법 제105조 제1항에 따라 명의수탁자가 취득세 납세의무를 부담하고, 비록 명의신탁자가 명의수탁자에게 매매대금을 지급하였다 하더라도 명의신탁자는 명의수탁자와 사이에서 그 부동산 자체를 취득하지 못하고(명의수탁자가 그 명의로 등기를 마친 후 임의로 명의신탁자에게 소유권이전등기를 해 준 경우에 명의신탁자가 취득세 납세의무를 부담하게 되는지 여부는 별론으로 한다), 매도인과 사이에서는 계약당사자가 아니어서 소유권이전등기청구권도 가질 수 없어 명의신탁자는 아무런 권리를 취득하지 못하므로, 구 지방세법 제105조 제2항에 따른 취득세 납세의무도 없다.

나. 매도인이 명의신탁사실을 알고 있는 경우

수탁자 앞으로의 소유권이전등기는 무효이므로 소유권은 원소유자인 매도인에게 복귀하게 된다. 이 경우에 수탁자가 그 부동산을 처분한 때에는 횡령죄가 성립한다는 견해와 횡령죄는 성립하지 않고 신탁자에 대한 관계에서 배임죄가 성립할 뿐이라고 해석하는 견해가 대립되고 있다. 매도인이 명의신탁사실을 알고 있었을 뿐만 아니라 매매대금이 지급되고 등기까지 이전된 부동산에 대하여 매도인에 대한 신임관계위반을 인정할 수 없다고 할 것이므로 신탁자에 대한 관계에서 배임죄의 성립을 인정하는 것이 타당하다고 생각된다. 그럼 이 경우 민사적인 처리는 어떻게 되나? 수탁자는 매도인에게 매매대금반환청구권을 갖게 되고, 한편 신탁자는 수탁자에게 부당이득반환청구권이 있게 된다.[3] 그러므로 신탁자는 수탁자를 대위하여 매도인에게 부당이득반환청구권을 행사할 수 있을 것이다.

Ⅲ. 유효한 명의신탁으로 인정되는 경우(부동산실명법 8조)

조세포탈, 강제집행면탈 또는 법령상의 제한을 회피하기 위한 목적으로 하지 않는 경우로서 다음의 세 가지 경우는 명의신탁에 관한 부동산실명법을 적용하지 아니한다. 따라서 명의신탁 약정은 그대로 유효하게 성립된다.

3 부동산명의신탁의 법률관계에 관한 시론(법률신문 제2541호).

1. 종중(宗中)재산

종중이 보유한 부동산에 관한 물권을 종중(종중과 그 대표자를 같이 표시하여 등기한 경우를 포함) 외의 자의 명의로 등기한 경우 그 명의신탁은 유효하다. 어느 재산이 종중재산임을 주장하는 당사자는 그 재산이 종중재산으로 설정된 경위에 관하여 주장·증명을 하여야 할 것이나 이는 반드시 명시적임을 요하지 아니하며, 어느 재산이 종중재산이라는 주장·증명 속에 그 설정 경위에 관한 사실이 포함되어 있다고 볼 수 있으면 족하고 그 설정 경위의 증명은 간접사실 등을 주장·증명함으로써 그 요건사실을 추정할 수 있으면 족하다 할 것이다. 한편 명의신탁은 등기의 추정력을 전제로 하면서 그 등기가 명의신탁계약에 의해 성립된 사실을 주장하는 것이므로, 그 등기에 추정력이 있다고 하더라도 명의신탁자는 명의수탁자에게 대하여 등기가 명의신탁에 의한 것임을 주장할 수 있다(대법원 2007. 2. 22. 선고 2006다68506 판결).

▸ 대법원 2009. 10. 29. 선고 2008다37247 판결

어떤 토지가 종중의 소유인데 사정 당시 종원 또는 타인 명의로 신탁하여 사정받은 것이라고 인정하기 위하여는 사정 당시 어느 정도의 유기적 조직을 가진 종중이 존재하였을 것과 사정 이전에 그 토지가 종중의 소유로 된 과정이나 내용이 증명되거나 또는 여러 정황에 미루어 사정 이전부터 종중 소유로 인정할 수밖에 없는 많은 간접자료가 있을 때에 한하여 이를 인정할 수 있을 뿐이고, 그와 같은 자료들이 충분히 증명되지 아니하고 오히려 반대되는 사실의 자료가 많을 때에는 이를 인정하여서는 아니 된다. 그리고 종중의 명의신탁에 의한 사정을 인정하기 위한 간접자료가 될 만한 정황으로서는, 사정명의인과 종중과의 관계, 사정명의인이 여러 사람인 경우에는 그들 상호간의 관계, 한 사람인 경우에는 그 한 사람 명의로 사정받게 된 연유, 종중 소유의 다른 토지가 있는 경우에는 그에 대한 사정 또는 등기관계, 사정된 토지의 규모 및 시조를 중심으로 한 종중 분묘의 설치 상태, 분묘수호와 봉제사의 실태, 토지의 관리 상태, 토지에 대한 수익이나 보상금의 수령 및 지출 관계, 제세공과금의 납부 관계, 등기필증의 소지 관계, 그 밖의 모든 사정을 종합적으로 검토하여야 한다(대법원 1998. 9.

8. 선고 98다13686 판결 등 참조).

2. 부부 사이의 명의신탁

배우자 명의로 부동산에 관한 물권을 등기한 경우는 그 명의신탁은 원칙적으로 유효하다. 부동산실명법 제8조 제2호는 '배우자 명의로 부동산에 관한 물권을 등기한 경우'로서 조세포탈, 강제집행의 면탈 또는 법령상 제한의 회피를 목적으로 하지 아니하는 경우에는 그 명의신탁약정과 그 약정에 기하여 행하여진 물권변동을 무효로 보는 위 법률 제4조 등을 적용하지 아니한다고 규정하고 있다.

※ 사례별 연구

가. 부부간 명의신탁을 한 후 이혼해도 명의신탁이 여전히 유효한가?

•정답 일단 명의신탁이 유효하게 성립된 이상 그 후 이혼해도 명의신탁은 그대로 유효하다.

▸ 대법원 2013. 1. 24. 선고 2011다99498 판결

명의신탁을 받은 사람이 사망을 해도 그 명의신탁관계는 재산상속인과의 사이에 그대로 존속한다고 할 것인데, 부동산실명법 제8조 제2호의 문언 상 명의신탁약정에 따른 명의신탁등기의 성립 시점에 부부관계가 존재할 것을 요구하고 있을 뿐 부부관계의 존속을 그 효력 요건으로 삼고 있지 아니한 점, 부동산실명법상 제8조 제2호에 따라 일단 유효한 것으로 인정된 부부간 명의신탁에 대하여 그 후 배우자일방의 사망 등으로 부부관계가 해소되었음을 이유로 이를 다시 무효화하는 별도의 규정이 존재하지 아니하는 점, 부부간 명의신탁이라 하더라도 조세포탈 등 목적이 없는 경우에 한하여 위 조항이 적용되는 것이므로 부부관계가 해소된 이후에 이를 그대로 유효로 인정하더라도 새삼 부동산실명법의 입법 취지가 훼손될 위험성은 크지 아니한 점 등에 비추어 보면, 부동산실명법 제8조 제2호에 따라 부부간 명의신탁이 일단 유효한 것으로 인정되었다면 그 후 배우자 일방의 사망으로 부부관계가 해소되었다 하더라도 그 명의신탁약정은 사망한 배우자의 다른 상속인과의 관계에서도 여전히 유효하게 존속한다고 보아야 한다.

나. 부부가 반반씩 부담하여 부동산을 일방의 명의로 한 경우에도 명의신탁이 성립되나?

정답 지분 1/2에 대한 명의신탁 관계가 인정된다.

▶ 대법원 1995. 2. 3. 선고 94다42778 판결

부부의 일방이 혼인 중 그의 명의로 취득한 부동산은 그의 특유재산으로 추정되는 것이지만, 그 부동산을 부부 각자가 대금의 절반 정도씩을 분담하여 매수하였다는 실질적 사유가 입증된 경우에는 그 추정을 번복하고 그 부동산을 부부의 공유로 인정할 수 있다. 이와 같은 부동산에 관하여 1991. 12. 6. 처 단독명의로 소유권이전등기가 경료된 이후 근래에 이르기까지 아무런 이의가 없었다면 부부 사이에 그 부동산의 2분의 1 지분을 그 처에게 명의신탁하기로 하는 합의가 성립되었다고 볼 수 있다.

다. 배우자 단독명의로 취득한 부동산에 대해 특유재산 추정을 번복하려면?

정답 자신이 실질적으로 부동산 취득대금을 부담한 것을 증명해야 한다.

부부의 일방이 혼인 중 단독 명의로 취득한 부동산은 그 명의자의 특유재산으로 추정되는데, 위와 같이 다른 일방이 실질적인 소유자라는 것을 증명하면 사정이 달라진다. 그와 같이 실질적인 소유자로서 위와 같은 추정을 깨기 위해서는 자신이 실질적으로 그 재산의 대가를 부담하였다는 점을 증명해야 한다. 단지 아내가 혼인 생활 중 내조의 공이 있었다는 등의 추상적인 협조를 한 것만으로는 부족하다. 나아가 만약 그와 같은 추정을 깨지 못한 상태에서 아내가 남편을 상대로 형식적인 명의신탁해지를 원인으로 하는 소유권이전등기 소송을 하여 명의를 이전받은 경우에는 증여세의 대상이 된다.

▶ 대법원 1998. 12. 22. 선고 98두15177 판결

[1] 부부의 일방이 혼인 중 단독 명의로 취득한 부동산은 그 명의자의 특유재산으로 추정되므로, 다른 일방이 그 실질적인 소유자로서 편의상 명의신탁한 것이라고 인정받기 위하여는 자신이 실질적으로 당해 재산의 대가를 부담하여 취득하였음을 증명하여야 하고, 단지 그 부동산을 취득함에 있어서 자신의 협력이 있었다거나 혼인생활에 있어서 내조의 공이 있었다는 것만으로는 위 추정이 번복되지 아니한다(대법원 1998. 6. 12. 선고 97누7707 판결, 대법원 1992. 12. 11. 선고 92다21982 판결 등 참조). 원심판결의 이유에 의하면, 원심은 원고가 남편인 소외 김효◎과 부부생활을 시작한지 2년여 또는 5년여 만에 위 김효◎의 명의로 취득한 합계 면적 5,477㎡의 이 사건 농지가 실질적으로는 원고가 마련한 돈만으로 매수하면서 편의상 그 이전등기만을 위 김효◎ 명의로 경료한 것이라는 원고의 주장에 대하여, 제출된 증거만으로는 이러한 명의신탁관계를 인정하기에 부족하다는 이유로 배척하였는바, 기록 및 앞서 본 법리에 의하면 원고의 이러한 조치는 수긍이 가고, 거기에 소론과 같은 심리미진 또는 채증법칙 위배 등으로 인한 사실오인의 위법이 있다고 할 수 없다.

[2] 혼인 중 부부의 일방 명의로 취득되어 그의 특유재산으로 추정되는 부동산을 다른 일방이 형식적인 재판절차를 통하여 명의신탁해지를 원인으로 한 소유권이전등기를 경료받았다고 한다면, 그 특유재산의 추정을 번복할 만한 주장·입증이 없는 이상, 그 등기 시에 명의신탁해지의 형식을 빌어 부부 사이에 당해 부동산의 증여가 이루어진 것으로 봄이 상당한바, 원심이 같은 취지에서 이 사건 증여세의 부과요건인 재산의 증여사실이 입증된 것으로 인정한 조치는 수긍이 가고, 또한 이혼 시 부부 사이에 발생하는 재산분할청구권은 부부가 혼인 중 취득한 공동재산의 청산이라는 성격만이 아니라 경제적으로 곤궁한 상대방에 대한 부양적 성격을 보충적으로 가지는 것으로서 그에 관한 법리가 혼인 중 특유재산의 변경이 문제된 이 사건에 적용될 여지가 없다고 할 것이므로, 원심판결에 소론과 같은 위법이 있다고 할 수 없다.

라. 부부간에 명의신탁된 재산에 대해 명의신탁해지가 된 이후라도 재산분할 대상으로 삼을 수 있을까?

정답 부부간에는 실질적인 재산형성 과정이 중요하므로 이 경우에도 실질적인 공동재산이라면 분할대상이 된다.

▶ 서울가정법원 1999. 11. 11. 선고 99드합2775 판결

혼인 중에 쌍방의 협력에 의하여 이룩한 부부의 실질적인 공동재산은 그 명의가 누구에게 있는지를 불문하고 재산분할의 대상이 되는 것이므로 남편이 아내를 상대로 명의신탁해지에 의한 소유권이전등기소송을 제기하여 제1심에서 승소하였더라도 그 부동산이 혼인 중에 형성한 부부의 실질적인 공동재산인 경우에는 여전히 이혼에 따른 재산분할의 대상이 된다.

3. 종교단체

종교단체의 명의로 그 산하 조직이 보유한 부동산에 관한 물권을 등기한 경우에는 그 명의신탁은 유효하다. 이는 2013. 7. 12. 개정된 부동산실명제법에 의해 처음으로 인정된 것이다. 하지만 위 개정법의 적용시기는 1995. 7. 1.로 소급하여 적용한다(부칙 2조).

Ⅳ. 횡령죄 관련 사례별 연구

1. 명의수탁자가 사망한 경우 명의수탁인의 상속인이 신탁부동산을 임의 처분한 경우 그 상속인에게 횡령죄가 성립되나?

정답 상속인은 명의수탁자의 지위를 포괄승계하므로 신탁자와 명의신탁 관계가 상속인에게도 그대로 인정되므로 상속인이 이를 임의로 처분할 경우 횡령죄가 성립된다.

▶ 대법원 1996. 1. 23. 선고 95도784 판결

횡령죄에 있어 부동산에 대한 보관자의 지위는 그 부동산에 대한 점유를 기준으

로 할 것이 아니라 그 부동산을 유효하게 처분할 수 있는 권능이 있는지의 여부를 기준으로 하여 결정하여야 할 것이고, 위 임야의 사정명의자로서 명의수탁자인 조부(祖父)가 사망함에 따라 그의 자인 부(父)가, 또 위 부(父)가 사망함에 따라 피고인(孫子)이 각 그 상속인이 됨으로써 피고인은 위 임야의 수탁관리자로서의 지위를 포괄승계한 것이어서, 피고인은 위 임야를 유효하게 처분할 수 있는 보관자로서의 지위를 취득하였다고 할 것이다.

▸ **대법원 2007. 6. 28. 선고 2006다48632 판결**

부동산을 그 소유자로부터 매수한 자가 그의 명의로 소유권이전등기를 하지 아니하고 제3자와 맺은 명의신탁약정에 따라 매도인으로부터 바로 제3자에게 중간생략의 소유권이전등기를 경료한 경우, 그 제3자가 그와 같은 명의신탁 약정에 따라 그 명의로 신탁된 부동산을 임의로 처분하였다면 신탁자에 대한 횡령죄가 성립하고(대법원 2001. 11. 27. 선고 2000도3463 판결 참조), 그 제3자가 사망함에 따라 제3자의 상속인이 된 자는 제3자의 지위를 포괄승계하여 명의신탁된 부동산을 유효하게 처분할 수 있는 보관자로서의 지위를 취득하는 것이므로, 그 제3자의 상속인이 명의신탁된 부동산을 임의로 처분한 경우에도 신탁자에 대한 횡령죄가 성립한다(대법원 1996. 1. 23. 선고 95도784 판결 등 참조).

2. 명의수탁자가 자신의 명의로 등기하지 않고 이를 생략한 채 자신의 아들 명의로 등기한 경우 그 아들이 임의처분할 경우 횡령죄가 성립되나?

•정답 이 경우는 위 사례와는 다르다. 앞서 언급한 판례는 명의수탁자가 자신의 명의로 등기한 것을 그의 아들이 상속한 것인데 반해, 이번 사례는 명의신탁자(甲)가 수탁자(乙)에게 명의신탁을 하였는데 乙이 자신의 명의를 생략한 채 바로 아들(丙)명의로 등기한 경우이다. 그러므로 이 경우는 명의신탁자(甲)와 수탁자의 아들(丙) 사이에 위임관계가 존재하지 않으므로 횡령죄가 성립되지 않는다.

▸ **대법원 1987. 2. 10. 선고 86도2349 판결**

부동산의 소유명의 및 관리를 위탁받은 자가 자기 명의로의 소유권이전등기를 생략한 채 그 아들에게 소유권이전등기를 하여 주고 사망하였다면 비록 그 아들이 그러한 사정을 알고 있었다고 하더라도 그로써 곧 그 아들이 위탁자에 대한 관계에 있어 등기명의 및 관리의 수탁자로서의 지위를 취득하거나 승계하게 된다고는 할 수 없어 위탁자에게 그 부동산의 반환을 거부한다 하더라도 횡령죄를 구성하지는 않는다.

▶ **대법원 1983. 2. 8. 선고 82도2502 판결**

명의수탁자가 사망한 후 그 지위를 승계한 자가 그 아들인 피고인에게 그 명의의 상속등기를 생략한 채 바로 소유권이전등기를 경료하여 주었다고 하더라도 그로써 피고인이 바로 명의신탁자에 대하여 명의수탁자의 지위를 승계하게 된다고 할 수 없으므로 피고인은 명의신탁자에 대한 관계에서는 신탁부동산의 수탁자 즉 보관자라 할 수 없다.

Ⅴ. 명의신탁된 재산을 취득한 제3자는 유효한 소유권을 취득하나?

1. 원 칙

부동산을 명의신탁한 경우에는 소유권이 대외적으로 수탁자에게 귀속하므로, 수탁자가 제3자에게 수탁부동산을 처분하였을 때에는 그 처분행위가 무효 또는 취소되는 등의 특별한 사유가 없는 한 그 제3자는 신탁재산에 대한 소유권을 완전히 유효하게 취득한다(법 4조 3항). 이 경우 제3자는 반드시 선의(善意)일 필요가 없다. 즉 자신이 매수하는 부동산이 실제 소유자는 따로 있고 명의자가 단지 명의수탁자로서 그 부동산을 처분할 권한이 없음을 알고 있더라도 후술하는 예외적인 특별한 경우가 아니면 제3자는 법적으로 유효한 소유권을 취득하게 되는 것이다. 명의신탁의 경우 등기부상 어떠한 표시가 되어 있지 아니하므로 거래의 안전을 위해 제3자를 강력하게 보호하는 것이다. 따라서 그러한 재산을 취득한 제3자가 한 처분행위 역시 유효하며, 이 경우 제3자는 명의수탁자의 지위를 승계한 것이 아니므로 횡령죄도 성립되지 아니한다.

▶ **대법원 1989. 2. 28. 선고 88도1368 판결**

부동산의 명의수탁자인 갑으로부터 을이 그 소유권이전등기를 경료받은 경우 갑의 처분행위는 대외적으로 유효하여 을은 그 부동산의 권리를 취득하는 것이지 명의수탁자의 지위를 승계하는 것이 아니므로 을이 한 처분행위는 권리자의 처분행위로서 횡령죄가 성립할 수 없다.

2. 예외 — 제3자가 명의수탁자의 배임행위에 적극 가담한 경우

하지만 예외적으로 명의수탁자로부터 신탁재산을 매수한 제3자가 명의수탁자의 명의신탁자에 대한 배임행위에 적극 가담한 경우에는 명의수탁자와 제3자 사이의 계약은 반사회적인 법률행위로서 무효이다(민법 103조). 이때 제3자가 명의수탁자의 배임행위에 적극 가담하는 행위란 수탁자가 단순히 등기명의만 수탁받았을 뿐, 그 부동산을 처분할 권한이 없는 줄을 잘 알면서 명의수탁자에게 실질소유자 몰래 신탁재산을 불법처분하도록 적극적으로 요청하거나 유도하는 등의 행위를 말한다.[4] 이 경우는 예외적으로 명의수탁자와 제3자 사이의 계약은 반사회적 법률행위로 무효로 취급되므로 제3자 앞으로 된 소유권이전등기는 원인무효이다. 그 결과 제3자가 자신의 명의로 되어 있는 부동산에 근저당 등 담보권을 설정하였다고 해도 그 담보권 설정등기 역시 무효의 소유권이전등기에 기초한 것으로서 무효가 된다.

▸ 대법원 2008. 3. 27. 선고 2007다82875 판결

[1] 부동산 실권리자명의 등기에 관한 법률 제8조의 특례가 적용되는 종중 등의 명의신탁에 있어서 명의수탁자는 신탁재산을 유효하게 제3자에게 처분할 수 있고 제3자가 명의신탁사실을 알았다 하여도 그의 소유권취득에 영향이 없는 것이기는 하지만, 특별한 사정이 있는 경우, 즉 명의수탁자로부터 신탁재산을 매수한 제3자가 명의수탁자의 명의신탁자에 대한 배임행위에 적극 가담한 경우에는 명의수탁자와 제3자 사이의 계약은 반사회적인 법률행위로서 무효라고 할 것이고, 이때 제3자가 명의수탁자의 배임행위에 적극 가담하는 행위란 수탁자가 단순히 등기명의만 수탁받았을 뿐 그 부동산을 처분할 권한이 없는 줄을 잘 알면서 명의수탁자에게 실질소유자 몰래 신탁재산을 불법처분하도록 적극적으로 요청하거나 유도하는 등의 행위를 의미하는 것이다(대법원 1992. 3. 31. 선고 92다

4 그러므로 단지 명의수탁자가 처분권한이 없다는 사실을 알면서도 묵인하는 정도의 소극적인 가담은 이에 해당된다고 볼 수 없다.

1148 판결, 대법원 1992. 6. 9. 선고 91다29842 판결 등 참조).

원심은 그 채용 증거들을 종합하여 소외 2 및 그의 아들인 피고 1과 제1심 공동피고 23 등과 사이에 있었던 이 사건 제1토지 해당 지분의 상속등기에 관한 교섭과정과 그 등기경위 등을 그 판시와 같이 인정하고 이에 기초하여 피고 1 앞으로의 소유권이전계약은 그 등기명의자들의 배임행위에 소외 2 등이 적극 가담하여 이루어진 반사회적 법률행위로서 무효라고 판단하였는바, 위 법리 및 기록에 비추어 원심의 판단은 정당한 것으로 수긍할 수 있으며, 그와 같은 원심 판단에는 소외 2 등이 이 사건 제1토지가 원고가 명의신탁한 부동산임을 알고 있었다는 사실을 전제하거나 포함하는 것임이 명백하다.

또한, 원심의 판시에 나타난 사실인정 중 소외 2가 그 등기명의자들에게 오래되어 모르고 방치된 선조 소유의 땅을 찾아 주겠다는 취지로 편지를 보냈다는 부분은, 원심이 소외 2가 이 사건 제1토지의 해당 지분을 이전받기 위하여 그 등기명의자들에게 접근하던 정황사실을 인정한 것에 불과하며, 원심은 이러한 사실과 함께 이후 전개된 그 판시와 같은 교섭과정을 종합적으로 평가하여 소외 2 등이 명의수탁자의 지위에 있던 등기명의자들의 배임행위에 적극 가담한 것으로 인정한 취지임이 원심판결에서 명백하므로, 위 판시 부분이 상고이유의 주장과 같이 서로 양립할 수 없는 사실을 인정한 것이라고도 볼 수 없다.

따라서 원심판결에는 상고이유에 주장하는 명의신탁 재산의 처분행위에 관한 반사회적 법률행위로서의 무효요건에 관한 법리오해나 대법원판례 위반, 이유모순의 위법이 있다고 할 수 없다.

[2] 부동산의 매수인이 매도인의 배임행위에 적극 가담하여 그 매매계약이 반사회적 법률행위에 해당하는 경우에는 매매계약은 절대적으로 무효이므로, 당해 부동산을 매수인으로부터 다시 취득한 제3자는 설사 매수인이 당해 부동산의 소유권을 유효하게 취득한 것으로 믿었다고 하더라도 매매계약이 유효하다고 주장할 수 없는 것이며, 이러한 법리는 담보권설정계약에서도 마찬가지라 할 것이다(대법원 1984. 6. 12. 선고 82다카672 판결, 대법원 1996. 10. 25. 선고 96다29151 판결 등 참조).

그런데 원심판결의 이유와 기록에 의하면, 이 사건 제1토지에 관한 피고 5, 피고

6 명의의 각 근저당권설정등기는 해당 지분에 관한 피고 1 명의의 각 이전등기가 2002. 8. 1. 마쳐지고 이어서 2002. 8. 22.자로 경료된 것임을 알 수 있고(등기원인은 2002. 8. 12.자 및 2002. 8. 21.자 설정계약이고, 채무자는 피고 1로 되어 있다), 앞서 본 바와 같이 피고 1 명의의 각 지분이전등기가 위와 같이 명의수탁자의 지위에 있던 그 등기명의자들의 배임행위에 적극 가담하여 이루어진 결과 무효의 등기라고 한다면, 이에 기초한 피고 5, 피고 6 명의의 위 각 근저당권설정등기도 그 원인이 결여된 것으로서 위 피고들의 배임행위 적극 가담의 여부에 관계없이 무효라고 할 것이다.

그럼에도 불구하고, 원심은 피고 5, 피고 6이 그 배임행위에 적극 가담하였음을 인정할 증거가 없다는 이유만으로 위 피고들 명의의 각 근저당권설정등기가 무효인 등기에 터잡은 등기로서 역시 무효라는 원고의 주장을 배척하였는바, 이러한 원심의 판단에는 반사회질서행위로서 무효인 법률행위의 제3자에 대한 효력에 관하여 법리를 오해한 위법이 있다고 할 것이고, 이러한 위법은 판결에 영향을 미쳤음이 분명하다. 이 점을 지적하는 상고이유의 주장은 이유 있다.

Ⅵ. 명의신탁과 사해행위 여부

1. 사해행위에 해당되는 경우

(1) 양자간(또는 중간생략등기형) 명의신탁의 신탁자의 처분행위

위 두 가지 형태의 명의신탁의 경우는 명의신탁이 무효이므로 여전히 신탁자에게 소유권이 남게 된다. 그러므로 신탁자가 수탁된 부동산을 실질적인 당사자가 되어 타인에게 처분해 채무초과 상태에 놓일 경우 사해행위가 될 수 있다.

▸ 대법원 2012. 10. 25. 선고 2011다107382 판결

'부동산 실권리자명의 등기에 관한 법률'의 시행 후에 부동산의 소유자가 등기명의를 수탁자에게 이전하는 이른바 양자간 명의신탁의 경우 명의신탁약정에 의하여 이루어진 수탁자 명의의 소유권이전등기는 원인무효로서 말소되어야 하고, 부동산은 여전히 신탁자의 소유로서 신탁자의 일반채권자들의 공동담보에 제공되는 책임재산이 된다. 따라서 신탁자의 일반채권자들의 공동담보에 제공되는 책임재산인 신탁부동산에 관하여 채무자인 신탁자가 직접 자신의 명의 또는 수탁자의 명의로 제3자와 매매계약을 체결하는 등 신탁자가 실질적 당사자가 되어 법률행위를 하는 경우 이로 인하여 신탁자의 소극재산이 적극재산을 초과하게 되거나 채무초과상태가 더 나빠지게 되고 신탁자도 그러한 사실을 인식하고 있었다면 이러한 신탁자의 법률행위는 신탁자의 일반채권자들을 해하는 행위로서 사해행위에 해당할 수 있다. 이 경우 사해행위취소의 대상은 신탁자와 제3자 사이의 법률행위가 될 것이고, 원상회복은 제3자가 수탁자에게 말소등기절차를 이행하는 방법에 의할 것이다.

(2) 신탁자의 명의신탁행위 자체가 사해행위에 해당되는 경우

채무초과 상태인 자가 자신의 부동산을 아들 명의로 신탁한 경우, 신탁자의 채권자들에 대한 관계에서 사해행위에 해당될 수 있다.

▶ 대법원 2004. 3. 25. 선고 2002다69358 판결

원심판결 이유에 의하면, 원심은 그 채용 증거를 종합하여 판시 각 사실을 인정한 다음, 이에 의하면 원고의 채무자인 소외인은 채무초과 상태하에서 매수한 이 사건 부동산에 관하여 그 등기명의를 아들인 피고 1에게 신탁하고 이에 따라 피고 1 앞으로 소유권이전등기를 마쳤는바, 이 사건 명의신탁은 소외인이 공동담보인 금전을 출연하여 그 대가인 이 사건 부동산을 매수하고도 그의 공동담보재산으로 편입시키지 않고 명의수탁자인 피고 1 앞으로 소유권이전을 마치기로 하는 내용의 약정이라 할 것이므로, 이는 특별한 사정이 없는 한 소외인의 채권자인 원고를 해하는 사해행위가 된다 할 것이고, 그 명의신탁약정에 따라 피고 1 명의로 소유권이전등기를 마칠 당시 소외인에게 채권자인 원고를 해할 사해의사가 있었다고 봄이 상당하고, 나아가 수익자인 피고 1 및 전득자인 피고 2에 대하여도 위 사해행위에 대한 악의가 있음이 추정된다고 할 것이며, 따라서 이 사건 명의신탁약정은 채권자인 원고를 해하는 행위로서 취소를 면할 수 없다고 할 것이고, 그에 따라 전득자인 피고 2는 수익자인 피고 1에게, 피고 1은 피고 3, 4에게 이 사건 부동산에 관하여 자신들 명의의 각 소유권이전등기의 말소등기절차를 이행할 의무가 있고, 피고 3, 4는 소외인에게 이 사건 부동산에 관하여

매매를 원인으로 한 소유권이전등기절차를 이행할 의무가 있으므로 원고는 채무자인 소외인을 대위하여 피고 3, 4에게 그 이행을 구할 수 있다고 판단하였다. 원심판결을 기록과 대조하여 살펴보면, 원심의 위와 같은 사실인정과 판단은 정당한 것으로 수긍이 가고, 거기에 명의신탁과 사해행위취소에 관한 법리오해 등의 위법이 있다고 할 수 없다.

(3) 계약명의신탁의 수탁자의 처분행위

반면 계약명의신탁의 경우는 부동산실명법 제4조 제2항 단서에 의하여 그 명의수탁자는 해당 부동산의 완전한 소유권을 취득하게 된다. 따라서 이 경우 명의수탁자(채무자)의 재산이 채무의 전부를 변제하기에 부족한 경우, 명의수탁자가 위 부동산을 명의신탁자 또는 그가 지정하는 자에게 양도하는 행위는 특별한 사정이 없는 한 다른 채권자의 이익을 해하는 것으로서 다른 채권자들에 대한 관계에서 사해행위가 된다.

▸ 대법원 2008. 9. 25. 선고 2007다74874 판결

부동산에 관하여 부동산 실권리자명의 등기에 관한 법률 제4조 제2항 본문이 적용되어 명의수탁자인 채무자 명의의 소유권이전등기가 무효인 경우에는 그 부동산은 채무자의 소유가 아니기 때문에 이를 채무자의 일반 채권자들의 공동담보에 제공되는 책임재산이라고 볼 수 없고, 채무자가 위 부동산에 관하여 제3자와 매매계약을 체결하고 그에게 소유권이전등기를 마쳐주었다고 하더라도 그로써 채무자의 책임재산에 감소를 초래한 것이라고 할 수 없으므로 이를 들어 채무자의 일반 채권자들을 해하는 사해행위라고 할 수 없으며, 채무자에게 사해의 의사가 있다고 볼 수도 없다. 그러나 명의신탁자와 명의수탁자가 이른바 계약명의신탁 약정을 맺고 명의수탁자가 당사자가 되어 명의신탁 약정이 있다는 사실을 알지 못하는 소유자와 부동산에 관한 매매계약을 체결한 후 그 매매계약에 따라 당해 부동산의 소유권이전등기를 명의수탁자 명의로 마친 경우에는, 명의신탁자와 명의수탁자 사이의 명의신탁 약정의 무효에도 불구하고 부동산 실권리자명의 등기에 관한 법률 제4조 제2항 단서에 의하여 그 명의수탁자는 당해 부동산의 완전한 소유권을 취득하게 되고, 다만 명의신탁자에 대하여 그로부터 제공받은 매수자금 상당액의 부당이득반환의무를 부담하게 되는바, 위와 같은 경우에 명의수탁자가 취득한 부동산은 채무자인 명의수탁자의 일반 채권자들의 공동담보에 제공되는 책임재산이 되고, 명의신탁자는 명의수탁자에 대한 관계에서 금전채권자 중 한 명에 지나지 않으므로, 명의수탁자의 재산이 채무의 전부를 변제하기에 부족한 경우 명의수탁자가 위 부동산을 명의신탁자 또는 그가 지정하는 자에게 양도하는 행위는 특별한 사정이 없는 한 다른 채권자의 이익을 해하는 것으로서 다른 채권자들에 대한 관계에서 사해행위가 된다.

반면 계약명의신탁의 신탁자가 실질적인 당사자가 되어 부동산을 처분하는 경우는 자신의 소유재산이 아니므로 사해행위에 해당되지 않는다.

▸ 대법원 2013. 9. 12. 선고 2011다89903 판결

부동산 실권리자명의 등기에 관한 법률 제4조 제1항, 제2항에 의하면 이른바 계약명의신탁약정에 따라 수탁자가 당사자가 되어 명의신탁약정이 있다는 사실을 알지 못하는 소유자와 사이에 부동산에 관한 매매계약을 체결한 후 그 매매계약에 따라 수탁자명의로 소유권이전등기를 마친 경우에는 신탁자와 수탁자 사이의 명의신탁약정의 무효에도 불구하고 수탁자는 당해 부동산의 완전한 소유권을 취득하게 되고, 다만 수탁자는 신탁자에 대하여 매수대금 상당의 부당이득반환의무를 부담하게 된다. 또한 신탁자와 수탁자 사이에 신탁자의 지시에 따라 부동산의 소유 명의를 이전하기로 약정하였더라도 이는 명의신탁약정이 유효함을 전제로 명의신탁 부동산 자체의 반환을 구하는 범주에 속하는 것에 해당하여 역시 무효이다. 그리고 이와 같이 신탁자가 수탁자에 대하여 부당이득반환채권만을 가지는 경우에는 그 부동산은 신탁자의 일반채권자들의 공동담보에 제공되는 책임재산이라고 볼 수 없고, 신탁자가 위 부동산에 관하여 제3자와 매매계약을 체결하는 등 신탁자가 실질적인 당사자가 되어 처분행위를 하고 소유권이전등기를 마쳐주었다고 하더라도 그로써 신탁자의 책임재산에 감소를 초래한 것이라고 할 수 없으므로, 이를 들어 신탁자의 일반채권자들을 해하는 사해행위라고 할 수 없다.

2. 사해행위에 해당되지 않는 경우

(1) 무효인 명의신탁의 수탁자의 처분행위

이 경우 명의신탁 자체가 무효이므로 수탁자는 실제 소유자가 아니고 신탁자가 여전히 소유자로 남게 된다. 그러므로 수탁자(채무자)가 신탁받은 부동산을 처분할 경우 횡령죄가 성립함을 별론으로 하고, 자신의 채권자들에 대한 관계에서 사해행위라고 볼 수 없다.

▸ **대법원 2000. 3. 10. 선고 99다55069 판결**

부동산에 관하여 부동산실권리자명의등기에 관한 법률 제4조 제2항 본문이 적용되어 명의수탁자인 채무자 명의의 소유권이전등기가 무효인 경우에는 그 부동산은 채무자의 소유가 아니기 때문에 이를 채무자의 일반 채권자들의 공동담보에 공하여지는 책임재산이라고 볼 수 없고, 채무자가 위 부동산에 관하여 제3자와 근저당권설정계약을 체결하고 나아가 그에게 근저당권설정등기를 마쳐주었다 하더라도 그로써 채무자의 책임재산에 감소를 초래한 것이라고 할 수 없으므로 이를 들어 채무자의 일반 채권자들을 해하는 사해행위라고 할 수 없고, 채무자에게 사해의 의사가 있다고 볼 수도 없다.

(2) 명의수탁자의 신탁자에 대한 반환행위

부부간의 명의신탁과 같이 유효한 명의신탁이 성립된 경우에도, 명의수탁을 받은 사람이 실질적인 소유자인 신탁자에게 그 재산을 반환하는 것은 수탁자에 대한 채권자들에 대한 관계에서 사해행위가 되지 않는다.

▸ **대법원 2007. 4. 26. 선고 2006다79704 판결**

부부의 일방이 혼인 중 그의 단독 명의로 취득한 재산은 그 명의자의 특유재산으로 추정되는 것이고, 그 재산의 취득에 있어 다른 일방의 협력이 있었다거나 내조의 공이 있었다는 것만으로는 그 추정이 번복되지 아니하는 것이지만, 다른 일방이 실제로 당해 재산의 대가를 부담하여 취득하였음을 증명한 경우에는 그 추정이 번복되고, 그 대가를 부담한 다른 일방이 실질적인 소유자로서 편의상 명의자에게 이를 명의신탁한 것으로 인정할 수 있다(대법원 1995. 2. 3. 선고 94다42778 판결, 대법원 2000. 12. 12. 선고 2000다45723 판결 등 참조). 한편, 부동산의 명의수탁자가 신탁행위에 기한 반환의무의 이행으로서 신탁부동산의 소유권이전등기를 경료하는 행위는 기존채무의 이행으로서 사해행위를 구성하지 아니한다(대법원 2001. 8. 24. 선고 2001다35884 판결 등 참조).

원심이 적법하게 확정한 사실관계에 의하더라도, 피고와 소외 1은 1983. 3. 22. 혼인신고를 마치고 부부로서 혼인생활을 하면서 그들 사이에 두 아들을 두었는데, 소외 1은 혼인 후 몇 차례 직장을 옮기다가 1998년경부터는 독립하여 사업을 운영하였지만, 혼인기간 내내 가정을 제대로 돌보지 아니하여, 피고가 초등학생 과외지도를 하거나, 1991. 7.경부터는 언니인 소외 2와 동업으로, 1994. 7.경부터는 단독으로 가방 등 판매사업을 하는 등으로 가계를 담당하여 왔고, 피고는 1991. 11. 18. 이 사건 부동산을 1억 34,629,000원에 분양받으면서, 당시까지 자신이 모아 두었던 돈으로 일부 분양대금을 납입하고, 소외 2로부터 빌린 돈과 사업을 통하여 벌어들인 수익을 합하여 나머지 분양대금을 납입한 다음, 1993. 12. 21. 이 아파트에 관하여 소외 1의 명의로 소유권이전등기를 마쳤으며, 소외 1이 그 후로도 피고로부터 사업자금 명목으로 자주 돈을 가져갔을 뿐만 아니라 소외 1이 부담한 채무를 피고가 대신 변제하여 주는 일이 수차에 걸쳐 반복되자, 피고는 소외 1에게 이 사건 부동산의 명의를 피고 앞으로 이전하여 달라고 요구하였고, 이에 소외 1은 1997. 12. 5. 이 사건 부동산에 관하여 소외 2 앞으로 매매계약을 원인으로 한 소유권이전청구권가등기를 마쳐주기도 하였으며, 또한 2001. 11. 29.과 2002. 5. 17.에는 이 사건 부동산의 명의를 피고에게 이전하겠다는 내용의 각서를 작성하여 피고에게 교부하기도 하였다는 것인바, 이러한 사정들을 앞의 법리에 비추어 보면, 이와 같이 피고가 이 사건 부동산의 취득 대가를 전부 부담하였음을 알 수 있는 이상 이로써 이 사건 부동산이 그 명의자인 소외 1의 특유재산이라는 추정은 유지될 수 없고, 그 취득 대가를 부담한 피고가 이 사건 부동산의 실질적인 소유자로서 편의상 이를 소외 1에게 명의신탁한 것으로 인정할 수 있다 할 것이므로, 소외 1이 이 사건 부동산에 관하여 피고 앞으로 증여를 원인으로 한 소유권이전등기를 마친 것을 사해행위라고 볼 수는 없다 할 것이다.

위 사례는 남편이 자신의 유일한 재산인 이 사건 부동산에 관하여 아내 앞으로 증여를 원인으로 한 소유권이전등기를 마침으로써 무자력 상태가 되었는데 채권자인 원고가 위 증여는 사해행위라고 주장하면서 아내를 피고로 하여 사해행위 취소소송을 한 사안이었다. 이에 대해 아내(피고)는 원래 위 부동산은 원래 자신의 노력과 비용으로 취득하여 남편에게 명의신탁하여 둔 것인데 남편과 이혼하기로 합의하면서 자신의 명의로 복구시킨 것이므로 사해행위에 해당하지 않는다고 다투었다. 하지만 이에 대해 원심은 위 증여는 남편의 유일한 재산을 아내인 피고에게 넘긴 것으로서 채권자인 원고에 대하여 사해행위가 된다고 판단하였으나 대법원의 판단은 달랐다. 즉 그동안의 재산형성 과정을 조사한 결과 아내(피고)가 이 사건 부동산의 취득 대가를 전부 부담하였음을 알 수 있는 이상, 이로써 이 사건 부동산이 그 명의자인 남편의 특유재산이라는 추정은 유지될 수 없고, 그 취득 대가를 부담한 아내가 이 사건 부동산의 실질적인 소유자로서 편의상 이를 남편에게 명의신탁한 것으로 인정하였다. 그러므로 남편이 이 사건 부동산에 관하여 아내 앞으로 증여를 원인으로 한 소유권이전등기를 마친 것을 사해행위라고 볼 수는 없다고 판단한 것이다. 이러한 사례는 우리 주위에서 흔히 볼 수 있는 사건인데 소송실무상 결국 재산형성 과정에서 누가 그동안 많은 기여를 했고 부동산 매수자금의 출처가 누구의 주머니에서 나왔는지에 대한 증명이 결정적인 역할을 할 것이다.

(3) 명의수탁자가 신탁자에 대한 반환행위를 위한 중간단계 처분

종중의 재산을 수탁받은 자가 자신의 개인적 채무로 강제집행을 당할 형편에 이르자, 종중재산을 보호하기 위해 이를 종중 명의로 반환하려고 했으나 소유권이전등기절차가 복잡하여 우선 자신의 동생에게 소유권이전등기를 경료한 경우 비록 당시 소외 종중으로부터 명의수탁자의 변경에 관한 승낙을 받은 바는 없다 할지라도 이는 종중이 명의수탁자로부터 등기를 회복하는 과정에서 그 중간단계로 이루어진 것으로 사해행위에 해당되지 않는다.

▶ 대구지방법원 2000. 3. 21. 선고 99가단73040 판결(대법원 2001. 8. 24. 선고 2001다35884 판결)

종중 소유의 임야를 명의수탁받은 자가 자신의 채무로 인하여 위 임야가 강제집행의 대상이 될 형편에 이르자 종중재산 보존을 위하여 소유권이전등기절차가 복잡한 종중 앞으로의 등기에 앞서 우선 제3자에게 소유권이전등기를 경료한 경우, 비록 소유권이전등기 당시 종중으로부터 명의수탁자의 변경에 관한 승낙을 받은 바는 없다 할지라도 명의수탁자와 제3자 사이에 종중재산을 보존하기 위하여 소유권이전등기를 경료한다는 점에 관한 의사의 합치가 있었고, 제3자가 임야의 소유명의를 종중 앞으로 환원해 주기로 한 이상 위 소유권이전등기는 명의신탁자인 종중이 명의수탁자로부터 등기를 회복하는 과정에서 그 중간단계로 이루어진 것으로 명의수탁자의 종중에 대한 반환의무 이행의 한 방법이라고 봄이 상당하므로 이는 사해행위에 해당하지 않는다.

Ⅶ. 명의신탁 등기실무

부동산 실권리자명의 등기에 관한 법률 시행에 따른 업무 지침

[시행 1995. 11. 21] [대법원등기예규 제824호, 1995. 11. 21, 일부개정]

대법원(법원행정처), 02-3480-1100

1. 등기공무원은 양도담보를 원인으로 하는 부동산에 관한 소유권 기타 물권의 이전등기신청이 있는 경우 부동산실권리자명의등기에관한법률(법률 제4944호, 1995. 7. 1. 시행) 제3조 제2항에 규정된 채무자, 채권금액 및 채무변제를 위한 담보라는 뜻이 기재된 서면의 제출 여부를 확인하여야 한다. 다만 위 사항이 전부 기재된 원인증서 부본으로 위 서면을 갈음할 수 있다.

2. 등기공무원은 양도담보증서편철장을 조제하여 위 서면과 위 법 제14조 제1항에 의하여 제출하는 서면을 편철하되 그 편철장은 5년마다 별책으로 하고 5년간 보존한다.

3. 명의신탁해지를 원인으로 하는 소유권이전등기 또는 소유권이전등기말소등기의 신청은 수리하여서는 아니 된다. 다만, 법 제8조 또는 제11조 제1항 단서에 해당하거나, 위 법 시행 전에 명의수탁자 명의로 등기된 부동산에 대하여 위 법 시행일로부터 1년(법 제11조 제3항 및 제4항이 정하는 사유가 있는 때에는 각 사유가 소멸 또는 발생한 때부터 1년) 이내에 실명등기하는 경우에는 그러하지 아니한다.

제7장

가 등 기

제7장 가 등 기

Ⅰ. 가등기 개요

1. 가등기 원인 따라 정확한 구분 필요

여기서의 가등기란 장래의 본등기 등록을 대비해 미리 등기부상의 순위를 보전하기 위해 행하는 등기를 말한다. 예를 들어 매매의 예약이나, 또는 기한에 차용금을 변제하지 않았을 때 대물변제로서 부동산을 취득한다는 약정을 하였을 경우처럼 당연히 장래에 소유권이전의 본등기를 하는 것이 예상될 때가 이에 해당한다.

2. 실무상 가등기는 매매예약 가등기가 많이 사용

가등기라 함은 채권 특히 금전채권을 담보할 목적으로, 채권자와 채무자(또는 제3자) 사이에서, 채무자(또는 제3자) 소유의 부동산을 목적물로 하는 대물변제예약 또는 매매예약 등을 하고 동시에 채무자의 채무불이행이 있는 경우 채권자가 그의 예약완결권을 행사함으로써 발생하게 될 장래의 소유권이전등기청구권을 보전하기 위해 하는 등기를 일컫는다.[1] 이러한 가등기는 그 실질적 원인에 따라 '순위보전가등기'와 '담보가등기' 등으로 나뉠 수 있다. 이로 인해 파생되는 법률 분쟁으로 부동산경매 취득 후 가등기 말소 가능 여부가 대두되곤 한다. 실무상 흔히 사용되는 가등기는 담보가등기가 아닌 '순위보전' 내지 '소유권이전청구권보전'을 위한 가등기다. 그 이유는 담보가등기의 경우 나중에 정산을 해야 하고, 등기비용도 상대적으로 비싸기 때문이다. 또한 이러한

1 곽윤직, 물권법(박영사).

순위보전가등기의 등기 원인을 통상 '매매계약'보다는 '매매예약'으로 표시한다. 하지만 가등기의 성격은 그 등기기록상 원인이 어떻게 기재되었는가 형식적 원인에 의해 결정되는 것이 아니다.

Ⅱ. 경매시 주의 사항

1. 최선순위 순위보전가등기는 인수대상이므로 주의

이 차이점이 가장 문제가 되는 경우는 부동산이 경매로 넘어갔을 경우다. 경매실무상 집행법원은 가등기가 설정된 경우에는 그 가등기권자에게 가등기의 성격을 신고하도록 하여 만약 담보가등기라면 경락과 동시에 소멸시켜 버리고, 순위보전가등기의 경우에는 경락인이 인수하도록 한다. 이 경우 담보가등기권자는 근저당권자와 유사한 취급을 받는데 차이점은 근저당권자는 당연배당권자임에 반하여, 담보가등기권자는 반드시 채권신고를 해야 한다는 점이다[가등기담보 등에 관한 법률(이하 '가담법') 16조 2항]. 문제는 최선순위의 가등기가 담보가등기인지 순위보전의 가등기인지 알 수 없는 경우다. 이 경우 집행법원은 일단 순위보전가등기로 취급하여 경매를 진행하고, 다만 매수인에게 그 부담이 인수될 수도 있다는 취지를 입찰물건명세서에 기재하도록 한다.

2. 경매신청이 있은 후 담보가등기권자는 본등기를 할 수 있나?

통상 가등기는 순위보전을 위한 가등기로 하는 것이 실무이다. 그런데 이렇듯 순위보전가등기라고 해도 실질적인 성격이 담보가등기인 경우도 많다. 따라서 말소등기보다 선순위 가등기가 설정된 경우 집행법원은 가등기권자에게 가등기가 순위보전가등기인지 담보가등기인지 성격을 신고하라고 최고한다(가담법 16조). 이때 가등기권자가 담보가등기 신고를 할 경우에는 경매를 진행하고 가등기를 저당권과 동일하게 취급한다. 그리고 담보가등기 신고가 없을 경우에는 순위보전가등기로 취급되어 경락인은 이를 인수해야 하므로, 그 후 순위보전가등기권자가 본등기를 할 경우에 대항할 수 없고, 경락인의 등기는 말소된다.

▶ 대법원 1998. 10. 7.자 98마1333 결정

국세 압류등기 이전에 소유권이전청구권 보전의 가등기가 경료되고 그 후 본등기가 이루어진 경우, 그 가등기가 매매예약에 기한 순위보전의 가등기라면 그 이후에 경료된 압류등기는 효력을 상실하여 말소되어야 할 것이지만, 그 가등기가 채무담보를 위한 가등기 즉 담보가등기라면 그 후 본등기가 경료되더라도 가등기는 담보적 효력을 갖는데 그치므로 압류등기는 여전히 유효하므로 말소될 수 없다

만약 가등기가 되어 있는 부동산에 관하여 경매개시결정을 한 후, 그 가등기권리자가 본등기를 하면 그 본등기의 순위가 가등기시에 소급하게 되므로, 가등기에 기한 본등기가 있으면 등기공무원은 가등기 이후의 경매개시결정기입등기는 사건이 등기할 사항이 아니므로 직권말소할 수 있다(부동산등기법 92조).

3. 가등기를 담보가등기로 신고한 자가 만약 경매개시신청이 있은 뒤 생각이 바뀌어 본등기를 경료한 경우에는 경락인에게 대항할 수 있는가?

결론부터 말하면 이 경우 청산절차를 거치지 아니하였다면 본등기는 무효로서 경락인에게 대항할 수 없다. 가담법 제14조에 의하면, 담보가등기를 마친 부동산에 대하여 강제경매 등의 개시 결정이 있는 경우에 그 경매의 신청이 청산금을 지급하기 전에 행하여진 경우(청산금이 없는 경우에는 청산기간이 지나기 전)에는 담보가등기권리자는 그 가등기에 따른 본등기를 청구할 수 없다고 규정하고 있다.

▶ 대법원 2010. 11. 9.자 2010마1322 결정

가담법 제3조, 제4조의 각 규정에 의하면 담보가등기의 경우 청산금의 평가액을 채무자 등에게 통지한 후 채무자에게 정당한 청산금을 지급하거나 지급할 청산금이 없는 경우에는 채무자가 그 청산의 통지를 받은 날로부터 2월의 청산기간이 경과하여야 하는 청산절차를 거친 후에야 그 가등기에 기한 본등기를 청구할 수 있는데, 위 각 규정을 위반하여 담보가등기에 기한 본등기가 이루어진 경우에는 그 본등기는 무효이고, 다만 가등기권리자가 이러한 청산절차를 거치면 위

무효인 본등기는 실체적 법률관계에 부합하는 유효한 등기가 될 수 있을 뿐이다(대법원 2002. 12. 10. 선고 2002다42001 판결, 대법원 2007. 12. 13. 선고 2007다49595 판결 등 참조).

그리고 가담법 제13조, 제14조, 제15조에 의하면, 이러한 청산절차를 거치기 전에 강제경매 등의 신청이 행하여진 경우 담보가등기권자는 그 가등기에 기한 본등기를 청구할 수 없고, 그 가등기가 부동산의 매각에 의하여 소멸하되 다른 채권자보다 자기 채권을 우선변제받을 권리가 있을 뿐이다.

이러한 법리에 비추어 살펴보면, 원심이 인정한 바와 같이 이 사건 가등기가 담보가등기이고 그 본등기가 이 사건 강제경매절차의 매각기일 후에 이루어진 것이라면, 이 사건 가등기에 기한 본등기는 이 사건 강제경매의 신청 전에 청산절차를 거친 것이 아닌 한 무효로 말소되어야 하고 이 사건 가등기는 이 사건 부동산의 매각으로 소멸된다. 그런데 이 사건 가등기에 기한 본등기가 그러한 청산절차를 거쳤음을 알아볼 자료가 없고, 오히려 기록에 의하면 원심이 인정하는 바와 같이 경매법원이 이 사건 가등기의 공동명의자인 신청외인 등 4인에게 이 사건 가등기가 담보가등기인지 여부와 담보가등기인 경우에는 그 내용 및 채권의 존부, 원인 및 액수 등을 밝힐 것을 요구하는 최고서를 송부한 데 대하여 그 중 신청외인 등 3인이 채권계산서를 제출하여 그러한 청산절차를 거치지 않았음을 추단할 수 있으므로, 이 사건 가등기에 기한 본등기는 무효로 말소되어야 하고 이 사건 가등기는 이 사건 부동산의 매각에 의하여 소멸된다.

Ⅲ. 순위보전가등기의 경우 유효성 문제 — 제척기간과 소멸시효

1. 문 제 점

가등기 관련 분쟁을 살펴보면 가등기에 기한 본등기청구권의 시효와 관련되는 사례가 많다. 민법에 따르면 매매의 일방예약은 상대방이 매매를 완결할 의사를 표시하는 때에 매매의 효력이 생긴다고 규정되어 있다. 만약 의사표시의 기간을 정하지 않은 경우 예약자는 상당한 기간을 정해 매매완결 여부의 확답을 상대방에게 최고할 수 있다. 이때 기간 내에 확답을 받지 못할 경우 예약의 효력은 상실된다. 보통 매매예약－가등기완결권은 형성권의 성격을 가져 통상적인 제척기간은 10년인데, 소멸시효의 경우와 달리 시효중단의 문제가 없이 진행된다. 그런데 순위보전가등기의 등기원인이 매매예약인가 매매계약인가의 점은 10년의 제척기간에 적용되는가에 관해 중요한 쟁점이 된다. 실무상 매매예약을 가등기의 등기원인으로 기재하지만, 이와 같은 경우에도 등기원인의 표시만으로는 매매예약이 매매계약으로 전환되었는지 알 수 없다. 즉 보통 매매예약일 기준 10년이 경과하면 제척기간 도과로 본등기청구권이 소멸되지만, 기간 내 예약완결권을 행사하였는지 여부가 등기부에 명시되지 않아 판단이 쉽지 않다.

2. 제척기간 10년 넘어도 가등기 소멸 판단시 면밀한 조사 필요

가등기에 기한 본등기 전환이 없었더라도 예약완결권 미행사로 단정짓기 힘들다. 왜냐하면 매매예약완결권을 이미 행사하여 계약이 체결된 이후에 어떤 사정으로 본등기가 되지 않을 수 있기 때문이다. 이러한 사례가 소송으로 발전할 경우 재판과정에서 완결권 행사를 주장하는 자가 날짜를 소급해 허위로 만든 서류 등을 법원에 제출하여 제척기간의 도과를 저지하려고 하는데 이에 대한 반증이 그리 쉽지 않다. 즉, 오래된 가등기라고 하더라도 무작정 제척기간 도과로 실효되었다고 단정할 수 없다. 실무상 특히 문제가 되는 경우는 매매예약완결권이 행사되어 매매계약으로 전환된 뒤에 가등기권리자가 그 부동산을 계속하여 점유하고 있는 경우이다. 이 경우 가등기권리자의 권리는 매매예약완결권이 아닌 본등기청구권(채권적 청구권)으로 전환되게 되어 10년의 소멸시효의 대상으로 바뀐다. 그런데 대법원은 소유권이전등기청구권자가 당해 부동산을 점유하고 있을 경우 본등기청구권의 소멸시효가 중단된다고 해석한다(대법원 1991. 3. 22. 선고 90다9797 판결). 따라서 이 경우에는 가등기에 기한 본등기청구권은 소멸시효가 완성되지 않는다. 이렇듯 가등기가 10년 이상 경과되었다고 해도 가등기권자가 부동산을 점유하고 있을 경우에는 시효중단에 의해 가등기가 여전히 유효할 수 있으므로 경락인은 특히 주의를 요한다.

▶ 대법원 1991. 3. 22. 선고 90다9797 판결

[1] 부동산에 대한 매매대금 채권이 소유권이전등기청구권과 동시이행의 관계에

있다고 할지라도 매도인은 매매대금의 지급기일 이후 언제라도 그 대금의 지급을 청구할 수 있는 것이며, 다만 매수인은 매도인으로부터 그 이전등기에 관한 이행의 제공을 받기까지 그 지급을 거절할 수 있는데 지나지 아니하므로 매매대금 청구권은 그 지급기일 이후 시효의 진행에 걸린다.

[2] 소유권이전등기청구권은 채권적 청구권이므로 10년의 소멸시효에 걸리지만 매수인이 매매 목적물인 부동산을 인도받아 점유하고 있는 이상 매매대금의 지급 여부와는 관계없이 그 소멸시효가 진행되지 아니한다.

위 판례는 부동산 매도인이 부동산을 매수인에게 넘겨주고, 매매대금 청구를 뒤늦게 했다가 시효완성으로 기각당했는데, 반면 매수인의 소유권이전등기 청구권은 그 부동산을 점유하는 한 시효완성이 되지 아니하여 10년이 경과해도 가능하여 매수인이 승소한 사건이다.

Ⅳ. 사례별 연구

1. 채권자가 아닌 제3자의 이름으로 가등기 설정 가능한가?

정답 제3자 이름으로 가등기 설정할 수 있다.

▶ 대법원 2009. 11. 26. 선고 2008다64478 · 64485 · 64492 판결

채권담보의 목적으로 채무자 소유의 부동산을 담보로 제공하여 저당권을 설정하는 경우에는 담보물권의 부종성의 법리에 비추어 원칙적으로 채권과 저당권이 그 주체를 달리할 수 없는 것이지만, 채권자 아닌 제3자의 명의로 저당권등기를 하는 데 대하여 채권자와 채무자 및 제3자 사이에 합의가 있었고, 나아가 제3자에게 그 채권이 실질적으로 귀속되었다고 볼 수 있는 특별한 사정이 있거나, 거래경위에 비추어 제3자의 저당권등기가 한낱 명목에 그치는 것이 아니라 그 제3자도 채무자로부터 유효하게 채권을 변제받을 수 있고 채무자도 채권자나 저당권 명의자인 제3자 중 누구에게든 채무를 유효하게 변제할 수 있는 관계 즉 묵시적으로 채권자와 제3자가 불가분적 채권자의 관계에 있다고 볼 수 있는 경우에는, 그 제3자 명의의 저당권등기도 유효하다고 볼 것이고, 이러한 법리는 채권

담보를 목적으로 가등기를 하는 경우에도 마찬가지로 적용된다.

따라서 이러한 경우 부동산실명제법에 규정된 명의신탁약정의 금지에 위반되는 것이 아니다(대법원 2000. 12. 12. 선고 2000다49879 판결).

2. 가등기된 소유권이전등기청구권에도 가압류를 할 수 있나?

예컨대 甲은 乙에 대한 금전채권에 기하여 乙이 丙의 부동산에 대하여 매매예약을 원인으로 한 소유권이전등기청구권보전을 위한 가등기를 해둔 소유권이전등기청구권을 가압류하였다. 그런데 乙로부터 위 부동산을 매수한 丁은 위 부동산에 관한 소유권이전등기청구권을 보전하기 위하여 乙을 대위하여 위 가등기에 기하여 乙 앞으로 소유권이전의 본등기를 하고, 곧이어 같은 날 丁 앞으로 소유권이전등기를 순차 마쳤다. 이 경우 甲이 乙에 대한 승소판결을 받아 위 가압류에 터잡은 강제경매를 신청할 수 있는가?

정답 가압류에 터잡아 강제경매 신청할 수 있다.

▶ **대법원 1998. 8. 21. 선고 96다29564 판결**

[1] 부동산에 관하여 전소유자로부터 채무자 명의의 소유권이전등기가 되고 같은 날 채무자로부터 제3자가 소유권이전등기를 넘겨받기 전에 이미 가압류채권자 명의의 적법한 가압류기입등기가 되어 가압류결정이 공시되어 있었던 경우, 가압류채권자는 제3자에 대하여 위 가압류의 처분금지적 효력을 주장할 수 있다 할 것이어서, 제3자 명의의 소유권이전등기는 등기된 가압류의 채권자와의 관계에서는 무효이다.

[2] 제3자에 의하여 채무자 명의의 가등기에 기한 소유권이전의 본등기가 마쳐진 경우, 그 가등기된 부동산소유권이전등기청구권을 가압류한 채권자의 신청에 의한 당해 부동산에 대한 강제집행절차는 정당하고, 그 강제경매절차에 의하여 적법하게 부동산을 낙찰받은 낙찰인 명의의 소유권이전등기 역시 적법·유효하다.

3. 소유권이전등기청구권보전을 위한 가등기가 사해행위인 경우 원상회복 방법

만약 채무자가 자신의 유일한 부동산에 아내 명의로 소유권이전등기청구권보전을 위한 가등기를 설정한 경우, 채무자의 채권자들은 위 가등기가 사해행위임을 주장하여 사해행위취소의 소를 제기할 수 있을까? 만약 가능하다면 어떠한 방법으로 청구하여야 할까? 채권자취소권에 관하여 민법 제406조 제1항은 "채무자가 채권자를 해함을 알고 재산권을 목적으로 한 법률행위를 한 때에는 채권자는 그 취소 및 원상회복을 법원에 청구할 수 있다. 그러나 그 행위로 인하여 이익을 받은 자나 전득(轉得)한 자가 그 행위 또는 전득 당시에 채권자를 해함을 알지 못한 경우에는 그러하지 아니하다"라고 규정하고 있다. 그런데 채권자취소권의 대상이 되는 사해행위는 채무자의 총재산에 감소를 초래함으로써 채권자를 해하는 채무자의 재산적 법률행위를 말하므로 소유권이전등기청구권보전을 위한 가등기도 사해행위가 될 수 있다. 그런데 소유권이전등기청구권보전을 위한 가등기가 사해행위로서 이루어진 경우 원상회복의 방법에 관한 판례를 보면, "소유권이전등기청구권보전을 위한 가등기가 사해행위로서 이루어진 경우 그 매매예약을 취소하고 원상회복으로서 가등기를 말소하면 족하다"라고 판시하고 있다(대법원 2001. 6. 12. 선고 99다20612 판결, 대법원 2002. 4. 12. 선고 2000다63912 판결). 따라서 만약 채권자는 가등기권자를 상대로 소유권이전등기청구권보전을 위한 가등기가 사해행위임을 주장하여 그 매매예약을 취소하고 위 가등기를 말소하라는 청구를 하면 된다.

4. 가등기 사해행위 수익자에게도 배상청구 가능

대법원은 전원합의체 판결로 기존 견해를 변경하여 채권자의 권리보호를 강화하였다. 즉 사해행위가 가등기 형태로 이뤄진 경우 전득자 앞으로 본등기까지 마쳐져 가등기 및 본등기에 대한 말소청구가 불가능하더라도 수익자에게 가액에 대한 배상을 청구할 수 있다는 것이다. 사안을 간단히 요약하면 A(채무자)는 B(수익자)에게 매매예약을 이유로 가등기를 해줬다. 이후 C(전득자)에게 가등기가 이전됐고 본등기까지 마쳤다. 그런데 A의 채권자인 D가 A와 B 사이의 매매예약을 자신의 채권을 침해하는 사해행위로서 취소하고 원상회복을 청구했다. 원칙적으로 채권자의 사해행위 취소와 원상회복청구가 인정되는 경우 수익자 또는 전득자는 원상회복으로 사해행위의 목적물을 채무자에게 반환할 의무를 지고 만일 원물반환이 불가능하거나 현저히 곤란한 경우에는 사해행위 목적물의 가액 상당을 배상해야 한다. 그리고 채무자 소유의 부동산에 관해 소유권이전청구권가등기를 마친 경우 가등기 자체만으로는 소유권이전의 효력이 발생하지 않지만 나중에 본등기를 마치면 가등기시에 소급해 소유권변동의 효력이 발생하고 그 결과 채권자가 채무자의 재산으로부터 완전한 변제를 받을 수 없게 될 수 있으므로 가등기도 사해행위로서 취소할 수 있다. 이 경우 가등기가 사해행위로 취소되면 가등기권자는 원상회복으로서 가등기 말소의무를 지게 된다. 기존의 대법원판례에 따르면 사해행위인 매매예약에 의해 수익자 앞으로 소유권이전청구권 가등기를 마친 후 전득자 앞으로 그 가등기 이전의 부기등기가 이뤄지고 나아가 그 가등기에 기한 본등기까지 마친 경우 수익자는 가등기말소등기청구 소송의 상대방이 될 수 없다. 또 본등기의 명의인도 아니기 때문에 가액배상의무도 부담하지 않게 된다. 이에 따라 전득자가 사해행위에 대해 몰랐던 경우 취소채권자는 수익자는 물론 전득자에 대해서도 권리구제를 받지 못하는 불합리가 있었다. 하지만 이번에 변경된 대법원의 견해에 따르면 채권자는 수익자에게 가액배상을 청구함으로써 권리를 구제받을 수 있는 길이 열리게 된다. 이번 전원합의체 판결이 내려짐에 따라 가등기를 이용한 사해행위에서 수익자를 상대로 권리구제를 받지 못해왔던 채권자는 앞으로 전득자에게 가등기 이전의 부기등기 및 본등기가 마쳐진 경우라도 수익자를 상대로 가액배상을 청구할 수 있게 됐다.[2]

▶ 대법원 2015. 5. 21. 선고 2012다952 전원합의체 판결

사해행위인 매매예약에 기하여 수익자 앞으로 가등기를 마친 후 전득자 앞으로 그 가등기 이전의 부기등기를 마치고 나아가 그 가등기에 기한 본등기까지 마쳤다 하더라도, 위 부기등기는 사해행위인 매매예약에 기초한 수익자의 권리의 이전을 나타내는 것으로서 위 부기등기에 의하여 수익자로서의 지위가 소멸하지는 아니하며, 채권자는 수익자를 상대로 그 사해행위인 매매예약의 취소를 청구할

2 한국고시 법률뉴스(2015. 5. 28.자).

수 있다. 그리고 설령 부기등기의 결과 위 가등기 및 본등기에 대한 말소청구소송에서 수익자의 피고적격이 부정되는 등의 사유로 인하여 수익자의 원물반환의무인 가등기말소의무의 이행이 불가능하게 된다 하더라도 달리 볼 수 없으며, 특별한 사정이 없는 한 수익자는 위 가등기 및 본등기에 의하여 발생된 채권자들의 공동담보 부족에 관하여 원상회복의무로서 가액을 배상할 의무를 진다 할 것이다.

이와 달리 사해행위인 매매예약에 의하여 마친 가등기를 부기등기에 의하여 이전하고 그 가등기에 기한 본등기를 마친 경우에, 그 가등기에 의한 권리의 양도인은 가등기말소등기청구 소송의 상대방이 될 수 없고 본등기의 명의인도 아니므로 가액배상의무를 부담하지 않는다는 취지의 대법원 2005. 3. 24. 선고 2004다70079 판결 등은 이 판결의 견해에 배치되는 범위 안에서 이를 변경하기로 한다.

5. 가등기권리자와 조세채권과의 우선순위관계

채권자가 돈을 빌려주면서 담보조로 채무자 소유의 주택에 매매를 원인으로 한 소유권이전청구권보전을 위한 가등기를 하였는데, 그 후 채무자가 국세를 체납하자 관할세무서에서 그 주택에 대하여 체납세금에 대한 압류등기를 한 경우에 누가 우선하는가?

정답 가등기가 설정된 날짜가 조세채권의 법정기일 전에 되었는지 여부에 따라 우선권이 달라진다.

국세기본법 제35조 제2항에 의하면 "납세의무자를 등기의무자로 하고, 채무불이행을 정지조건으로 하는 대물변제의 예약에 기하여 권리이전청구권의 보전을 위한 가등기 기타 이와 유사한 담보목적으로 된 가등기가 되어 있는 재산을 압류하는 경우에 당해 가등기에 기한 본등기가 압류 후에 행하여진 때에는 그 가등기의 권리자는 그 재산에 대한 체납처분에 대하여 그 가등기에 기한 권리를 주장할 수 없다. 다만, 국세 또는 가산금(그 재산에 대하여 부과된 국세와 가산금을 제외)의 법정기일 전에 가등기된 재산에 대하여는 그러하지 아니하다"라고 규정하고 있다. 이 경우 세무서장은 위 가등기재산을 압류하거나 공매(公

賣)할 때에는 그 사실을 가등기권리자에게 지체 없이 통지하여야 한다(국세기본법 35조 3항). 여기서 '법정기일'이라 함은 국세채권과 저당권 등에 의하여 담보된 채권 간의 우선 여부를 결정하는 기준일로서 국세기본법 제35조 제1항 제3호 각 목에 해당하는 기일을 말한다.[3] 다만, 위 조항 단서에 규정하는 바와 같이 담보에 제공된 재산에 대해 부과된 국세나 지방세와 가산금은 그 법정기일 전에 설정된 저당권 등으로부터 담보된 채권보다 우선한다(국세기본법 35조 1항 3호, 지방세기본법 99조 1항 3호). 이를 '당해세[4] 우선의 원칙'이라고 부른다.

6. 가등기 이후 경료된 국세압류등기의 효력

국세압류등기 이전에 소유권이전청구권 보전의 가등기가 경료되고 그 후 본등기가 이루어진 경우, 그 가등기가 매매예약에 기한 순위보전의 가등기라면 그 이후에 경료된 압류등기는 효력을 상실하여 말소되어야 한다. 하지만 그 가등기가 채무담보를 위한 가등기 즉 담보가등기라면 그 후 본등기가 경료되더라도 가등기는 담보적 효력을 갖는데 그치므로 압류등기는 여전히 유효하므로 말소될 수 없다. 가등기 이후 국세압류등기가 경료된 사안에서 해당 가등기가 담보가등기라는 점에 관한 소명자료가 제출되어 담보가등기인지의 여부에 관

3 가. 과세표준과 세액의 신고에 따라 납세의무가 확정되는 국세[중간예납하는 법인세와 예정신고납부하는 부가가치세 및 소득세(「소득세법」 제105조에 따라 신고하는 경우로 한정한다)를 포함한다]의 경우 신고한 해당 세액에 대해서는 그 신고일
나. 과세표준과 세액을 정부가 결정·경정 또는 수시부과 결정을 하는 경우 고지한 해당 세액에 대해서는 그 납세고지서의 발송일
다. 원천징수의무자나 납세조합으로부터 징수하는 국세와 인지세의 경우에는 가목 및 나목에도 불구하고 그 납세의무의 확정일
라. 가산금의 경우 그 가산금을 가산하는 고지세액의 납부기한이 지난 날
마. 제2차 납세의무자(보증인을 포함한다)의 재산에서 국세를 징수하는 경우에는 「국세징수법」 제12조에 따른 납부통지서의 발송일
바. 양도담보재산에서 국세를 징수하는 경우에는 「국세징수법」 제13조에 따른 납부통지서의 발송일
사. 「국세징수법」 제24조 제2항에 따라 납세자의 재산을 압류한 경우에 그 압류와 관련하여 확정된 세액에 대해서는 가목부터 마목까지의 규정에도 불구하고 그 압류등기일 또는 등록일

4 당해세에 해당되는 국세는 상속세, 증여세, 종합부동산세이고, 지방세로는 재산세, 자동차세(자동차 소유에 대한 자동차세만 해당), 지역자원시설세(특정부동산에 대한 지역자원시설세만 해당) 및 지방교육세(재산세와 자동차세에 부가되는 지방교육세만 해당)를 말한다. 취득세와 등록세는 당해세에 해당되지 않는다.

하여 이해관계인 사이에 실질적으로 다투어지고 있는 경우에는 가등기에 기한 본등기권자의 태도 여하에 불구하고 형식적 심사권밖에 없는 등기공무원으로서는 해당 가등기를 순위보전의 가등기로 인정하여 국세압류등기를 직권 말소할 수 없다. 또한 해당 가등기가 담보가등기인지 여부는 해당 가등기가 실제상 채권담보를 목적으로 한 것인지 여부에 의하여 결정되는 것이지, 해당 가등기의 등기부상 원인이 매매예약으로 기재되어 있는지 아니면 대물변제예약으로 기재되어 있는가 하는 형식적 기재에 의하여 결정되는 것이 아니다(대법원 1998. 10. 7.자 98마1333 결정).

7. 조세채무를 피해 가등기를 설정한 경우

통상 납세를 체납하여 자신의 부동산에 국세청에서 압류 들어올 것을 예상하여 자신의 부동산에 허위로 전세권, 질권, 저당권, 가등기 등을 설정하는 경우가 많다. 그러나 이 경우 주의해야 할 점은 국세청에서 사해행위취소 청구를 할 가능성이 많다는 점이다. 즉 국세기본법 제35조 제4항 전단을 보면 "세무서장은 납세자가 제3자와 짜고 거짓으로 재산에 다음 각 호의 어느 하나에 해당하는 계약을 하고 그 등기 또는 등록을 함으로써 그 재산의 매각금액으로 국세나 가산금을 징수하기가 곤란하다고 인정할 때에는 그 행위의 취소를 법원에 청구할 수 있다"라고 규정하고 있다. 특히 법정기일이 지난 조세채권의 경우에는 통상의 담보권보다 우선하므로 가등기를 설정하는 경우가 많다. 그런데 국세기본법 제35조 제4항 후단을 보면, "이 경우 납세자가 국세의 법정기일 전 1년 내에 특수관계인 중 대통령령으로 정하는 자(친족, 기타 경제적 연관관계자)와 전세권·질권 또는 저당권 설정계약, 가등기 설정계약 또는 양도담보 설정계약을 한 경우에는 짜고 한 거짓 계약으로 추정한다"라고 규정하고 있다. 따라서 법정기일 전 1년 내에 가등기 등을 설정한다고 해도, 위와 같은 추정을 뒤집을 정도의 반증을 하지 못하는 한, 국세청이 제기한 사행행위 취소소송에서 패소할 가능성이 크다.

V. 가등기에 기한 본등기청구

1. 등기의무자가 협력하지 아니할 경우

대물변제를 원인으로 혹은 매매예약을 원인으로 가등기를 설정한 경우에 가등기권자는 소유자에게 가등기 요건이 충족될 경우에는 본등기 즉 이전등기를 청구할 수 있다. 이 경우 만약 소유자가 이를 거부할 경우에는 가등기에 기한 본등기청구 소송을 제기하여야 한다.

2. 소유자가 제3자에게 소유권을 이전하거나 담보권을 설정한 경우

이 경우 법률문제는 복잡해진다. 부동산의 원소유자 甲이 乙에게 순위보전 가등기를 설정해준 뒤, 가등기권자인 乙이 본등기를 경료하기 전에, 乙의 허락 없이 자신의 부동산을 제3자인 丙에게 처분하거나, 근저당 등 담보권을 설정해 주는 경우가 발생할 수 있다. 가등기는 원래 본등기를 경료하기 전까지는 순위보전의 효력밖에 없을 뿐 진정한 소유권자가 아니다. 그러므로 가등기 의무자인 소유자가 부동산을 제3자에게 처분하는 것을 막을 방법은 없다. 그렇다면 이러한 경우 가등기권자인 乙은 어떻게 자신의 권리를 행사할 수 있을까? 이 경우 두 가지 법률적 쟁점이 있다. 즉 첫째는 소송을 누구를 상대로 제기해야 하는가의 점이고, 둘째는 만약 원소유자 甲을 상대로 가등기에 기한 본등기소송을 제기할 경우, 현재의 소유자인 丙에게 별도로 소유권이전등기말소청구를 해야 하는가가 문제된다.

가. 소송의 상대방

먼저 가등기권자(乙)는 누구를 상대로 소송을 제기해야 하는가? 당장의 소유권자는 제3자(丙)의 명의로 되어 있으니 丙을 상대로 소송을 제기해야 할 것으로 보이기도 한다. 과거의 일본 판례 및 우리나라의 오래전 판례를 보면 그와 같은 취지를 견지하였다. 그러나 대법원은 1962. 12. 24.자 4294民再抗675호 결정(전원합의부 결정[5])에서 입장을 바꿔서 가등기권리자 乙은 먼저 가등기 의무자(원 소유자 甲)를 상대로 본등기를 하여야 한다고 판시하였다. 반면 가등

5 判總 7卷, 492면.

기권리자(乙)는 그와 같은 본등기를 함이 없이 직접 제3자(丙)를 상대로 소유권 이전등기의 말소를 구할 수 없다.

▶ 대법원 1966. 6. 21. 선고 66다699 · 700 판결

가등기 후에 가등기권리자 이외의 제3자에 대한 소유권이전의 본등기가 경유되었다 하여도 가등기권리자의 본등기청구권은 이행불능상태에 있다고 할 수 없으므로 제3자의 소유권이전등기의 말소등기 없이 그 가등기의 본등기를 명할 수 있다.

나. 현재의 소유자(丙)를 상대로 이전등기 말소를 별도로 구해야 하나?

이 점에 관하여 대법원은 별도로 丙을 상대로 소송을 제기하지 않아도 직권말소사항이라고 판시하고 있다. 그 이유는 가등기 후에 본등기를 한 제3자는 가등기권자의 본등기 취득으로 등기순위와 물권의 배타성에 의하여 실질적으로 등기의 효력을 상실할 것이므로, 이와 같은 경우 등기공무원은 가등기 후에 한 제3자의 본등기를 직권으로 말소할 수 있기 때문이다. 즉 부동산등기법 제58조(직권에 의한 등기의 말소) 제1항에 의하면 "등기관이 등기를 마친 후 그 등기가 제29조 제2호[6]에 해당된 것임을 발견하였을 때에는 등기권리자, 등기의무자와 등기상 이해관계 있는 제3자에게 1개월 이내의 기간을 정하여 그 기간에 이의를 진술하지 아니하면 등기를 말소한다는 뜻을 통지하여야 한다"라고, 제4항에 의하면 "그 기간 이내에 이의를 진술한 자가 없거나 이의를 각하한 경우에는 제3자의 등기를 직권으로 말소하여야 한다"라고 각 규정되어 있다. 따라서 등기공무원은 이러한 절차를 밟아 제3자 앞으로 경료된 소유권이전등기를 말소할 수 있는 것이다.

▶ 대법원 1963. 7. 25. 선고 63다53 판결

가등기권자는 가등기만으로서 가등기후의 본등기취득자에게 가등기에 의하여 보전된 물권을 주장하여 제3자의 본등기의 말소를 청구할 수 없고 가등기후에 본등기를 한 제3자는 가등기권자의 본등기취득으로 등기순위와 물권의 배타성

6 사건이 등기할 것이 아닌 경우 등기신청 각하 사유에 해당된다.

에 의하여 실질적으로 등기의 효력을 상실할 것임으로 이와 같은 경우에는 등기 공무원은 부동산등기법 소정절차에 의하여 가등기 후에 한 제3자의 본등기를 직권으로 말소할 것이라 함은 본원의 판례(1962. 12. 24일자 94민재항675 결정)로 하는 바이다.

〈가등기에 기한 본등기청구소송 서식〉

소 장

원 고 김 원 고 (주소)
피 고 이 피 고 (주소)

가등기의 본등기절차이행 등 청구의 소

청 구 취 지

1. 피고는 원고에게 별지목록 기재 건물에 관하여 ○○지방법원 ○○지원 19○○. ○. ○○. 접수 제○○○○호로 한 소유권이전등기청구권보전을 위한 가등기에 기하여 20○○. ○. ○○. 대물변제를 원인으로 한 소유권이전의 본등기절차를 이행하라.
2. 피고는 원고에게 별지목록 기재 건물을 명도하고, 20○○. ○. ○○.부터 위 건물을 명도할 때까지 월 ○○원의 비율에 의한 금원을 지급하라.
3. 소송비용은 피고의 부담으로 한다.
4. 제2항은 가집행 할 수 있다.

라는 판결을 구합니다.

청 구 원 인

1. 소유권이전등기청구와 관련하여

가. 원고는 별지목록 기재 건물에 대하여 소유권이전등기청구권 보전을 위한 가등기를 요구하였는바, 피고는 대물변제 예약을 원인으로 한 소유권 이전등기청구권가등기를 경료하여 주었습니다. 피고는 현재 원고에게 별지목록 기재 건물의 소유권이전등기절차를 이행하지 아니하고 있는바, 피고는 원고에게 위 가등기에 기하여 대물변제를 원인으로 한 소유권이전의 본등기절차를 이행할 의무가 있다 할 것입니다.

2. 건물명도 청구와 관련하여

가. 피고는 그 소유인 별지목록 기재 건물에 거주하고 있습니다(갑 제4호증 주민등록등본 참조). 피고는 별지목록 기재 건물을 점유할 권원이 없고 원고에게 건물을 명도할 의무를 부담한다 할 것이며 위 건물을 명도할 때까지 월 ○○원의 비율에 의한 금원을 지급할 의무 또한 면할 수 없다 할 것입니다.

3. 맺 음 말

이에 원고는 피고에게 별지목록 기재 건물에 관하여 가등기에 기한 본등기절차의 이행을 구함과 동시에 그 명도를 구하기 위하여 이 사건 소를 제기하기에 이른 것입니다.

입 증 방 법

1. 갑 제1호증 계약서
1. 갑 제2호증 등기부등본
1. 갑 제3호증 건축물관리대장
1. 갑 제4호증 대물변제 약정서
1. 갑 제5호증 주민등록등본
1. 갑 제6호증 임료확인서

그 밖의 입증방법은 소송의 진행에 따라 수시로 제출하겠습니다.

첨 부 서 류

1. 위 입증방법 각 1통
1. 소장부본 1통
1. 납부서 1통

20○○년 ○월 ○일

원 고 김 원 고 (인)

서울중앙지방법원 귀중

[별 지]

부 동 산 의 표 시

1. 서울 강남구 대치동 ○○
   대 157.4㎡
1. 위 지상
   벽돌조 평슬래브 지붕 2층주택
   74.82㎡

제8장
소유권 관계 소송

제 8 장 소유권 관계 소송

Ⅰ. 개 요

통상 소유권이전등기 소송은 먼저 처분금지가처분 등 보전처분을 하고 청구한다. 그리고 소유권이전등기 관련 소송은 원인무효로 인한 소유권이전등기 말소청구, 가등기에 기한 본등기청구, 명의신탁해지를 원인으로 하는 이전등기청구 등이 실무상 많이 활용되고 있다. 그리고 부동산특별조치법에 의해 소유권이전등기가 되었을 경우에 그 유효성을 다투는 경우도 있으며, 상속회복청구와도 관련해서 소송이 이뤄지고 있다. 각 분야에서 이미 소유권이전등기 관련 부분은 설명했으므로 그 외의 문제되는 부분을 살펴본다.

Ⅱ. 소멸시효 관련

앞서 소멸시효에 관하여 설명하였는데 소멸시효는 원칙적으로 소유권 이외의 재산권이 그 대상이 된다. 소유권 이외의 재산권으로는 크게 채권 내지 채권적 청구권 등이 이에 해당된다. 한편 소유권이 소멸시효에 걸리지 않으므로 그에 기한 물권적 청구권 역시 소멸시효에 걸리지 않는다. 그럼 구체적으로 살펴보자.

1. 소 유 권

민법 제162조 제2항에 의하면 소유권은 소멸시효에 걸리지 않는다. 따라서 누군가가 자신의 소유권을 행사하지 않고 방치해 놓아도 소멸시효로 사라지지는 않는다. 하지만 만약 다른 사람이 점유취득시효나 등기부취득시효로 시효취득할 경우에는 그 사람은 원소유권자에게 소유권이전등기청구를 할 수 있게 되므로 원소유권자는 소유권을 상실할 수 있다. 하지만 이는 소멸시효로 소유권을 상실하는 것이 아니라 다른 사람의 취득시효로 상실하게 되는 것이다.

2. 물권적 청구권

소유권이 소멸시효로 상실하지 않으므로 소유권에 기한 물권적 청구권, 예컨대 소유물반환청구, 방해배제청구권 등 역시 시효로 소멸되지 않는다. 실무상 소유물반환청구와 관련된 소멸시효가 쟁점이 되곤 한다.

※ 사례별 연구

가. 소유권이전등기확정판결문을 받은 사람의 등기청구권은 시효에 걸리나?

정답 물권적 청구권은 시효에 걸리지 않으므로 10년이 지난 뒤에도 이전등기청구가 가능하다.

상속, 공용징수, 판결, 경매 기타 법률의 규정에 의한 부동산에 관한 물권의 취득은 등기를 요하지 않는다. 다만 등기를 하지 않으면 처분할 수 없을 뿐이다(민법 187조). 따라서 확정판결에 의한 소유권을 인정받은 사람은 일단 판결에 의해 소유권을 취득하게 되므로 그 이후의 등기청구권은 물권적 청구권이 된다. 따라서 이 경우에는 이러한 등기청구권은 소멸시효의 대상이 되지 않는다. 같은 이유로 부동산 등기예규에도 "소유권이전등기절차의 이행을 명하는 확정판결을 받았다면 그 확정시기가 언제인가에 관계없이 그 판결에 의한 소유권이전등기신청을 할 수 있다"라고 되어 있다(1987. 5. 21, 등기예규 제628호). 따라서 부동산소유권이전등기절차 이행청구의 확정판결에 기하여 10년이 지났다고 해도 토지의 소유권이전등기신청을 할 수 있다. 이러한 법리는 공유물분할청구소송의 경우도 마찬가지로 적용된다.

▶ **대법원 1981. 3. 24. 선고 80다1888 · 1889 판결**

공유물분할청구권은 공유관계에서 수반되는 형성권이므로 공유관계가 존속하는 한, 그 분할청구권만이 독립하여 시효에 의하여 소멸될리 없다고 할 것이며 따라서 그 분할청구의 소 내지 공유물분할을 명하는 판결도 형성의 소 및 형성판결로서 소멸시효의 대상이 될 수 없다.

나. 매매계약이 해제된 경우 원상회복를 위한 소유권이전등기청구권은 시효에 걸리나?

정답 소유권에 기한 반환청구권으로서 물권적 청구권이므로 시효에 걸리지 않는다.

계약이 적법하게 해제되면 그 계약의 이행으로 변동이 되었던 물권은 당연히 그 계약이 없었던 상태로 복귀하는 것이므로, 매도인으로부터 매수인에게 넘어갔던 소유권은 당연히 복귀하여 매도인이 그 소유자가 된다. 따라서 매도인이 매수인에게 원상회복을 위한 이전등기청구를 하는 것은 10년이 지난 뒤에 해도 시효에 걸리지 않는다.

▶ **대법원 1982. 7. 27. 선고 80다2968 판결**

이 사건과 같이 계약에 따른 채무이행으로 이미 등기를 하고 있는 경우에 그 원인행위인 채권계약이 해제되면 계약의 이행으로 변동이 생겼던 물권은 당연히 그 계약이 없었던 원상태로 복귀한다고 함이 당원의 판례로 하는 바이고(대법원 1977. 5. 24. 선고 75다1394 판결 참조) 이는 계약을 합의해제하는 경우에도 마찬가지라고 할 것인바, 그렇다면 이 사건매매계약이 합의해제됨으로써 매수인에게 이전되었던 소유권은 당연히 매도인에게 복귀하는 것이므로 합의해제에 따른 매도인의 원상회복청구권은 소유권에 기한 물권적 청구권이라 할 것이고, 따라서 이는 소멸시효의 대상이 아니라고 할 것이다.

3. 채권적 청구권

물권적 청구권이 소유권에 기한 반환청구 내지 방해배제청구인데 반해, 매매계약을 한 매수인이 매도인에게 요구할 수 있는 등기청구권은 아직 소유권이 성립되기 전의 권리로서 단순한 채권에 기한 권리이므로 이를 채권적 청구권이라고 부른다.

※ 사례별 연구

가. 매매계약에 의한 소유권이전등기청구권은 시효에 걸리나?

정답 채권적 청구권이므로 통상적인 경우는 소멸시효 10년에 걸린다. 다만 매수인이 부동산을 이전받아 계속 점유할 경우에는 시효에 걸리지 않는다.

매매계약을 한 후 계약금, 중도금, 잔금을 지급할 경우에는 매수인은 매도인에게 당연히 소유권이전등기청구를 할 권리가 생긴다. 그런데 이는 소유권에 기한 권리가 아닌 채권적 청구권의 일종이므로 소멸시효의 대상이 된다. 하지만 만약 매수인이 그 부동산을 인도받아 점유하고 있으면서 등기이전을 하지 아니한 채 10년이 경과된 경우에는 시효에 걸리지 않는다는 것이 대법원판례이다.

▶ **대법원 1976. 11. 6. 선고 76다148 전원합의체 판결**

시효제도의 존재이유에 비추어 보아 부동산 매수인이 그 목적물을 인도받아서 이를 사용수익하고 있는 경우에는 그 매수인을 권리 위에 잠자는 것으로 볼 수도 없고 또 매도인 명의로 등기가 남아 있는 상태와 매수인이 인도받아 이를 사용수익하고 있는 상태를 비교하면 매도인 명의로 잔존하고 있는 등기를 보호하기보다는 매수인의 사용수익 상태를 더욱 보호하여야 할 것이므로 그 매수인의 등기청구권은 다른 채권과는 달리 소멸시효에 걸리지 않는다고 해석함이 타당하다.

나. 나아가 부동산 매수인이 부동산을 인도받아 사용·수익하다가 제3자에게 그 부동산을 처분하고 점유를 승계하여 준 경우, 제3자의 소유권이전등기청구권 역시 소멸시효에 걸리지 않는가?

정답 소멸시효에 걸리지 않는다.

▶ **대법원 1999. 3. 18. 선고 98다32175 전원합의체 판결**

부동산의 매수인의 매도인에 대한 소유권이전등기청구와 인도청구는 일반적으로 그 자체가 채권이라고 이해되고 있으나 그 법률적 성질은 소유권을 이전받을 매수인의 채권에 기한 채권적 권리 행사인 것이다. 그런데 매수인이 이전등기청구를 하거나 또는 인도청구를 하는 것은 모두 매수채권을 행사하였다는 점에서 동일하고, 또한 매수인이 부동산을 인도받음으로써 인도에 관한 채권행사는 일단 완료된 것이고 그 이후 이를 점유·사용하는 것은 매수채권 행사 자체가 계속되는 것이 아니고 그 권리 행사 결과의 상태가 유지되는 것뿐이므로 목적물을 매수인 본인이 점유·사용하든지 또는 제3자에 양도하여 점유·사용하게 하든지 매수인의 인도청구권 행사의 결과에 따른 상태는 마찬가지로 유지되고 있어 권리 행사의 상태가 관건이 되는 시효 적용에서 이를 구별할 필요가 없다.

Ⅲ. 원인무효등기를 믿고 거래한 제3자는 보호받는가?

1. 원칙 — 보호받지 못한다

원칙적으로 원인무효등기를 믿고 매수한 사람과 그 사람으로부터 다시 전득한 사람의 등기는 원인무효에 터잡아 된 등기들이므로 그 근본이 되는 등기가 원인무효로 말소될 경우 당연히 효력을 잃게 된다. 하지만 이러한 원인무효등기에 터잡은 소유권이전등기 혹은 가압류, 근저당권설정등기 등 말소등기와 이해관계가 있는 사람들(이하 '이해관계인') 명의 등기들은 부동산등기관들이 자동적으로 말소해주지 않는다. 그럼 어떻게 그러한 등기들을 처리해야 하나?

2. 원인무효등기에 터잡은 가압류 등을 말소하려면?

현재의 원인무효의 등기에 제3자가 가압류나 근저당을 설정한 경우에, 원 소유권자는 현재 소유자로 등재된 사람을 상대로 원인무효에 의한 말소등기소송을 통해 등기를 말소할 경우, 그 위에 설정된 가압류나 근저당은 자동으로 말소되지 않는다. 부동산등기법 제171조에 의하면 "등기의 말소를 신청하는 경우에 그 말소에 대하여 등기상 이해관계 있는 제3자가 있는 때에는 신청서에 그 승낙서 또는 이에 대항할 수 있는 재판의 등본을 첨부하여야 한다"라고 규정하고 있다. 따라서 이 경우 말소될 등기에 설정된 가압류나 근저당설정등기는 위에서 말하는 이해관계 있는 제3자에 해당되므로 그 사람이 자신의 등기를 말소함에 동의하지 아니할 경우 별도의 재판을 통해 말소를 시켜야 한다. 그러므로 통상 이런 경우 원고의 입장에서는 원인무효로 인한 소유권이전등기 말소를 구함과 동시에 가압류, 가처분 등기 등에 대한 말소도 함께 해야 한다. 이 경우 소송의 형태는 어떻게 해야 하나? 원칙적으로는 제3자를 상대로 '소유권이전등기의 말소에 대한 승낙을 구하는 소송'을 구해야 한다. 하지만 통상 실무상으로는 소유자가 원인무효인 소유권이전등기의 말소와 함께 가압류, 가처분 등기 등의 말소를 함께 구하는 경우가 많은데[1] 이 점에 관하여 대법원은 이러한 말소를 구하는 소송을 소유권이전등기 말소에 대한 승낙을 구하는 소송으로 선해(善解) 하고 있으므로 문제가 없다.

▶ 대법원 1998. 11. 27. 선고 97다41103 판결

원인무효인 소유권이전등기 명의인을 채무자로 한 가압류 등기와 그에 터잡은 경매신청기입등기가 경료된 경우, 그 부동산의 소유자는 원인무효인 소유권이전

1 원칙적으로 가압류, 가처분의 경우는 채권자의 청구에 의해 법원에 의해 등기되는 것이므로 명의자를 상대로 말소를 구하는 소송형태가 불가능하다. 그런 이유로 아래에서 살펴보는 대법원 판례(97다41103)의 원심에서는 그런 당사자를 상대로 가압류, 가처분 말소를 구하는 소송이 부적법하다는 이유로 각하해버린 것인데, 대법원에서 이에 대한 해석을 '말소에 대한 승낙을 구하는 소송'으로 보아 구제해준 사례이다. 한편 근저당이나 이전등기의 경우는 명의자를 상대로 말소를 직접 구하는 소송형태가 원래 가능한 소송형태이므로 명의자를 상대로 말소를 직접 구할 수 있고, 아니면 말소에 대한 승낙을 구하는 소송을 해도 무방하다. 통상 실무상으로는 근저당권이나 이전등기 명의자를 상대로 함께 말소를 구하는 소송을 제기하고 있다.

등기의 말소를 위하여 이해관계에 있는 제3자인 가압류채권자를 상대로 하여 원인무효등기의 말소에 대한 승낙을 청구할 수 있고, 그 승낙이나 이에 갈음하는 재판이 있으면 등기공무원은 신청에 따른 원인무효등기를 말소하면서 직권으로 가압류등기와 경매신청기입등기를 말소하여야 할 것인바, 소유자가 원인무효인 소유권이전등기의 말소와 함께 가압류등기 등의 말소를 구하는 경우, 그 청구의 취지는 소유권 이전등기의 말소에 대한 승낙을 구하는 것으로 해석할 여지가 있다.

3. 예외 ― 무효등기임에도 보호받는 이해관계인

가. 시효취득자 ― 원시취득으로 보호받음

만약 원인무효 등기를 믿고 그 부동산을 매수하여 이전등기를 한 사람이 10년간 이를 소유의 의사로서 10년간 평온 · 공연하게 선의이며 과실 없이 그 부동산을 점유한 경우에는 등기부취득시효로 소유권을 취득한다(민법 245조 2항). 그리고 매수인이 이전등기를 하지 아니하였다고 해도 20년간 소유의 의사로 평온 · 공연하게 그 부동산을 점유하였다면 점유취득시효로 인해 소유권을 취득한다(민법 245조 1항). 어느 경우나 모두 이러한 시효로 취득한 것은 원시취득에 해당되므로 전 주인의 등기가 원인무효라고 해도 취득시효에 방해가 되지 않는다.

나. 공용수용 ― 원시취득으로 보호받음

국가, 지방자치단체, 공공기관의 운영에 관한 법률 제4조에 따른 공공기관, 지방공기업법에 따른 지방공기업 또는 국가나 지방자치단체가 지정한 자가 임대나 양도의 목적으로 시행하는 주택 건설 또는 택지 및 산업단지 조성에 관한 사업을 하는 경우 등과 같이 공익사업을 위한 토지를 수용하는 경우가 있다. 그런데 이 경우에는 사업시행자는 수용의 개시일에 토지나 물건의 소유권을 취득하며, 그 토지나 물건에 관한 다른 권리는 이와 동시에 소멸한다(공익사업을 위한 토지 등의 취득 및 보상에 관한 법률 45조 1항). 이러한 공익사업을 위한 토지수용은 원시취득에 해당된다. 따라서 만약 등기서류를 위조하여 자신 앞으로 소유권이전등기를 한 사람에게 보상금을 지불하고 공용수용을 한 경우에 나중에 원소유권자가 공익사업자 앞으로 된 등기가 원인무효에 터잡은 등기이므로 무효라고 주장할 수 없게 된다.

다. 명의수탁자로부터 부동산을 산 매수인 — 명의신탁의 대세효로 보호받음

명의신탁은 대내적으로는 신탁자의 소유로, 대외적으로는 수탁자의 소유로 하고 타인의 명의로 부동산을 취득하는 약정이므로 명의신탁의 유・무효성을 떠나 대외적 관계에서는 수탁자의 소유이다. 따라서 가령 명의신탁이 무효가 된다고 해도 명의수탁자의 처분행위는 유효하므로 명의수탁자로부터 부동산을 매수한 사람은 보호를 받게 된다(부동산실명법 4조 3항).

▸ 대법원 2013. 2. 28. 선고 2010다89814 판결

양자간 등기명의신탁에서 명의수탁자가 신탁부동산을 처분하여 제3취득자가 유효하게 소유권을 취득하고 이로써 명의신탁자가 신탁부동산에 대한 소유권을 상실하였다면, 명의신탁자의 소유권에 기한 물권적 청구권, 즉 말소등기청구권이나 진정명의회복을 원인으로 한 이전등기청구권도 더 이상 그 존재 자체가 인정되지 않는다. 그 후 명의수탁자가 우연히 신탁부동산의 소유권을 다시 취득하였다고 하더라도 명의신탁자가 신탁부동산의 소유권을 상실한 사실에는 변함이 없으므로, 여전히 물권적 청구권은 그 존재 자체가 인정되지 않는다.

Ⅳ. 특별조치법에 의한 등기 관련

1. 원 칙

부동산등기법에 의하여 등기하여야 할 부동산으로 소유권보존등기가 되어 있지 아니하거나 등기부 기재가 실제 권리관계와 일치하지 않는 부동산을 간이절차에 의하여 등기할 수 있도록 정부가 약 10년에 한 번씩 부동산(임야)소유권이전등기 등에 관한 특별조치법(이하 '특별조치법')을 제정한다. 가장 최근의 특별조치법으로는 2005. 5. 26, 법률 제7500호로 제정된 것이 있는데 2007. 12. 31.까지 한시적으로 시행되었으며 2005. 6. 30. 이전에 매매, 증여, 교환 등 법률행위로 사실상 양도된 부동산, 상속받은 부동산과 소유권보존기가 되어 있지 아니하여 등기부상의 기재내용과 실체 권리관계가 불일치하는 부동산을 그 대

상으로 하였다. 이러한 특별조치법에 의한 등기는 같은 법 소정의 적법한 절차에 따라 경료된 것으로서 실체관계에 부합하는 등기로 추정되므로 그 등기의 말소를 소구하는 자에게 위 추정 번복의 주장·증명책임이 있다. 하지만 상대방이 그 등기의 기초가 된 보증서나 확인서의 실체적 기재내용이 허위임을 자인하거나 그 실체적 기재내용이 진실이 아님을 의심할 만큼 증명이 된 때에는 그 등기의 추정력은 번복된다(대법원 1993. 9. 14. 선고 93다7143 판결).

2. 참칭상속인에 대한 소의 성격

특히 이러한 특별조치법을 이용하여 공동상속인 중 한 사람이 마치 생전에 피상속인으로부터 매수한 것처럼 서류를 꾸며 이전등기를 한 경우에 이러한 참칭상속인에 대한 회복의 소가 과연 상속회복청구에 해당되는가가 문제된다. 이 점은 특히 상속회복청구권은 제척기간(침해를 안 날부터 3년, 상속권의 침해행위가 있은 날부터 10년, 민법 999조 2항) 때문에 문제된다. 이 점에 관하여 대법원은 이 경우 참칭상속인의 등기가 상속에 의한 등기가 아니고 부동산특별조치법에 의한 것이라는 이유로 이에 대한 회복청구를 상속회복청구로 보지 않고 그 결과 제척기간에 걸리지 않는다고 판단하고 있다.

▸ 대법원 1993. 9. 14. 선고 93다12268 판결

상속인 중 1인이 피상속인의 생전에 그로부터 토지를 매수한 사실이 없음에도 불구하고 이를 매수하였다고 하여 부동산소유권이전등기등에관한특별조치법에 의한 이전등기를 경료하였음을 이유로 하여 나머지 상속인들을 대위하여 그 말소를 청구하는 소는 상속회복청구의 소에 해당한다고 볼 수 없다.

3. 특별조치법에 의한 등기자가 그 취득원인을 달리 한 경우 등기추정력

만약 매수인이 실제로 토지를 매수하였으나, 그 소유권이전등기를 받지 못하고 있다가 특별조치법에 의하여 소유권이전등기를 하였는데 보증인의 보증서나 확인서상에는 증여를 원인으로 소유권을 취득한 것으로 되어 있는 경우에 위 등기의 추정력이 부인되는가가 문제된다. 만약 이 경우 매도인이 위 특별조치법상 등기에 있어 등기원인이 잘못되어 있으므로 등기의 추정력이 부인되므로 원인무효의 등기라고 말소를 구할 경우 어떻게 될까? 대법원은 과거에는 이러한 등기원인이 다르다는 이유만으로 등기의 추정력이 부인된다고 판시하였다가, 아래에서 보는 바와 같이 전원합의체 판결에 의하여 이를 번복하였다. 즉 현재는 이러한 등기원인이 다르다는 이유만으로 추정력이 번복되는 것은 아니라고 입장을 바꾼 것이다.

▶ 대법원 2001. 11. 22. 선고 2000다71388 · 71395 전원합의체 판결

구 임야소유권이전등기 등에 관한 특별조치법(실효, 이하 '특별조치법'이라 한다)에 따라 등기를 마친 자가 보증서나 확인서에 기재된 취득원인이 사실과 다름을 인정하더라도 그가 다른 취득원인에 따라 권리를 취득하였음을 주장하는 때에는, 특별조치법의 적용을 받을 수 없는 시점의 취득원인 일자를 내세우는 경우와 같이 그 주장 자체에서 특별조치법에 따른 등기를 마칠 수 없음이 명백하거나 그 주장하는 내용이 구체성이 전혀 없다든지 그 자체로서 허구임이 명백한 경우 등의 특별한 사정이 없는 한 위의 사유만으로 특별조치법에 따라 마쳐진 등기의 추정력이 깨어진다고 볼 수는 없으며, 그 밖의 자료에 의하여 새로이 주장된 취득원인 사실에 관하여도 진실이 아님을 의심할 만큼 증명되어야 그 등기의 추정력이 깨어진다고 할 것이다.

그러므로 위 사안에 있어서도 매수인은 특별조치법에 의하여 소유권이전등기를 함에 있어서 보증인의 보증서나 확인서상에는 증여를 원인으로 소유권을 취득한 것으로 되어 있지만, 실질적으로는 위 토지를 매수하였음을 주장한다는 사실만으로 특별조치법에 의한 등기의 추정력이 부인되지 않는다. 따라서 이 경우 매도인은 그 밖의 자료에 의하여 매수인이 매수한 것 역시 사실이 아니라는 점에 관하여도 증명해야만 한다.

V. 매도인의 등기인수청구권

매도인이 매수인에게 등기이전에 필요한 서류를 모두 교부하였는데도 매수인이 이를 이전해 가지 않는 경우가 종종 있다. 이 경우 매도인 입장에서는 재산세도 나오게 되고 다른 부동산을 구입하면 1가구 2주택에도 해당될 수 있어 불이익을 보게 된다. 그렇다고 자신의 이름으로 되어 있다고 여기에 담보를 설정하거나 다른 사람에게 팔아버리면 불법행위가 되어 형사처벌도 받게 될 수 있으므로 이러지도 저러지도 못하게 된다. 이 경우 매도인이 강제적으로 매수인 앞으로 등기를 넘기려면 소송을 통해 하는 수밖에 없다. 부동산등기법 제28조에 의하면 "등기는 등기권리자와 등기의무자 또는 대리인이 등기소에 출석하여 이를 신청하여야 한다. 다만, 대리인이 변호사 또는 법무사(법무법인 또는 법무사합동법인을 포함)인 경우에는 대법원규칙이 정하는 사무원을 등기소에 출석하게 하여 이를 신청할 수 있다"라고 규정하고 있다. 그러므로 부동산의 등기신청은 등기권리자와 등기의무자가 공동으로 신청하는 것이 원칙인데 공동신청이 등기당사자 일방의 비협조로 이루어질 수 없을 경우 등기권리자가 등기청구권(등기신청에 협력할 것을 청구하는 권리)을 행사하여 판결을 받아 단독으로 등기신청할 수 있음은 당연하다. 그렇다면 등기의무자(등기명의자)도 등기권리자인 매수인을 상대로 소유권이전등기청구를 할 수 있어야 형평에 맞을 것이다. 부동산등기법 제23조 제4항에 "판결에 의한 등기는 승소한 등기권리자 또는 등기의무자가 단독으로 신청한다"라고 규정되어 있다. 이에 따라 등기의무자가 등기권리자를 상대로 등기를 인수받아 갈 것을 청구할 수 있다. 이와 같이 등기의무자에게 인정되는 등기청구권을 등기권리자에게 인정되는 등기청구권과 구별하기 위하여 '등기인수청구권', '등기수취권' 등으로 부르기도 한다.

▶ **대법원 2001. 2. 9. 선고 2000다60708 판결**

부동산등기법은 등기는 등기권리자와 등기의무자가 공동으로 신청하여야 함을 원칙으로 하면서도(제23조 1항), 제23조 제4항에서 '판결에 의한 등기는 승소한 등기권리자 또는 등기의무자만으로' 신청할 수 있도록 규정하고 있는바, 위 법조에서 승소한 등기권리자 외에 등기의무자도 단독으로 등기를 신청할 수 있게 한 것은, 통상의 채권채무 관계에서는 채권자가 수령을 지체하는 경우 채무자는 공탁 등에 의한 방법으로 채무부담에서 벗어날 수 있으나 등기에 관한 채권채무 관계에 있어서는 이러한 방법을 사용할 수 없으므로, 등기의무자가 자기 명의로 있어서는 안 될 등기가 자기 명의로 있음으로 인하여 사회생활상 또는 법상 불이익을 입을 우려가 있는 경우에는 소의 방법으로 등기권리자를 상대로 등기를 인수받아 갈 것을 구하고 그 판결을 받아 등기를 강제로 실현할 수 있도록 한 것이다.

Ⅵ. 채무자가 매수한 부동산소유권을 이전하지 않을 경우 강제집행방법

채권자가 채무자에 대한 금전채권 소송에서 승소하여 채무명의가 있음에도 불구하고, 채무자는 다른 재산도 없으면서 자신이 제3자로부터 매수한 부동산에 대해 잔금까지 치러놓고도 이전등기를 경료하지 않는 경우가 있다. 채무자 입장에서는 어차피 자기 명의로 소유권을 넘겨도 바로 채권자가 그 부동산을 압류한 후 경매 신청할 것이 명백하므로 일부러 이전등기를 받지 않는 것이다. 이 경우 앞서 설명한 바와 같이 제3자가 등기인수청구를 해주면 좋지만 만약 채무자와 제3자 채무자가 친한 사이거나 서로 짜고 이러한 권리를 행사하지 않을 경우 채권자는 어떠한 구제방법이 있을까? 위 사안의 경우 채무자가 자신이 매수한 부동산의 소유권이전등기를 하지 않는 한, 채권자는 직접 부동산을 현금화하여 만족을 얻을 수 없게 된다. 그러므로 채권자는 채무자가 제3채무자에 대하여 가지는 채권인 부동산소유권이전등기청구권을 현금화하는 방법으로 채권의 만족을 얻어야 한다. 구체적인 절차로는 채권자는 채무자의 주소지 관할법원에 채무자가 제3채무자에 대해 가지는 부동산소유권이전등기청구권 압류신청을 하고, 또 부동산소재지 관할법원에 부동산 보관인선임과 권리이전명령을 신청하여야 한다(민집 244조 2항).[2] 이와 같이 채권자는 법원으로부터 부동산소유권이전등기청구권 압류명령과 보관인선임 및 권리이전명령을 받은 후에도 채권의 변제를 받기 위해서는 현금화를 하여야 하는데, 그 절차는 부동산에 대한 강제집행에 관한 규정에 따라야 한다(민사집행규칙 170조). 왜냐하면 부동산소유권이전등기청구권의 집행은 이전등기청구권 자체를 처분하여 그 대금으로 채권의 만족을 얻는 것이 아니고, 채무자의 명의로 소유권이전등기를 마친 후 이에 대하여 강제집행을 실시하여 채권을 만족시키는 것이기 때문이다. 한

2 다만, 압류된 부동산소유권이전등기청구권은 채권이므로 등기부상 공시방법이 없기 때문에 만일 제3채무자가 채무자 또는 제3자에게 위 부동산의 소유권이전등기를 해줄 경우에는 채권자는 이의 무효나 취소를 구할 수는 없고 단지 제3채무자에 대해 손해배상을 청구할 수 있을 뿐이다(대법원 1992. 11. 10. 선고 92다4680 전원합의체 판결).

편, 위와 같은 권리이전명령은 강제력이 없으므로 제3채무자가 보관인에 대하여 임의로 위 부동산의 등기이행에 협력하지 않을 경우에는 채권자는 추심권을 획득하기 위하여 추심명령신청을 하여 추심명령을 받은 뒤(민집 244조 4항) 추심소송을 제기하여 승소판결을 받아 위 부동산을 채무자에게로 소유권이전등기 한 다음 강제경매 신청하여 그 매각대금에서 변제받아야만 한다.

제9장

명도소송

제 9 장 명도소송

Ⅰ. 명도소송의 개념

계약만료 등으로 부동산을 점유할 수 있는 권리가 없는 임차인이 자진해서 부동산을 비워주지 않거나, 불법점유자가 권한 없이 토지 또는 건물을 점유하고 있을 때, 부동산을 경매절차에서 낙찰받은 경우, 점유자를 상대로 그 부동산의 점유를 이전해달라고 요구하는 소송이 명도소송이다. 이 중 부동산경매에서 낙찰받은 사람은 매각대금을 완납한 뒤 6개월 이내 법원에 부동산 인도명령을 신청할 수 있는데, 만약 그 기간 이내 인도명령을 하지 못한 경우에는 명도소송을 제기해야만 한다. 또한 채무자·소유자 또는 점유자 등 인도명령을 받는 사람 이외의 사람이 해당 부동산을 점유하고 있는 경우에도 명도소송을 제기해야만 한다. 명도소송의 제기권자는 매수인, 매수인의 상속인이나 합병회사와 같은 매수인의 일반승계인이며 명도소송의 제기기간은 인도명령과 달리 그 기간에 제한이 없다. 명도소송판결이 나고 집행문이 발효되면 강제집행하여 해당 부동산을 점유할 수 있다.

Ⅱ. 명도소송 판결 기판력의 주관적 범위

명도소송 판결의 기판력은 변론종결 당시의 당사자에게만 미치므로 그 뒤에 점유를 취득한 사람에게는 판결의 효력이 없다. 민사소송법 제218조 제1항에는 이에 관해 “확정판결은 당사자, 변론을 종결한 뒤의 승계인(변론 없이 한 판결의 경우에는 판결을 선고한 뒤의 승계인) 또는 그를 위하여 청구의 목적물을 소지한 사람에 대하여 효력이 미친다"라고 규정하고 있다. 그리고 동조 제2항을 보면 "당사자가 변론을 종결할 때(변론 없이 한 판결의 경우에는 판결을 선고할 때)까지 승계사실을 진술하지 아니한 때에는 변론을 종결한 뒤(변론 없이 한 판결의 경우에는 판결을 선고한 뒤)에 승계한 것으로 추정한다"라고 규정하고 있고 이를 강학상 '추정승계인'이라고 부른다. 즉 명도소송의 경우 변론종결까지 그 대상 부동산을 점유하고 있는 자에 대해서는 판결문의 효력이 미치므로 강제집행이 가능하나, 반대로 변론종결 전에 점유를 제3자에게 넘겨버린 경우에는 강제집행할 수 없다는 뜻이다. 물론 변론종결 당시까지 피고가 점유이전 사실을 진술하지 아니할 경우 변론종결 뒤에 점유가 승계된 것으로 추정되기는 하나, 만약 추정승계인이 변론종결 전에 점유가 이전된 점을 명백하게 반증하여 추정을 뒤집을 경우에는 그 승계인에 대해 강제집행을 할 수 없게 된다. 이러한 점을 방지하기 위해 명도소송의 경우 소를 제기하기 전에 점유이전금지가처분을 하여 이러한 문제를 사전에 예방해야 한다.

Ⅲ. 명도소송 전 필수적인 가처분

명도소송에서 가장 유의할 점은 그 소송 전에 반드시 점유이전가처분을 신청해야만 한다는 것이다. 그 이유는 명도소송을 제기할 당시 점유자가 소송진행 중에 부동산을 다른 사람에게 이전해버리면 기존의 점유자를 상대로 받은 승소판결문으로 새로운 점유자를 상대로 집행할 수 없기 때문이다.

그런데 상가건물에 대한 명도소송을 진행할 경우에는 주의를 요한다. 일반적으로 상가건물의 점유는 '사업자등록명의'를 기준으로 판단하게 된다. 그리고 임차인이 사업자등록명의를 바꾸려면 임대인의 동의를 얻은 적법한 전대차계약서 등이 필요하다. 그런데 실무상 살펴보면, 임차인이 명도소송의 변론종결 전에 임의로 전대차계약서를 만들어서 임대인이 서명을 위조한 채 세무서에 신고해 사업자등록명의를 바꿔버리는 경우를 종종 볼 수 있다. 물론 임차인의 위와 같은 행위는 나중에 사문서위조 등의 형사문제가 될 가능성이 있으나, 문제는 세무서에서 그 임대인의 동의가 위조된 전대차계약서를 보관하지 않는 경우에는 그나마 이를 증명하기도 쉽지 않다. 그리고 어쨌든 이 경우 임

〈서식〉

부동산점유이전금지가처분신청

신 청 인 : 김 원 고
피신청인 : 이 피 고
목적물의 표시 : 별지 목록 기재 참조
목적물의 가액 : 금 ___,___,___ 원

신 청 취 지

1. 피신청인은 별지 목록 기재 건물(점포)중 별지 도면 표시 ①,②,⑤,⑥,①을 순차로 연결한 선내 "가"부분 500㎡에 대한 점유를 풀고 신청인이 위임하는 집달관에게 그 보관을 명한다.
2. 피신청인은 그 점유를 제3자에게 이전하거나, 점유명의를 변경하여서는 아니된다.
3. 집달관은 위 사실을 적당한 방법으로 공시하여야 한다.

라는 재판을 구함

신 청 이 유

1. 피신청인이 점유 사용하고 있는 건물(점포)은 신청인의 소유 부동산입니다.
2. 신청인은 피신청인에게 2011. 7. 5. 별지목록 기재 건물 (점포)중 500㎡를 임대주었는데 피신청인은 계약체결부터 지금까지 임대료를 한 차례도 지급하지 아니하고 이건 계약을 해지하게 되었습니다.
4. 신청인은 피신청인을 상대로 귀원 2012. 4. 2. 가단 133호로 점포 명도청구의 본안 소송을 제기하였는바 이 건 본 안 소송이 끝나기에는 상당한 시일이 요할 것으로 사료됨으로 그 동안 점유 보전의 수단으로 이 건 신청을 하기에 이른 것입니다.

첨 부 서 류

1. 점포 임대차계약서 소갑제 1호증

2012. 6. 4.
위 신청인 : 김 원 고

서울중앙지방법원 귀중

목 록

서울특별시 ○○구 ○○동 ___ - ___번지

위 지상 철근콘크리트 스라브 즙 .층 종합상가

지층 _,___. __ 평방미터
1 층 _,___. __ 평방미터
2 층 _,___. __ 평방미터
옥탑 ___. __ 평방미터

위 .층내 ...호 매장 __.__ 평방미터 중 -분지-

산출내액

철근콘크리트조 스라브즙 _층 건
종합상가 __.__평방미터 _분지 _

지역지수 : 지역번호 : _
경과년수 조견표 : __ - __ : 20__.__.__.
지붕 : 스라브 : __ - __ : ___ (점포)

1) : (10년-14년) 60,000 * 9.9 * 1/2 =

2) : 경과임대료 금 4,469,310

3) : 미경과임대료 금 6,000,000

1) + 2) + 3) =

대인은 원래의 임차인에 대한 명도소송의 승소판결문으로 변론종결 전에 점유를 취득한 전차인(=새로운 사업자등록 명의자)에 대해 집행을 할 수 없게 된다. 따라서 상가의 경우도 사업자등록명의의 변경이 쉽지 않다는 것을 과신한 채 점유이전금지가처분을 하지 아니하고 명도소송을 제기하다 낭패를 볼 수 있으므로 반드시 이 경우도 가처분을 해 놓아야 한다.

Ⅳ. 승계집행문 필요

그럼 점유이전금지가처분을 해 놓고 명도소송을 제기하였음에도 막상 강제집행을 하려고 하니 변론종결 후에 점유자가 바뀐 경우에는 어떻게 하여야 하나? 위와 같이 명도판결문의 효력이 변론종결 뒤의 점유자에게도 효력이 미치므로 바로 집행이 가능한가? 그렇지 않다. 이러한 경우 점유이전금지가처분 이후의 점유승계자는 계쟁물에 관한 당사자적격을 승계한 사람으로서 판결의 영향을 받는 승계인에 해당된다. 따라서 그를 상대로 다시 명도소송을 제기할 필요는 없지만 명도집행을 하기 위해서는 승계집행문을 얻어야만 한다. 집행권원에 표시된 당사자 이외의 사람을 채무자로 하는 강제집행에 있어서는 그 승계가 법원에 명백한 사실이거나 승계사실을 증명서로 증명한 때에 한하여 법원사무관 등이나 공증인이 집행문을 내어준다(민집 31조 1항). 그리고 승계가 법원에 명백한 사실인 때에는 이를 집행문에 적어야 한다(동조 2항). 이와 같은 집행문은 당사자의 승계인에 대하여 집행력이 미치는 사실을 공증하여 집행권원을 보충하는 의미가 있다.[1] 승계집행문은 제1심법원의 법원사무관 등이 부여하고, 소송기록이 상급심에 있는 때에는 그 법원의 법원사무관 등이 부여할 수 있지만(민집 28조 2항), 재판장의 명령 있는 때에 한하여 부여한다(민집 32조 1항). 승계집행문에 있어 집행력의 주관적 범위는 기판력의 주관적 범위와 일치한다(민사소송법 218조 1항). 강제집행절차에 있어서는 권리관계의 공권적인 확정 및 그 신속·확실한 실현을 도모하기 위하여 절차의 명확·안정을 중시하여야 하므로, 집행권원을 가진 채권자의 지위를 승계한 자라고 하더라도 기존 집행권원에 기하여 강제집행을 신청하려면 민사집행법 제31조 제1항(같은 법 57조의 규정에 따라 준용되는 경우를 포함한다)에 의하여 승계집행문을 부여받아야

1 이시윤, 신민사집행법(박영사).

하고, 집행권원에 의한 강제집행이 개시된 후 신청채권자의 지위를 승계한 경우라도 승계인이 자기를 위하여 강제집행 속행을 신청하기 위해서는 민사집행규칙 제23조가 정한 바와 같이 승계집행문이 붙은 집행권원의 정본을 제출하여야 하며 그 경우 법원사무관 등 또는 집행관은 그 취지를 채무자에게 통지하도록 하고 있다(대법원 2008. 8. 11. 선고 2008다32310 판결).

〈서식〉

승계집행문 및 승계사실증명서 등본송달신청

사 건	2014가단 00호 손해배상(기)
원 고	김 원 고
피 고	이 피 고
원고 승계인(채권양수인)	박 양 수
	주 소

위 당사지간 귀원 2014가단 00호 손해배상(기) 청구사건에 관하여, 원고 승계인은 위 사건의 소송물을 변론종결후인 2015. 4. 1. 승계한 채권양수인으로서, 귀 원으로부터 2015. . . 가집행선고부 판결정본 및 승계집행문과 승계를 증명하는 증명서 등본을 피고에게 송달하여 주시기를 바랍니다.

2015 . . .

위 원고 승계인(채권양수인) 박 양 수 ㉳

서울중앙지방법원 귀중

제10장 주택임대차보호법 해설

제10장 주택임대차보호법 해설

Ⅰ. 적용범위

주택임대차보호법[1] 제2조를 보면 적용범위를 다음과 같이 규정하고 있다. 이 법은 주거용 건물(이하 '주택'이라 한다)의 전부 또는 일부의 임대차에 관하여 적용한다. 그 임차주택의 일부가 주거 외의 목적으로 사용되는 경우에도 또한 같다(동법 2조). 다만 일시사용을 위한 임대차에는 이 법이 적용되지 않는다(동법 11조). 그렇다면 임차주택의 일부가 주거외 목적으로 사용되는 경우는 어떤 경우를 의미할까? 만약 임차주택의 7－80%가 주거외 목적, 즉 상가로 사용될 경우에도 주택임대차보호법이 적용되는 것일까?

Ⅱ. 주거용 건물의 판단기준

임차주택의 일부가 주거 외의 목적으로 사용되는 경우에는 동법 제2조에 주거용 건물에 해당되나, 반대로 비주거용 건물의 일부를 주거의 목적으로 사용되는 경우에는 이를 주거용 건물로 볼 수 없다.

1. 공부상 표시가 주거용으로 되어야 하는가?

정답 공부상 표시가 아닌 실질적인 용도가 주거용인가로 판단해야 한다.

1 이하 목차 Ⅰ. 안에서는 '동법'으로 약칭.

▸ **대법원 1988. 12. 27. 선고 87다카2024 판결, 대법원 1995. 3. 10. 선고 94다52522 판결**

주택임대차보호법 제2조 소정의 주거용 건물에 해당하는지 여부는 임대차목적물의 공부상의 표시만을 기준으로 할 것이 아니라 그 실지용도에 따라서 정하여야 하고 건물의 일부가 임대차의 목적이 되어 주거용과 비주거용으로 겸용되는 경우에는 구체적인 경우에 따라 그 임대차의 목적, 전체 건물과 임대차목적물의 구조와 형태 및 임차인의 임대차목적물의 이용관계 그리고 임차인이 그곳에서 일상생활을 영위하는지 여부 등을 아울러 고려하여 합목적적으로 결정하여야 할 것이다.

2. 어느 정도를 주거로 사용해야 되는가?

정답 상가 부분보다 주거용으로 사용되는 부분이 더 크거나 만약 적더라도 상가 부분과 비견될 정도로 상당한 면적이어야 하고, 실제로 그곳이 유일한 거주지여야 한다. 반면 장사에 부수적으로 임시거처로 사용하면서 실제 주거는 따로 있는 경우는 적용범위에서 제외된다.

3. 사례별 연구

가. 주거용이 부인된 판례

영업을 위해 부수적인 주거공간이 있는 경우에는 주거용 건물이 안 된다.

▸ **대법원 1996. 3. 12. 선고 95다51953 판결**

[1] 주택임대차보호법 제2조 소정의 주거용 건물에 해당하는지 여부는 임대차목적물의 공부상의 표시만을 기준으로 할 것이 아니라 그 실지용도에 따라서 정하여야 하고, 건물의 일부가 임대차의 목적이 되어 주거용과 비주거용으로 겸용되는 경우에는 구체적인 경우에 따라 그 임대차의 목적, 전체 건물과 임대차 목적물의 구조와 형태 및 임차인의 임대차 목적물의 이용관계 그리고 임차인이 그곳에서 일상생활을 영위하는지 여부 등을 아울러 고려하여 합목적적으로 결정하여야 한다.

[2] 방 2개와 주방이 딸린 다방이 영업용으로서 비주거용 건물이라고 보여지고,

설사 그 중 방 및 다방의 주방을 주거목적에 사용한다고 하더라도 이는 어디까지나 다방의 영업에 부수적인 것으로서 그러한 주거목적 사용은 비주거용 건물의 일부가 주거목적으로 사용되는 것일 뿐, 주택임대차보호법 제2조 후문에서 말하는 '주거용 건물의 일부가 주거 외의 목적으로 사용되는 경우'에 해당한다고 볼 수 없다.

나. 주거용으로 인정한 사례

주거용이 상당한 면적이고 유일한 주거공간인 경우는 비주거용보다 면적이 좁더라도 전체적으로 주거용 건물로 인정된다.

▸ 대법원 1995. 3. 10. 선고 94다52522 판결

건물이 공부상으로는 단층 작업소 및 근린생활시설로 표시되어 있으나 실제로 갑은 주거 및 인쇄소 경영 목적으로, 을은 주거 및 슈퍼마켓 경영 목적으로 임차하여 가족들과 함께 입주하여 그 곳에서 일상생활을 영위하는 한편 인쇄소 또는 슈퍼마켓을 경영하고 있으며, 갑의 경우는 주거용으로 사용되는 부분이 비주거용으로 사용되는 부분보다 넓고, 을의 경우는 비주거용으로 사용되는 부분이 더 넓기는 하지만 주거용으로 사용되는 부분도 상당한 면적이고, 위 각 부분이 갑 · 을의 유일한 주거인 경우 주택임대차보호법 제2조 후문에서 정한 주거용 건물로 인정된다.

다. 주거용 건물의 대지도 주택임대차보호법상 보호대상이 되나?

• 정답 보호대상이 된다.

대항요건 및 확정일자를 갖춘 임차인과 소액임차인은 임차주택과 그 대지가 함께 경매될 경우뿐만 아니라 임차주택과 별도로 그 대지만이 경매될 경우에도 그 대지의 환가대금에 대하여 우선변제권을 행사할 수 있고, 이와 같은 우선변제권은 이른바 법정담보물권의 성격을 갖는 것으로서 임대차 성립시의 임차 목적물인 임차주택 및 대지의 가액을 기초로 임차인을 보호하고자 인정되는 것이므로, 임대차 성립 당시 임대인의 소유였던 대지가 타인에게 양도되어 임차주택과 대지의 소유자가 서로 달라지게 된 경우에도 마찬가지이다.

▸ 대법원 2000. 3. 15.자 99마4499 결정

주택임대차보호법(이하 '법'이라고 한다) 제3조의2 제1항은 임차인이 임차주택에 대하여 보증금반환청구소송의 확정판결 기타 이에 준하는 채무명의에 기한 경매를 신청하는 경우에는 민사소송법 제491조의2 제1항의 규정에 불구하고 반대의무의 이행 또는 이행의 제공을 집행개시의 요건으로 하지 아니한다고 규정하고 있는바, 법 제3조의2 제2항 및 제8조 제3항이 임차주택의 환가대금에 건물뿐만 아니라, 대지의 가액도 포함된다고 규정하고 있는 점, 통상적으로 건물의 임대차에는 당연히 그 부지 부분의 이용이 수반되는 것이고, 법 제2조에서 같은 법의 적용 대상으로 규정하고 있는 주거용 건물의 임대차라 하는 것도 임차목적물 중 건물의 용도가 점포나 사무실 등이 아닌 주거용인 경우의 임대차를 뜻하는 것일 뿐 위 법의 적용 대상을 대지를 제외한 건물에만 한정하는 취지는 아닌 것으로 해석되는 점(대법원 1996. 6. 14. 선고 96다7595 판결 참조), 위 규정은 기본적으로 임차인의 권익보호를 그 입법 취지로 하고 있는데, 만일 반대의무의 이행 또는 이행의 제공 없이 집행개시를 할 수 있는 대상을 건물에만 한정할 경우 사실상 대지와 그 지상 주택의 경매절차가 분리되는 결과 경매절차의 진행에 어려움이 발생하고 임차주택의 환가에 의한 임차보증금의 회수를 간편하게 하겠다는 입법 취지에 부합되지 않게 되는 점 등에 비추어 보면, 여기에서 말하는 임차주택에는 건물뿐만 아니라, 그 부지도 포함하는 것으로 봄이 상당하다고 할 것이다.

그 결과 주택의 대지에 대한 낙찰대금에 대해서도 임차인은 우선변제권을 취득하게 된다.

▸ 대법원 1996. 6. 14. 선고 96다7595 판결

다가구용 단독주택의 대지 및 건물에 관한 근저당권자가 그 대지 및 건물에 관한 경매를 신청하였다가 그 중 건물에 대한 경매신청만을 취하함으로써 이를 제외한 대지 부분만이 낙찰되었다고 하더라도, 그 주택의 소액임차인은 그 대지에 관한 낙찰대금 중에서 소액보증금을 담보물권자보다 우선하여 변제받을 수 있다.

▶ 대법원 2007. 6. 21. 선고 2004다26133 전원합의체 판결

대항요건 및 확정일자를 갖춘 임차인과 소액임차인은 임차주택과 그 대지가 함께 경매될 경우뿐만 아니라 임차주택과 별도로 그 대지만이 경매될 경우에도 그 대지의 환가대금에 대하여 우선변제권을 행사할 수 있고, 이와 같은 우선변제권은 이른바 법정담보물권의 성격을 갖는 것으로서 임대차 성립시의 임차 목적물인 임차주택 및 대지의 가액을 기초로 임차인을 보호하고자 인정되는 것이므로, 임대차 성립 당시 임대인의 소유였던 대지가 타인에게 양도되어 임차주택과 대지의 소유자가 서로 달라지게 된 경우에도 마찬가지이다.

라. 미등기 건물도 동법의 보호대상이 되나?

정답 보호대상이 된다.

▶ 대법원 2007. 6. 21. 선고 2004다26133 전원합의체 판결

주택임대차보호법은 주택의 임대차에 관하여 민법에 대한 특례를 규정함으로써 국민의 주거생활의 안정을 보장함을 목적으로 하고 있고, 주택의 전부 또는 일부의 임대차에 관하여 적용된다고 규정하고 있을 뿐 임차주택이 관할관청의 허가를 받은 건물인지, 등기를 마친 건물인지 아닌지를 구별하고 있지 아니하므로, 어느 건물이 국민의 주거생활의 용도로 사용되는 주택에 해당하는 이상 비록 그 건물에 관하여 아직 등기를 마치지 아니하였거나 등기가 이루어질 수 없는 사정이 있다고 하더라도 다른 특별한 규정이 없는 한 같은 법의 적용대상이 된다.

마. 임차인이 주거용으로 개조 내지 증축한 경우도 보호대상이 되나?

정답 보호대상이 되지 않는다.

▶ 대구지방법원 1999. 4. 4. 선고 98나16171 판결

임차인이 거실 및 부엌을 설치하여 개조한 결과 비주거용 건물이 주거용 건물에 해당하게 되었다고 하더라도 임차인이 주택임대차보호법 소정의 대항요건을 갖추기 이전에 임대인이 그 개조를 승낙하였다는 등의 특별한 사정이 없는 한 주택임대차보호법을 적용할 수 없다.

Ⅲ. 대 항 력

1. 대항력의 의미

대항력이라 함은 마치 임차권이 등기된 것과 같이 임대차가 종료될 때까지 주택을 사용·수익할 권리, 기타 임차인이 가지는 부수적인 모든 권리(보증금반환청구권, 부속물매수청구권)를 임대인 기타 제3자에 대하여 주장할 수 있는 권리를 뜻한다. 그런데 동법 제3조에 의하면 다음과 같이 규정되어 있다.

① 임대차는 그 등기 없는 경우에도 임차인이 주택의 인도와 주민등록을 마친 때에는 그 다음날로부터 제3자에 대하여 효력이 생긴다. 이 경우 전입신고를 한 때에 주민등록이 된 것으로 본다.

② 임차주택의 양수인(기타 임대할 권리를 승계한 자 포함)은 임대인의 지위를 승계한 것으로 본다.

위 규정에 따라 대항력을 갖춘 임차인은 주택의 양수인(경매된 경우에는 경락인)에게도 임대차관계를 주장할 수 있고, 양수인은 원래의 임대인의 지위를 그대로 인수받는다. 그 결과 임차인은 새로운 양수인에게도 보증금반환청구를 할 수 있다. 만약 양수인이 임대차 계약기간이 종료된 이후 주택인도를 요구할 경우에도 보증금반환청구와 동시이행을 주장할 수 있다. 주거 임차인(세입자)은 그의 임차권의 등기를 하지 않더라도 주택의 인도와 주민등록을 마친 때에는 그 다음날 새벽 0시(즉 주민등록을 마친 날 저녁 12시)부터 제3자에 대해서도 대항력을 갖는다. 이 경우 전입신고를 한 때에 주민등록이 된 것으로 본다(동법 3조).

2. 주택의 인도는 간접점유로도 가능한가?

• 정답 간접점유도 가능하기는 하나 직접점유자의 주민등록 이전이 필수이다.

▸ 대법원 2001. 1. 19. 선고 2000다55645 판결

주택임대차보호법 제3조 제1항 소정의 대항력은 임차인이 당해 주택에 거주하면서 이를 직접 점유하는 경우뿐만 아니라 타인의 점유를 매개로 하여 이를 간접점유하는 경우에도 인정될 수 있을 것이나, 그 경우 당해 주택에 실제로 거주하지 아니하는 간접점유자인 임차인은 주민등록의 대상이 되는 '당해 주택에 주소 또는 거소를 가진 자'(주민등록법 제6조 제1항)가 아니어서 그 자의 주민등록은 주민등록법 소정의 적법한 주민등록이라고 할 수 없고, 따라서 간접점유자에 불과한 임차인 자신의 주민등록으로는 대항력의 요건을 적법하게 갖추었다고 할 수 없으며, 임차인과의 점유매개관계에 기하여 당해 주택에 실제로 거주하는 직접점유자가 자신의 주민등록을 마친 경우에 한하여 비로소 그 임차인의 임대차가 제3자에 대하여 적법하게 대항력을 취득할 수 있다고 할 것이다.

3. 주민등록은 임대차 계약자 본인 것만 유효한가?

정답 아니다. 본인 주민등록 대신 가족들의 주민등록으로도 대항력을 유지할 수 있다.

▸ 대법원 1996. 1. 26. 선고 95다30338 판결

주택임대차보호법 제3조 제1항에서 규정하고 있는 주민등록이라는 대항요건은 임차인 본인뿐만 아니라 그 배우자나 자녀 등 가족의 주민등록을 포함한다고 할 것이고, 또한 임차인이 그 가족과 함께 그 주택에 대한 점유를 계속하고 있으면서 그 가족의 주민등록을 그대로 둔 채 임차인만 주민등록을 일시 다른 곳으로 옮긴 경우라면 전체적으로나 종국적으로 주민등록의 이탈이라고 볼 수 없는 만큼 임대차의 제3자에 대한 대항력을 상실하지 아니한다고 할 것이다.

4. 주민등록이 등기부상 주택의 현황과 일치되어야 하나?

정답 원칙적으로 일치되어야 하나, 예외적인 경우도 있다.

건축 중인 주택을 임차하여 주민등록을 마친 임차인의 주민등록이 그 후 소유권보존등기가 경료되고 이를 바탕으로 저당권을 취득하여 등기부상 이해

관계를 가지게 된 제3자에 대한 관계에서 임대차를 공시하는 효력이 있는지의 여부는 그 제3자의 입장에서 보아 일반 사회통념상 그 주민등록으로 당해 주택에 임차인이 주소 또는 거소를 가진 자로 등록되어 있다고 인식할 수 있는가의 여부에 따라 판단되어야 한다는 것이 대법원의 확립된 견해이다.

▶ **대법원 1999. 12. 7. 선고 99다44762 판결**

주택임대차보호법 제3조 제1항에서 주택의 인도와 더불어 대항력의 요건으로 규정하고 있는 주민등록은 거래의 안전을 위하여 임대차의 존재를 제3자가 명백히 인식할 수 있게 하는 공시방법으로 마련된 것이라고 볼 것이므로 주민등록이 어떤 임대차를 공시하는 효력이 있는가의 여부는 일반 사회통념상 그 주민등록으로 당해 임대차 건물에 임차인이 주소 또는 거소를 가진 자로 등록되어 있는지를 인식할 수 있는가의 여부에 따라 결정된다 할 것이고, 그 판단은 임차인이 전입신고를 한 당시의 지번을 기준으로 하여 일반 사회통념에 따라서 하여야 할 것이다

원칙적으로 주민등록상 주소가 등기부상 주소와 정확히 일치하지 아니할 경우에는 특단의 사정이 없는 한 보호받지 못한다. 즉 ① 지번이 명백하게 불일치하는 경우, ② 다세대주택의 동・호수를 빠뜨리는 경우, ③ 다세대주택의 동・호수를 등기부 표시와 다르게 잘못 기재한 경우에는 원칙적으로 주민등록은 유효한 공시방법이 될 수 없다. 이 경우에는 주민등록이 바르게 정정되면 그 다음날부터 유효할 뿐이다. ④ 반면 다가구용 단독주택에 관하여는 원칙적으로 동・호수의 기재가 필요 없다. 따라서 주민등록을 할 경우는 반드시 부동산등기부등본을 발부받아 정확하게 기재하는 것이 좋다. 하지만 실무에서는 위와 같이 단순하게 판단하지 않고 여러 가지 요소를 종합적으로 고려해 판단하고 있는 실정인데 판례에서 어떤 주민등록을 유효로 보고 어떤 것을 무효로 보는지 사례별로 소개한다.

가. 유효한 주민등록으로 보지 않은 사례

(1) 원칙적으로 건축물대장 내지 등기부상의 지번과 주민등록상의 지번이

일치하지 않는 경우에는 특단의 사정이 없는 한 대항력을 취득할 수 없다.

▶ 대법원 1987. 11. 10. 선고 87다카1573 판결

주택임대차보호법 제3조 제1항에서 주택의 인도와 더불어 대항력의 요건으로 규정하고 있는 주민등록은 거래의 안전을 위하여 임차권의 존재를 제3자가 명백히 인식할 수 있는 공시방법으로 마련된 것이라고 볼 것이므로 주민등록이 어떤 임대차를 공시하는 효력이 있는가의 여부는 일반사회 통념상 그 주민등록으로 당해 임대차 건물에 임차인이 주소 또는 거소를 가진 자로 등록되어 있는지를 인식할 수 있는가의 여부에 따라 인정될 것인바, 임차인이 착오로 임대차 건물의 지번과 다른 지번에 주민등록(전입신고)을 하였다가 그후 관계공무원이 직권정정을 하여 실제지번에 맞게 주민등록이 정리되었다면 위 임차인은 주민등록이 정리된 이후에 비로소 대항력을 취득하였다고 할 것이다.

▶ 대법원 1997. 7. 11. 선고 97다10024 판결

임차인이 1993. 7. 29. 전 거주지에서 구 주민등록법(1993. 12. 27, 법률 제4608호로 개정되기 전의 것) 제14조에 따라 전출신고를 할 당시에는 신 거주지를 '260의 3'으로 기재하였으나, 1993. 8. 5. 전입신고를 함에 있어서는 신 거주지를 '206의 3'으로 신고함으로써 그 '206의 3'으로 주민등록이 등재되어 있다가 1996. 8. 20.에야 '연봉리 260의 3'으로 정정 등재되었으며, 한편 '206의 3'은 따로 실재하는 지번으로서 현재 다른 사람의 주민등록이 되어 있는 경우, 일반 사회통념상 임차권자가 그 '206의 3'에 등재된 주민등록으로 임차 건물 부분에 주소를 가진 자로 등록되었다고 제3자가 인식할 수는 없을 것이므로, 위 정정 전의 주민등록은 임차인의 임대차의 공시방법으로서 유효한 것이라고 볼 수 없다 할 것이며, 설사 임차인이 위 전입신고를 함에 있어서 신 거주지를 착오로 잘못 기재하였고, 담당공무원도 이를 발견하지 못하고 그대로 주민등록에 등재하였다고 하더라도 그 주민등록의 효력을 달리 볼 수 없다.

▶ 대법원 2001. 4. 24. 선고 2000다44799 판결

임차 주택의 부지를 비롯한 세 필의 토지가 같은 담장 안에 있고 그 지상에 임차 주택 이외에는 다른 건물이 건립되어 있지 않다 하더라도 임차인이 임차 주택의 부지가 아닌 인접한 다른 토지의 지번으로 주민등록을 마쳤다면 유효한 공시방법으로 볼 수 없다.

▶ 대법원 2000. 6. 9. 선고 2000다8069 판결

이 사건 건물의 실제 지번인 '파주시 금촌동 산 53의 6'이나 등기부상 지번인 '파주시 금촌동 산 53'과 일치하지 아니한 '파주시 금촌동 53의 6'에 등재된 피고의 주민등록으로는 피고가 이 사건 건물 소재지에 주소를 가진 자로 등록되었다고 제3자가 인식할 수 없다고 하여야 할 것이므로, ○○시 ○○동 53의 6에 등재된 주민등록은 피고의 임대차의 공시방법으로 유효한 것이라고 볼 수 없다.

마지막 판례(2000다8069)는 주민등록에 '산 53의 6'이라 기재하지 않고 단지 '53의 6'으로만 기재하여 '산'자 하나를 누락하는 바람에 낭패를 본 사건이다. 아울러 이 사례에서 대법원은 건물의 양수인이 건물의 실제 지번과 등기부상 지번이 다르다는 것을 알고 있었다거나, 임차인이 건물의 실제 지번을 주소지로 주민등록 전입신고를 하려고 의도하였다는 등의 주관적인 사정은 위와 같은 주민등록이 임차인의 공시방법으로 유효한 것인지 여부를 판단하는 데 아무런 영향이 없다고 판단하고 있다.

(2) 사정변경으로 주택의 표시가 달라진 경우, 건축물관리대장의 기재에 근거한 것이 아닌 한 제3자에게 유효한 주민등록으로 대항할 수 없다.

▶ 대법원 1999. 9. 3. 선고 99다15597 판결

건축 중인 주택에 대한 소유권보존등기가 경료되기 전에 그 일부를 임차하여 주민등록을 마친 임차인의 주민등록상의 주소 기재가 그 당시의 주택의 현황과 일치한다 하더라도 그 후 사정변경으로 등기부상의 주택의 표시가 달라졌다면, 주민등록상의 주소가 주민등록법시행령 제5조 제5항에 따라 건축물관리대장의 기재에 근거하여 된 것이라는 등의 특별한 사정이 없는 한, 달라진 주택의 표시를 전제로 등기부상 이해관계를 가지게 된 제3자로서는 당초의 주민등록에 의하여

당해 주택에 임차인이 주소 또는 거소를 가진 자로 등록되어 있다고 인식하기 어렵다 할 것이므로 그 주민등록은 그 제3자에 대한 관계에서 유효한 임대차의 공시 방법이 될 수 없다.

나. 현황과 불일치되어도 인정된 사례

(1) 등기부상 주소지와 다르게 표시하였지만 누가 봐도 해당 지번과 건물 구조로 봐서 등기부상 주소지로 인식할 수 있을 경우에는 유효한 것으로 인정된다.

▶ **대법원 2002. 6. 14. 선고 2002다15467 판결**

기록에 의하면, 등기부상 이 사건 다세대주택의 건물내역이 '1층, 2층, 3층, 각 72.96㎡, 지층 69.54㎡의 철근콘크리트조 평슬래브지붕 3층 다세대주택'으로 표시되어 있고, 집합건축물대장상에는 이 사건 구분소유 부분이 '인천 강화군 강화읍 관청리 140－11 나나빌라 라동 b01호'로 표시되어 있는 사실, 위 '나나빌라'는 가동, 나동, 다동, 라동의 4개의 독립된 동이 하나의 단지를 이루고 있으나 위 관청리 140－11 토지 위에는 지상 3층, 지하 1층의 라동 건물(이 사건 다세대주택)만 존재하고, 각 층이 1개의 구분소유 부분으로 이루어져 있는 사실을 엿볼 수 있으며, 원심이 인정한 피고의 최초 주민등록 주소는 '위 관청리 140－11, 나나빌라 라동 별층 101호'로 해석된다 할 것이다.

위와 같은 이 사건 다세대주택의 등기부상의 건물내역과 피고의 최초 주민등록 주소를 비교하여 볼 때, 위 주민등록상의 별층에 해당할 만한 건물 부분이 위 건물내역상 지하층 외에는 없고 그 지하층이 1개의 구분소유 부분으로 이루어져 있으므로, 이 사건 다세대주택에 실제로 옥상층 등 별층에 해당할 만한 부분이 있지 아니하고 위 지하층을 주소지로 한 다른 주민등록자가 없는 한 통상적인 주의력을 가진 사람이라면 어렵지 않게 위 주민등록상의 '별층 101호'가 등기부상의 '지하층 01호'를 의미한다고 인식할 수 있을 것으로 여겨지는바, 그렇다면 일반사회 통념상 피고의 위 주민등록으로 이 사건 구분소유 부분에 피고가 주소 또는 거소를 가진 자로 등록되어 있다고 인식할 수 있다고 봄이 상당하다 할 것이다.

(2) '전입신고 당시를 기준'으로 임차인이 정확하게 주민등록을 기재했다면 나중에 현황이 바뀌더라도 주민등록이 유효하여 법의 보호를 받는다.

▶ 대법원 1999. 12. 7. 선고 99다44762 판결

피고가 하나빌라 b동 301호를 임차하여 전입신고를 할 당시를 기준으로 하여 보면 비록 건축물관리대장 및 등기부가 작성되기 이전이지만 그 전입신고 내용이 실제 건물의 소재지 지번과 정확히 일치하여 일반 사회통념상 그 주민등록으로 당해 임대차 건물에 임차인이 주소 또는 거소를 가진 자로 등록되어 있다는 것을 충분히 인식할 수 있었으므로 그 무렵 피고는 주택임대차보호법 제3조 제1항에 의하여 대항력을 취득하였다고 할 것이고, 그 이후 토지 분할 등의 사정으로 지번이 변경되었다고 하여 이미 취득한 대항력을 상실한다고 할 수 없음이 분명하다. 이와 달리 근저당권설정 시점을 기준으로 대항력 요건의 구비 여부를 판단한 원심판결에는 주택임대차보호법 제3조 제1항 소정의 대항력의 요건에 관한 법리를 오해한 위법이 있다.

(3) 일반건축물관리대장에 단독주택으로 되어 있는 상태에서 구분등기된 경우에는 임차인은 전유부분을 표시하지 않은 주민등록을 하여도 보호받는다.

▶ 대법원 1999. 5. 25. 선고 99다8322 판결

원래 단독주택으로 건축허가를 받아 건축되고, 건축물관리대장에도 구분소유가 불가능한 건물로 등재된 이른바 다가구용 단독주택에 관하여 나중에 집합건물의 소유 및 관리에 관한 법률에 의하여 구분건물로의 구분등기가 경료되었음에도 불구하고, 소관청이 종전에 단독주택으로 등록한 일반건축물관리대장을 그대로 둔 채 집합건축물관리대장을 작성하지 않은 경우에는, 주민등록법시행령 제5조 제5항에 따라 임차인이 위 건물의 일부나 전부를 임차하여 전입신고를 하는 경우 지번만 기재하는 것으로 충분하고, 나아가 그 전유 부분의 표시까지 기재할 의무나 필요가 있다고 할 수 없으며, 임차인이 실제로 위 건물의 어느 부분을 임차하여 거주하고 있는지 여부의 조사는 단독주택의 경우와 마찬가지로 위 건물에 담보권 등을 설정하려는 이해관계인의 책임 하에 이루어져야 할 것이므로,

임차인이 위 건물의 지번으로 전입신고를 한 이상 일반사회 통념상 그 주민등록으로 위 건물에 위 임차인이 주소 또는 거소를 가진 자로 등록되어 있는지를 인식할 수 있는 경우에 해당된다 할 것이고, 따라서 임대차의 공시 방법으로 유효하다.

(4) 등기부상 표시와 달리 주민등록을 하였어도 경매기록 표시에 병기된 경우는 제3자가 충분히 인식할 수 있으므로 유효한 주민등록으로 보호받는다.

▶ **대법원 2003. 6. 10. 선고 2002다59351 판결**

부동산등기부상 건물의 표제부에 '에이(a)동'이라고 기재되어 있는 연립주택의 임차인이 전입신고를 함에 있어 주소지를 '가동'으로 신고하였으나 주소지 대지 위에는 2개 동의 연립주택 외에는 다른 건물이 전혀 없고, 그 2개 동도 층당 세대수가 한 동은 4세대씩, 다른 동은 6세대씩으로서 크기가 달라서 외관상 혼동의 여지가 없으며, 실제 건물 외벽에는 '가동', '나동'으로 표기되어 사회생활상 그렇게 호칭되어 온 경우, 사회통념상 '가동', '나동', '에이동', '비동'은 표시 순서에 따라 각각 같은 건물을 의미하는 것이라고 인식될 여지가 있고, 더욱이 경매기록에서 경매목적물의 표시가 '에이동'과 '가동'으로 병기되어 있었던 이상, 경매가 진행되면서 낙찰인을 포함하여 입찰에 참가하고자 한 사람들로서도 위 임대차를 대항력 있는 임대차로 인식하는 데에 아무런 어려움이 없었다는 이유로 임차인의 주민등록이 임대차의 공시방법으로 유효하다.

(5) 토지대장 및 건축물대장과 일치하게 주민등록을 하였는데, 등기부와 다를 경우에는 유효한 공시방법으로 보호받는다.

▶ **대법원 2001. 12. 27. 선고 2001다63216 판결**

다만 주택의 소유권보존등기가 이루어진 후 토지의 분할 등으로 인하여 지적도, 토지대장, 건축물대장 등의 주택의 지번 표시가 분할 후의 지번으로 등재되어 있으나 등기부에는 여전히 분할 전의 지번으로 등재되어 있는 경우, 임차인이 주민등록을 함에 있어 토지대장 및 건축물대장에 일치하게 주택의 지번과 동호수를 표시하였다면 설사 그것이 등기부의 기재와 다르다고 하여도 일반의 사회통념상 임차인이 그 지번에 주소를 가진 것으로 제3자가 인식할 수 있다고 봄이 상당하므로 유효한 임대차의 공시방법이 된다.

다. 다가구용 단독주택의 경우

(1) 원칙적으로, 다가구용 단독주택의 경우는 지번만 정확히 기재하면 된다. 동·호수는 편의상 명칭이므로 잘못 기재하여도 무방하다.

▶ **대법원 1997. 11. 14. 선고 97다29530 판결**

이른바 다가구용 단독주택의 경우 건축법이나 주택건설촉진법상 이를 공동주택으로 볼 근거가 없어 단독주택으로 보는 이상 주민등록법시행령 제5조 제5항에 따라 임차인이 위 건물의 일부나 전부를 임차하고, 전입신고를 하는 경우 지번만 기재하는 것으로 충분하고, 나아가 위 건물 거주자의 편의상 구분하여 놓은 호수까지 기재할 의무나 필요가 있다고 할 수 없고, 등기부의 '갑구'란의 각 지분 표시 뒤에 각 그 호수가 기재되어 있으나 이는 법령상의 근거가 없이 소유자들의 편의를 위하여 등기공무원이 임의적으로 기재하는 것에 불과하며, 임차인이 실제로 위 건물의 어느 부분을 임차하여 거주하고 있는지 여부의 조사는 단독주택의 경우와 마찬가지로 위 건물에 담보권 등을 설정하려는 이해관계인의 책임하에 이루어져야 할 것이므로 임차인이 전입신고로 지번을 정확히 기재하여 전입신고를 한 이상 일반 사회통념상 그 주민등록으로 위 건물에 임차인이 주소 또는 거소를 가진 자로 등록되어 있는지를 인식할 수 있어 임대차의 공시방법으로 유효하다고 할 것이고, 설사 위 임차인이 위 건물의 소유자나 거주자 등이 부르는 대로 지층 1호를 1층 1호로 잘못 알고, 이에 따라 전입신고를 '연립－101'로 하였다고 하더라도 달리 볼 것은 아니다.

(2) 하지만 예외적으로, 하나의 대지 위에 다가구용 단독주택과 다세대 주택이 함께 건립되어 있는 등 특수한 상황인 경우에는 주민등록상 주소지인 다세대주택의 동·호수가 등기부 및 건축물관리대장과 다른 경우에는 유효하지 않아 보호받지 못한다.

▸ **대법원 2002. 3. 15. 선고 2001다80204 판결**

하나의 대지 위에 다가구용 단독주택과 다세대주택이 함께 건립되어 있고, 등기부상으로 다가구용 단독주택과 다세대주택의 각 구분소유 부분에 대하여 지번은 동일하나 그 동·호수가 달리 표시되어 있으며, 나아가 위 (다가구용) 단독주택에 대하여 위 등기부와 같은 지번과 동·호수로 표시된 집합건축물관리대장까지 작성된 경우라면, 위 단독주택의 임차인은 그 지번 외에 등기부와 집합건축물관리대장상의 동·호수까지 전입신고를 마쳐야만 그 임대차의 유효한 공시방법을 갖추었다고 할 것이다. 그렇다면 원고가 이 사건 주택을 임차하여 인도받고 주민등록 전입신고를 한 지번 및 동·호수는 이 사건 주택의 지번과는 일치하나, 등기부와 집합건축물관리대장상의 위 주택 동·호수와는 다르므로 원고의 위 주민등록은 위 임대차의 공시방법으로서 효력이 없다.

5. 대항력(주택인도와 주민등록)은 입주시에만 있으면 되나?

정답 아니다. 계속 유지해야 한다.

▸ **대법원 2000. 9. 29. 선고 2000다37012 판결**

주택임대차보호법이 제3조 제1항에서 주택임차인에게 주택의 인도와 주민등록을 요건으로 명시하여 등기된 물권에 버금가는 강력한 대항력을 부여하고 있는 취지에 비추어 볼 때 달리 공시방법이 없는 주택임대차에 있어서 주택의 인도 및 주민등록이라는 대항요건은 그 대항력 취득시에만 구비하면 족한 것이 아니고 그 대항력을 유지하기 위하여서도 계속 존속하고 있어야 하는 것이다.

6. 만약 누군가가 임의로 주민등록을 퇴거시킨 경우는 보호받는가?

정답 임차인의 의사와 무관하게 주민등록이 달라진 경우는 보호받는다.

▸ **대법원 2000. 9. 29. 선고 2000다37012 판결**

주민등록이 대항력의 존속요건이라 하더라도 주민등록이 주택임차인의 의사에 의하지 않고 제3자에 의하여 임의로 이전되었고, 그와 같이 주민등록이 잘못 이전된 데 대하여 주택임차인에게 책임을 물을 만한 사유도 없다고 인정된 경우 주택임차인이 이미 취득한 대항력은 주민등록의 이전에도 불구하고 그대로 유지된다.

위 사례는 임대인이 임차인의 대항력을 상실시켜 추가로 융자금을 대출받기 위하여 임차인의 동의를 받지 아니한 채 임의로 주소지를 다른 곳으로 옮겨버리고 당초의 주소지에서 퇴거한다는 전입신고를 함으로써 주민등록표를 바꿔버린 사례이다. 이 경우 임차인은 억울하게 당한 것이므로 법의 보호를 받게 해준 것이다.

7. 사례별 연구

가. 가등기와 경합되는 경우

대항력 있는 임차권을 취득하기 전에 이미 그 부동산에 가등기가 설정된 경우에는 나중에 가등기권자가 본등기를 할 경우에는 순위에서 밀려 임차권이 보호되지 않는다. 반대로 임차권이 선행하고 그 후에 가등기가 설정된 경우에는 임차권이 우선하므로 가등기권자가 본등기를 하여도 상관이 없다. 다만 이 경우 임차인이 가등기 이후에 임차 기간을 연장하면서 집주인과 보증금을 인상하기로 하였다면 그 인상분에 대하여는 가등기권자에게 대항하지 못한다. 왜냐하면 인상분은 가등기 이후에 성립된 것이므로 순위에서 밀리기 때문이다.

▸ 대법원 1986. 9. 9. 선고 86다카757 판결

주택임대차보호법의 적용을 받는 임대목적 부동산에 관하여 제3자가 가등기를 하고 그 가등기에 기하여 본등기가 마쳐진 경우에 있어서는 임대인과 임차인 사이에 그 가등기 후 그 보증금을 인상하기로 약정하였다 하더라도 그 인상분에 대하여는 그 등기권리자에게 대항하지 못한다 할 것이고 이와 같은 이치는 그 임대차에 관한 등기가 되었거나 안 되었거나 간에 다 같이 적용된다.

나. 가처분 · 가압류와 경합된 경우

임대차의 대항력이 갖춰진 날짜가 처분금지가처분등기 이후이거나 점유이전금지가처분등기 이후일 경우에는 임차인은 이에 대항할 수 없다. 결국 가처분과 임대차대항력일자의 선후로 승패가 결정된다. 가압류와의 관계도 마찬가지이다.

▶ 대법원 1983. 4. 26. 선고 83다카116 판결

임차인이 주민등록전입신고를 마치고 입주 사용함으로써 주택임대차보호법 제3조에 의하여 그 임차권이 대항력을 갖는다 하더라도 부동산에 대하여 가압류등기가 마쳐진 후에 그 채무자로부터 그 부동산을 임차한 자는 가압류집행으로 인한 처분금지의 효력에 의하여 가압류사건의 본안판결의 집행으로 그 부동산을 취득한 경락인에게 그 임대차의 효력을 주장할 수 없다.

다. 미등기 주택의 사실상 양수인

앞서 설명한 바와 같이 미등기 건물도 동법에 보호대상이 된다(대법원 2007. 6. 21. 선고 2004다26133 전원합의체 판결). 그러므로 당연히 미등기 건물의 임차인이 대항력을 갖추면 그 뒤 그 미등기 건물을 양수한 사람도 임대인의 지위를 승계하게 된다.

▶ 대법원 1987. 3. 24. 선고 86다카164 판결

주택임대차보호법의 목적과 동법 제3조 제2항의 규정에 비추어 볼 때, 건물이 미등기인 관계로 그 건물에 대하여 아직 소유권이전등기를 경료하지는 못하였지만 그 건물에 대하여 사실상 소유자로서의 권리를 행사하고 있는 자는 전소유자로부터 위 건물의 일부를 임차한 자에 대한 관계에서는 위 사실상 소유자가 동법 제3조 제2항 소정의 주택의 양수인으로서 임대인의 지위를 승계하였다고 볼 수 있다.

라. 신탁법상의 수탁자

신탁법상의 수탁자는 양수인에 해당한다. 즉 임대차의 목적이 된 주택을 담보 목적으로 신탁법에 따라 신탁한 경우에도 수탁자는 동법 제3조 제2항에 의하여 임대인의 지위를 승계한다(대법원 2002. 4. 12. 선고 2000다70460 판결).

마. 경매에 의해 소멸하는 선순위 저당권이 있는 경우

이는 대항력 있는 임차권보다 후순위 저당권자가 경매신청을 할 경우 임차권보다 선순위에 또 다른 근저당권자 등이 있다고 가정하자[① 근저당권(말소기준), ② 대항력 있는 임차권, ③ 근저당권(경매신청)]. 이 경우 말소기준등기는 선순위 ① 근저당권자가 되기 때문에 임차권은 소멸된다. 따라서 임차권자는 낙찰자에게 대항할 수 없다.

▶ 대법원 2000. 2. 11. 선고 99다59306 판결

경매목적 부동산이 경락된 경우에는 소멸된 선순위 저당권보다 뒤에 등기되었거나 대항력을 갖춘 임차권은 함께 소멸하는 것이고, 따라서 그 경락인은 주택임대차보호법 제3조에서 말하는 임차주택의 양수인 중에 포함된다고 할 수 없을 것이므로 경락인에 대하여 그 임차권의 효력을 주장할 수 없다.

다만, 임대차의 대항력 발생시기보다 앞선 저당권이 피담보채무의 변제 등의 사유로 소멸되었다면 그 소멸시기가 매각대금지급 전이기만 하면 매수인에게 대항할 수 있다. 다만 이 경우 낙찰자는 경락허가결정에 대한 취소신청을 할 수 있다.

▶ 대법원 2001. 8. 22.자 2001마2652 결정

민사소송법 제639조 제1항은 "매수가격의 신고 후에 천재ㆍ지변 기타 자기가 책임을 질 수 없는 사유로 인하여 부동산이 훼손된 때에는 최고가매수인은 경락불허가신청을, 경락인은 대금을 납부할 때까지 경락허가결정의 취소신청을 할 수 있다"라고 규정하고 있다.

Ⅳ. 보증금 우선변제권

1. 우선변제권의 의의(동법 3조의2 2항)

대항요건과 임대차계약증서에 '확정일자'를 갖춘 임차인은 민사집행법에 따른 경매 또는 국세징수법에 따른 공매를 할 때에 임차주택(대지를 포함)의 환

가대금에서 후순위권리자나 그 밖의 채권자보다 우선하여 보증금을 변제받을 권리가 있다. 이를 '우선변제권'이라고 한다.

2. 확정일자

가. 확정일자 받는 방법(동법 3조의6, 시행령 4조)

확정일자는 주택 소재지의 읍·면사무소, 동 주민센터 또는 시(특별시·광역시·특별자치시는 제외하고, 특별자치도는 포함)·군·구(자치구를 말함)의 출장소, 지방법원 및 그 지원과 등기소 또는 공증인법에 따른 공증인(이하 "확정일자부여기관")이 부여한다. 확정일자부여기관은 해당 주택의 소재지, 확정일자 부여일, 차임 및 보증금 등을 기재한 확정일자부를 작성하여야 한다. 이 경우 전산처리정보조직을 이용할 수 있다. 확정일자부에 기재하여야 할 사항은 다음과 같다. ① 확정일자번호, ② 확정일자 부여일, ③ 임대인·임차인의 인적사항, ④ 주택 소재지, ⑤ 임대차 목적물, ⑥ 임대차기간, ⑦ 차임·보증금, ⑧ 신청인의 성명과 주민등록번호 앞 6자리(외국인은 외국인등록번호 앞 6자리). 확정일자는 확정일자번호, 확정일자 부여일 및 확정일자부여기관을 주택임대차계약증서에 표시하는 방법으로 부여한다. 계약증서에 확정일자를 부여받으려는 자는 확정일자부여기관에 출석하여 계약증서 원본과 주민등록증, 운전면허증, 여권 또는 외국인등록증 등 본인을 확인할 수 있는 신분증을 제시하여야 한다.

나. 확정일자정보제공 요청권 신설(동법 3조의6 3항 이하)

2013. 8. 13. 개정된 동법(2014. 1. 1. 시행)에 의하면 임차를 하려는 자 등 이해관계인이 해당 주택의 확정일자정보를 제공받을 수 있게 되었다. 즉 임대차계약을 체결하려는 자 등이 임차하려는 주택에 선순위 임대차가 존재하는지, 종전 보증금이 얼마였는지를 잘 알지 못한 채 계약을 체결하고 있는 문제가 있었다. 이러한 불편함을 해결하기 위해 개정법에 확정일자 부여 및 정보제공 요청권과 관련한 근거규정이 마련된 것이다. 이는 과거 임차를 하려는 사람들이 통상적으로 등기부등본에 기재된 근저당, 가압류 등만 확인하고 다른 임차인에 대한 보증금채무를 간과한 임대차계약을 체결하였다가 낭패를 본 사안에 대한 반성에서 마련된 제도이다. 이는 특히 다가구주택의 경우에 문제가 되어 왔다.

관련된 문제의 사안을 살펴보면 다음과 같다.

▶ 대법원 2012. 1. 26. 선고 2011다63857 판결

중개업자 甲이 다가구주택 일부에 관하여 임대의뢰인 乙과 임차의뢰인 丙의 임대차계약을 중개하면서 丙에게 부동산등기부에 기재된 근저당권의 채권최고액을 고지하고 임대차계약서의 특약사항에 이를 기재하였으나, 다가구주택에 거주하던 다른 임차인의 임대차보증금 액수, 임대차계약의 시기와 종기 등에 관한 사항을 확인하여 설명하지 않았고 근거자료를 제시하지도 않았으며, 중개대상물 확인·설명서의 '실제 권리관계 또는 공시되지 아니한 물건의 권리 사항'란에도 이를 기재하지 않았는데, 그 후 위 다가구주택에 관하여 개시된 경매절차에서 다가구주택의 다른 소액임차인 등은 배당을 받았으나 丙은 이들보다 후순위에 있어 임대차보증금 반환채권을 배당받지 못하였고 乙에게서도 임대차보증금을 반환받지 못한 사안에서, 공인중개사법 제30조에 의하여 甲 및 甲과 공제계약을 체결한 한국공인중개사협회의 손해배상책임은 인정된다.

이와 같은 문제점을 근본적으로 해결하기 위해 개정 시행령에서는 법률에서 위임한 확정일자부 기재사항, 정보 제공의 범위 등을 규정하여 임차를 하려는 사람이 미리 임대차 정보를 제공받아 가격 결정에 대한 교섭력을 증대하고, 예상치 못한 선순위 확정일자로 인한 피해를 예방할 수 있도록 하였다. 즉 주택의 임대차에 이해관계가 있는 자는 확정일자부여기관에 해당 주택의 확정일자 부여일, 차임 및 보증금 등 정보의 제공을 요청할 수 있다. 이 경우 요청을 받은 확정일자부여기관은 정당한 사유 없이 이를 거부할 수 없다(동법 시행령 4조 1항). 여기서 이해관계가 있는 자는 ① 해당 주택의 임대인·임차인, ② 해당 주택의 소유자, ③ 해당 주택 또는 그 대지의 등기기록에 기록된 권리자 중 법무부령으로 정하는 자, ④ 우선변제권을 승계한 금융기관, ⑤ 환매권자, 지상권자, 전세권자, 질권자, 저당권자·근저당권자, 임차권자, 신탁등기의 수탁자, 가등기권리자, 압류채권자 및 경매개시결정의 채권자를 말한다(동법 시행령 5조). 또한 임대차계약을 체결하려는 자는 임대인의 동의를 받아 확정일자부여기관에 제3항에 따른 정보제공을 요청할 수 있다. 임대차계약의 당사자는 확정일자부여기관에 ① 임대차목적물, ② 임대인·임차인의 인적사항, ③ 확정일자 부여일, ④ 차임·보증금, ⑤. 임대차기간 등에 관한 사항을, 임대차계약의 당사자가 아닌 이해관계인 또는 임대차계약을 체결하려는 자는 위 사항들 중 ② 임대인·임차인의 인적사항을 제외한 나머지 사항들의 열람 또는 그 내용을 기록한 서면의 교부를 요청할 수 있다(동법 시행령 6조).

3. 사례별 연구

가. 대항력 있는 임차인이 스스로 강제경매신청한 경우, 우선변제권을 인정받기 위해 배당요구도 해야 하나?

정답 배당요구할 필요 없다. 자동으로 배당절차에서 우선변제를 받는다.

▶ 대법원 2013. 11. 14. 선고 2013다27831 판결

주택임대차보호법상의 대항력과 우선변제권을 모두 가지고 있는 임차인이 보증금을 반환받기 위하여 보증금반환청구 소송의 확정판결 등 집행권원을 얻어 임차주택에 대하여 스스로 강제경매를 신청하였다면 특별한 사정이 없는 한 대항력과 우선변제권 중 우선변제권을 선택하여 행사한 것으로 보아야 하고, 이 경우 우선변제권을 인정받기 위하여 배당요구의 종기까지 별도로 배당요구를 하여야 하는 것은 아니다.

그리고 이와 같이 우선변제권이 있는 임차인이 집행권원을 얻어 스스로 강제경매를 신청하는 방법으로 우선변제권을 행사하고, 그 경매절차에서 집행관의 현황조사 등을 통하여 경매신청채권자인 임차인의 우선변제권이 확인되고 그러한 내용이 현황조사보고서, 매각물건명세서 등에 기재된 상태에서 경매절차가 진행되어 매각이 이루어졌다면, 특별한 사정이 없는 한 경매신청채권자인 임차인은 배당절차에서 후순위권리자나 일반채권자보다 우선하여 배당받을 수 있다고 보아야 한다.

나. 확정일자부 임차인과 소액임차인의 경우는 제3자가 경매신청할 경우에는 배당요구를 해야 하나?

정답 이 경우에는 임차인이 직접 경매신청한 것이 아니므로 배당요구를 해야 한다.

만약 배당요구를 하지 않으면 확정일자부 임차인은 대항력을 행사하여 경락인에게 임대차계약을 인수시킬 수 있다. 하지만 소액임차인은 우선변제권만 있을 뿐 대항력이 없으므로 권리를 잃을 수도 있다. 이 경우 배당요구는 당연히 배당요구종기일 전에 법원에 신고해야만 유효하다.

다. 임차권등기가 설정된 임차인도 제3자가 경매신청한 경우에 배당요구를 해야 하나?

정답 배당요구를 하지 않아도 자동배당된다.

민사집행법 제148조 제4호에 의하면 배당받을 채권자들 중 '우선변제청구권으로서 첫 경매개시결정등기 전에 등기되었고 매각으로 소멸하는 것을 가진 채권자'는 자동배당권자로 규정되어 있는데 임차권등기권자가 여기에 해당되는 것이다.

▶ 대법원 2005. 9. 15. 선고 2005다33039 판결

임차권등기명령에 의하여 임차권등기를 한 임차인은 우선변제권을 가지며, 위 임차권등기는 임차인으로 하여금 기왕의 대항력이나 우선변제권을 유지하도록 해 주는 담보적 기능을 주목적으로 하고 있으므로, 위 임차권등기가 첫 경매개시결정등기 전에 등기된 경우, 배당받을 채권자의 범위에 관하여 규정하고 있는 민사집행법 제148조 제4호의 "저당권·전세권, 그 밖의 우선변제청구권으로서 첫 경매개시결정등기 전에 등기되었고 매각으로 소멸하는 것을 가진 채권자"에 준하여, 그 임차인은 별도로 배당요구를 하지 않아도 당연히 배당받을 채권자에 속하는 것으로 보아야 한다.

라. 임차인이 경매에서 우선변제를 받기 위해서는 주택을 명도해야 하나?

정답 명도해야 한다.

임차인은 임차주택을 양수인에게 인도하지 아니하면 보증금을 회수할 수 없다(동법 3조의2 3항). 임차인은 자신이 임차주택을 명도했다는 것을 증명해야만 보증금을 배당받을 수 있는데, 경매실무상 통상 인감증명이 첨부된 '낙찰자의 승낙서(보증금을 배당해도 좋다는 승낙이 담긴 서류)'를 제출한다.

▸ **대법원 1994. 2. 22. 선고 93다55241 판결**

임차인의 보호를 위한 주택임대차보호법의 취지에 비추어 볼 때 우선변제권이 있는 임차인은 임차주택의 가액으로부터 다른 채권자보다 우선하여 보증금을 변제받음과 동시에 임차목적물을 명도할 수 있는 권리가 있으며, 따라서 주택임대차보호법 제3조의2 제2항에서 임차인은 임차주택을 양수인에게 인도하지 아니하면 경매 또는 공매시 임차주택의 환가대금에서 보증금을 수령할 수 없다고 한 것은 경매 또는 공매절차에서 임차인이 보증금을 수령하기 위하여는 임차주택을 명도한 증명을 하여야 한다는 것을 의미하는 것이고, 임차인의 주택명도의무가 보증금반환의무보다 선이행되어야 하는 것은 아니다.

Ⅴ. 대항력과 우선변제권의 차이점

1. 사례설명

부동산 경기가 침체되어 주택 낙찰가가 하락할 경우 경매절차에서 임차인이 보증금을 보호받지 못하는 경우가 적지 않다. 일례로 부동산등기부등본에 근저당권 1억 4,000만원이 설정돼 있는 아파트가 경매에서 A씨에게 최저가 1억 1,290만원에 매수되었다. 이 아파트에 임차인 B씨가 보증금 1억 1,000만원에 거주하고 있었다. 매각물건명세서상 임차인 B씨는 11월 4일 전입과 동시에 주민등록을 마쳤는데 그날 계약서를 깜박 잊고 동사무소에 가는 바람에, 다음날인 11월 5일 다시 동사무소에 가서 계약서에 확정일자를 받았다. 그런데 공교롭게 11월 5일 위 아파트에 채권최고액 1억 4,000만원의 근저당권도 설정되어 버렸다. 이에 B씨는 자신의 전입과 주민등록신고에 의한 대항력이 다음날인 11월 5일 새벽 0시부터 발효되므로 당연히 근저당권자보다 선순위로 우선변제를 받을 수 있을 것이라고 생각하고 경매배당에 참여하였다. 하지만 이처럼 임차인의 전입과 주민등록신고를 갖춰서 대항력이 인정되더라도 막상 확정일자를 받아야만 우선변제권까지 인정되는데 확정일자를 받은 날이 11월 5일이므로 그날 설정된 근저당권과는 동순위로 배당을 받을 수 있게 된다. 따라서 이 경우 임차보증금 채권과 근저당권자의 채권은 그 채권액에 따라 안분비례로 배당을 받게 되므로 임차인은 손해를 보게 된다. 물론 이 경우 임차인은 나머지 잔액에 대해 낙찰자에게 대항력을 행사할 수 있기는 하나, 절차가 매우 복잡해진다. 이처럼 주택임대차의 경우 대항력과 우선변제권이 매우 중요한데 이 둘을 혼동하는 경우가 종종 있다.

2. 대항력과 우선변제권의 발효시점 차이

대항력은 임차인이 주택을 인도받고 주민등록을 마치면 성립되는 권리로서, 그 임대차계약기간 동안 거주할 수 있고 기간이 종료될 경우 주택 소유자로부터 임차보증금을 반환받을 수 있는 권리이다. 이에 반해 우선변제권이란 임차인이 대항력을 갖추고, 나아가 임대차계약서에 확정일자를 받은 경우, 그 임차주택이 경매나 공매에 부쳐졌을 때 그 경락대금에서 다른 후순위권리자보다 먼저 배당을 받을 수 있는 권리를 말한다. 그런데 대항력은 인도와 주민등록을 한 날의 다음날 새벽 0시부터 발효되고, 확정일자는 바로 효력이 발생하는데 우선변제권은 두 가지 요소를 모두 갖춘 경우 비로소 성립된다. 따라서 위 사례의 임차인 B씨는 우선변제권을 주장하여 경매에 참여하는 것보다는 차라리 낙찰자에게 대항력을 주장하였다면 자신의 임차보증금 전액을 쉽게 보장받을 수 있었다. 결국 이러한 권리를 명확히 구별해야만 배당에 참여할지 여부를 결정할 수 있게 된다. 특히 임차권의 대항력과 우선변제권의 발효시점을 정확히 알고 있어야 한다. 통상 계약을 체결하고 전입을 한 후 주민등록을 이전함과 동시에 임대차계약서에 확정일자를 받는 것이 좋다.

Ⅵ. 임대차기간

1. 2년 보장(동법 4조)

기간을 정하지 아니하거나 2년 미만으로 정한 임대차는 그 기간을 2년으로 본다. 다만, 임차인은 2년 미만으로 정한 기간이 유효함을 주장할 수 있다. 반면 임대인은 계약서에 2년 미만으로 정했다고 해도 임차인이 2년을 요구하면 이를 거부하지 못한다. 만약 임대인과 임차인이 그럼에도 불구하고 기간을 1년으로 정하고 이에 대해 임차인이 어떠한 이의를 제기하지 않기로 특약을 하고, 이를 어길 경우 손해배상 내지 위약벌 규정까지 정했다면 어떨까? 이 역시 임차인에게 효력이 없다. 왜냐하면 동법에 위반된 약정으로서 임차인에게 불리한 것은 그 효력이 없기 때문이다(동법 10조). 임대차기간이 끝난 경우에도 임차인이 보증금을 반환받을 때까지는 임대차관계가 존속되는 것으로 본다.

2. 묵시의 갱신(동법 6조 4·5항)

임대인이 임대차기간이 끝나기 6개월 전부터 1개월 전까지의 기간에 임차인에게 갱신거절의 통지를 하지 아니하거나 계약조건을 변경하지 아니하면 갱신하지 아니한다는 뜻의 통지를 하지 아니한 경우에는 그 기간이 끝난 때에 전 임대차와 동일한 조건으로 다시 임대차한 것으로 본다. 임차인이 임대차기간이 끝나기 1개월 전까지 통지하지 아니한 경우에도 또한 같다. 이 경우 임대차의 존속기간은 2년으로 본다. 그러나 묵시의 갱신이 되었다고 해도 임차인(세입자)은 언제든지 계약을 해지할 수 있다. 다만 임차인이 묵시의 갱신이 된 이후 계약기간이 도래하기 전에 계약해지할 경우에 임대인이 그 계약해지 통보를 받은 날로부터 3개월이 지나야만 계약해지의 효력이 생긴다. 3개월의 유예기간은 왜 필요할까? 임대인의 입장에서는 계약기간이 만료되기 전에 불시에 해지를 당하는 것이므로 새로운 임차인을 찾아야 하므로 3개월이 지나야만 해지의 효력이 발생하도록 한 것이다. 반면 임대인(집주인)은 2년의 기간을 보장해줘야 하며 중간에 계약을 해지할 수 없다. 결국 묵시의 갱신이 될 경우에는 임차인에게만 일방적으로 중도 해지권이 주어지며, 임대인은 보증금도 올리지 못한 채 2년을 자동 연장해줘야 하며 중도해지도 못하게 된다. 그러므로 임대인의 입장에서는 임대차기간이 만료되기 6개월 전부터 1개월 전 사이에 계약을 해지할 것인지, 아니면 임차인과 새로운 계약을 체결할 것인지를 결정해야 한다. 그리고 만약 보증금을 올리고 싶다면 그 기간 동안 임차인과 협의를 마쳐야 한다. 한편 임차인은 계약만료 1달 전이면 언제든지 계약의 갱신을 거절하거나 계약의 조건을 변경하지 아니하면 갱신하지 않겠다는 통지를 할 수 있다. 극단적으로 말하면 계약의 체결과 동시에 미리 그러한 통지를 해 놓을 수 있다는 것이다. 하지만 이러한 묵시의 갱신은 성실한 세입자에게만 혜택이 주어진다. 즉 2기의 차임액에 달하도록 연체하거나 그 밖에 임차인으로서의 의무를 현저히 위반한 임차인에 대하여는 묵시의 갱신을 주장하지 못한다.

Ⅶ. 차임증감청구권(동법 7조)

당사자는 약정한 차임이나 보증금이 임차주택에 관한 조세, 공과금, 그 밖의 부담의 증감이나 경제사정의 변동으로 인하여 적절하지 아니하게 된 때에는 장래에 대하여 그 증감을 청구할 수 있다. 다만, 증액의 경우에는 약정한 차임 등의 5%의 금액을 초과하지 못한다. 또한 이러한 증액청구는 임대차계약 또는 약정한 차임 등의 증액이 있은 후 1년 이내에는 하지 못한다. 이러한 차임증감청구권은 계약기간 도중에 어느 일방이 요구하는 권리이다. 따라서 계약이 종료되고 새로운 계약을 체결할 경우나 계약기간 중간이라고 해도 당사자 사이의 합의에 의해 차임을 변경한 경우에는 5%를 초과해도 무방하다.

▸ 대법원 2002. 6. 28. 선고 2002다23482 판결

주택임대차보호법 제7조에서 "약정한 차임 또는 보증금이 임차주택에 관한 조세・공과금 기타 부담의 증감이나 경제사정의 변동으로 인하여 상당하지 아니하게 된 때에는 당사자는 장래에 대하여 그 증감을 청구할 수 있다. 그러나 증액의 경우에는 대통령령이 정하는 기준에 따른 비율을 초과하지 못한다"고 정하고 있기는 하나, 위 규정은 임대차계약의 존속중 당사자 일방이 약정한 차임 등의 증감을 청구한 때에 한하여 적용되고, 임대차계약이 종료된 후 재계약을 하거나 또는 임대차계약 종료 전이라도 당사자의 합의로 차임 등이 증액된 경우에는 적

〈서식〉

주택임차권등기명령 신청서

수입인지

신 청 인(임차인) 성 명: 김 원 고 (—)
주 소:
연락 가능한 전화(FAX 또는 호출)번호 :
피신청인(임대인) 성 명: 이 피 고
주 소:

신 청 취 지

별지목록 기재 건물에 관하여 아래와 같은 주택임차권등기를 명한다.
라는 결정을 구합니다.

아 래

1. 임대차계약일자 : 20 . . .
2. 임차보증금액 : 금 원, 차임 : 금 원
3. 주민등록일자 : 20 . . .
4. 점유개시일자 : 20 . . .
5. 확 정 일 자 : 20 . . .

신 청 이 유

(생략)

첨 부 서 류

1. 건물등기부등본
2. 주민등록등본
3. 임대차계약증서 사본

20 년 월 일

신 청 인 김 원 고 (인)

서울중앙지방법원 귀중

용되지 않는다.

Ⅷ. 임차권등기명령제도

임대차가 종료된 경우에도 임대인이 임차인에게 보증금을 돌려주지 않는 경우 임차인은 당장 이사를 하고 싶은데 어떻게 해야 하나? 주민등록을 옮기면 제3자에게 대항력을 잃게 되므로 난감해진다(동법 3조). 이러한 경우를 대비해 마련한 제도가 '임차권등기명령'제도이다(동법 3조의3). 임대차가 끝난 후 보증금을 반환받지 못한 임차인은 임차주택의 소재지를 관할하는 지방법원·지방법원지원 또는 시·군 법원에 임차권등기명령을 신청할 수 있다. 임차권등기명령의 신청서에는 다음 각 호의 사항을 적어야 하며, 신청의 이유와 임차권등기의 원인이 된 사실을 소명(疎明)하여야 한다.

1. 신청의 취지 및 이유
2. 임대차의 목적인 주택(임대차의 목적이 주택의 일부분인 경우에는 해당 부분의 도면을 첨부한다)
3. 임차권등기의 원인이 된 사실(임차인이 제3조 제1항 또는 제2항에 따른 대항력을 취득하였거나 제3조의2 제2항에 따른 우선변제권을 취득한 경우에는 그 사실)
4. 그 밖에 대법원규칙으로 정하는 사항

임차권등기명령의 신청을 기각하는 결정에 대하여 임차인은 항고할 수 있다. 임차인은 임차권등기명령의 집행에 따른 임차권등기를 마치면 대항력과 우선변제권을 취득한다. 다만, 임차인이 임차권등기 이전에 이미 대항력이나 우선변제권을 취득한 경우에는 그 대항력이나 우선변제권은 그대로 유지되며, 임차권등기 이후에는 대항요건을 상실하더라도 이미 취득한 대항력이나 우선변제권을 상실하지 아니한다. 임차권등기명령의 집행에 따른 임차권등기가 끝난 주택(임대차의 목적이 주택의 일부분인 경우에는 해당 부분으로 한정)을 그 이후에 임차한 임차인은 우선변제를 받을 권리가 없다. 임차인은 임차권등기명령의 신청과 그에 따른 임차권등기와 관련하여 든 비용을 임대인에게 청구할 수 있다.

Ⅸ. 경매에 있어서의 특칙

1. 경매신청의 요건 완화

임차인이 보증금(전세금) 반환청구소송의 확정판결 또는 이에 준하는 집행권원을 얻어서 경매를 신청하는 경우 민사집행법 제41조가 정하는 집행개시요건인 반대의무의 이행 또는 제공은 요건에서 배제된다(동법 3조의2 1항). 통상 보증금 반환청구권과 주택의 반환은 동시이행의 관계에 있다. 그러므로 민사집행법상 강제집행을 개시하려면 자신의 의무를 선이행했거나 적어도 집행과 동시에 이행해야 한다. 그러나 이러한 요건을 주택임대차에도 그대로 적용할 경우 세입자는 집에서 이사를 나온 뒤 그 집에 대한 보증금채권을 강제집행해야만 하는데 실제로 강제집행이 종료되는데 상당한 기간이 걸리므로 그 동안 보증금 없이 다른 집을 구할 수가 없는 결과가 초래된다. 그러므로 이러한 사태를 방지하고자 위와 같이 집에서 살면서도 강제집행을 개시할 수 있게 해준 것이다.

2. 소멸주의에 대한 예외(동법 3조의5)

임차권은 임차주택에 대하여 민사집행법에 따른 경매가 행하여진 경우에는 그 임차주택의 경락에 따라 소멸한다. 다만, 보증금이 모두 변제되지 아니한, 대항력이 있는 임차권은 그러하지 아니하다. 통상 경매가 완성될 경우 경락인은 그 부동산에 있었던 여러 가지 제한을 모두 소멸시킨 깨끗한 상태의 부동산을 가지게 된다. 이것을 집행법상 '소멸주의'라고 한다. 그런데 만약 부동산임차인이 대항력을 갖추고 있다면 경락인은 세입자에게 보증금을 지급하지 않는 한 임차권은 소멸하지 않는다. 이 경우 경락인이 임대인의 지위를 승계하게 된다(동법 3조 3항). 결국 경락인은 세입자에게 보증금을 지급해야만 내보낼 수 있는 것이다.

X. 소액보증금의 최우선변제권

1. 개념정리

임차인은 보증금 중 일정액을 다른 담보물권자보다 우선하여 변제받을 권리가 있다. 이 경우 임차인은 주택에 대한 경매신청의 등기 전에 대항력(주택의 인도 + 주민등록)을 갖추어야 한다(동법 8조 1항). 즉 일정한 요건을 갖춘 소액보증금 임차인은 보증금의 일정액을 다른 담보물권자보다 우선변제받을 수 있는 것인데, 경매개시 기입등기 전까지 대항력을 갖추게 되면 설사 경락대금이 선순위담보권자의 채권을 충족하고 남을게 없다고 해도 오히려 일정액을 선순위담보권자보다 우선하여 변제받을 수 있다는 것이다.

2. 최우선변제를 받을 임차인의 범위(동법 시행령 11조)[2]

법 제8조에 따라 우선변제를 받을 임차인은 보증금이 다음 각 호의 구분에 의한 금액 이하인 임차인으로 한다.

1. 서울특별시 : 9천 500만원
2. 「수도권정비계획법」에 따른 과밀억제권역[3](서울특별시는 제외한다) : 8천만원
3. 광역시(「수도권정비계획법」에 따른 과밀억제권역에 포함된 지역과 군지역은 제외한다), 안산시, 용인시, 김포시 및 광주시 : 6천만원
4. 그 밖의 지역 : 4천 500만원

즉 소액보증금 최우선변제권의 대상은 모든 임차인에 해당되는 것이 아니라 보증금이 위와 같이 보증금이 소액인 임차인만이 해당된다.

2 2014년 1월 1일 기준.

3 2011. 3. 9. 기준 : △서울특별시 △인천광역시(강화군, 옹진군, 서구 대곡동·불로동·마전동·금곡동·오류동·왕길동·당하동·원당동, 인천경제자유구역 및 남동 국가산업단지는 제외한다) △의정부시 △구리시 △남양주시(호평동, 평내동, 금곡동, 일패동, 이패동, 삼패동, 가운동, 수석동, 지금동 및 도농동만 해당한다) △하남시 △고양시 △수원시 △성남시 △안양시 △부천시 △광명시 △과천시 △의왕시 △군포시 △시흥시[반월특수지역(반월특수지역에서 해제된 지역을 포함한다)은 제외한다].

3. 구체적으로 최우선변제받는 금액(동법 시행령 3조)[4]

우선변제를 받을 보증금 중 일정액의 범위는 다음 각 호의 구분에 의한 금액 이하로 한다.

1. 서울특별시 : 3천 200만원
2. 「수도권정비계획법」에 따른 과밀억제권역(서울특별시는 제외한다) : 2천 700만원
3. 광역시(「수도권정비계획법」에 따른 과밀억제권역에 포함된 지역과 군지역은 제외한다), 안산시, 용인시, 김포시 및 광주시 : 2천만원
4. 그 밖의 지역 : 1천 500만원

하지만 임차인의 보증금 중 일정액이 주택가액의 2분의 1을 초과하는 경우에는 주택가액의 2분의 1에 해당하는 금액까지만 우선변제권이 있다. 또한 하나의 주택에 임차인이 2명 이상이고, 그 각 보증금 중 일정액을 모두 합한 금액이 주택가액의 2분의 1을 초과하는 경우에는 그 각 보증금 중 일정액을 모두 합한 금액에 대한 각 임차인의 보증금 중 일정액의 비율로 그 주택가액의 2분의 1에 해당하는 금액을 분할한 금액을 각 임차인의 보증금 중 일정액으로 본다. 그리고 하나의 주택에 임차인이 2명 이상이고 이들이 그 주택에서 가정공동생활을 하는 경우에는 이들을 1명의 임차인으로 보아 이들의 각 보증금을 합산한다.

4. 소액임차인에 해당 여부 판단시점

소액임차인에 해당하는 여부의 판단시점은 원칙적으로 '배당요구 종기시'이다. 예컨대 임대차계약을 체결할 당시에는 소액임차인에 해당하지 않았다고 해도 나중에 보증금을 줄여 재계약을 체결했는데 그 보증금이 소액임차인에 해당되는 경우 소액임차인에 해당되게 된다. 소액임차인도 배당종기시까지 배당요구를 해야만 우선변제를 받을 수 있으므로(민집 148조 2호) 배당요구종기시

4 2014년 1월 1일 기준.

점을 기준으로 소액임차인인지 여부가 결정되는 것이다. 하지만 경매개시기입등기가 된 이후 배당요구 종기시 사이에 임대인과 짜고 보증금을 낮춰 소액임차인의 요건을 갖췄다면 통정허위표시로서 무효가 될 수도 있다.

▸ **대법원 2008. 5. 15. 선고 2007다23203 판결**

실제 임대차계약의 주된 목적이 주택을 사용·수익하려는 것인 이상, 처음 임대차계약을 체결할 당시에는 보증금액이 많아 주택임대차보호법상 소액임차인에 해당하지 않았지만 그 후 새로운 임대차계약에 의하여 정당하게 보증금을 감액하여 소액임차인에 해당하게 되었다면, 그 임대차계약이 통정허위표시에 의한 계약이어서 무효라는 등의 특별한 사정이 없는 한 그러한 임차인은 같은 법상 소액임차인으로 보호받을 수 있다.

5. 소액임차인의 배당요구

가. 우선변제를 받기 위한 필수요건

소액임차인이 우선변제를 받기 위해서는 반드시 배당요구를 해야만 한다(대법원 1998. 10. 13. 선고 98다12379 판결). 민사집행법 제88조 제1항에 의하면 "집행력 있는 정본을 가진 채권자, 경매개시결정이 등기된 뒤에 가압류를 한 채권자, 민법·상법, 그 밖의 법률에 의하여 우선변제청구권이 있는 채권자는 배당요구를 할 수 있다"고 규정되어 있다. 즉 이러한 권리를 가진 자는 배당요구를 해야만 하므로, 동법상 소액임차인의 우선변제권은 배당요구 종기일까지 배당요구를 한 경우에 한하여 비로소 배당을 받을 수 있다. 만약 적법한 배당요구를 하지 아니한 경우에는 비록 실체법상 우선변제청구권이 있다 하더라도 경락대금으로부터 배당을 받을 수는 없다. 그리고 이러한 배당요구채권자가 적법한 배당요구를 하지 아니하여 그를 배당에서 제외하는 것으로 배당표가 작성·확정되고 그 확정된 배당표에 따라 배당이 실시되었다면 그가 적법한 배당요구를 한 경우에 배당받을 수 있었던 금액 상당의 금원이 후순위채권자에게 배당되었다고 하여 이를 법률상 원인이 없는 것이라고 할 수 없다. 따라서 배당받은 후순위채권자를 상대로 부당이득의 반환을 청구할 수도 없다.

나. 이해관계인으로서의 권리신고를 한 경우 배당요구로 볼 수 있나?

주택임대차보호법상의 소액임차인 등이 이해관계인으로서 권리신고를 한 경우에도 이를 배당요구로 볼 수 없다. 따라서 반드시 별도의 배당요구를 해야만 우선변제를 받을 수 있다. 임대차조사만으로 소액임차권의 여부를 분명히 알 수 없고, 달리 경매법원이 경매절차상 소액임차권의 존재를 확실히 알 수 있는 방법이 없으며, 경매절차 진행 중에 소액임대차 관계가 소멸 또는 종료되는 경우도 많다. 대항력 있는 소액임차권자는 임대차가 종료한 경우 보증금의 우선변제청구를 할 수도 있고 양수인에게 보증금의 반환청구를 할 수도 있으므로 소액임차권자도 배당요구를 하여야만 경매절차에서 우선배당을 받을 수 있다고 보아야 한다.[5]

다. 소액임차인이 배당요구를 하지 않은 경우

소액임차인이 최우선변제권을 갖고 배당요구하지 않은 경우에는 어떻게 되는가? 이 경우에도 대항력을 갖춘 경우에는 당연히 경락인에게 임차권으로 대항력을 행사할 수 있다. 즉 경락인에게 임차권을 인수시켜 그로부터 만기에 보증금을 회수할 수 있다. 다만 경락대금에서 배당에만 참여하지 못할 뿐이다.

▸ 대법원 1992. 7. 14. 선고 92다12827 판결

주택임대차보호법 제3조의 규정에 의하면 임대차는 그 등기가 없는 경우에도 임차인이 주택의 인도와 주민등록 또는 전입신고를 마친 때에는 대항력이 발생하고 이 경우에 임차주택의 양수인은 임대인의 지위를 승계한 것으로 보도록 되어 있는바, 위 임차주택의 양도에는 강제경매에 의한 경락의 경우도 포함되는 것이므로, 임차인이 당해 경매절차에서 권리신고를 하여 소액보증금의 우선변제를 받는 절차를 취하지 아니하였다고 하여 임차주택의 경락인에게 그 임대차로써 대항할 수 없다거나 임차보증금반환채권을 포기한 것으로 볼 수는 없다.

라. 집행관의 실수로 소액임차보증금 배당요구를 하지 못한 경우

집행관이 실수로 현황조사보고서에 임차관계를 누락하는 바람에 소액임차

5 재판예규 제866-41호 주택임대차보호법 제8조에 관한 질의회답(재민 84-10).

인이 경매절차의 진행사실을 통지받지 못해 배당에 참여하지 못한 경우 국가를 상대로 손해배상청구가 가능한가? 결론부터 말하면 이 경우 국가의 불법행위책임이 성립되지 아니하여 국가를 상대로 손해배상청구를 할 수 없다.

하급심판례(청주지법 민사1부 2014. 6. 20. 선고)이기는 하나, 이 경우 법원은 현황조사 과정에 집행관에게 잘못이 있다고 볼 수 없고, 설령 집행관의 잘못이 인정되더라도 경매절차 진행사실 통지가 누락된 점만으로는 불법행위를 구성할 수 없다며 임차인이 국가를 상대로 낸 손해배상청구를 기각했다. 위 사례에서 법원은 "경매절차 진행사실의 주택임차인에 대한 통지는 당사자의 편의를 위하여 경매절차와 배당제도에 관한 내용을 안내하여 주는 것으로 이 예규를 법규적 성격을 가진 규정이라고 보기 어렵고, 집행관의 직무상 잘못이 경매절차상 이해관계인이 아닌 임차인에 대한 관계에서 불법행위를 구성한다고 할 수 없으며, 그 잘못과 임차인의 손해 사이에 상당인과관계가 있다고 할 수도 없다"고 판시하였다.

6. 소액임차인 보호대상에서 제외되는 경우

가. 집주인의 채무초과상태를 알면서 싸게 임대차계약 체결한 경우

이 경우는 실무상 가장(假裝)임차인의 경우가 많다. 하지만 설사 가장임차인이 아니라도 해도 주택임대차보호법상 소액보증금을 최우선해서 보호하는 것을 악용하여 소액임차인으로서 배당을 받기 위해 고의적으로 시세보다 턱없이 낮게 책정해서 임대차계약을 체결하는 경우는 법의 보호를 받지 못한다.

▸ 대법원 2013. 12. 12. 선고 2013다62223 판결

원심은 위 인정 사실에 의하여 알 수 있는 다음과 같은 사정, 즉 ① 원고의 남편인 소외 3은 공인중개사로서 주택임대차보호법 규정을 잘 알고 이 사건 임대차계약 체결을 중개한 점, ② 원고는 그 소유의 아파트를 보유하고 있었음에도 채권최고액의 합계가 시세를 초과하는 이 사건 아파트를 임차하였고 이 사건 아파트에 관한 경매가 개시될 것을 예상하여 소액임차인의 요건에 맞도록 이 사건 아파트 시세에 비추어 현저히 낮은 임차보증금만을 지급하고 이 사건 임대차계약을 체결하였으며, 실제로 이 사건 임대차계약 체결 직후 이 사건 아파트에 관하여 경매가 개시된 점, ③ 당초 이 사건 임대차계약상 잔금지급기일 및 목적물 인도기일보다 앞당겨 임차보증금 잔액을 지급하고 전입신고를 마친 점, ④ 원고가 이 사건 주택을 임차한 때로부터 불과 6개월 만에 소외 3이 원고의 자녀인 소외 6을 대리하여 대전 중구 00아파트 101호를 임차하였고, 그 임차보증금 또한 소액임차인의 요건을 충족하는 2,000만원이며, 그 임대차계약 체결 직후 경매절차가 개시된 점 등을 종합하면, 원고는 소액임차인을 보호하기 위하여 경매개시결정 전에만 대항요건을 갖추면 우선변제권을 인정하는 주택임대차보호법을 악용하여 부당한 이득을 취하고자 임대차계약을 체결한 것으로 봄이 상당하고, 이러한 원고는 주택임대차보호법상의 보호대상인 소액임차인에 해당하지 않는다고 판단하였다. 관련 법리와 기록에 비추어 살펴보면, 원심의 위와 같은 사실인정과 판단은 정당한 것으로 수긍할 수 있고, 거기에 논리와 경험의 법칙에 반하여 자유심증주의의 한계를 벗어나거나 주택임대차보호법상의 소액임차인에 관한 법리를 오해한 잘못이 없다.

나. 사해행위에 해당되는 경우

채무자가 주택임대차보호법상 최우선변제권이 있는 임차권을 설정해줌으로써 소극재산이 적극재산을 초과하게 만들 경우, 채권자들에 대한 관계에서 사해행위가 성립되고 이 경우 채권자가 사해행위취소를 구할 경우 소액임차인의 최우선변제권은 인정되지 아니한다.

▶ 대법원 2005. 5. 13. 선고 2003다50771 판결

[1] 주택임대차보호법 제8조의 소액보증금 최우선변제권은 임차목적 주택에 대하여 저당권에 의하여 담보된 채권, 조세 등에 우선하여 변제받을 수 있는 일종의 법정담보물권을 부여한 것이므로(대법원 2003. 9. 5. 선고 2001다66291 판결 참조), 채무자가 채무초과상태에서 채무자 소유의 유일한 주택에 대하여 위 법조 소정의 임차권을 설정해 준 행위는 채무초과상태에서의 담보제공행위로서 채무자의 총재산의 감소를 초래하는 행위가 되는 것이고, 따라서 그 임차권설정행위는 사해행위취소의 대상이 된다고 할 것이다.

[2] 한편, 채무자의 악의는 추정되는 것이고, 수익자인 임차인의 악의 또한 추정

된다고 할 것이나(대법원 2001. 4. 24. 선고 2000다41875 판결 등 참조), 다만 위 법조 소정의 요건을 갖춘 임차인에 대하여 선행의 담보권자 등에 우선하여 소액보증금을 회수할 수 있도록 한 입법취지에 비추어 보면, 위 법조 소정의 임차권을 취득하는 자는 자신의 보증금회수에 대하여 상당한 신뢰를 갖게 되고, 따라서 임대인의 채무초과상태 여부를 비롯하여 자신의 임대차계약이 사해행위가 되는지에 대하여 통상적인 거래행위 때보다는 주의를 덜 기울이게 될 것이므로, 수익자인 임차인의 선의를 판단함에 있어서는 실제로 보증금이 지급되었는지, 그 보증금의 액수는 적정한지, 등기부상 다수의 권리제한관계가 있어서 임대인의 채무초과상태를 의심할 만한 사정이 있었는데도 굳이 임대차계약을 체결할 사정이 있었는지, 임대인과 친인척관계 등 특별한 관계는 없는지 등을 종합적으로 고려하여 논리와 경험칙을 통하여 합리적으로 판단하여야 할 것이다.

그런데 기록에 의하면, 이 사건 주택은 방이 두 개인데, 채무자는 그 처인 김명◎, 1984년생인 딸 윤수◇, 1987년생인 아들 윤동◇와 함께 이 사건 아파트에 거주하고 있으며, 한편 피고는 1977년생의 여자인바, 그렇다면 채무자는 피고에게 방 하나를 임대해 주고 자신의 가족 4명이 방 하나를 사용하였다는 것이고, 또한 성년의 여자인 피고도 위와 같은 아파트에 1,500만원이나 되는 보증금을 지급하고 임대차계약을 체결하였다는 것인데 이는 경험칙상 이례적인 것으로 보이는 점, 피고가 이 사건 임대차계약을 체결할 때 이미 이 사건 아파트에는 여러 건의 근저당권과 가압류등기 및 체납처분이 되어 있었으며, 피고도 이 사건 임대차계약을 체결할 때 여러 건의 근저당권이 설정되어 있다는 것을 알았으면서도 소액보증금의 보호 한도인 1,200만원을 넘는 금원을 지급한 점, 피고는 자신의 보증금이 주택임대차보호법 제8조에 의하여 전액 보호되므로 다수의 근저당권에도 불구하고 임대차계약을 체결하였다고 주장하나, 이 사건 임대차계약 체결시인 2000. 11.에는 소액보증금의 보호범위가 3,000만원 이하의 임차인 중 1,200만원 한도였고, 2001. 9. 15.부터 비로소 4,000만원 이하의 임차인 중 1,600만원 한도까지 확대되었으므로, 이 사건 임대차계약서의 작성일자인 2000. 11. 18.에는 자신의 보증금 1,500만원 전액이 보호될 것이라는 신뢰를 가질 근거가 없는 점, 피고는 자신이 2000. 12.에 점유를 취득하였다고 주장하였으나, 경매법원의 명을 받은 집행관이 2001. 9. 24. 이 사건 아파트의 현황을 조사할 때 채무자는 피고의 보증금이 1,200만원이고 점유개시일자가 2000. 10.이라고 하여, 피고가 주장하는 임대차계약일로부터 불과 10개월이 지난 후인데도 피고가 점유를 개시한 때가 가을인지, 겨울인지, 보증금이 얼마인지조차 정확히 진술하지 못한 점, 다른 한편 위 김광◎은 채무자의 처남(처인 김명◎의 오빠)으로서, 위 김광◎ 명의의 근저당권은 원고가 제기한 사해행위취소소송의 결과 사해행위로서 말소되었으며, 피고는 자신이 근무하던 직장의 사람을 통하여 이 사건 아파트를 소개받았다고 진술하여 마치 이 사건 임대차계약 전에는 채무자나 그 처인 김명◎를 몰랐던 것처럼 주장하고 있으나, 피고는 채무자의 처와 친척관계가 있는 것으로 보이는 점 등 경험칙상 피고가 진정한 임차인인지에 대하여 의심의 여지가 있고, 이러한 사정하에서는 수익자인 피고의 악의에 대한 추정이 번복되었다고 보기 어렵다고 할 것이다.

▶ 서울서부지방법원 2014. 6. 13. 선고 2013가단22259 판결(배당이의)

채무자가 임대차계약의 체결로 임차인에게 주택임대차보호법상 최우선변제권이 있는 임차권을 설정하여 줌으로써 그 임대차보증금 반환채무액에 상당하는 일반재산의 감소로 채무초과 상태를 초래하였거나 그 채무초과 상태를 더욱 심화시키고, 그 임차인이 근저당권에 우선하는 최우선변제권을 가지게 되어 근저당권부 채권자의 배당액이 감소하는 경우 그 임대차계약의 체결은 채권자를 해하는 사해행위에 해당한다.

다. 채권회수가 주된 목적인 경우

실제 거주하는 소액임차인이라도 만약 임대차의 주된 목적이 실제로 사용하려는 것이 아니라 오히려 채권회수에 있었다면 임차인은 소액보증금 최우선변제권을 행사하지 못한다.

▶ 대법원 2001. 5. 8. 선고 2001다14733 판결

주택임대차보호법의 입법목적과 제도의 취지 등을 고려할 때, 채권자가 채무자 소유의 주택에 관하여 채무자와 임대차계약을 체결하고 전입신고를 마친 다음 그곳에 거주하였다고 하더라도 실제 임대차계약의 주된 목적이 주택을 사용·

수익하려는 것에 있는 것이 아니고, 실제적으로는 소액임차인으로 보호받아 선순위 담보권자에 우선하여 채권을 회수하려는 것에 주된 목적이 있었던 경우에는 그러한 임차인을 주택임대차보호법상 소액임차인으로 보호할 수 없다.

XI. 임차인의 사망과 임차권의 승계(동법 9조)

임차인이 상속인 없이 사망한 경우에는 그 주택에서 가정공동생활을 하던 사실상의 혼인관계에 있는 자가 임차인의 권리와 의무를 승계한다. 임차인이 사망한 때에 사망 당시 상속인이 그 주택에서 가정공동생활을 하고 있지 아니한 경우에는 그 주택에서 가정공동생활을 하던 사실상의 혼인관계에 있는 자와 2촌 이내의 친족이 공동으로 임차인의 권리와 의무를 승계한다. 다만 임차인이 사망한 후 1개월 이내에 임대인에게 승계 대상자가 반대의사를 표시한 경우에는 승계하지 않는다. 이 경우에 임대차 관계에서 생긴 채권·채무는 임차인의 권리의무를 승계한 자에게 귀속된다. 왜 위와 같은 규정이 필요한가? 만약 임차인의 사실상의 배우자와 그 자녀가 함께 거주하다가 임차인이 사망하였다고 가정해보자. 그런데 사실혼의 경우 재산분할권은 있지만 상속권이 없다. 만약 위 주거가 분할대상의 재산이 아니라면 사실혼관계에 있는 자는 상속권자에게 위 임차권을 빼앗기게 되고 거리로 내치게 된다. 이것은 주거의 안정에 치명적인 결과가 오게 되므로 주택임대차의 경우에는 상속권에 대한 예외규정을 둬서 실질적으로 동거하는 자의 주거안정을 보호하는 것이다.

XII. 강행규정(동법 10조)

주택임대차보호법에 위반된 약정으로서 임차인에게 불리한 것은 그 효력이 없다. 따라서 임차인에게 불리한 어떠한 약정도 무효이므로 설사 서면으로 계약을 따로 체결하였다고 해도 그 내용이 임차인에게 조금이라도 불리할 경우 법적으로 무효이다.

XIII. 표준계약서제도 도입

법무부에서는 2014. 10. 10. 주택임대차계약으로 인해 발생가능한 여러 가지 문제점을 예상하여 표준계약서를 공표하였으므로 계약시 활용하면 많은 도움이 될 것으로 보인다.

〈표준 주택임대차 계약서〉

이 계약서는 법무부에서 국토교통부·서울시 및 학계 전문가와 함께 민법, 주택임대차보호법, 공인중개사법 등 관계법령에 근거하여 만들었습니다. **법의 보호를 받기 위해 【중요확인사항】(별지)을 꼭 확인하시기 바랍니다.**

주택임대차 계약서

❑보증금 있는 월세
❑전세 ❑월세

임대인( )과 임차인( )은 아래와 같이 임대차 계약을 체결한다

[임차주택의 표시]

소 재 지	(도로명주소)			
토 지	지목		면적	㎡
건 물	구조·용도		면적	㎡
임차할부분	상세주소가 있는 경우 동·층·호 정확히 기재		면적	㎡

미납 국세	선순위 확정일자 현황	확정일자 부여란
□ 없음 (임대인 서명 또는 날인 ㉿) □ 있음(중개대상물 확인·설명서 제2쪽 II. 개업공인중개사 세부 확인사항 '⑨ 실제 권리관계 또는 공시되지 않은 물건의 권리사항'에 기재)	□ 해당 없음 (임대인 서명 또는 날인 ㉿) □ 해당 있음(중개대상물 확인·설명서 제2쪽 II. 개업공인중개사 세부 확인사항 '⑨ 실제 권리관계 또는 공시되지 않은 물건의 권리사항'에 기재)	확정일자 부여란

유의사항: 미납국세 및 선순위 확정일자 현황과 관련하여 개업공인중개사는 임대인에게 자료제출을 요구할 수 있으나, 세무서와 확정일자부여기관에 이를 직접 확인할 법적권한은 없습니다. ※ 미납국세·선순위확정일자 현황 확인방법은 "별지"참조

[계약내용]

제1조(보증금과 차임) 위 부동산의 임대차에 관하여 임대인과 임차인은 합의에 의하여 보증금 및 차임을 아래와 같이 지불하기로 한다.

보 증 금	금 원정(₩)
계 약 금	금 원정(₩)은 계약시에 지불하고 영수함. 영수자 (인)
중 도 금	금 원정(₩)은 년 월 일에 지불하며
잔 금	금 원정(₩)은 년 월 일에 지불한다
차임(월세)	금 원정은 매월 일에 지불한다(입금계좌:)

제2조(임대차기간) 임대인은 임차주택을 임대차 목적대로 사용·수익할 수 있는 상태로 ____년 ___월 ___일까지 임차인에게 인도하고, 임대차기간은 인도일로부터 ____년 ___월 ___일까지로 한다.

제3조(입주 전 수리) 임대인과 임차인은 임차주택의 수리가 필요한 시설물 및 비용부담에 관하여 다음과 같이 합의한다.

수리 필요 시설	□ 없음 □ 있음(수리할 내용:)
수리 완료 시기	□ 잔금지급 기일인 ____년 ___월 ___일까지 □ 기타 ( )
약정한 수리 완료 시기까지 미 수리한 경우	□ 수리비를 임차인이 임대인에게 지급하여야 할 보증금 또는 차임에서 공제 □ 기타( )

제4조(임차주택의 사용·관리·수선) ① 임차인은 임대인의 동의 없이 임차주택의 구조변경 및 전대나 임차권 양도를 할 수 없으며, 임대차 목적인 주거 이외의 용도로 사용할 수 없다.

② 임대인은 계약 존속 중 임차주택을 사용·수익에 필요한 상태로 유지하여야 하고, 임차인은 임대인이 임차주택의 보존에 필요한 행위를 하는 때 이를 거절하지 못한다.

③ 임대인과 임차인은 계약 존속 중에 발생하는 임차주택의 수리 및 비용부담에 관하여 다음과 같이 합의한다. 다만, 합의되지 아니한 기타 수선비용에 관한 부담은 민법, 판례 기타 관습에 따른다.

임대인부담	(예컨대, 난방, 상·하수도, 전기시설 등 임차주택의 주요설비에 대한 노후·불량으로 인한 수선은 민법 제623조, 판례상 임대인이 부담하는 것으로 해석됨)
임차인부담	(예컨대, 임차인의 고의·과실에 기한 파손, 전구 등 통상의 간단한 수선, 소모품 교체 비용은 민법 제623조, 판례상 임차인이 부담하는 것으로 해석됨)

④ 임차인이 임대인의 부담에 속하는 수선비용을 지출한 때에는 임대인에게 그 상환을 청구할 수 있다.

제5조(계약의 해제) 임차인이 임대인에게 중도금(중도금이 없을 때는 잔금)을 지급하기 전까지, 임대인은 계약금의 배액을 상환하고, 임차인은 계약금을 포기하고 이 계약을 해제할 수 있다.

제6조(채무불이행과 손해배상) 당사자 일방이 채무를 이행하지 아니하는 때에는 상대방은 상당한 기간을 정하여 그 이행을 최고하고 계약을 해제할 수 있으며, 그로 인한 손해배상을 청구할 수 있다. 다만, 채무자가 미리 이행하지 아니할 의사를 표시한 경우의 계약해제는 최고를 요하지 아니한다.

제7조(계약의 해지) ① 임차인은 본인의 과실 없이 임차주택의 일부가 멸실 기타 사유로 인하여 임대차의 목적대로 사용할 수 없는 경우에는 계약을 해지할 수 있다.

② 임대인은 임차인이 2기의 차임액에 달하도록 연체하거나, 제4조 제1항을 위반한 경우 계약을 해지할 수 있다.

제8조(계약의 종료) 임대차계약이 종료된 경우에 임차인은 임차주택을 원래의 상태로 복구하여 임대인에게 반환하고, 이와 동시에 임대인은 보증금을 임차인에게 반환하여야 한다. 다만, 시설물의 노후화나 통상 생길 수 있는 파손 등은 임차인의 원상복구의무에 포함되지 아니한다.

제9조(비용의 정산) ① 임차인은 계약종료 시 공과금과 관리비를 정산하여야 한다.

② 임차인은 이미 납부한 관리비 중 장기수선충당금을 소유자에게 반환 청구할 수 있다. 다만, 관리사무소 등 관리주체가 장기수선충당금을 정산하는 경우에는 그 관리주체에게 청구할 수 있다.

제10조(중개보수 등) 중개보수는 거래 가액의 ____________% 인 ________________원(□ 부가가치세 포함 □ 불포함)으로 임대인과 임차인이 각각 부담한다. 다만, 개업공인중개사의 고의 또는 과실로 인하여 중개의뢰인간의 거래행위가 무효·취소 또는 해제된 경우에는 그러하지 아니하다.

제11조(중개대상물 확인·설명서 교부) 개업공인중개사는 중개대상물 확인·설명서를 작성하고 업무보증관계증서(공제증서등) 사본을 첨부하여 ________년________월________일 임대인과 임차인에게 각각 교부한다.

[특약사항]

상세주소가 없는 경우 임차인의 상세주소부여 신청에 대한 소유자 동의여부(□ 동의 □ 미동의)

※ 기타 임차인의 대항력·우선변제권 확보를 위한 사항, 관리비·전기료 납부방법 등 특별히 임대인과 임차인이 약정할 사항이 있으면 기재

- 【대항력과 우선변제권 확보 관련 예시】 "주택을 인도받은 임차인은 ____년 ____월 ____일까지 주민등록(전입신고)과 주택임대차계약서상 확정일자를 받기로 하고, 임대인은 ____년 ____월 ____일(최소한 임차인의 위 약정일자 이틀 후부터 가능)에 저당권 등 담보권을 설정할 수 있다"는 등 당사자 사이 합의에 의한 특약 가능

본 계약을 증명하기 위하여 계약 당사자가 이의 없음을 확인하고 각각 서명·날인 후 임대인, 임차인, 개업공인중개사는 매 장마다 간인하여, 각각 1통씩 보관한다. 년 월 일

<table>
<tr><td rowspan="3">임대인</td><td>주 소</td><td colspan="6"></td><td rowspan="3">서명 또는 날인㊞</td></tr>
<tr><td>주민등록번호</td><td colspan="2"></td><td>전 화</td><td></td><td>성 명</td><td></td></tr>
<tr><td>대 리 인</td><td>주 소</td><td></td><td>주민등록번호</td><td></td><td>성 명</td><td></td></tr>
<tr><td rowspan="3">임차인</td><td>주 소</td><td colspan="6"></td><td rowspan="3">서명 또는 날인㊞</td></tr>
<tr><td>주민등록번호</td><td colspan="2"></td><td>전 화</td><td></td><td>성 명</td><td></td></tr>
<tr><td>대 리 인</td><td>주 소</td><td></td><td>주민등록번호</td><td></td><td>성 명</td><td></td></tr>
<tr><td rowspan="5">중개업자</td><td>사무소소재지</td><td colspan="2"></td><td>사무소소재지</td><td colspan="4"></td></tr>
<tr><td>사 무 소 명 칭</td><td colspan="2"></td><td>사 무 소 명 칭</td><td colspan="4"></td></tr>
<tr><td>대 표</td><td>서명 및 날인</td><td>㊞</td><td>대 표</td><td>서명 및 날인</td><td colspan="3">㊞</td></tr>
<tr><td>등 록 번 호</td><td></td><td>전화</td><td>등 록 번 호</td><td colspan="2"></td><td>전화</td><td></td></tr>
<tr><td>소속공인중개사</td><td>서명 및 날인</td><td>㊞</td><td>소 속 공 인 중 개 사</td><td>서명 및 날인</td><td colspan="3">㊞</td></tr>
</table>

법무부 국토교통부 서울특별시

별지)

법의 보호를 받기 위한 중요사항! 반드시 확인하세요

< 계약 체결 시 꼭 확인하세요 >

【당사자 확인 / 권리순위관계 확인 / 중개대상물 확인·설명서 확인】

① 신분증·등기사항증명서 등을 통해 당사자 본인이 맞는지, 적법한 임대·임차권한이 있는지 확인합니다.

② 대리인과 계약 체결 시 위임장·대리인 신분증을 확인하고, 임대인(또는 임차인)과 직접 통화하여 확인하여야 하며, 보증금은 가급적 임대인 명의 계좌로 직접 송금합니다.

③ **중개대상물 확인·설명서**에 누락된 것은 없는지, 그 내용은 어떤지 꼼꼼히 확인하고 서명하여야 합니다.

【대항력 및 우선변제권 확보】

① 임차인이 **주택의 인도와 주민등록**을 마친 때에는 그 다음날부터 제3자에게 임차권을 주장할 수 있고, 계약서에 **확정일자**까지 받으면, 후순위권리자나 그 밖의 채권자에 우선하여 변제받을 수 있습니다.

- 임차인은 최대한 신속히 ① 주민등록과 ② 확정일자를 받아야 하고, 주택의 점유와 주민등록은 임대차 기간 중 계속 유지하고 있어야 합니다.

② **등기사항증명서, 미납국세, 다가구주택 확정일자 현황** 등 반드시 확인하여 선순위 담보권자가 있는지, 있다면 금액이 얼마인지를 확인하고 계약 체결여부를 결정하여야 보증금을 지킬 수 있습니다.

※ 미납국세와 확정일자 현황은 임대인의 동의를 받아 임차인이 관할 세무서 또는 관할 주민센터·등기소에서 확인하거나, 임대인이 직접 납세증명원이나 확정일자 현황을 발급받아 확인시켜 줄 수 있습니다.

< 계약기간 중 꼭 확인하세요 >

【차임증액청구】

계약기간 중이나 묵시적 갱신 시 차임·보증금을 증액하는 경우에는 5%를 초과하지 못하고, 계약체결 또는 약정한 차임 등의 증액이 있은 후 1년 이내에는 하지 못합니다.

【월세 소득공제 안내】

근로소득이 있는 거주자 또는 「조세특례제한법」 제122조의3 제1항에 따른 성실사업자는 「소득세법」 및 「조세특례제한법」에 따라 월세에 대한 소득공제를 받을 수 있습니다. 근로소득세 연말정산 또는 종합소득세 신고 시 **주민등록표등본, 임대차계약증서 사본 및 임대인에게 월세액을 지급하였음을 증명할 수 있는 서류**를 제출하면 됩니다. 기타 자세한 사항은 국세청 콜센터(국번 없이 126)로 문의하시기 바랍니다.

【묵시적 갱신 등】

① 임대인은 임대차기간이 끝나기 6개월부터 1개월 전까지, 임차인은 1개월 전까지 각 상대방에게 기간을 종료하겠다거나 조건을 변경하여 재계약을 하겠다는 취지의 통지를 하지 않으면 종전 임대차와 동일한 조건으로 자동 갱신됩니다.

② 제1항에 따라 갱신된 임대차의 존속기간은 2년입니다. 이 경우, 임차인은 언제든지 계약을 해지할 수 있지만 임대인은 계약서 제7조의 사유 또는 임차인과의 합의가 있어야 계약을 해지할 수 있습니다.

< 계약종료 시 꼭 확인하세요 >

【보증금액 변경시 확정일자 날인】

계약기간 중 보증금을 증액하거나, 재계약을 하면서 보증금을 증액한 경우에는 증액된 보증금액에 대한 우선변제권을 확보하기 위하여 반드시 **다시 확정일자**를 받아야 합니다.

【임차권등기명령 신청】

임대차가 종료된 후에도 보증금이 반환되지 아니한 경우 임차인은 임대인의 동의 없이 임차주택 소재지 관할 법원에서 임차권등기명령을 받아, **등기부에 등재된 것을 확인하고 이사**해야 우선변제 순위를 유지할 수 있습니다. 이때, 임차인은 임차권등기명령 관련 비용을 임대인에게 청구할 수 있습니다.

법무부 국토교통부 서울특별시

제11장

상가건물임대차보호법 해설

제11장 상가건물임대차보호법 해설

상가임대차의 경우도 주택임대차와 마찬가지로 임차인의 권익을 위해 상가건물임대차보호법[1]에 몇 가지 보호규정을 두고 있다. 하지만 중요한 것은 모든 상가가 동법의 적용을 받는 것은 아니라는 점이다. 소액임차보증금에 해당되는 경우만 동법의 적용을 받게 되고, 그 이상의 보증금을 내고 있는 상가임차인은 민법상 일반원칙으로 처리된다. 하지만 최근 개정된 동법에 따르면 후술하는 바와 같이 대항력, 계약갱신요구권, 권리금에 관한 규정은 모든 상가에 확대 적용되어 임차인 보호를 강화하고 있다.

Ⅰ. 적용범위(동법 2조, 시행령 2조)

1. 원　　칙

이 법은 상가건물의 임대차(임대차 목적물의 주된 부분을 영업용으로 사용하는 경우를 포함)에 대하여 적용한다. 다만, 대통령령으로 정하는 보증금액을 초과하는 임대차에 대하여는 그러하지 아니하다. 여기서 '대통령령으로 정하는 보증금액'이라 함은 다음 각 호의 구분에 의한 금액을 말한다.[2]

[1] 이하 목차 Ⅱ. 안에서는 '동법'으로 약칭.
[2] 2014년 1월 1일 기준.

1. 서울특별시 : 4억원
2. 수도권정비계획법에 따른 과밀억제권역[3](서울특별시는 제외한다) : 3억원
3. 광역시(수도권정비계획법에 따른 과밀억제권역에 포함된 지역과 군지역은 제외한다), 안산시, 용인시, 김포시 및 광주시 : 2억 4천만원
4. 그 밖의 지역 : 1억 8천만원

보증금 외에 차임이 있는 경우의 차임액은 월 단위의 차임액으로 하는데 월차임(= 월세)이 있을 경우에는 100을 곱해서 보증금에 합산한다. 이를 '환산보증금'이라고 한다.

※ 환산보증금 = 보증금 + (월세 × 100)

예컨대 서울특별시에서 보증금 1억원에 월세 300만원인 상가건물이 있을 경우에 상가건물임대차보호법상 적용대상 여부를 결정하는 보증금의 합산액, 즉 환산보증금은, 1억 + (300만원 × 100) = 4억원이 되므로 상가건물임대차보호법상 적용대상이 된다(4억원을 초과할 경우 적용이 배제되므로 환산보증금이 4억원까지는 동법 적용대상이 됨).

하지만 만약 보증금 5천만원에 월세가 400만원인 경우에는 반대의 결과가 된다.

5천만원 + (400만원 × 100) = 4억 5천만원

이 경우 위 적용대상인 4억원을 초과하므로 상가건물임대차보호법에 적용대상이 될 수 없다.

3 2011. 3. 9. 기준 : △서울특별시 △인천광역시(강화군, 옹진군, 서구 대곡동·불로동·마전동·금곡동·오류동·왕길동·당하동·원당동, 인천경제자유구역 및 남동 국가산업단지는 제외한다) △의정부시 △구리시 △남양주시(호평동, 평내동, 금곡동, 일패동, 이패동, 삼패동, 가운동, 수석동, 지금동 및 도농동만 해당한다) △하남시 △고양시 △수원시 △성남시 △안양시 △부천시 △광명시 △과천시 △의왕시 △군포시 △시흥시[반월특수지역(반월특수지역에서 해제된 지역을 포함한다)은 제외한다].

☞ 환산보증금에 부가가치세가 포함되나?

만약 환산보증금에 부가세가 포함된다면 실제로 보증금과 월세로 지급한 돈에 10%를 가산해서 환산보증금이 계산되어야 하므로 상가건물임대차보호법의 보호대상이 더 좁게 해석된다. 이러한 논란은 현행법령상 우리 경제규모에 비해 환산보증금 한도가 그리 높지 않은 상황에서 상당히 많은 임대차계약이 부가세 포함 여부에 따라 보호대상에서 제외되게 되므로 문제이다. 법무부는 동법 시행 초기 부가가치세까지 포함하여 환산보증금을 계산해야 한다는 유권해석을 하기도 하였지만, 아직 대법원판례로 확립되지 않아 논란이 예상된다. 참고적으로 비록 하급심(2심)이기는 하나 법무부의 유권해석과는 정반대로 환산보증금에 부가세를 제외하고 계산해야 한다는 판례가 있다.

▶ 수원지방법원 2009. 4. 29. 선고 2008나27056 판결 (건물명도)(항소심)

…… (중략) 월세를 정하면서 '부가세 별도'라는 약정을 하였다면 이는 임대용역에 관한 부가가치세의 납부의무자가 임차인이라는 점, 약정한 월세에 위 부가가치세액이 포함된 것은 아니라는 점, 나아가 임대인이 임차인으로부터 위 부가가치세액을 별도로 거래 징수할 것이라는 점 등을 확인하는 의미로 해석함이 상당하고, 정해진 월세 외에 위 부가가치세액을 상가건물임대차보호법 제2조 제2항에 정한 '차임'에 포함시킬 이유는 없다.

그 결과 위 사안에서 부가세를 제외해서 환산보증금을 계산하면 이 임대차계약이 상가건물임대차보호법의 보호를 받는 임대차계약으로서 임차인의 갱신요구에 따라 5년간 갱신될 수 있다는 점에서 갱신을 거절하고 명도를 요구한 임대인의 명도청구를 기각하였다. 반면, 이 사건의 1심 재판부는 " …… (중략) 상가건물의 임차인이 차임과 별도로 그에 대한 부가가치세액을 부담하기로 한 경우 그 부가가치세액도 임대인에게 건물사용의 대가로 지급되는 것으로 차임의 일부로 봄이 상당하고, 그와 같이 해석함이 임차인의 의사에도 더 부합한다"는 논리로 부가가치세액을 포함하여 환산보증금을 계산하는 것이 타당하다는 전제로, 이 임대차계약은 상가건물임대차보호법의 적용범위를 벗어나는 계약으로서 갱신요구권이 인정되지 않는다는 논리로 계약종료를 이유로 한 임대인의 명도청구를 인용하였다. 즉 위 사건의 1심은 법무부의 유권해석을 좇아 부가세를 환산보증금에 포함시켜 임대인에게 유리한 판단을 하였으나, 항소심에서는 반대로 해석해 임차인의 손을 들어준 사건이었다.

2. 대항력, 계약갱신요구권, 권리금에 관한 규정은 모든 상가에 확대적용

종래의 상가건물임대차보호법은 임차인이 투자한 비용이나 영업활동의 결과로 형성된 지명도나 신용 등의 경제적 이익이 임대인의 계약해지 및 갱신거절에 의해 침해되는 것을 그대로 방치하고 있었다. 그 결과 임대인은 새로운 임대차계약을 체결하면서 직접 권리금을 받거나 임차인이 형성한 영업적 가치를 아무런 제한 없이 이용할 수 있게 되지만 임차인은 다시 시설비를 투자하고 신용확보와 지명도 형성을 위하여 상당기간 영업손실을 감당하여야 하는 문제점이 발생하고 있었다. 이러한 문제점을 해결하기 위하여 임차인에게는 권리금 회수기회를 보장하고, 임대인에게는 정당한 사유 없이 임대차계약의 체결을 방해할 수 없도록 방해금지의무를 부과하는 등 권리금에 관한 법적 근거를 마련하기 위해 정부는 2015. 5. 13.부터 상가건물임대차보호법을 개정하였다. 그 결과 대항력에 관한 규정은 2015. 5. 13. 이후 최초로 계약이 체결되거나 계약이 갱신된 임대차에게 모두 적용되고, 권리금회수기회보호에 관한 규정은 기존에 이미 계약이 체결된 모든 상가 전체에 되도록 적용범위를 확대하였다(동법 2조 3항, 부칙 2조, 3조). 그리고 후술하는 바와 같이 2013. 8. 13. 개정된 바에 따라 계약갱신요구권은 2014년 1월 1일 이후 체결된 모든 상가에 적용된다.

Ⅱ. 상가의 의미

상가인지 여부는 공부상의 표시가 아닌 건물의 현황·용도 등에 비추어 '영업용'으로 사용하느냐에 따라 실질적으로 판단한다. 여기서 영업용이라 함은 영리를 목적으로 하는 활동이 이뤄지는 곳인가를 의미한다.

▶ **대법원 2011. 7. 28. 선고 2009다40967 판결**

상가건물임대차보호법의 목적과 같은 법 제2조 제1항 본문, 제3조 제1항에 비추어 보면, 상가건물임대차보호법이 적용되는 상가건물 임대차는 사업자등록 대상이 되는 건물로서 임대차 목적물인 건물을 영리를 목적으로 하는 영업용으로 사용하는 임대차를 가리킨다. 그리고 상가건물임대차보호법이 적용되는 상가건물에 해당하는지는 공부상 표시가 아닌 건물의 현황·용도 등에 비추어 영업용으로 사용하느냐에 따라 실질적으로 판단하여야 하고, 단순히 상품의 보관·제조·가공 등 사실행위만이 이루어지는 공장·창고 등은 영업용으로 사용하는 경우라고 할 수 없으나 그곳에서 그러한 사실행위와 더불어 영리를 목적으로 하는 활동이 함께 이루어진다면 상가건물임대차보호법 적용대상인 상가건물에 해당한다.

Ⅲ. 대항력(동법 3조)

1. 요 건

임대차는 그 등기가 없는 경우에도 임차인이 ① **'건물의 인도'**, ② 부가가치세법 제5조, 소득세법 제168조 또는 법인세법 제111조에 따른 **'사업자등록을 신청'**하면, ③ 그 다음날부터 제3자에 대하여 효력이 생긴다.

주택임대차보호법상 대항요건은 주택의 인도와 주민등록 전입신고였는데, 상가의 경우 주민등록 대신 사업자등록신청을 요건으로 한다. 이와 같은 요건을 갖춘 상가건물임차인에 대해서는 임차건물의 양수인(그 밖에 임대할 권리를 승계한 자를 포함)은 임대인의 지위를 승계한 것으로 보는데 이를 상가건물임차인의 입장에서는 '대항력'을 취득한 것이라고 한다. '인도'는 주택임대차보호법에서 설명한 바와 같으므로, 동법상 특별한 요건인 사업자등록신청의 의미에 관하여 살펴본다.

2. '사업자등록신청'의 의미

사업자가 적법한 사업자등록을 신청하면 바로 상가건물임대차보호 대상이 된다. 따라서 사업자등록신청 이후 수리되는데 수일이 경과되었다고 해도 신청일에 소급해서 대항력이 발생하게 된다. 하지만 만약 이러한 신고가 적법하지 아니하여 보완명령이 내려진 경우에는 요건을 갖추어서 재신청한 날을 신청일로 봐야 한다.[4] 즉 상가건물임차인이 대항력을 획득하기 위한 요건의 사업자등록신청은 '적법한 신청'이어야 한다는 것이다(대법원 2003. 11. 27. 선고 2002두318 판결 참조). 그리고 대항력이 발효되는 시점이 그 다음날인 점은 주택임대차보호법과 동일하다.

3. 사례별 연구

가. 대항력과 우선변제권은 일단 취득하면 그 뒤에 상실해도 보호받을 수 있나?

정답 보호받지 못한다. 배당요구 종기까지 계속 유지해야 한다. 이 점은 주택임대차와 같다.

▶ 대법원 2006. 10. 13. 선고 2006다56299 판결

상가건물의 임차인이 임대차보증금 반환채권에 대하여 상가건물임대차보호법 제3조 제1항 소정의 대항력 또는 같은 법 제5조 제2항 소정의 우선변제권을 가지려면 임대차의 목적인 상가건물의 인도 및 부가가치세법 등에 의한 사업자등록을 구비하고, 관할세무서장으로부터 확정일자를 받아야 하며, 그 중 사업자등록은 대항력 또는 우선변제권의 취득요건일 뿐만 아니라 존속요건이기도 하므로, 배당요구의 종기까지 존속하고 있어야 하는 것이며, 상가건물을 임차하고 사업자등록을 마친 사업자가 폐업한 경우에는 그 사업자등록은 상가건물임대차보호법이 상가임대차의 공시방법으로 요구하는 적법한 사업자등록이라고 볼 수 없으므로(대법원 2006. 1. 13. 선고 2005다64002 판결 참조), 그 사업자가 폐업신고를 하였다가 다시 같은 상호 및 등록번호로 사업자등록을 하였다고 하더라도 상가건물임대차보호법상의 대항력 및 우선변제권이 그대로 존속한다고 할 수 없다.

나. 사업자는 실제로 사업을 유지하고 있어야만 하나?

정답 실제로 사업을 유지해야 한다. 즉 서류상 사업자등록 상태만 유지해서는 안 되고, 실제로 사업도 영위해야 한다.

4 김덕원, 주택·상가건물임대차보호법(진원사).

▶ 대법원 2006. 1. 13. 선고 2005다64002 판결

신규로 사업을 개시한 자가 휴업 또는 폐업하거나 사업개시일 전에 등록한 자가 사실상 사업을 개시하지 아니하게 되는 때에는 지체 없이 관할세무서장에게 신고하여야 하고, 사업자가 폐업하거나 사업개시일 전에 등록한 자가 그 후 사실상 사업을 개시하지 아니하게 되는 때에는 사업장 관할세무서장은 지체 없이 그 등록을 말소하여야 한다고 규정하고 있는 부가가치세법 제5조 제4항, 제5항의 규정 취지에 비추어 보면, 상가건물을 임차하고 사업자등록을 마친 사업자가 임차 건물의 전대차 등으로 당해 사업을 개시하지 않거나 사실상 폐업한 경우에는 그 사업자등록은 부가가치세법 및 상가건물임대차보호법이 상가임대차의 공시방법으로 요구하는 적법한 사업자등록이라고 볼 수 없고, 이 경우 임차인이 상가건물임대차보호법상의 대항력 및 우선변제권을 유지하기 위해서는 건물을 직접점유하면서 사업을 운영하는 전차인이 그 명의로 사업자등록을 하여야 할 것이다.

위 판례는 주택임대차의 경우와 유사한 사례(대법원 2001. 1. 19. 선고 2000다55645 판결)로서, 임차인이 직접 사업을 운영하지 아니하고 전대를 한 경우에는 그 전차인이 사업자등록을 해야 한다는 것이다. 이 경우에는 임차인은 간접점유자로서 인정받게 되는 것이다.

다. 임차인의 권리금반환채권으로 인한 유치권행사도 가능한가?

임차인이 대항력을 취득한 경우, 그 건물의 양수인도 임대인의 지위를 승계하게 되므로 당연히 임차인은 계약기간 동안 건물을 점유할 권리가 있다. 그렇다면 만약 임차인이 자신보다 먼저 세들어 장사를 하던 전 세입자에게 권리금을 지급하고 입주한 후 계약기간 중 건물에 시설을 보수하는 등 유익비를 지출한 경우는 어떨까? 이 경우 새로운 건물주가 보증금만 내주고 유익비와 권리금을 책임지지 않을 경우 임차인은 이를 이유로 유치권을 행사할 수 있을까? 먼저 유익비에 기한 유치권을 살펴보면, 임차인이 보증금을 반환받았다고 해도 임차인은 유익비를 추가로 청구할 수 있으므로 이를 근거로 유치권을 행사할 수 있다. 하지만 권리금의 경우는 다르다. 이는 건물의 가치를 상승시킨 것이

아니기 때문에 가령 건물주인이 임차인이 지급한 권리금을 인정하여 책임지기로 약정했다고 해도[5] 이를 근거로 유치권행사를 할 수 없다.

▶ **대법원 1994. 10. 14. 선고 93다62119 판결**

망인이 피고들에게 이 사건 건물을 명도받을 때 시설비와 개조비를 반환하기로 약정한 사실은 인정할 수 있으나 그러한 사실만으로 권리금까지도 반환하기로 약정한 것으로 보기는 어렵다 할 것이고, 기록상 이에 관한 약정이 있었다고 볼 만한 자료도 찾아볼 수 없으며, 설사 그와 같은 약정이 있었다 하더라도 소론의 권리금반환청구권은 이 사건 건물에 관하여 생긴 채권이라 할 수 없으므로 그와 같은 채권을 가지고 이 사건 건물에 대한 유치권을 행사할 수 없다.

4. 확정일자 부여 및 임대차정보의 제공 등(동법 4조)

확정일자는 상가건물의 소재지 관할 세무서장이 부여한다. 관할 세무서장은 해당 상가건물의 소재지, 확정일자 부여일, 차임 및 보증금 등을 기재한 확정일자부를 작성하여야 한다. 이 경우 전산정보처리조직을 이용할 수 있다.

상가건물의 임대차에 이해관계가 있는 자는 관할 세무서장에게 해당 상가건물의 확정일자 부여일, 차임 및 보증금 등 정보의 제공을 요청할 수 있다. 이 경우 요청을 받은 관할 세무서장은 정당한 사유 없이 이를 거부할 수 없다. 임대차계약을 체결하려는 자는 임대인의 동의를 받아 관할 세무서장에게 제3항에 따른 정보제공을 요청할 수 있다. 확정일자부에 기재하여야 할 사항, 상가건물의 임대차에 이해관계가 있는 자의 범위, 관할 세무서장에게 요청할 수 있는 정보의 범위 및 그 밖에 확정일자 부여사무와 정보제공 등에 필요한 사항은 대통령령으로 정한다.

5 보통은 임대인은 권리금을 책임지지 않기 때문에 일반적으로는 임차인은 권리금을 임대인에게 청구하지 못한다.

■ 상가건물 임대차보호법 시행령 [별지 제1호서식] <개정 2012.5.23>

등록사항 등의 열람·제공 요청서

(앞쪽)

<table>
<tr><td>접수번호</td><td>접수일자</td><td>발급일</td><td>처리기간 즉시</td></tr>
</table>

<table>
<tr><td rowspan="4">요청인</td><td colspan="2">상호(법인명)</td><td colspan="2">사업자등록번호</td></tr>
<tr><td colspan="2">성명(대표자)</td><td colspan="2">생년월일(법인등록번호)</td></tr>
<tr><td colspan="2">주소 또는 본점소재지</td><td colspan="2">휴대전화번호:
사업장 전화번호:
주소지 전화번호:</td></tr>
<tr><td colspan="4">이해관계인 해당사유
1. 임대인 2. 임차인 3. 근저당설정권자 등
4. 그 밖의 이해관계인( )</td></tr>
<tr><td rowspan="10">요청내용</td><td colspan="5">열람(제공) 범위</td></tr>
<tr><td colspan="5">건물소재지(건물명, 동, 열, 층, 호수까지 구체적으로 기재)</td></tr>
<tr><td colspan="3">임대인</td><td colspan="2">임차인</td></tr>
<tr><td>구 분</td><td>사업자등록번호</td><td>생년월일
(법인등록번호)</td><td>사업자등록번호</td><td>생년월일
(법인등록번호)</td></tr>
<tr><td rowspan="4">등기부상
소유자</td><td rowspan="4"></td><td rowspan="4"></td><td></td><td></td></tr>
<tr><td></td><td></td></tr>
<tr><td></td><td></td></tr>
<tr><td></td><td></td></tr>
<tr><td colspan="5">사용 용도</td></tr>
<tr><td colspan="5">구분 1. 열람 2. 제공</td></tr>
</table>

「상가건물 임대차보호법」 제4조에 따라 위 상가건물의 임대차내용에 대한 등록사항 등의 열람(제공)을 요청합니다.

년 월 일

요청인 (서명 또는 인)

세무서장 귀하

위 요청인은 아래 위임받은 자에게 「상가건물 임대차보호법」 제4조에 따른 등록사항 등의 열람·제공 요청 및 수령에 관한 일체의 권리와 의무를 위임합니다.

년 월 일

위임자 (서명 또는 인)

<table>
<tr><td rowspan="2">위임
받은 자</td><td>성명</td><td>생년월일(법인등록번호)</td></tr>
<tr><td>요청인과의 관계</td><td>전화번호</td></tr>
</table>

210㎜×297㎜[백상지 80g/㎡]

(뒤쪽)

첨부서류		
요청인 제출서류	1. 요청인의 신분을 확인할 수 있는 서류 1부(주민등록증 등 신분증의 제시로 갈음할 수 있습니다) 2. 그 밖의 이해관계인인 경우에는 이해관계를 입증할 수 있는 서류 1부 3. 요청인의 대리인이 요청하는 경우에는 대리인의 신분을 확인할 수 있는 서류 1부(주민등록증 등 신분증의 제시로 갈음할 수 있습니다)	수수료 없음
담당 공무원 확인사항	건물 등기사항증명서(근저당설정권자 등이 요청하는 경우에만 해당합니다)	

유의사항
등록사항 등의 열람 또는 제공은 「상가건물 임대차보호법」 제4조에 따라 이해관계인에게만 허용됩니다.

Ⅳ. 우선변제권(동법 5조 2항 이하)

대항요건을 갖추고 상가건물의 소재지 관할 세무서장으로부터 임대차계약서상의 확정일자를 받은 임차인은 민사집행법에 따른 경매 또는 국세징수법에 따른 공매시 임차건물(임대인 소유의 대지를 포함)의 환가대금에서 후순위권리자나 그 밖의 채권자보다 우선하여 보증금을 변제받을 권리가 있다. 즉 주택임대차보호법과 마찬가지로 임차인은 대항력을 갖추고 임대차계약서에 확정일자를 받아야만 우선변제권을 갖게 된다. 즉 두 가지 요건을 모두 갖춰야 하며, 대항력의 발효시점도 다음날 0시인 점도 마찬가지이다. 임차인은 임차건물을 양수인에게 인도하지 아니하면 제2항에 따른 보증금을 받을 수 없다. 이 점도 주택임대차와 같다. 이러한 임차인의 우선변제의 순위와 보증금에 대하여 이의가 있는 이해관계인은 경매법원 또는 체납처분청에 이의를 신청할 수 있다. 이의신청을 받은 경매법원 또는 체납처분청은 이해관계인이 이의신청일부터 7일 이내에 임차인을 상대로 소(訴)를 제기한 것을 증명한 때에는 그 소송이 종결될 때까지 이의가 신청된 범위에서 임차인에 대한 보증금의 변제를 유보하고 남은 금액을 배분하여야 한다. 이 경우 유보된 보증금은 소송 결과에 따라 배분한다.

Ⅴ. 경매에 있어서의 특칙(동법 5조 1항)

임차인이 임차건물에 대하여 보증금반환청구소송의 확정판결, 그 밖에 이에 준하는 집행권원에 의하여 경매를 신청하는 경우에는 반대의무의 이행이나 이행의 제공을 집행개시의 요건으로 하지 아니한다. 이 점도 주택임대차와 같다.

그리고 소멸주의에 대한 예외도 주택임대차에서 설명한 바와 같다. 즉 임차권은 임차건물에 대하여 민사집행법에 따른 경매가 실시된 경우에는 그 임차건물이 매각되면 소멸한다. 다만 보증금이 전액 변제되지 아니한 대항력이 있는 임차인의 경우에는 임차권이 소멸하지 않는다(동법 8조). 그 결과 경락의 경우에도 이는 임차인의 양수인은 임대인의 지위를 승계한다는 원칙(동법 3조 2항)이 그대로 적용되는 것이다.

Ⅵ. 임차권등기명령제도(동법 6조)

임대차가 종료된 경우에도 임대인이 임차인에게 보증금을 돌려주지 않는 경우 임차인은 당장 이사를 하고 싶은데 어떻게 해야 하나? 건물의 점유를 잃으면 제3자에게 대항력을 잃게 되므로 난감해진다(동법 제3조). 이러한 경우를 대비해 마련한 제도가 '임차권등기명령제도'이다. 임대차가 종료된 후 보증금을 돌려받지 못한 임차인은 임차건물의 소재지를 관할하는 지방법원, 지방법원 지원 또는 시·군법원에 임차권등기명령을 신청할 수 있다. 임차권등기명령을 신청할 때에는 다음 각 호의 사항을 기재하여야 하며, 신청 이유 및 임차권등기의 원인이 된 사실을 소명하여야 한다.

1. 신청 취지 및 이유
2. 임대차의 목적인 건물(임대차의 목적이 건물의 일부분인 경우에는 그 부분의 도면을 첨부한다)
3. 임차권등기의 원인이 된 사실(임차인이 제3조 제1항에 따른 대항력을 취득하였거나 제5조 제2항에 따른 우선변제권을 취득한 경우에는 그 사실)
4. 그 밖에 대법원규칙으로 정하는 사항

임차권등기명령신청을 기각하는 결정에 대하여 임차인은 항고할 수 있다. 임차권등기명령의 집행에 따른 임차권등기를 마치면 임차인은 대항력과 우선변제권을 취득한다. 다만, 임차인이 임차권등기 이전에 이미 대항력 또는 우선변제권을 취득한 경우에는 그 대항력 또는 우선변제권이 그대로 유지되며, 임차권등기 이후에는 대항요건을 상실하더라도 이미 취득한 대항력 또는 우선변제권을 상실하지 아니한다. 임차권등기명령의 집행에 따른 임차권등기를 마친 건물(임대차의 목적이 건물의 일부분인 경우에는 그 부분으로 한정)을 그 이후에 임차한 임차인은 우선변제를 받을 권리가 없다.

Ⅶ. 경매로 넘어갈 경우 임차인의 지위(동법 8조)

임차권은 임차건물에 대하여 민사집행법에 따른 경매가 실시된 경우에는 그 임차건물이 매각되면 소멸한다. 다만, 보증금이 전액 변제되지 아니한 대항력이 있는 임차권은 그러하지 아니하다.

Ⅷ. 임대차기간(동법 9조)

기간을 정하지 아니하거나 기간을 1년 미만으로 정한 임대차는 그 기간을 1년으로 본다. 다만, 임차인은 1년 미만으로 정한 기간이 유효함을 주장할 수 있다. 주택임대차가 2년인데 반해 상가건물의 경우 최소 기간을 1년으로 정해 놓고 있다. 하지만 임차인은 아래에서 살펴보는 바와 같이 계약갱신요구권이 있어 최소 5년의 기간은 임차할 수 있다. 임대차가 종료한 경우에도 임차인이 보증금을 돌려받을 때까지는 임대차 관계는 존속하는 것으로 본다. 하지만 임차인의 차임연체액이 3기의 차임액에 달하는 때에는 임대인은 계약을 해지할 수 있다(동법 10조의8). 2015. 5. 13.자로 위 규정이 신설되기 전에는 민법 제640조에 의해 2기 차임액을 연체하는 경우 해지를 할 수 있었는데, 임차인을 보호하기 위해 민법의 특별법인 상가건물임대차보호법에 의해 3기로 연장해준 것이다.

Ⅸ. 계약갱신요구권(동법 10조 1 · 2 · 3항)

임대인은 임차인이 임대차기간이 만료되기 6개월 전부터 1개월 전까지 사이에 계약갱신을 요구할 경우 정당한 사유 없이 거절하지 못한다. 다만, 다음 각 호의 어느 하나의 경우에는 그러하지 아니하다.

1. 임차인이 3기의 차임액에 해당하는 금액에 이르도록 차임을 연체한 사실이 있는 경우
2. 임차인이 거짓이나 그 밖의 부정한 방법으로 임차한 경우
3. 서로 합의하여 임대인이 임차인에게 상당한 보상을 제공한 경우
4. 임차인이 임대인의 동의 없이 목적 건물의 전부 또는 일부를 전대(轉貸)한 경우
5. 임차인이 임차한 건물의 전부 또는 일부를 고의나 중대한 과실로 파손

한 경우

6. 임차한 건물의 전부 또는 일부가 멸실되어 임대차의 목적을 달성하지 못할 경우
7. 임대인이 목적 건물의 전부 또는 대부분을 철거하거나 재건축하기 위하여 목적 건물의 점유를 회복할 필요가 있는 경우
8. 그 밖에 임차인이 임차인으로서의 의무를 현저히 위반하거나 임대차를 계속하기 어려운 중대한 사유가 있는 경우

임차인의 계약갱신요구권은 최초의 임대차기간을 포함한 전체 임대차기간이 5년을 초과하지 아니하는 범위에서만 행사할 수 있다. 갱신되는 임대차는 전 임대차와 동일한 조건으로 다시 계약된 것으로 본다. 다만, 차임과 보증금은 증감할 수 있는데, 증액의 경우에는 청구 당시의 차임 또는 보증금의 100분의 9의 금액을 초과하지 못한다.

X. 묵시의 갱신(동법 10조 4·5항)

임대인이 임대차기간이 만료되기 6개월 전부터 1개월 전까지 임차인에게 갱신 거절의 통지 또는 조건 변경의 통지를 하지 아니한 경우에는 그 기간이 만료된 때에 전 임대차와 동일한 조건으로 다시 임대차한 것으로 본다. 이 경우에 임대차의 존속기간은 1년으로 본다. 이 경우 임차인은 언제든지 임대인에게 계약해지의 통고를 할 수 있고, 임대인이 통고를 받은 날부터 3개월이 지나면 효력이 발생한다.

XI. 갱신요구권의 적용확대

개정된 동법에 의하면 계약갱신을 할 수 있는 적용범위에 큰 변화가 있다. 즉 종전 상가건물임대차보호법은 제2조에서 대통령령으로 정하는 보증금액 범위 내의 경우 등에 한정됐던 계약갱신 요구 요건이 이번 시행령 개정을 통해 서울 기준 4억원의 보증금액을 초과하는 임대차의 경우에도 계약갱신 요구 등이 가능해진다. 즉 2014년 1월 1일 이후 상가임대차계약을 체결하는 경우, 환

산보증금이 4억원을 초과하더라도 임차인은 임대인을 상대로 계약갱신을 요구할 수 있게 된다. 동법 제2조 제3항에 의하면 "제1항 단서에도 불구하고 제10조제1항, 제2항, 제3항 본문 및 제10조의2는 제1항 단서에 따른 보증금액을 초과하는 임대차에 대하여도 적용한다"라고 규정하고 있다. 물론 이 경우 환산보증금의 액수를 묻지 않고 상가건물 임대차보호법이 적용되는 영역은 '계약갱신'에 한정된 것이며, 계약갱신시 임대인(건물주)이 바뀌지 않는다는 전제요건이 있으므로 유의해야 한다.

즉 상가건물임대차보호법의 적용대상이 되는 경우에는 임차인이 대항력이 있는 경우, 건물양수인은 임대인의 지위를 승계하게 되므로(동법 3조 2항) 계약갱신요구의 상대방이 된다. 하지만 만약 상가건물임대차보호법의 적용대상이 되지 않는 고액의 보증금의 임차인의 경우에는 2014. 1. 1. 이후 임대차를 체결한 경우에도 대항력규정이 적용되지 아니하여 건물양수인은 임대인의 지위를 승계하지 않게 되므로 위와 같은 계약갱신요구의 대상이 되지 않게 된다. 그런데 2015. 5. 13. 또다시 개정된 상가건물임대차보호법의 경우, 2015. 5. 13. 후 최초로 계약된 임대차의 경우 보증금과 상관없이 모든 상가에 상가건물임대차보호법상 대항력 규정이 확대 적용되게 되므로 이 경우 모든 상가건물양수인은 임차인이 대항력 요건을 갖추고 있는 한 계약갱신요구권의 대상이 되게 된다.

임대차 계약체결일	2013. 12. 31.까지	2014. 1. 1.부터 2015. 5. 13.까지	2015. 5. 14.부터 현재까지
계약갱신요구권	동법 적용대상 상가에만 적용됨	모든 상가에 적용	모든 상가에 적용
건물의 양수인에게도 적용되나?	동법 적용대상 상가에만 적용됨	동법 적용대상 상가에만 적용됨 (그 외는 대항력 규정 적용 안 되므로)	모든 상가에 적용 (대항력 규정이 모든 상가에 확대실시)
근거규정	동법 10조 1·2·3항	동법 2조 3항, 부칙 1조	동법 2조 3항, 부칙 2조

또한 계약갱신요구는 전대인과 전차인 사이의 전대차관계에도 적용된다(동법 13조 1항). 또한 임대인의 동의를 받고 전대차계약을 체결한 전차인은 임

차인의 계약갱신요구권 행사기간 이내에 임차인을 대위(代位)하여 임대인에게 계약갱신요구권을 행사할 수 있다(동법 13조 2항). 마치 채권자대위권을 행사하는 것과 비슷한 구조다.

XII. 권리금 보호규정

1. 권리금의 정의(동법 10조의3)

권리금이란 임대차 목적물인 상가건물에서 영업을 하는 자 또는 영업을 하려는 자가 영업시설·비품, 거래처, 신용, 영업상의 노하우, 상가건물의 위치에 따른 영업상의 이점 등 유형·무형의 재산적 가치의 양도 또는 이용대가로서 임대인, 임차인에게 보증금과 차임 이외에 지급하는 금전 등의 대가를 말한다. 그리고 권리금 계약이란 신규임차인이 되려는 자가 임차인에게 권리금을 지급하기로 하는 계약을 말한다. 권리금에 관한 규정은 개정된 동법에 신설된 조항인데, 개정법하에서도 임차인이 임대인에게 직접적으로 권리금을 달라고 청구할 수는 없다. 다만 권리금을 회수할 수 있는 기회를 주는 것이며, 이를 위반하여 정당한 사유 없이 방해하는 경우에 임대인에게 손해배상청구를 할 수 있는 권리가 있을 뿐이다.

2. 권리금 산정 방법

동법 제10조의7에 의거 국토교통부장관은 권리금에 대한 감정평가의 절차와 방법 등에 관한 기준을 고시하도록 되어 있는데 최근 고시된 내용에 의하면 권리금 감정평가 방법은 다음과 같다(2015. 6. 11.자 국토교통부고시 제2015-377호).

※ 4.3 권리금의 감정평가방법

4.3.1 권리금의 감정평가 원칙

① 권리금을 감정평가할 때에는 유형·무형의 재산마다 개별로 감정평가하는 것을 원칙으로 한다.

② 제1항에도 불구하고 권리금을 개별로 감정평가하는 것이 곤란하거나 적절하지 아니한 경우에는 일괄하여 감정평가할 수 있다. 이 경우 감정평가액은 합리적인 배분기준에 따라 유형재산가액과 무형재산가액으로 구분하여 표시할

수 있다.

4.3.2 유형재산의 감정평가

① 유형재산을 감정평가할 때에는 원가법을 적용하여야 한다.

② 제1항에도 불구하고 원가법을 적용하는 것이 곤란하거나 부적절한 경우에는 거래사례비교법 등으로 감정평가할 수 있다.

4.3.3 무형재산의 감정평가

4.3.3.1 무형재산의 감정평가방법

① 무형재산을 감성평가할 때에는 수익환원법을 적용하여야 한다.

② 제1항에도 불구하고 수익환원법을 적용하는 것이 곤란하거나 부적절한 경우에는 거래사례비교법이나 원가법 등으로 감정평가할 수 있다.

4.3.3.2 수익환원법의 적용

무형재산을 수익환원법으로 감정평가할 때에는 무형재산으로 인하여 발생할 것으로 예상되는 영업이익이나 현금흐름을 현재가치로 할인하거나 환원하는 방법으로 감정평가한다. 다만, 무형재산의 수익성에 근거하여 합리적으로 감정평가할 수 있는 다른 방법이 있는 경우에는 그에 따라 감정평가할 수 있다.

4.3.3.3 거래사례비교법의 적용

무형재산을 거래사례비교법으로 감정평가할 때에는 다음 각 호의 어느 하나에 해당하는 방법으로 감정평가한다. 다만, 무형재산의 거래사례에 근거하여 합리적으로 감정평가할 수 있는 다른 방법이 있는 경우에는 그에 따라 감정평가할 수 있다.

1. 동일 또는 유사 업종의 무형재산만의 거래사례와 대상의 무형재산을 비교하는 방법
2. 동일 또는 유사 업종의 권리금 일체 거래사례에서 유형의 재산적 가치를 차감한 가액을 대상의 무형재산과 비교하는 방법

4.3.3.4 원가법의 적용

무형재산을 원가법으로 감정평가할 때에는 대상 상가의 임대차계약 당시 무형재산의 취득가액을 기준으로 취득 당시와 기준시점 당시의 수익 변화 등을 고려하여 감정평가한다. 다만, 무형재산의 원가에 근거하여 합리적으로 감정평가할 수 있는 다른 방법이 있는 경우에는 그에 따라 감정평가할 수 있다.

4.3.4 유형재산과 무형재산의 일괄평가

① 유형재산과 무형재산을 일괄하여 감정평가할 때에는 수익환원법을 적용하여야 한다.

② 제1항에도 불구하고 수익환원법을 적용하는 것이 곤란하거나 부적절한 경우에는 거래사례비교법 등으로 감정평가할 수 있다.

3. 권리금 회수기회 보호 등(동법 10조의4)

가. 원 칙

(1) **동법 규정**(동조 1항 본문)

임대인은 임대차기간이 끝나기 3개월 전부터 임대차 종료시까지 다음 각 호의 어느 하나에 해당하는 행위를 함으로써 권리금 계약에 따라 임차인이 주선한 신규임차인이 되려는 자로부터 권리금을 지급받는 것을 방해하여서는 아니 된다.

① 임차인이 주선한 신규임차인이 되려는 자에게 권리금을 요구하거나 임차인이 주선한 신규임차인이 되려는 자로부터 권리금을 수수하는 행위

② 임차인이 주선한 신규임차인이 되려는 자로 하여금 임차인에게 권리금을 지급하지 못하게 하는 행위

③ 임차인이 주선한 신규임차인이 되려는 자에게 상가건물에 관한 조세, 공과금, 주변 상가건물의 차임 및 보증금, 그 밖의 부담에 따른 금액에 비추어 **현저히 고액의 차임과 보증금을 요구하는 행위**

④ 그 밖에 '정당한 사유' 없이 임대인이 임차인이 주선한 신규임차인이 되려는 자와 임대차계약의 체결을 거절하는 행위

위 규정 중 특히 위 3호의 '현저히 고액의 차임과 보증금을 요구하는 행위'에 대해 향후 임대인과 임차인 사이에 법적 분쟁의 쟁점이 될 가능성이 크다. 왜냐하면 임대인이 새로운 임대차계약을 체결할 때에는 차임증감청구권의 제한인 9%를 적용받지 않고 자유롭게 체결할 수 있기 때문이다. 이 경우 임대인은 신규임차인과의 계약을 거절하기 위해 보증금과 월세를 대폭 올려서 신규임차인으로 하여금 계약체결을 스스로 단념케 함으로써 임차인의 권리금회수

를 방해할 수 있다. 그렇다면 어디까지가 허용되는 보증금 및 월세의 상향인가가 중요한 문제가 될 것이다. 특히 상가의 경우 위치, 사람들의 왕래, 건물의 상태 및 디자인 등에 따라 그 가치가 크게 차이가 나므로 아파트와 같이 비교대상이 확실치도 않다. 따라서 주변 상가건물의 차임 및 보증금으로 단순 평가하기가 쉽지 않다. 이 점에 관하여는 향후 대법원 판례로 정착되어야 할 숙제이기는 하나, 통상 판례상 '현저히'라 함은 '누가 봐도 눈에 띄게 차이가 날 정도'로 엄격히 해석되는 점을 감안해 볼 때 임차인이 이를 증명하기가 그리 쉽지는 않을 것으로 생각된다.

(2) '정당한 사유'에 해당하는 경우(동조 2항)

위 동법 제10조의4 제1항 제4호의 정당한 사유, 즉 임대인이 임차인 주선의 신규임차인과의 임대차계약을 거절할 수 있는 정당한 사유는 ① 임차인이 주선한 신규임차인이 되려는 자가 보증금 또는 차임을 지급할 자력이 없는 경우, ② 임차인이 주선한 신규임차인이 되려는 자가 임차인으로서의 의무를 위반할 우려가 있거나 그 밖에 임대차를 유지하기 어려운 상당한 사유가 있는 경우, ③ 임대차 목적물인 상가건물을 1년 6개월 이상 영리목적으로 사용하지 아니한 경우(예컨대, 임차인이 레스토랑을 운영하다가 무료급식소로 변경하여 1년 6개월 이상 사용한 경우), ④ 임대인이 선택한 신규임차인이 임차인과 권리금 계약을 체결하고 그 권리금을 지급한 경우를 말한다.

문제는 여기서 '중대한 사유'에 임대인이 직접 상가를 사용하려는 경우가 제외되었다는 점이다. 법의 개정취지상 이러한 경우에 임대인이 임차인 주선의 신규임차인과의 계약을 거절하는 것을 허용한다면 임대인이 이를 악용할 여지가 있기 때문인 것으로 보인다. 하지만 반대로 보면 임차인이 위 규정을 악용할 여지도 있다. 즉 임차인이 5년의 갱신 계약기간을 다 쓰고도 이를 계속 사용하기 위하여 제3자의 명의를 빌려 계속 임대차계약을 유지하기 위하여 가짜 신규임차인을 주선한 경우도 임대인은 그와 다시 임대차계약을 체결하여야 한다. 그런데 나아가 임대인이 직접 사용하려고 해도 임차인이 이와 같은 식으로 계속하여 명의만 바꿔서 재계약을 요구할 경우 막을 방법이 없다. 결국 임대인은 임차인에게 권리금을 물어줘야만 계약관계를 종료하고 직접 사용할 수 있게 되는 모순이 발생한다. 아직 입법적으로 보완·해결해야 하는 숙제이기는 하나, 이는 소유자로서 자신의 재산권행사에 실질적으로 제한을 받게 되는 것이므로 위헌의 소지도 있다고 본다. 개인적인 생각으로는 임대인이 직전의 임차인과 동종 영업을 이어서 함으로써 그 임차인이 쌓아온 영업적 명성을 이용하는 경우에만 임대인에게 권리금 상당의 배상책임을 지우는 것이 합리적이지 않을까 생각한다.

나. 예외(동조 1항 단서)

다음의 어느 하나에 해당되는 경우는 임대인의 위와 같은 의무는 해제된다.

① 임차인이 3기의 차임액에 해당하는 금액에 이르도록 차임을 연체한 사실이 있는 경우

② 임차인이 거짓이나 그 밖의 부정한 방법으로 임차한 경우

③ 서로 합의하여 임대인이 임차인에게 상당한 보상을 제공한 경우

④ 임차인이 임대인의 동의 없이 목적 건물의 전부 또는 일부를 전대(轉貸)한 경우

⑤ 임차인이 임차한 건물의 전부 또는 일부를 고의나 중대한 과실로 파손한 경우

⑥ 임차한 건물의 전부 또는 일부가 멸실되어 임대차의 목적을 달성하지 못할 경우

⑦ 임대인이 다음 각 목의 어느 하나에 해당하는 사유로 목적 건물의 전부 또는 대부분을 철거하거나 재건축하기 위하여 목적 건물의 점유를 회복할 필요가 있는 경우

a. 임대차계약 체결 당시 공사시기 및 소요기간 등을 포함한 철거 또는 재건축계획을 임차인에게 구체적으로 고지하고 그 계획에 따르는 경우

b. 건물이 노후·훼손 또는 일부 멸실되는 등 안전사고의 우려가 있는 경우(안전과 무관하게 단순히 디자인을 변경하기 위한 리모델링이나 철거는 이에 해당되지 않는다)

c. 다른 법령에 따라 철거 또는 재건축이 이루어지는 경우

⑧ 그 밖에 임차인이 임차인으로서의 의무를 현저히 위반하거나 임대차를 계속하기 어려운 중대한 사유가 있는 경우

4. 임대인의 손해배상의무(동법 10조의4 3·4항)

임대인이 위와 같은 규정을 위반하여 임차인에게 손해를 발생하게 한 때에는 그 손해를 배상할 책임이 있다. 이 경우 그 손해배상액은 신규임차인이 임차인에게 지급하기로 한 권리금과 임대차 종료 당시의 권리금 중 낮은 금액을 넘지 못한다. 이러한 임차인의 손해배상을 청구할 권리는 임대차가 종료한 날부터 3년 이내에 행사하지 아니하면 시효의 완성으로 소멸한다.

5. 임차인의 정보제공 의무(동법 10조의4 5항)

임차인은 임대인에게 임차인이 주선한 신규임차인이 되려는 자의 보증금 및 차임을 지급할 자력 또는 그 밖에 임차인으로서의 의무를 이행할 의사 및 능력에 관하여 자신이 알고 있는 정보를 제공하여야 한다.

6. 권리금 적용 제외

위와 같은 권리금 보호규정은 다음의 경우에 해당하는 상가건물 임대차의 경우에는 적용하지 아니한다.

가. 전대차 : 전대인과 전차인 사이의 전대차관계의 경우는 권리금 보호규정이 적용되지 않는다(동법 13조).

나. 임대차 목적물인 상가건물이 유통산업발전법 제2조에 따른 대규모점포 또는 준대규모점포의 일부인 경우(동법 10조의5 1호)

※ 유통산업발전법 제2조

3. “대규모점포”란 다음 각 목의 요건을 모두 갖춘 매장을 보유한 점포의 집단으로서 대형마트, 전문점, 백화점, 쇼핑센타, 복합쇼핑몰 등을 말한다.[6]

가. 하나 또는 대통령령령으로 정하는 둘 이상의 연접되어 있는 건물 안에 하나 또는 여러 개로 나누어 설치되는 매장일 것

6 전통시장도 매장면적 3천 제곱미터 이상일 경우 이에 해당될 수 있어 상대적으로 권리금 보호가 절실한 전통시장의 영세·중소상인 세입자들이 사각지대에 놓이게 되었다. 이에 서울시가 시내 148개 전통시장 상인들이 권리금 회수기회를 갖도록 정부에 법 개정을 건의한 상태이다.

나. 상시 운영되는 매장일 것

다. 매장면적의 합계가 3천제곱미터 이상일 것

4. "준대규모점포"란 다음 각 목의 어느 하나에 해당하는 점포로서 대통령령* 으로 정하는 것을 말한다.

가. 대규모점포를 경영하는 회사 또는 그 계열회사(「독점규제 및 공정거래에 관한 법률」에 따른 계열회사를 말한다)가 직영하는 점포

나. 「독점규제 및 공정거래에 관한 법률」에 따른 상호출자제한 기업집단의 계열회사가 직영하는 점포

다. 가목 및 나목의 회사 또는 계열회사가 제6호 가목에 따른 직영점형 체인사업 및 같은 호 나목에 따른 프랜차이즈형 체인사업의 형태로 운영하는 점포

* **유통산업발전법 시행령**(대통령령)

제3조의2(준대규모점포의 범위) : 법 제2조 제4호 각 목 외의 부분에서 "대통령령으로 정하는 것"이란 「통계법」 제22조에 따라 통계청장이 2007년 12월 28일 고시한 한국표준산업분류상의 슈퍼마켓(47121)과 기타 음·식료품 위주 종합소매업(47129)을 영위하는 점포를 말한다.

※ **통계청 고시**(2007. 12. 28. 고시) **한국표준산업분류**

ⓐ 슈퍼마켓(47121) : 단일 경영주체가 일정 규모의 시설(165㎡~3,000㎡)을 갖추고 음·식료품을 위주로 하여 각종 생활잡화 등을 함께 소매하는 산업활동을 말한다. 체인화 편의점의 형태로 운영하는 산업활동은 제외한다. <예 시> 슈퍼마켓·중형 종합 할인점

- 슈퍼마켓에서 제외되는 체인화 편의점(47122) : 단일 경영주체가 일정한 시설을 갖춘 매장에서 종합상품 체인 공급업자와 체인계약을 체결하고 편의점 운영에 필요한 식료품 및 담배위주의 각종 상품을 계속적으로 공급받아 24시간 판매(소매)하는 산업활동을 말한다. <예 시> 편의점

ⓑ 기타 음·식료품 위주 종합 소매업(47129) : 단일 경영주체가 일정한 시설(165㎡ 미만)을 갖추고 체인화 편의점 이외의 방식으로 음·식료품을 위주로 하여 각종 생활잡화 등을 함께 소매하는 산업활동을 말한다.

〈표준 권리금계약서〉

이 계약서는 「상가건물 임대차보호법」을 기준으로 만들었습니다. 작성시 **【작성요령】**(별지)을 꼭 확인하시기 바랍니다.

상가건물임대차 권리금계약서

임차인(이름 또는 법인명 기재)과 신규임차인이 되려는 자(이름 또는 법인명 기재)는 아래와 같이 권리금 계약을 체결한다.

※ 임차인은 권리금을 지급받는 사람을, 신규임차인이 되려는 자(이하 「신규임차인」이라한다)는 권리금을 지급하는 사람을 의미한다.

[임대차목적물인 상가건물의 표시]

소 재 지		상 호	
임대면적		전용면적	
업 종		허가(등록)번호	

[임차인의 임대차계약 현황]

임 대 차 관 계	임차보증금		월 차 임	
	관 리 비		부가가치세	별도( ), 포함( )
	계약기간	년 월 일부터 년 월 일까지(월)		

[계약내용]

제1조(권리금의 지급) 신규임차인은 임차인에게 다음과 같이 권리금을 지급한다.

총 권리금	금 원정(₩)
계 약 금	금 원정은 계약시에 지급하고 영수함. 영수자((인))
중 도 금	금 년 월 일에 지급한다.
잔 금	금 년 월 일에 지급한다. ※ 잔금지급일까지 임대인과 신규임차인 사이에 임대차계약이 체결되지 않는 경우 임대차계약 체결일을 잔금지급일로 본다.

제2조(임차인의 의무) ① 임차인은 신규임차인을 임대인에게 주선하여야 하며, 임대인과 신규임차인 간에 임대차계약이 체결될 수 있도록 협력하여야 한다.

② 임차인은 신규임차인이 정상적인 영업을 개시할 수 있도록 전화가입권의 이전, 사업등록의 폐지 등에 협력하여야 한다.

③ 임차인은 신규임차인이 잔금을 지급할 때까지 권리금의 대가로 아래 유형·무형의 재산적 가치를 이전한다.

유형의 재산적 가치	영업시설·비품 등
무형의 재산적 가치	거래처, 신용, 영업상의 노하우, 상가건물의 위치에 따른 영업상의 이점 등

※ 필요한 경우 이전 대상 목록을 별지로 첨부할 수 있다.

④ 임차인은 신규임차인에게 제3항의 재산적 가치를 이전할 때까지 선량한 관리자로서의 주의의무를 다하여 제3항의 재산적 가치를 유지·관리하여야 한다.

⑤ 임차인은 본 계약체결 후 신규임차인이 잔금을 지급할 때까지 임차목적물상 권리관계, 보증금, 월차임 등 임대차계약 내용이 변경된 경우 또는 영업정지 및 취소, 임차목적물에 대한 철거명령 등 영업을 지속할 수 없는 사유가 발생한 경우 이를 즉시 신규임차인에게 고지하여야 한다.

제3조(임대차계약과의 관계) 임대인의 계약거절, 무리한 임대조건 변경, 목적물의 훼손 등 임차인과 신규임차인의 책임 없는 사유로 임대차계약이 체결되지 못하는 경우 본 계약은 무효로 하며, 임차인은 지급받은 계약금 등을 신규임차인에게 즉시 반환하여야 한다.

제4조(계약의 해제 및 손해배상) ① 신규임차인이 중도금(중도금 약정이 없을 때는 잔금)을 지급하기 전까지 임차인은 계약금의 2배를 배상하고, 신규임차인은 계약금을 포기하고 본 계약을 해제할 수 있다.

② 임차인 또는 신규임차인이 본 계약상의 내용을 이행하지 않는 경우 그 상대방은 계약상의 채무를 이행하지 않은 자에 대해서 서면으로 최고하고 계약을 해제할 수 있다.

③ 본 계약체결 이후 임차인의 영업기간 중 발생한 사유로 인한 영업정지 및 취소, 임차목적물에 대한 철거명령 등으로 인하여 신규임차인이 영업을 개시하지 못하거나 영업을 지속할 수 없는 중대한 하자가 발생한 경우에는 신규임차인은 계약을 해제하거나 임차인에게 손해배상을 청구할 수 있다. 계약을 해제하는 경우에도 손해배상을 청구할 수 있다.

④ 계약의 해제 및 손해배상에 관하여는 이 계약서에 정함이 없는 경우 「민법」의 규정에 따른다.

[특약사항]

본 계약을 증명하기 위하여 계약 당사자가 이의 없음을 확인하고 각각 서명 또는 날인한다.

년 월 일

임 차 인	주 소						(인)
	성 명		주민등록번호		전화		
대 리 인	주 소						
	성 명		주민등록번호		전화		
신규임차인	주 소						(인)
	성 명		주민등록번호		전화		
대 리 인	주 소						
	성 명		주민등록번호		전화		

별지)

작 성 요 령

1. 이 계약서는 권리금 계약에 필요한 기본적인 사항만을 제시하였습니다. 따라서 권리금 계약을 체결하려는 당사자는 이 표준계약서와 **다른 내용을 약정할 수 있습니다.**

2. 이 계약서의 일부 내용은 현행 「상가건물임대차보호법」을 기준으로 한 것이므로 계약 당사자는 법령이 개정되는 경우에는 개정내용에 부합되도록 기존의 계약을 수정 또는 변경할 수 있습니다. 개정법령에 **강행규정이 추가되는 경우**에는 반드시 그 개정규정에 따라 계약내용을 수정하여야 하며, 수정계약서가 작성되지 않더라도 **강행규정에 반하는 계약내용은 무효로 될 수 있습니다.**

3. 임차인이 신규임차인에게 이전해야 할 대상은 **개별적으로 상세하게 기재**합니다. 기재되지 않은 시설물 등은 이 계약서에 의한 이전 대상에 포함되지 않습니다.

4. 계약내용 제3조 **"무리한 임대조건 변경"** 등의 사항에 대해 구체적으로 특약을 하면, 추후 임대차 계약조건에 관한 분쟁을 예방할 수 있습니다.
   (예: 보증금 및 월차임 oo% 인상 등)

5. 신규임차인이 임차인이 영위하던 **영업을 양수**하거나, 임차인이 사용하던 **상호를 계속사용**하는 경우, **상법 제41조(영업양도인의 경업금지)**, **상법 제42조(상호를 속용하는 양수인의 책임)** 등 상법 규정을 참고하여 특약을 하면, 임차인과 신규임차인간 분쟁을 예방할 수 있습니다.
   (예: 임차인은 oo동에서 음식점 영업을 하지 않는다, 신규임차인은 임차인의 영업상의 채무를 인수하지 않는다 등)

> 상법 제41조(영업양도인의 경업금지) ①영업을 양도한 경우에 다른 약정이 없으면 양도인은 10년간 동일한 특별시·광역시·시·군과 인접 특별시·광역시·시·군에서 동종영업을 하지 못한다.
>
> ②양도인이 동종영업을 하지 아니할 것을 약정한 때에는 동일한 특별시·광역시·시·군과 인접 특별시·광역시·시·군에 한하여 20년을 초과하지 아니한 범위내에서 그 효력이 있다.

> 상법 제42조(상호를 속용하는 양수인의 책임) ①영업양수인이 양도인의 상호를 계속 사용하는 경우에는 양도인의 영업으로 인한 제3자의 채권에 대하여 양수인도 변제할 책임이 있다.
>
> ②전항의 규정은 양수인이 영업양도를 받은 후 지체없이 양도인의 채무에 대한 책임이 없음을 등기한 때에는 적용하지 아니한다. 양도인과 양수인이 지체없이 제3자에 대하여 그 뜻을 통지한 경우에 그 통지를 받은 제3자에 대하여도 같다.

다. 임대차 목적물인 상가건물이 국유재산법에 따른 국유재산 또는 공유재산 및 물품 관리법에 따른 공유재산인 경우(동법 10조의5 2호), 예컨대 고속도로 휴게소 등이 이에 해당될 수 있다.

7. 표준권리금계약서의 작성 등(동법 10조의6 · 7)

국토교통부장관은 임차인과 신규임차인이 되려는 자가 권리금 계약을 체결하기 위한 표준권리금계약서를 정하여 그 사용을 권장할 수 있다. 국토교통부장관은 권리금에 대한 감정평가의 절차와 방법 등에 관한 기준을 고시할 수 있다.

XIII. 사례별 연구

1. 임차인이 임대인에게 지급한 권리금을 되돌려 받을 수 있는가?

•정답 종전의 판례에 의하면 임대인의 사정으로 중도 해지된 경우, 일부 돌려받을 수 있다고 되어 있으나, 개정된 법에 의하면 정상적으로 계약이 종료되었다고 해도 임차인은 권리금회수 보호규정에 의해 임대인에게 권리금 상당의 손해배상을 청구할 수 있다. 즉 ① 임차인은 임대차기간이 끝나기 3개월 전부터 임대차 종료시까지 새로운 임차인을 주선해야 하고, ② 임대인에게 그 신규임차인이 되려는 자의 보증금 및 차임을 지급할 자력 또는 그 밖에 임차인으로서의 의무를 이행할 의사 및 능력에 관하여 자신이 알고 있는 정보를 제공하여야 한다. 이러한 두 가지 요건을 갖춘 임차인은, 만약 임대인이 신규임차인과의 계약을 '정당한 사유' 없이 거절할 경우, 권리금회수 보호규정에 의해 임대인에게 권리금 상당의 손해배상을 구할 수 있다.

▶ 대법원 2011. 1. 27. 선고 2010다85164 판결(종전의 판례)

영업용 건물의 임대차에 수반되어 행하여지는 권리금의 지급은 임대차계약의 내용을 이루는 것은 아니고, 권리금은 거기의 영업시설 · 비품 등 유형물이나 거래처, 신용, 영업상의 노하우(know-how) 혹은 점포 위치에 따른 영업상의 이점 등 무형의 재산적 가치의 양도 또는 일정 기간 동안의 이용대가라고 볼 것인바,

권리금이 그 수수 후 일정한 기간 이상으로 그 임대차를 존속시키기로 하는 임차권 보장의 약정하에 임차인으로부터 임대인에게 지급된 경우에는 보장기간 동안의 이용이 유효하게 이루어진 이상 임대인은 그 권리금의 반환의무를 지지 아니한다.

다만 임차인은 당초의 임대차에서 반대되는 약정이 없는 한 임차권의 양도 또는 전대차 기회에 부수하여 자신도 일정 기간 이용할 수 있는 권리를 다른 사람에게 양도하거나 또는 다른 사람으로 하여금 일정 기간 이용하게 함으로써 권리금 상당액을 회수할 수 있을 것이지만, 반면 임대인의 사정으로 임대차계약이 중도 해지됨으로써 당초 보장된 기간 동안의 이용이 불가능하였다는 등의 특별한 사정이 있을 때에는 임대인은 임차인에 대하여 그 권리금의 반환의무를 진다.

그 경우 임대인이 반환의무를 부담하는 권리금의 범위는, 지급된 권리금을 경과기간과 잔존기간에 대응하는 것으로 나누어, 임대인은 임차인으로부터 수령한 권리금 중 임대차계약이 종료될 때까지의 기간에 대응하는 부분을 공제한 잔존기간에 대응하는 부분만을 반환할 의무를 부담한다고 봄이 공평의 원칙에 합치된다(대법원 2002. 7. 26. 선고 2002다25013 판결; 대법원 2008. 4. 10. 선고 2007다76986 · 76993 판결 등 참조).

2. 임대차계약서에 '모든 권리금을 인정함'이라고 기재된 경우 임대인은 임차인에게 권리금을 책임져야 하나?

•정답 종전의 판례에 따르면, 임대인이 직접 책임을 지는 것은 아니다. 다만 임차인이 주선한 신규임차인으로부터 권리금을 회수하는 것을 방해한 경우 손해배상책임을 진다. 하지만 개정된 법에 의하면 이러한 문구가 없어도 당연히 임대인은 임차인의 권리금 회수기회를 박탈하면 손해배상책임을 지게 된다.

▸ 대법원 2000. 4. 11. 선고 2000다4517 판결(종전의 판례)

통상 권리금은 새로운 임차인으로부터만 지급받을 수 있을 뿐이고 임대인에 대하여는 지급을 구할 수 없는 것이므로 임대인이 임대차계약서의 단서 조항에 권리금액의 기재 없이 단지 '모든 권리금을 인정함'이라는 기재를 하였다고 하여 임대차 종료시 임차인에게 권리금을 반환하겠다고 약정하였다고 볼 수는 없고, 단지 임차인이 나중에 임차권을 승계한 자로부터 권리금을 수수하는 것을 임대인이 용인하고, 나아가 임대인이 정당한 사유 없이 명도를 요구하거나 점포에 대한 임대차계약의 갱신을 거절하고 타에 처분하면서 권리금을 지급받지 못하도록 하는 등으로 임차인의 권리금 회수기회를 박탈하거나 권리금 회수를 방해하는 경우에 임대인이 임차인에게 직접 권리금 지급을 책임지겠다는 취지로 해석해야 할 것이다.

3. 개정 상가건물임대차보호법상 임대인이 임차인이 주선한 신규임차인과의 계약을 거절하고 직접 사용하겠다고 고집할 경우에도 임차인은 권리금회수 보호규정에 의거하여 보호받을 수 있나?

이 점에 관하여 아직 대법원판례가 나온 것은 아니나, 동법의 개정 취지에 비춰볼 때 임차인은 두 가지 요건, 즉 ① 임대차기간이 끝나기 3개월 전부터 임대차 종료시까지 새로운 임차인을 주선하고, ② 임대인에게 그 신규임차인이 되려는 자의 보증금 및 차임을 지급할 자력 또는 그 밖에 임차인으로서의 의무를 이행할 의사 및 능력에 관하여 자신이 알고 있는 정보를 제공한 경우에 한하여 권리금회수 보호규정에 의거하여 임대인에게 권리금 상당의 손해배상을 청구할 수 있다고 보아야 한다. 그 이유는 임대인이 직접 사용하려 한 것은 임차인이 주선한 신규임차인과의 계약거절에 대한 '정당한 사유'에 해당된다고 볼 수 없기 때문이다(동법 10조의4 2항). 다만 손해배상액은 신규임차인이 임차인에게 지급하기로 한 권리금과 임대차 종료 당시의 권리금 중 낮은 금액을 넘지 못한다(동법 10조의4 3항). 만약 그렇게 해석하지 않으면 법의 개정 취지가 무색하게 된다. 왜냐하면 임대인은 일단 임차인을 상대로 자신이 직접 사용할 것처럼 신규임차인과의 계약을 거절한 뒤 나중에 생각이 바뀌어서 임차를 주었다고 둘러대면 임차인은 아무런 보호를 받지 못하기 때문이다.[7] 다만 ① 임대인이 임대차계약 체결 당시 공사시기 및 소요기간 등을 포함한 철거 또는 재건축 계획을 임차인에게 구체적으로 고지하고 그 계획에 따르는 경우, ② 건물

7 한편 임대인의 입장에서 보면, 자신이 정말로 직접 사용하고 싶을 경우에도 임차인에게 권리금 상당의 손해배상을 해야 하는 부담을 안게 되므로, 자신의 재산권을 간접적으로 침해받게 되는 결과가 되어 위 개정법에 대해 위헌의 소지가 있다는 지적도 일고 있다.

이 노후·훼손 또는 일부 멸실되는 등 안전사고의 우려가 있는 경우, ③ 다른 법령에 따라 철거 또는 재건축이 이루어지는 경우 재건축 등 부득이한 사유가 있을 경우에는 임차인은 임대인에게 권리금 상당의 손해배상을 구할 수 없다(동법 10조 1항 7호).

4. 상가임대차의 계약갱신요구권과 법정갱신 — 갱신요구권 5년 제한은 법정갱신에도 적용되는가?

정답 적용되지 않는다. 즉 법정갱신은 5년을 넘어서도 인정된다.

▸ 대법원 2010. 6. 10. 선고 2009다64307 판결

구 상가건물임대차보호법(2009. 1. 30. 법률 제9361호로 개정되기 전의 것) 제10조 제1항에서 정하는 임차인의 계약갱신요구권은 임차인이 임대차기간이 만료되기 6개월 전부터 1개월 전까지 사이에 계약의 갱신을 요구하면 그 단서에서 정하는 사유가 없는 한 임대인이 그 갱신을 거절할 수 없는 것을 내용으로 하여서 임차인의 주도로 임대차계약의 갱신을 달성하려는 것이다. 이에 비하여 같은 조 제4항은 임대인이 위와 같은 기간 내에 갱신거절의 통지 또는 조건변경의 통지를 하지 아니하면 임대차기간이 만료된 때에 임대차의 갱신을 의제하는 것으로서, 기간의 만료로 인한 임대차 관계의 종료에 임대인의 적극적인 조치를 요구한다. 이와 같이 이들 두 법조항상의 각 임대차갱신제도는 그 취지와 내용을 서로 달리하는 것이므로, 임차인의 갱신요구권에 관하여 전체 임대차기간을 5년으로 제한하는 같은 조 제2항의 규정은 같은 조 제4항에서 정하는 법정갱신에 대하여는 적용되지 아니한다.

5. 건물공유자의 갱신거절통지가 공유물 관리행위에 해당되는가?

정답 해당된다. 따라서 과반수의 동의로 결정한다.

▸ 대법원 2010. 9. 9. 선고 2010다37905 판결

공유자가 공유물을 타인에게 임대하는 행위 및 그 임대차계약을 해지하는 행위는 공유물의 관리행위에 해당하므로 민법 第265조 본문에 의하여 공유자의 지분의 과반수로써 결정하여야 한다. 상가건물임대차보호법이 적용되는 상가건물의 공유자인 임대인이 같은 법 제10조 제4항에 의하여 임차인에게 갱신 거절의 통지를 하는 행위는 실질적으로 임대차계약의 해지와 같이 공유물의 임대차를 종료시키는 것이므로 공유물의 관리행위에 해당하여 공유자의 지분의 과반수로써 결정하여야 한다.

XIV. 차임 등의 증감청구권(동법 11조)

차임 또는 보증금이 임차건물에 관한 조세, 공과금, 그 밖의 부담의 증감이나 경제 사정의 변동으로 인하여 상당하지 아니하게 된 경우에는 당사자는 장래의 차임 또는 보증금에 대하여 증감을 청구할 수 있다. 그러나 증액의 경우에는 청구 당시의 차임 또는 보증금의 100분의 9의 금액을 초과하지 못한다. 그리고 증액 청구는 임대차계약 또는 약정한 차임 등의 증액이 있은 후 1년 이내에는 하지 못한다. 이러한 차임증감청구권은 계약기간 도중에 어느 일방이 요구하는 권리이다. 따라서 계약이 종료되고 새로운 계약을 체결할 경우나 계약기간 중간이라고 해도 당사자 사이의 합의에 의해 차임을 변경한 경우에는 9%를 초과해도 무방하다.

XV. 소액임차인의 최우선변제권(동법 14조)

1. 규정(동법 14조)

임차인은 보증금 중 일정액을 다른 담보물권자보다 우선하여 변제받을 권리가 있다. 이 경우 임차인은 건물에 대한 '경매신청의 등기 전'에 대항력 요건(건물의 인도 + 사업자등록 신청)을 갖추어야 한다. 반면 통상의 상가건물임대차 보증금의 우선변제권과 같이 확정일자를 받을 필요는 없다. 우선변제를 받을 임차인 및 보증금 중 일정액의 범위와 기준은 임대건물가액(임대인 소유의 대지가액을 포함한다)의 3분의 1 범위에서 해당 지역의 경제 여건, 보증금 및 차임 등을 고려하여 대통령령으로 정한다.

2. 최우선변제를 받을 임차인의 범위(2014. 1. 1. 기준)

최우선변제를 받을 임차인은 보증금과 차임이 있는 경우 환산보증금이 다음 각 호의 구분에 의한 금액 이하인 소액임차인에 해당되어야 한다.

1. 서울특별시 : 6천 500만원
2. 수도권정비계획법에 따른 과밀억제권역(서울특별시는 제외한다) : 5천 500만원
3. 광역시(수도권정비계획법에 따른 과밀억제권역에 포함된 지역과 군지역은 제외한다), 안산시, 용인시, 김포시 및 광주시 : 3천8백만원
4. 그 밖의 지역 : 3천만원

3. 구체적으로 최우선변제를 받을 보증금의 범위(2014. 1. 1.기준)

위와 같은 소액임차인으로서 실제로 최우선변제를 받을 보증금 중 일정액의 범위는 다음 각 호의 구분에 의한 금액 이하로 한다.

1. 서울특별시 : 2천 200만원
2. 수도권정비계획법에 따른 과밀억제권역(서울특별시는 제외) : 1천 900만원
3. 광역시(수도권정비계획법에 따른 과밀억제권역에 포함된 지역과 군지역은 제외), 안산시, 용인시, 김포시 및 광주시 : 1천 300만원
4. 그 밖의 지역 : 1천만원

다만 임차인의 보증금 중 일정액이 상가건물의 가액의 2분의 1을 초과하는 경우에는 상가건물의 가액의 2분의 1에 해당하는 금액에 한하여 우선변제권이 있다.[8] 하나의 상가건물에 임차인이 2인 이상이고, 그 각 보증금 중 일정액의 합산액이 상가건물의 가액의 2분의 1을 초과하는 경우에는 그 각 보증금

8 종전에는 3분의 1이 상한선이었는데 2013. 12. 30. 시행령이 개정되어 2014. 1. 1. 이후부터는 2분의 1로 상한선이 상향조정되어 소액임차인에게 유리하게 변경되었다.

중 일정액의 합산액에 대한 각 임차인의 보증금 중 일정액의 비율로 그 상가건물의 가액의 2분의 1에 해당하는 금액을 분할한 금액을 각 임차인의 보증금 중 일정액으로 본다. 또한 소액임차인의 최우선변제권을 행사하기 위해서는 배당요구를 반드시 해야 하는 점과 배당요구를 하지 않았을 때에도 대항력은 유지되는 점 등은 주택임대차보호법에서 설명한 바와 같다.

4. 소액임차인이 대항력은 언제까지 갖춰야 하나?

정답 경매의 경우는 '경매신청등기' 전에 갖춰야 하고, 공매의 경우는 '체납처분에 의한 압류등기' 전에 갖춰야 한다.

▶ 서울행정법원 2006. 4. 18. 선고 2005구합27734 판결

상가건물임대차보호법 제5조 제2항에서 말하는 국세징수법에 의한 공매란 민사집행법상의 경매에 대응하는 개념으로 사용된 것으로 국세체납처분절차 중의 환가의 한 방법만을 뜻하는 것이 아니라 국세체납처분절차를 포괄적으로 지칭하는 것으로서 국세징수법의 체납처분의 예에 의하여 임차건물을 체납처분하는 모든 경우를 포함한다. 따라서 같은 법 제14조 제1항 후문에서 말하는 '경매신청의 등기'란 국세징수법에 의한 공매에 있어서는 조세채권의 내용을 실현하고 그 만족을 얻기 위한 체납처분의 최초의 절차로서 납세자의 특정재산을 강제적으로 확보하기 위하여 처분을 금지하는 '체납처분에 의한 압류등기'를 뜻하는 것으로 해석함이 상당하고, 공매대상 재산의 매수 수요를 유발하여 고가의 매수청약을 유인하는 것에 불과한 '압류재산공매공고'를 뜻하는 것은 아니다.

5. 소액임차인이 대항력과 우선변제권까지 갖춘 경우는 어떻게 배당받는가?

정답 일단 소액임차보증금을 최우선변제받고, 나머지는 우선변제권에 기해 배당받는다.

▶ 대법원 2007. 11. 15. 선고 2007다45562 판결

주택임대차보호법 제3조의2 제2항은 대항요건(주택인도와 주민등록전입신고)과 임대차계약증서상의 확정일자를 갖춘 주택임차인에게 부동산담보권에 유사한 권리를 인정한다는 취지로서, 이에 따라 대항요건과 확정일자를 갖춘 임차인들 상호간에는 대항요건과 확정일자를 최종적으로 갖춘 순서대로 우선변제받을 순위를 정하게 되므로, 만일 대항요건과 확정일자를 갖춘 임차인들이 주택임대차보호법 제8조 제1항에 의하여 보증금 중 일정액의 보호를 받는 소액임차인의 지위를 겸하는 경우, 먼저 소액임차인으로서 보호받는 일정액을 우선 배당하고 난 후의 나머지 임차보증금채권액에 대하여는 대항요건과 확정일자를 갖춘 임차인으로서의 순위에 따라 배당을 하여야 하는 것이다.

6. 소액임차보증금으로 보호받지 못하는 경우는?

정답 ① 건물 주인의 채무초과상태를 알면서 싸게 임대차계약 체결한 경우, ② 사해행위에 해당되는 경우, ③ 채권회수가 주목적인 경우 등은 권리남용에 해당되어 보호받지 못할 가능성이 크다. 이 점은 주택임대차보호법에서 이미 설명하였다.

XVI. 상가건물임대차 표준계약서(동법 19조)

법무부장관은 보증금, 차임액, 임대차기간, 수선비 분담 등의 내용이 기재된 상가건물임대차 표준계약서를 정하여 그 사용을 권장할 수 있다. 그리고 위 규정에 의해 법무부에서는 2015. 5. 22.자로 상가건물임대차 표준계약서를 아래와 같이 작성해 배포하였다. 그 주요내용은 △ 보증금, 차임액, 임대차기간, 수선비 분담 등에 관한 총 12개조의 「계약내용」 △ 임대인과 임차인 간에 자율적으로 정할 수 있는 「특약사항」 △ 법의 보호를 받기 위하여 반드시 확인해야 하는 「중요사항」이 기재된 별지 등이다.

※ 상가건물임대차 표준계약서의 주요 내용

① 임차인의 권리금 회수 보호 및 손해배상 명시

- 임대인에 대한 임차인의 권리금 회수 방해금지의무와 손해배상 등을 계약내용에 포함시켰고,
- 임대인은 임차인이 3기의 차임액에 달하도록 차임을 연차하는 경우

계약을 해지할 수 있도록 하였다.

※ 법률개정 전에는 민법에 의해 2기 차임액을 연체하는 경우 해지 가능

② **임차인의 권리를 충실히 보호**

- 임차인으로 하여금 임대차계약시「등기사항증명서, 미납국세, 상가건물 확정일자 현황」등을 확인하도록 하고,
- 임대인이 상가건물의 철거 또는 재건축을 위해 임차인의 계약 갱신 요구를 거절할 수 있는 사유가 제한됨을 포함시켰다(2013. 8. 법률개정내용 반영).

※ 상가건물임대차보호법 제10조 제1항 제7호 : 임대인은 임대차계약 체결 당시 철거·재건축 계획을 임차인에게 구체적으로 고지하였거나, 건물 노후 등으로 안전사고의 우려가 있는 경우, 다른 법령에 따른 경우에만 철거·재건축을 이유로 갱신 거절 가능

- 임차인이 임대인의 부담에 속하는 수선비용을 지출한 때에는 임대인에게 그 상환을 청구할 수 있도록 하였고,
- 임차인이 임대차계약 종료시 소유자에게 이미 납부한 관리비 중 장기수선충당금의 반환을 청구할 수 있도록 하였다.

③ **권리관계를 명확히 하여 분쟁 발생을 최소화**

- 임대인과 임차인 사이에 별도로 정할 수 있는「특약사항」을 예시하여 사전에 권리관계를 명확히 정할 수 있도록 하였다.

※ 특약사항 : ① 입주 전 수리 및 개량, ② 임대차기간 중 수리 및 개량, ③ 임차 상가건물 인테리어, ④ 관리비의 지급주체, 시기 및 범위, ⑤ 귀책사유 있는 채무불이행시 손해배상액예정 등

- 임대차 종료시 관리비 등 비용 정산 관계도 명확히 하였다.

④ **임대인과 임차인이 법의 보호를 받기 위하여 반드시 확인해야 할 중요사항을 계약 단계별**(계약 체결시, 계약기간 중, 계약 종료시)**로 나누어 알기 쉽게 별지에 설명**

○ 새롭게 만든「상가건물임대차 표준계약서」는 **법무부, 국토교통부, 중소기업청 홈페이지**에 게시하여 누구나 다운로드 받아 활용할 수 있도록 **주민센터나 세무서**에도 배포하여 비치할 예정이다.

〈표준 상가건물임대차 계약서〉

이 계약서는 법무부에서 국토교통부·서울시·중소기업청 및 학계 전문가와 함께 민법, 상가건물 임대차보호법, 공인중개사법 등 관계법령에 근거하여 만들었습니다. **법의 보호를 받기 위해 【중요확인사항】(별지)을 꼭 확인하시기 바랍니다.**

❑보증금 있는 월세
❑전세 ❑월세

상가건물임대차 표준계약서

임대인(이름 또는 법인명 기재)과 임차인(이름 또는 법인명 기재)은 아래와 같이 임대차 계약을 체결한다

[임차 상가건물의 표시]

소 재 지				
토 지	지목		면적	㎡
건 물	구조·용도		면적	㎡
임차할부분			면적	㎡
유의사항: 임차할 부분을 특정하기 위해서 도면을 첨부하는 것이 좋습니다.				

[계약내용]

제1조(보증금과 차임) 위 상가건물의 임대차에 관하여 임대인과 임차인은 합의에 의하여 보증금 및 차임을 아래와 같이 지급하기로 한다.

보 증 금	금 원정(₩)
계 약 금	금 원정(₩)은 계약시에 지급하고 수령함. 수령인 (인)
중 도 금	금 원정(₩)은 ____년 ____월____일에 지급하며
잔 금	금 원정(₩)은 ____년 ____월____일에 지급한다
차임(월세)	금 원정(₩)은 매월 일에 지급한다. 부가세 ☐ 불포함 ☐ 포함 (입금계좌:)
환산보증금	금 원정(₩)
유의사항:① 당해 계약이 환산보증금을 초과하는 임대차인 경우 확정일자를 부여받을 수 없고, 전세권 등을 설정할 수 있습니다 ② 보증금 보호를 위해 등기사항증명서, 미납국세, 상가건물 확정일자 현황 등을 확인하는 것이 좋습니다 ※ 미납국세·선순위확정일자 현황 확인방법은 "별지"참조	

제2조(임대차기간) 임대인은 임차 상가건물을 임대차 목적대로 사용·수익할 수 있는 상태로 ____년 ____월 ____일까지 임차인에게 인도하고, 임대차기간은 인도일로부터 ____년 ____월 ____일까지로 한다.

제3조(임차목적) 임차인은 임차 상가건물을 ________(업종)을 위한 용도로 사용한다.

제4조(사용·관리·수선) ① 임차인은 임대인의 동의 없이 임차 상가건물의 구조·용도 변경 및 전대나 임차권 양도를 할 수 없다.

② 임대인은 계약 존속 중 임차 상가건물을 사용·수익에 필요한 상태로 유지하여야 하고, 임차인은 임대인이 임차 상가건물의 보존에 필요한 행위를 하는 때 이를 거절하지 못한다.

③ 임차인이 임대인의 부담에 속하는 수선비용을 지출한 때에는 임대인에게 그 상환을 청구할 수 있다.

제5조(계약의 해제) 임차인이 임대인에게 중도금(중도금이 없을 때는 잔금)을 지급하기 전까지, 임대인은 계약금의 배액을 상환하고, 임차인은 계약금을 포기하고 계약을 해제할 수 있다.

제6조(채무불이행과 손해배상) 당사자 일방이 채무를 이행하지 아니하는 때에는 상대방은 상당한 기간을 정하여 그 이행을 최고하고 계약을 해제할 수 있으며, 그로 인한 손해배상을 청구할 수 있다. 다만, 채무자가 미리 이행하지 아니할 의사를 표시한 경우의 계약해제는 최고를 요하지 아니한다.

제7조(계약의 해지) ① 임차인은 본인의 과실 없이 임차 상가건물의 일부가 멸실 기타 사유로 인하여 임대차의 목적대로 사용, 수익할 수 없는 때에는 임차인은 그 부분의 비율에 의한 차임의 감액을 청구할 수 있다. 이 경우에 그 잔존부분만으로 임차의 목적을 달성할 수 없는 때에는 임차인은 계약을 해지할 수 있다.

② 임대인은 임차인이 3기의 차임액에 달하도록 차임을 연체하거나, 제4조 제1항을 위반한 경우 계약을 해지할 수 있다.

- 1 / 3 -

제8조(계약의 종료와 권리금회수기회 보호) ① 계약이 종료된 경우에 임차인은 임차 상가건물을 원상회복하여 임대인에게 반환하고, 이와 동시에 임대인은 보증금을 임차인에게 반환하여야 한다.

② 임대인은 임대차기간이 끝나기 3개월 전부터 임대차 종료 시까지 「상가건물임대차보호법」 제10조의4제1항 각 호의 어느 하나에 해당하는 행위를 함으로써 권리금 계약에 따라 임차인이 주선한 신규임차인이 되려는 자로부터 권리금을 지급받는 것을 방해하여서는 아니 된다. 다만, 「상가건물임대차보호법」 제10조제1항 각 호의 어느 하나에 해당하는 사유가 있는 경우에는 그러하지 아니하다.

③ 임대인이 제2항을 위반하여 임차인에게 손해를 발생하게 한 때에는 그 손해를 배상할 책임이 있다. 이 경우 그 손해배상액은 신규임차인이 임차인에게 지급하기로 한 권리금과 임대차 종료 당시의 권리금 중 낮은 금액을 넘지 못한다.

④ 임차인은 임대인에게 신규임차인이 되려는 자의 보증금 및 차임을 지급할 자력 또는 그 밖에 임차인으로서의 의무를 이행할 의사 및 능력에 관하여 자신이 알고 있는 정보를 제공하여야 한다.

제9조(재건축 등 계획과 갱신거절) 임대인이 계약 체결 당시 공사시기 및 소요기간 등을 포함한 철거 또는 재건축계획을 임차인에게 구체적으로 고지하고 그 계획에 따르는 경우, 임대인은 임차인이 상가건물임대차보호법 제10조제1항 제7호에 따라 계약갱신을 요구하더라도 계약갱신의 요구를 거절할 수 있다.

제10조(비용의 정산) ① 임차인은 계약이 종료된 경우 공과금과 관리비를 정산하여야 한다.

② 임차인은 이미 납부한 관리비 중 장기수선충당금을 소유자에게 반환 청구할 수 있다. 다만, 임차 상가건물에 관한 장기수선충당금을 정산하는 주체가 소유자가 아닌 경우에는 그 자에게 청구할 수 있다.

제11조(중개보수 등) 중개보수는 거래 가액의 __________% 인 _____________원(부가세 □ 불포함 □ 포함)으로 임대인과 임차인이 각각 부담한다. 다만, 개업공인중개사의 고의 또는 과실로 인하여 중개의뢰인간의 거래행위가 무효·취소 또는 해제된 경우에는 그러하지 아니하다.

제12조(중개대상물 확인·설명서 교부) 개업공인중개사는 중개대상물 확인·설명서를 작성하고 업무보증관계증서(공제증서 등) 사본을 첨부하여 임대인과 임차인에게 각각 교부한다.

[특약사항]

① 입주전 수리 및 개량, ②임대차기간 중 수리 및 개량, ③임차 상가건물 인테리어, ④ 관리비의 지급주체, 시기 및 범위, ⑤귀책사유 있는 채무불이행 시 손해배상액예정 등에 관하여 임대인과 임차인은 특약할 수 있습니다

본 계약을 증명하기 위하여 계약 당사자가 이의 없음을 확인하고 각각 서명·날인 후 임대인, 임차인, 개업공인중개사는 매 장마다 간인하여, 각각 1통씩 보관한다. 년 월 일

<table>
<tr><td rowspan="3">임대인</td><td>주 소</td><td colspan="5"></td><td rowspan="3">서명 또는 날인㊞</td></tr>
<tr><td>주민등록번호
(법인등록번호)</td><td colspan="2"></td><td>전 화</td><td></td><td>성 명
(회사명)</td></tr>
<tr><td>대 리 인</td><td>주 소</td><td></td><td>주민등록번호</td><td></td><td>성 명</td></tr>
<tr><td rowspan="3">임차인</td><td>주 소</td><td colspan="5"></td><td rowspan="3">서명 또는 날인㊞</td></tr>
<tr><td>주민등록번호
(법인등록번호)</td><td colspan="2"></td><td>전 화</td><td></td><td>성 명
(회사명)</td></tr>
<tr><td>대 리 인</td><td>주 소</td><td></td><td>주민등록번호</td><td></td><td>성 명</td></tr>
<tr><td rowspan="5">개업공인중개사</td><td>사무소소재지</td><td colspan="2"></td><td>사무소소재지</td><td colspan="3"></td></tr>
<tr><td>사 무 소 명 칭</td><td colspan="2"></td><td>사 무 소 명 칭</td><td colspan="3"></td></tr>
<tr><td>대 표</td><td>서명 및 날인</td><td>㊞</td><td>대 표</td><td>서명 및 날인</td><td colspan="2">㊞</td></tr>
<tr><td>등 록 번 호</td><td></td><td>전화</td><td>등 록 번 호</td><td></td><td colspan="2">전화</td></tr>
<tr><td>소속공인중개사</td><td>서명 및 날인</td><td>㊞</td><td>소속공인중개사</td><td>서명 및 날인</td><td colspan="2">㊞</td></tr>
</table>

별지)

법의 보호를 받기 위한 중요사항! 반드시 확인하세요

< 계약 체결 시 꼭 확인하세요 >

【당사자 확인 / 권리순위관계 확인 / 중개대상물 확인·설명서 확인】

① 신분증·등기사항증명서 등을 통해 당사자 본인이 맞는지, 적법한 임대·임차권한이 있는지 확인합니다.

② 대리인과 계약 체결 시 위임장·대리인 신분증을 확인하고, 임대인(또는 임차인)과 직접 통화하여 확인하여야 하며, 보증금은 가급적 임대인 명의 계좌로 직접 송금합니다.

③ **중개대상물 확인·설명서**에 누락된 것은 없는지, 그 내용은 어떤지 꼼꼼히 확인하고 서명하여야 합니다.

【대항력 및 우선변제권 확보】

① 임차인이 **상가건물의 인도와 사업자등록**을 마친 때에는 그 다음날부터 제3자에게 임차권을 주장할 수 있고, 환산보증금을 초과하지 않는 임대차의 경우 계약서에 **확정일자**까지 받으면, 후순위권리자나 그 밖의 채권자에 우선하여 변제받을 수 있습니다.

※ 임차인은 최대한 신속히 ① 사업자등록과 ② 확정일자를 받아야 하고, 상가건물의 점유와 사업자등록은 임대차 기간 중 계속 유지하고 있어야 합니다.

② **미납국세**와 **확정일자 현황**은 임대인의 동의를 받아 임차인이 관할 세무서에서 확인할 수 있습니다.

< 계약기간 중 꼭 확인하세요 >

【계약갱신요구】

① 임차인이 임대차기간이 만료되기 6개월 전부터 1개월 전까지 사이에 계약갱신을 요구할 경우 임대인은 정당한 사유(3기의 차임액 연체 등, 상가건물 임대차보호법 제10조제1항 참조) 없이 거절하지 못합니다.

② 임차인의 계약갱신요구권은 최초의 임대차기간을 포함한 전체 임대차기간이 5년을 초과하지 아니하는 범위에서만 행사할 수 있습니다.

③ 갱신되는 임대차는 전 임대차와 동일한 조건으로 다시 계약된 것으로 봅니다. 다만, 차임과 보증금은 청구당시의 차임 또는 보증금의 100분의 9의 금액을 초과하지 아니하는 범위에서 증감할 수 있습니다.

※ 환산보증금을 초과하는 임대차의 계약갱신의 경우 상가건물에 관한 조세, 공과금, 주변 상가건물의 차임 및 보증금, 그 밖의 부담이나 경제사정의 변동 등을 고려하여 차임과 보증금의 증감을 청구할 수 있습니다.

【묵시적 갱신 등】

① 임대인이 임대차기간이 만료되기 6개월 전부터 1개월 전까지 사이에 임차인에게 갱신 거절의 통지 또는 조건 변경의 통지를 하지 않으면 종전 임대차와 동일한 조건으로 자동 갱신됩니다.

※ 환산보증금을 초과하는 임대차의 경우 임대차기간이 만료한 후 임차인이 임차물의 사용, 수익을 계속하는 경우에 임대인이 상당한 기간내에 이의를 하지 아니한 때에는 종전 임대차와 동일한 조건으로 자동 갱신됩니다. 다만, 당사자는 언제든지 해지통고가 가능합니다.

② 제1항에 따라 갱신된 임대차의 존속기간은 1년입니다. 이 경우, 임차인은 언제든지 계약을 해지할 수 있지만 임대인은 계약서 제8조의 사유 또는 임차인과의 합의가 있어야 계약을 해지할 수 있습니다.

< 계약종료 시 꼭 확인하세요 >

【보증금액 변경시 확정일자 날인】

계약기간 중 보증금을 증액하거나, 재계약을 하면서 보증금을 증액한 경우에는 증액된 보증금액에 대한 우선변제권을 확보하기 위하여 반드시 **다시 확정일자**를 받아야 합니다.

【임차권등기명령 신청】

임대차가 종료된 후에도 보증금이 반환되지 아니한 경우 임차인은 임대인의 동의 없이 임차건물 소재지 관할 법원에서 임차권등기명령을 받아, **등기부에 등재된 것을 확인하고 이사**해야 우선변제 순위를 유지할 수 있습니다. 이때, 임차인은 임차권등기명령 관련 비용을 임대인에게 청구할 수 있습니다.

【임대인의 권리금 회수방해금지】

임차인이 신규임차인으로부터 권리금을 지급받는 것을 임대인이 방해하는 것으로 금지되는 행위는 ① 임차인이 주선한 신규임차인이 되려는 자에게 권리금을 요구하거나, 임차인이 주선한 신규임차인이 되려는 자로부터 권리금을 수수하는 행위, ② 임차인이 주선한 신규임차인이 되려는 자로 하여금 임차인에게 권리금을 지급하지 못하게 하는 행위, ③ 임차인이 주선한 신규임차인이 되려는 자에게 상가건물에 관한 조세, 공과금, 주변 상가건물의 차임 및 보증금, 그 밖의 부담에 따른 금액에 비추어 현저히 고액의 차임 또는 보증금을 요구하는 행위, ④ 그 밖에 정당한 이유 없이 임차인이 주선한 신규임차인이 되려는 자와 임대차계약의 체결을 거절하는 행위입니다.

임대인이 임차인이 주선한 신규임차인과 임대차계약의 체결을 거절할 수 있는 정당한 이유로는 예를 들어 ① 신규임차인이 되려는 자가 보증금 또는 차임을 지급할 자력이 없는 경우, ② 신규임차인이 되려는 자가 임차인으로서의 의무를 위반할 우려가 있거나, 그 밖에 임대차를 유지하기 어려운 상당한 사유가 있는 경우, ③ 임대차 목적물인 상가건물을 1년 6개월 이상 영리목적으로 사용하지 않는 경우, ④ 임대인이 선택한 신규임차인이 임차인과 권리금 계약을 체결하고 그 권리금을 지급한 경우입니다.

제12장

경 매

제12장 경 매

Ⅰ. 경매의 개념

경매(입찰)란 매도인이 다수의 매수희망인 중 가장 높은 가격으로 청약을 한 사람과 매도계약을 체결하는 매매의 한 형태를 말한다. 경매는 공유자가 분할을 목적으로 신청하는 경우도 있으나(형식적 경매) 주로 채권자가 채무자로부터 지급받지 못한 채권을 회수할 목적으로 실시하는 경우가 일반적이다. 채무자가 채무를 갚을 수 없는 경우에 채권자가 이를 원인으로 법원에 경매를 신청하면 법원이 입찰을 통해 채무자의 물건을 매각한 후 그 매각대금으로 채권자의 채권을 충당하는 법원경매가 그 대표적인 예이다.

Ⅱ. 주체와 집행권원에 따른 경매의 유형

경매의 유형에는 경매를 집행하는 주체가 누구인지에 따라 나누는 '사경매(私競賣)'와 '공경매(公競賣)', 경매를 실시하는 데 집행권원이 필요한지에 따라 나누는 '임의경매'와 '강제경매'가 있다. 먼저 사경매는 개인이 주체가 되어 경매를 실시하는 반면, 공경매는 국가기관이 주체가 되어 경매를 실시한다. 공경매에는 다시 법원이 집행주체가 되는 '법원경매'와 한국자산관리공사(KAMCO)나 금융기관 등 공기관이 집행주체가 되는 '공매'가 있다. 임의경매는 채권자가 채무자에게 담보로 제공받은 재산에 설정한 저당권・근저당권・유치권・질권・전세권・담보가등기 등의 담보권을 실행하는 경매이므로 집행권원이 필요

〈서식〉

부동산강제경매 신청서

채 권 자 1. 김 원 고 (주소)
2. 홍 길 동 (주소)
3. 박 갑 수 (주소)
채무자겸 소유자 이 피 고 (731212-1111111)
(주소)

금 ○○○원
○○지방법원 20○○머 제○○○호(20○○가단 제○○○호) 매매대금청구사건의 집행력있는 조정에 갈음하는 결정정본에 기한 채권 및 이에 대한 20○○. ○. ○. 일부터 완제일까지 연 20%의 비율에 의한 이자

경매할 부동산의 표시 : 별지 목록 기재와 같음

신 청 취 지

채권자들의 채무자에 대한 위 청구금액의 변제를 위하여 채무자 소유의 별지 목록 기재 부동산에 대하여 강제경매절차를 개시하고, 채권자를 위하여 이를 압류한다. 라는 재판을 구합니다.

신 청 원 인

(생략)

첨 부 서 류

(생략)

20○○년 ○월 ○일
채권자 1. 김 원 고 (인)
2. 홍 길 동 (인)
3. 박 갑 수 (인)

서울중앙지방법원 귀중

[별 지]

경매할부동산의 표시

[별 지]

이해관계인의 표시

〈서식〉

부동산임의경매 신청서

채 권 자 김 원 고 (주소)
채 무 자 이 피 고 (주소)
소 유 자 홍 길 동 (주소)

청 구 금 액

1. 금 100,000,000원(2010. 1. 1. 대여한 원금)
2. 금 110,000,000원(위 1항 원금에 대한 2010. 1. 1.부터 완제일까지 연 20%의 비율에 의한 이자).

경매할 부동산의 표시

별지목록 기재 부동산의 표시

신 청 취 지

채권자의 채무자에 대한 위 청구금액의 변제에 충당하기 위하여 별지기재 부동산에 대한 경매절차를 개시하고 채권자를 위하여 이를 압류한다.
라는 재판을 구합니다.

신 청 이 유

1. 저당권(또는 근저당권)의 표시
채권자는 채무자에게 아래표시와 같이 금원을 대여하고 서울중앙지방법원 20○○. ○. ○. 접수 제○○○호 저당권(또는 근저당권)등기를 경료하였습니다.
2. 금원대여 내역 : 2010. 1. 1. 금1억원을, 변제기 2011. 1. 1. 이자는 연 20%로 정하여 대여하였습니다.
3. 근저당권에 대한 기본계약의 해지에 관하여,
이건 근저당권에 대한 기본계약인 채권계약에 관하여 채권자는 채무자에게 2012. 1.1. 해지통지를 하고, 대여금의 변제를 독촉하였는데도 이를 지급하지 아니하고 있습니다.
4. 따라서 이건 신청에 이르렀습니다.

첨 부 서 류

(생략)

2012. 12. 1.
채 권 자 김 원 고 (인)

서울중앙지방법원 귀중

[별 지]

경매할부동산의 표시

○○시 ○○구 ○○동 ○○
1. 대 ○○○m2
위 지상건물
2. 세멘벽돌조 슬래브지붕소매점 및 2층 단독주택
1층 주택 96.44m2
(내소매점 17.37m2)
2층 주택 83.95m2 －끝－

없는데 반해, 강제경매는 실행할 담보가 없는 경우로서 법원의 집행권원을 부여받아야만 경매를 실시할 수 있다. 집행권원이란 국가의 강제력에 의해 실현될 청구권의 존재와 범위를 표시하고 그에 대해 강제집행을 실시할 수 있는 권리를 인정한 공정증서(公正證書)를 말한다. 집행권원에는 집행력 있는 판결 내지 공정증서(예컨대 약속어음 공증), 지급명령, 화해조서 등이 있다. 한편, 임의경매에서는 경매절차가 완료되어 매수인이 소유권을 취득했더라도 경매개시결정 전부터 저당권 등의 담보권이 부존재하거나 무효였다면 매수인의 소유권 취득이 무효가 된다. 하지만 강제경매에서는 집행권원에 표시된 권리가 처음부터 부존재하거나 무효였더라도 매수인의 소유권 취득은 유효하다.

Ⅲ. 부동산 경매절차 개관

부동산 경매절차는 일반적으로 채권자의 경매 신청 → 법원의 경매개시결정, 매각 준비 및 매각기일 공고 → 입찰자의 정보수집 및 입찰 참여 → 법원의 최고가매수인 선정 및 매수신청보증 반환 → 법원의 매각허가 결정 → 매수인의 매각대금 지급 및 권리 취득 → 채권자에 대한 배당 순으로 진행된다.

입찰시 입찰자는 사건번호와 부동산의 표시, 입찰자의 이름과 주소, 대리인의 이름과 주소, 입찰가격 등을 적은 입찰표를 작성하여 입찰보증금과 동시에 제출해야 한다. 입찰보증금은 최저매수가격의 10%(단, 재경매 등 특별매각조건이 있는 경우에는 20−30%)에 해당하는 금액을 입찰보증금란에 기재하고, 입찰가격은 최저매각가격 이상이면 유효하다. 입찰금액 및 입찰보증금액의 수정은 절대무효이므로 만약 수정하고자 하는 경우에는 새로운 용지에 기입해야 하고, 입찰보증금은 1원이라도 부족하면 무효이다. 매각기일에 최고가매수신고인이 정해지면 법원은 일주일 후에 매각허가 또는 불허가 여부를 결정한다. 통상 이해관계인의 진술이나 심리 없이 매각여부를 결정하지만 이해관계인의 진술을 듣고 이의 사유가 있는지 여부를 조사한 후에 결정하기도 하는데, 법원은 매각결정기일을 변경할 수도 있다. 매수신고인이나 이해관계인은 법원의 매각허가가 부당하고 신청 요건에 해당될 경우 매각허가에 대한 이의신청을 할 수 있다. 매각허가에 대한 이의신청 요건으로는, 이해관계인이 강제집행을 허가할 수 없거나 계속할 수 없을 때, 최고가자가 부동산을 인수할 능력이나 자력이 없는 때, 부동산을 매수할 자격이 없는 사람이 최고가입찰자를 내세워 매수신고를 한 때, 최저매각가격의 결정, 일괄매각의 결정, 매각물건명세서의 작성에 중대한 흠이 있는 때, 천재지변, 그 밖에 자기가 책임질 수 없는 사유로 부동산이 현저하게 훼손된 사실, 부동산에 대한 중대한 권리관계가 변동된 사실이 매각절차의 진행 중에 밝혀진 때 등이다(민집 121조). 법원은 이의신청이 정당하다고 인정되면 매각을 허가하지 않고, 정당하다고 인정되지 않으면 매각허가결정을 선고한다. 이 경우 이의신청의 배척에 대해서는 불복할 수 없고 매각허가결정에 대해 즉시항고를 해야 한다.

Ⅳ. 입찰에 참가할 때 특히 주의할 점

입찰에 참가할 경우 특히 주의할 것이 '제시외 건물'인데 법원기록상 이것이 발견될 경우 등기부등본이나 무허가건물대장 등을 확인하여 그 소유자가 누구인지, 경매목적물에 포함되었는지를 반드시 확인해야 한다. 만약 감정평가가 되지 않은 경우에는 매수자는 그 제시외 건물의 소유권을 취득하지 못하므로 토지매수인의 경우 그 제시외 건물에 대한 법정지상권을 인정해줘야 하는 경우가 있으므로 조심해야 한다. 토지에 저당권설정 당시 건물이 존재하고 토지와 건물의 소유자가 동일인인 경우 매각으로 토지와 건물의 소유자가 달라지게 된 경우, 건물이 등기, 미등기, 무허가건물이든 불문하고 법정지상권이 성립되므로 매수자에게 뜻하지 않는 손해가 발생될 가능성이 있다.

Ⅴ. 배당에 참여할 수 있는 자

배당에 참여할 수 있는 채권자의 범위는 크게 배당요구를 해야만 배당요구를 받을 수 있는 자와 배당요구를 하지 않아도 당연히 배당받을 수 있는 자로 구분된다.

1. 배당요구를 해야만 배당받을 수 있는 자(민집 88조 1항)

① 집행력 있는 정본을 가진 채권자
② 경매개시결정이 등기된 뒤에 가압류를 한 채권자

(앞면)

기 일 입 찰 표

지방법원 집행관 귀하 입찰기일 : 년 월 일

사 건 번 호	타 경 호	물건 번호	※물건번호가 여러개 있는 경우에는 꼭 기재

입찰자					
입찰자	본인	성 명		전화 번호	
		주민(사업자) 등록번호		법인등록 번 호	
		주 소			
	대리인	성 명		본인과의 관계	
		주민등록번호		전화번호	−
		주 소			

입찰 가격	천억	백억	십억	억	천만	백만	십만	만	천	백	십	일	
													원

보증 금액	백억	십억	억	천만	백만	십만	만	천	백	십	일	
												원

보증의 제공방법	□ 현금·자기앞수표 □ 보증서	보증을 반환 받았습니다. 입찰자

주의사항

1. 입찰표는 물건마다 별도의 용지를 사용하십시오, 다만, 일괄입찰시에는 1매의 용지를 사용하십시오.
2. 한 사건에서 입찰물건이 여러개 있고 그 물건들이 개별적으로 입찰에 부쳐진 경우에는 사건번호외에 물건번호를 기재하십시오.
3. 입찰자가 법인인 경우에는 본인의 성명란에 법인의 명칭과 대표자의 지위 및 성명을, 주민등록란에는 입찰자가 개인인 경우에는 주민등록번호를, 법인인 경우에는 사업자등록번호를 기재하고, 대표자의 자격을 증명하는 서면(법인의 등기부 등 · 초본)을 제출하여야 합니다.
4. 주소는 주민등록상의 주소를, 법인은 등기부상의 본점소재지를 기재하시고, 신분확인상 필요하오니 주민등록증을 꼭 지참하십시오.
5. 입찰가격은 수정할 수 없으므로, 수정을 요하는 때에는 새 용지를 사용하십시오.
6. 대리인이 입찰하는 때에는 입찰자란에 본인과 대리인의 인적사항 및 본인과의 관계 등을 모두 기재하는 외에 본인의 위임장(입찰표 뒷면을 사용)과 인감증명을 제출하십시오.
7. 위임장, 인감증명 및 자격증명서는 이 입찰표에 첨부하십시오.
8. 일단 제출된 입찰표는 취소, 변경이나 교환이 불가능합니다.
9. 공동으로 입찰하는 경우에는 공동입찰신고서를 입찰표와 함께 제출하되, 입찰표의 본인란에는 "별첨 공동입찰자목록 기재와 같음"이라고 기재한 다음, 입찰표와 공동입찰신고서 사이에는 공동입찰자 전원이 간인 하십시오.
10. 입찰자 본인 또는 대리인 누구나 보증을 반환 받을 수 있습니다.
11. 보증의 제공방법(현금·자기앞수표 또는 보증서)중 하나를 선택하여 ☑표를 기재하십시오.

(뒷면)

위 임 장

대리인	성 명		직 업	
	주민등록번호	–	전화번호	
	주 소			

위 사람을 대리인으로 정하고 다음 사항을 위임함.

다 음

○○지방법원 타경 ○○○○○○○○○○호 부동산 경매사건에 관한 입찰행위 일체

본인 1	성 명	인감인	직 업	
	주민등록번호	–	전 화 번 호	
	주 소			
본인 2	성 명	인감인	직 업	
	주민등록번호	–	전 화 번 호	
	주 소			
본인 3	성 명	인감인	직 업	
	주민등록번호	–	전 화 번 호	
	주 소			

* 본인의 인감 증명서 첨부

* 본인이 법인인 경우에는 주민등록번호란에 사업자등록번호를 기재

서울중앙지방법원 귀중

③ 민법, 상법, 그 밖의 법률에 의하여 우선변제청구권이 있는 채권자 : 주택(상가건물)임대차보호법에 의한 소액임차인, 확정일자부 임차인, 근로기준법에 의한 임금채권자 등이 이에 해당된다.

④ 가등기담보권자(가담법 16조 1항) : 가등기권자가 담보가등기로 신고하지 아니하면 순위보전가등기로 취급된다.

2. 배당요구를 하지 않아도 배당받는 자

① 압류채권자

② 경매개시결정등기 전에 등기된 가압류채권자

③ 경매개시결정등기 전에 등기된 저당권, 전세권 등 담보권을 가진 채권자의 채권 중 매각허가로 인해 그 담보권이 소멸하는 채권 등을 가진 자 : 말소기준등기보다 선순위 전세권자의 경우는 계약기간의 종료 여부를 불문하고 배당요구를 해야 배당에 참여할 수 있고, 만약 배당요구를 하지 않는 경우에는 매수인(경락인)이 이를 인수해야 한다.

④ 주택, 상가건물의 임차권등기권자

⑤ 선행사건의 배당요구의 종기 전에 이루어진 후행경매의 압류채권자

Ⅵ. 경매 참여시 말소기준등기를 반드시 확인

말소기준등기라 함은 경매물건을 낙찰받을 경우 낙찰자가 낙찰대금 이외에 추가로 인수해야 되는 권리가 있는지 여부를 가리는 기준이 되는 등기를 말한다. 즉 경매로 인해 그 말소기준권리와 그 이후의 모든 권리나 등기가 다 말소되는데 반해, 말소기준등기 전의 권리는 여전히 남아있게 되어 낙찰자가 그 부담을 인수해야 하는 것이다. 말소기준등기의 대표적 예는 저당권등기, 근저당권등기, 담보가등기, 압류등기, 가압류등기, 경매신청등기 중에서 등기부 갑구 및 을구 전체 중 시간적으로 가장 앞선 등기이다. 반면 말소기준등기에 해당되지 않는 예로 지상권, 지역권, 전세권(대항력을 갖춘 임차권 포함), 보전가등기, 가처분, 환매등기 등이 있는데 이러한 권리가 말소기준등기보다 앞서 설정될 경우에는 낙찰자가 이를 인수해야 한다. 예를 들어 설명하면, 경매목적 부동산등기부상 ① 전세권, ② 근저당, ③ 가압류, ④ 가처분이 순차로 등기되었

다고 하자. 이 경우 만약 ③ 가압류권자가 경매를 신청할 경우 말소기준등기는 ② 근저당이 된다. 그러므로 근저당을 비롯한 그 이후의 모든 권리나 등기는 다 말소되므로 낙찰자는 ① 전세권만 인수하면 된다. 하지만 만약 이 경우에도 전세권자가 경매신청을 할 경우, 혹은 나중에 배당요구를 하게 되면 매각으로 인해 전세권이 소멸하게 된다.

☞ 어느 이혼전문 변호사의 실수

필자가 상담했던 사건 중에 이혼과정에서 재산분할을 하는 사건이 있었다. 그런데 그 사건의 1심을 맡았던 아내인 원고측 변호사는 이혼사건을 전문으로 하는 변호사였고 그 사건은 남편인 피고 명의의 부동산이 주된 재산분할 대상이었던 사건이었다. 그런데 원고측 변호사는 남편 명의 부동산에 재산분할을 피보전권리로 하는 가처분을 신청하여 등기를 경료하였는데, 문제는 선순위 근저당 등기가 있는 상태였다. 결국 남편 명의 부동산은 경매로 넘어가면서 선순위 근저당권 등기가 말소기준등기가 되는 바람에 원고 명의 가처분등기는 자동으로 말소되면서 전혀 배당을 받지도 못하고 끝나버린 안타까운 사건이었다. 차라리 이 경우 원고측에서 재산분할청구권을 피보전권리로 하여 남편 부동산에 가압류를 설정하였다면 일부라도 배당받을 수 있었을 사건이었다. 즉 이 사건은 말소기준등기에 대한 충분한 검토를 하지 아니한 원고측 변호사의 실수로 인해 원고가 손해를 보게 된 사건이었다. 이와 같이 경매에 대한 이해는 모든 소송과 연관이 되어 있기 때문에 집행법의 중요성은 아무리 강조해도 지나치지 않는다 할 것이다.

Ⅶ. 공유지분에 대한 경매시 주의 사항

공유지분이 경매될 경우 특이한 사항으로 민사집행법 제139조에 의한 공유자에 대한 통지제도와 동법 제140조에 의한 공유자우선매수제도가 있다.

1. 공유자에 대한 통지

가. 민사집행법 규정

> 제139조(공유물지분에 대한 경매)
>
> ① 공유물지분을 경매하는 경우에는 채권자의 채권을 위하여 채무자의 지분에 대한 경매개시결정이 있음을 등기부에 기입하고 다른 공유자에게 그 경매개시결정이 있다는 것을 통지하여야 한다. 다만, 상당한 이유가 있는 때에는 통지하지 아니할 수 있다.
>
> ② 최저매각가격은 공유물 전부의 평가액을 기본으로 채무자의 지분에 관하여 정하여야 한다. 다만, 그와 같은 방법으로 정확한 가치를 평가하기 어렵거나 그 평가에 부당하게 많은 비용이 드는 등 특별한 사정이 있는 경우에는 그러하지 아니하다.

나. 통지하지 않은 경우 구제방법

만약 공유자에게 이러한 경매개시결정 사실을 통지하지 아니한 경우에는 이해관계인으로서 그 절차상 하자를 들어 낙찰허가 결정에 대한 항고를 제기할 수 있다.

▸ 대법원 1998. 3. 4.자 97마962 결정

경매법원은 공유물의 지분을 경매함에 있어 다른 공유자에게 경매기일과 경락기일을 통지하여야 하는 것이므로(대법원 1964. 3. 31.자 63마83 결정, 대법원 1965. 7. 2.자 65마520 결정, 대법원 1995. 4. 25.자 95마35 결정 등 참조), 이 사건 경매부동산의 다른 공유자인 항고인들이 그 경매기일 등의 통지를 받지 못한 경우에는 이해관계인으로서 그 절차상의 하자를 들어 항고를 할 수 있다 할 것이고, 한편 이해관계인이 추완에 의한 항고를 제기한 경우 항고법원에서 추완신청이 허용되었다면 비록 다른 이유로 항고가 이유 없는 경우에도 경락허가결정은 확정되지 아니하고 따라서 그 이전에 이미 경락허가결정이 확정된 것으로 알고 경매법원이 경락대금 납부기일을 정하여 경락인으로 하여금 경락대금을 납부하게 하였다고 하더라도 이는 적법한 경락대금의 납부라고 할 수 없는 것이므로(대법원 1967. 2.

7.자 65마729 결정, 대법원 1967. 7. 14.자 67마498 결정, 대법원 1968. 11. 5.자 68마1090 결정, 대법원 1969. 11. 25. 선고 69다1583 판결 등 참조), 원심으로서는 앞서 본 바와 같이 추완항고신청을 허용하고 이 사건 경매절차에서 다른 공유자인 항고인들에 대하여 입찰기일 및 낙찰기일의 통지를 하지 아니한 하자가 있었다고 인정한 이상 항고인들의 추완항고를 받아들여 그 낙찰허가결정을 취소하였어야 하는 것이다.

2. 공유자 우선매수권

가. 민사집행법 규정

제140조(공유자의 우선매수권)

① 공유자는 매각기일까지 제113조에 따른 보증을 제공하고 최고매수신고가격과 같은 가격으로 채무자의 지분을 우선 매수하겠다는 신고를 할 수 있다.

② 제1항의 경우에 법원은 최고가매수신고가 있더라도 그 공유자에게 매각을 허가하여야 한다.

③ 여러 사람의 공유자가 우선매수하겠다는 신고를 하고 제2항의 절차를 마친 때에는 특별한 협의가 없으면 공유지분의 비율에 따라 채무자의 지분을 매수하게 한다.

④ 제1항의 규정에 따라 공유자가 우선매수신고를 한 경우에는 최고가매수신고인을 제114조의 차순위 매수신고인으로 본다.

나. 우선매수신고 시한

이러한 우선매수신고는 집행관이 매각기일을 종결한다는 고지를 하기 전까지 할 수 있다(민사집행규칙 76조). 즉 입찰이 마감되었다고 해도 집행관이 매각기일을 종결한다고 고지하기 전이면 공유자우선매수신고를 할 수 있다는 뜻이다.

▶ **대법원 2004. 10. 14.자 2004마581 결정**

[1] 구 민사소송법(2002. 1. 26, 법률 제6626호로 전문 개정되기 전의 것) 제650조 제1항은 공유자는 경매기일까지 보증을 제공하고 최고매수신고가격과 동일한 가격으로 채무자의 지분을 우선매수할 것을 신고할 수 있다고 규정하고, 같은 조

제2항은 제1항의 경우에 법원은 최고가매수신고에 불구하고 그 공유자에게 경락을 허가하여야 한다고 규정하고 있는바, 이와 같은 공유자의 우선매수권은 일단 최고가매수신고인이 결정된 후에 공유자에게 그 가격으로 경락 내지 낙찰을 받을 수 있는 기회를 부여하는 제도이므로, 입찰의 경우에도 공유자의 우선매수신고 및 보증의 제공은 집행관이 입찰의 종결을 선언하기 전까지이면 되고 입찰마감시각까지로 제한할 것은 아니다.

[2] 구 민사소송법(2002. 1. 26, 법률 제6626호로 전문 개정되기 전의 것) 제663조 제2항에 의하여 입찰에 준용되는 같은 법 제650조 제1항, 제2항은 공유자가 우선매수권을 행사한 경우 법원은 그 공유자에게 경락을 허가하여야 한다고 규정하고 있고, 최고가입찰자로 하여금 당해 입찰기일에서 더 높은 입찰가격을 제시하도록 하는 것은 입찰의 본질에 반하는 것이며, 공유자와 최고가입찰자만이 참여하여 더 높은 입찰가격 내지 호가를 제시할 수 있는 새로운 입찰기일 등에 관한 절차규정도 없으므로, 공유자가 우선매수권을 행사한 경우에 최고가입찰자는 더 높은 입찰가격을 제시할 수 없다.

다. 입찰보증금을 동시에 납부해야만 하는가?

반드시 우선매수신고와 동시에 입찰보증금 전액을 제출해야 하는 것은 아니다.

▸ 대법원 2002. 6. 17.자 2002마234 결정

1. 원심결정의 요지

원심결정 이유에 의하면, 원심은 기록에 의하여, 재항고인은 이 사건 부동산의 제2회 입찰기일로 지정된 2001. 9. 17. 10:00 이전인 같은 날 09:30경 이 사건 부동산의 공유자로서 민사소송법 제650조에 의한 우선매수권을 행사하여 입찰기일에서 최고가입찰자가 있는 경우 그 신고된 입찰가액과 동일한 가액에 우선매수할 의사를 밝히면서 입찰보증금은 입찰기일에 출석하여 납부하겠다는 취지를 기재한 '공유자우선매수신고서'를 제출한 사실, 그 입찰기일에 남성◎가 입찰가액을 1억 5,310만원으로 기재한 입찰표를, 재항고인은 대리인 김갑◇을 통하여 입찰가액을 그보다 적은 1억 5,300만원으로 기재한 일반 입찰표를 집행법원에 각 제출한 사실, 이에 집행관은 남성◎를 최고가입찰자로 호창하고, 재항고인이 일반 입찰인으로서 납부한 입찰보증금을 재항고인의 대리인 김갑◇에게 반환하였고, 재항고인 및 대리인은 별다른 이의를 제기하지 아니하였다고 인정한 다음, 부동산의 공유자가 그 우선매수권을 행사하기 위하여는 입찰보증금을 납부함이 그 요건인데, 재항고인이 공유자로서 입찰보증금을 납부하지 아니한 채 매수신고를 하였고, 이와 같이 유효하지 아니한 공유자우선매수권 행사의 경우에 입찰기일을 진행하는 집행관에게 공유자인 재항고인에 대하여 입찰보증금을 납부할 것인지 여부를 확인할 의무는 없다고 판단하였다.

2. 이 법원의 판단

그러나 이러한 원심의 판단은 그대로 수긍하기 어렵다.

가. 민사소송법 제650조 제1항은, 공유자는 경매기일까지 보증을 제공하고 최고매수신고가격과 동일한 가격으로 채무자의 지분을 우선매수할 것을 신고할 수 있다고 규정하고, 같은 조 제2항은, 제1항의 경우에 법원은 최고가매수신고에 불구하고 그 공유자에게 경락을 허가하여야 한다고 규정하고 있는바, 이와 같은 공유자의 우선매수권은 일단 최고가매수신고인이 결정된 후에 공유자에게 그 가격으로 경락 내지 낙찰을 받을 수 있는 기회를 부여하는 제도이므로, 입찰의 경우에도 공유자의 우선매수신고 및 보증의 제공은 집행관이 입찰의 종결을 선언하기 전까지이면 되고 입찰마감시각까지로 제한할 것은 아니다(대법원 2000. 1. 28.자 99마5871 결정 참조). <u>따라서 공유자가 입찰기일 이전에 집행법원 또는 집행관에게 공유자우선매수신고서를 제출하는 방식으로 우선매수신고를 한 경우에도 반드시 이와 동시에 입찰보증금(최고가입찰자가 제공하게 될 입찰보증금 이상의 금액)을 집행관에게 제공하여야만 적법한 우선매수신고를 한 것으로 볼 것은 아니고, 우선매수신고서만을 제출하거나 최고가입찰자가 제공한 입찰보증금에 미달하는 금액의 보증금을 제공한 경우에도 입찰기일에 입찰법정에서 집행관은 최고가입찰자와 그 입찰가격을 호창하고 입찰의 종결선언을 하기 전에 그 우선매수신고자의 출석 여부를 확인한 다음, 최고가입찰자의 입찰가격으로 매수할 의사가 있는지 여부를 확인하여 즉시 입찰보증금을 제공 또는 추가제공하도록 하는 등으로 그 최고입찰가격으로 매수할 기회를 주어야 할 것이다.</u>

한편, 입찰기일 전에 공유자우선매수신고서를 제출한 공유자가 입찰기일에 입찰에 참가하여 입찰표를 제출하였다고 하여 그 사실만으로 우선매수권을 포기한 것으로 볼 수도 없다.

나. 그럼에도 불구하고, 원심은 그 판시와 같은 이유만으로 공유자인 재항고인의 우선매수신고를 무효인 것으로 단정하여 집행관에게 재항고인에 대하여 그 입찰보증금을 제공할 것인지 여부를 확인할 의무가 없다고 판단하였는바, 여기에는 공유자우선매수신고에 관한 법리를 오해한 위법이 있고(한편, 원심은 집행관이 남성◎를 최고가입찰자로 호창하고, 재항고인이 일반 입찰인으로서 제공한 입찰보증금을 재항고인의 대리인 김갑◇에게 반환한 데 대하여 재항고인과 대리인이 별다른 이의를 제기하지 아니하였다고 인정하였는바, 입찰기일 개시 30분 전에 공유자우선매수신고서를 제출하고 일반 입찰자와 같이 입찰보증금을 제공하여 응찰하기까지 한 재항고인이 불과 1만원의 보증금을 추가제공할 의사가 없어 우선매수를 할 기회를 스스로 포기하였다는 것은 경험칙상 받아들이기 어렵다), 이는 재판 결과에 영향을 미쳤음이 분명하다. 재항고이유 중 이 점을 지적하는 부분은 이유 있다.

Ⅷ. 국세우선권과의 문제

경매시 배당에 있어 조세채권이 우선하는 점에 관하여는 가등기 부분에서 설명하였다시피 당해세가 최우선하고, 그 외 조세의 경우는 법정기일을 기준으로 하여 다른 담보권 등과 우선순위가 결정된다. 그리고 이러한 조세채권을 회피할 목적으로 다른 사람의 이름으로 이전하거나 가등기 등을 설정한 경우에는 사해행위소송의 가능성이 있음 역시 가등기에서 설명한 바와 같다.

Ⅸ. 대금납부와 동시에 취득되는 경매낙찰 소유권 및 인도명령

일반적으로 경매절차에서 낙찰자가 선정된 경우 1주일 내에 매각허가결정기일이 잡히고, 그 기간 안에 특별한 이의가 없을 경우 매각허가결정을 하게 된다. 하지만 매각허가결정을 하더라도 통상 즉시항고와 재항고를 할 수 있기 때문에 실무상 2주 정도가 지난 뒤에 비로소 매각허가결정이 사실상 확정된다.

〈서식〉

인도명령 신청서

2014타경 1234호 부동산 강제 (임의) 경매
채 권 자 김 원 고
채 무 자 이 피 고

위 당사자간 귀원 2014타경 1234호 부동산강제(임의) 경매사건에 관하여 경락인은 2015. 3. 4. 경락대금을 완납하였으므로 채무자에게 경매 부동산의 인도를 청구하였으나 불응하므로 별지 부동산을 경락인에게 인도하게 하는 명령을 구합니다.

2015. 4. 5.

경락자 : 홍 길 동 (인)

서울중앙지방법원 귀중

그리고 법원에서는 최종 확정된 낙찰자에게 매각대금납부기일통지서를 송달한다. 보통 매매에서는 등기를 해야 소유권이 취득되는 것이지만, 경매에서는 잔금납부와 동시에 소유권을 취득하게 된다. 따라서 이후로는 이해관계인들이 경매를 취하하거나 경매개시결정에 대한 취소신청 등을 할 수 없다. 소유권을 취득한 낙찰자는 매각부동산을 점유할 권리가 없는 점유자를 내보낼 수 있는 인도명령을 신청할 수 있는데 그 신청은 반드시 매각대금 납부일로부터 6개월 이내에 해야 한다. 하지만 낙찰자에게 대항할 수 있는 임차인, 전세권자, 유치권자, 법정지상권자 등에게는 인도명령이 아닌 명도소송을 해야 한다.

X. 재테크 수단으로 떠오른 공매

1. 경매와 비교되는 공매 개요

전세값이 급등하면서 내 집 마련의 꿈을 키우는 이들이 조금이라도 저렴하게 집을 마련할 수 있는 경매시장에 몰리고 있는 추세다. 게다가 최근에는 전국 주거용 건물 낙찰가율이 공매 74.3%, 경매 77.3%를 기록하면서 공매의 낙찰가율이 경매를 뒤따르고 있어 눈길을 끌고 있다. 경매와 공매는 두 가지 방식 모두 경쟁 입찰방식이지만 비슷하면서도 다르기 때문에 각각의 장단점을 비교해가며 투자에 나서야 성공할 수 있다. 경매는 채권자의 경매신청을 받아 채무자의 재산을 민사집행법에 따라 법원이 진행하지만, 공매는 세금을 체납한 경우 국가기관 등이 국세징수법 제61조에 의거 체납자의 재산을 압류한 후 체납세금을 받기 위해 한국자산관리공사(KAMCO)에 매각을 의뢰하여 진행된다는 점이 가장 큰 차이이다.

2. 경매와 공매의 차이와 장단점

경매 대상 물건은 압류재산(강제경매) 또는 피담보물건(임의경매)이지만, 공매 대상은 부실기업이나 부실은행을 정리하는 과정에서 취득한 유입자산, 기업이나 금융기관으로부터 의뢰받은 수탁자산, 체납 압류재산, 국유재산 등이다. 또한 경매는 임차인 현황조사 등을 법원이 직접 진행해 결과를 공개하지만 공매는 입찰자가 직접 확인해야 하는 어려움이 있었다. 하지만 공매제도가 법원경매와 비슷한 수준으로 정비되면서 권리관계가 복잡한 주택의 물건 내역도

※ 경매와 공매의 차이점[1]

<table>
<tr><th colspan="2" rowspan="2">내용</th><th colspan="2">공매</th><th rowspan="2">경매</th></tr>
<tr><th>유입 · 수탁재산</th><th>압류재산</th></tr>
<tr><td colspan="2">의의</td><td colspan="2">부동산 등을 처분할 때 모든 조건을 공개하고 일반경쟁 입찰을 통하여 최고가 입찰자가 결정하는 제도</td><td>법원에서 입찰 경쟁을 통하여 최고가 입찰자를 결정하는 제도</td></tr>
<tr><td rowspan="3">공통점</td><td>낙찰자 결정</td><td colspan="2">최고가 입찰자</td><td>최고가 입찰자</td></tr>
<tr><td>입찰방법</td><td colspan="2">공개경쟁 입찰</td><td>공개경쟁 입찰</td></tr>
<tr><td>농지취득자격 증명</td><td colspan="2">필요(소유권 이전시)</td><td>필요(매각허가결정 전)</td></tr>
<tr><td rowspan="15">차이점</td><td>입찰보증금</td><td colspan="2">매수희망가 : 10%</td><td>최저 매매가 : 10%</td></tr>
<tr><td>매각예정가격 체감</td><td colspan="2">2회 차감부터 최초매각예정가격의 10%씩 체감하여 50%까지 진행</td><td>전 최저 매각금액의 20－30%씩 체감(가격체감원칙 없음)</td></tr>
<tr><td>대금납부방법</td><td>일시불
or
분할납부</td><td>①일시불
②1,000만원 미만
▶ 7일 이내
③1,000만원 이상
▶ 60일 이내</td><td>일시불</td></tr>
<tr><td>명도책임</td><td>매도자</td><td>매수자</td><td>매수자</td></tr>
<tr><td>부동산 인도명령</td><td colspan="2">불가</td><td>가능</td></tr>
<tr><td>배동요구의 종기</td><td colspan="2">배분계산서 작성시까지 가능</td><td>첫 매각기일 이전</td></tr>
<tr><td>우선매수청구권</td><td colspan="2">불가</td><td>가능</td></tr>
<tr><td>임대차 내용</td><td colspan="2">별도의 자료 없음</td><td>집행관의 임대차현황조사보고서</td></tr>
<tr><td>대금선납시 이자 감면</td><td>있음</td><td>불가</td><td>불가</td></tr>
<tr><td>계약내용 변경</td><td>가능</td><td>불가</td><td>불가</td></tr>
<tr><td>권리분석</td><td>불필요</td><td>필요</td><td>필요</td></tr>
<tr><td>개시기입등기</td><td colspan="2">압류 후 공매(별도의 개시기입등기 없음)</td><td>경매개시결정 후 경매개시기입등기</td></tr>
<tr><td>잔대금 불납시 입찰보증금 처리</td><td colspan="2">국고, 지방자치단체 등에 귀속됨</td><td>배당금 금액에 포함됨(단, 재경매기일 3일 전까지 대금 납부시 유효)</td></tr>
<tr><td>수의계약</td><td colspan="2">가능</td><td>불가</td></tr>
<tr><td>명의변경</td><td colspan="2">가능</td><td>불가</td></tr>
</table>

1 정규범, 실전에 바로 써먹는 현장경매(이담출판).

상세히 확인할 수 있게 돼 틈새 투자처로 새롭게 떠오르고 있다.[2] 아울러 경매는 한 번 유찰될 때마다 최저매각가격의 20－30% 이내 범위에서 최저 입찰가격이 내려가며 낙찰될 때까지 계속 진행되는데, 공매는 한 번 유찰될 때마다 최초매각예정가격(감정가격)에서 10%씩 내려가며 50%까지 유찰되면 공매는 중단된다. 입찰보증금도 경매는 최저입찰가액의 10%, 공매는 매수희망 금액의 10%를 내야 한다. 경매와 공매 모두 낙찰받는 사람이 잔금을 납부하지 않을 경우 입찰보증금을 반환하지 않는 것은 동일하지만, 경매는 입찰보증금을 낙찰대금에 포함해 채권자에게 배당하는 반면 공매는 국고에 귀속된다. 공매의 최대 장점은 한국자산관리공사의 입찰시스템 온비드(www.onbid.co.kr)를 통해 입찰이 진행되기 때문에 법원에 가지 않고도 응찰할 수 있다는 것이고, 경매에 비해 적은 금액으로 투자가 가능하다는 것도 장점 중 하나다. 이처럼 온라인으로 물건 확인 및 입찰이 가능하다 보니 발품 팔 시간이 없는 현대인들에게 좋은 재테크 수단이자 내 집 마련의 기회가 될 수 있다. 하지만 공매의 가장 큰 한계는 압류물건이나 국유재산 등이 주요 대상이라 물건 수가 적을 수밖에 없고, 세입자를 내보내는 등의 명도도 법원 경매보다 불리하다. 왜냐하면 법원경매는 위장 임차인이나 권리가 없는 임차인, 가짜 유치권자 등에 대해서 인도명령을 통해 1~2개월 안에 내보낼 수 있지만, 공매는 인도명령 절차가 없어서 낙찰자가 명도소송을 직접 해야 하기 때문이다.

3. 경매와 공매가 경합되는 경우

체납처분과 강제집행은 국가권력에 의하여 채무자의 재산권을 압류하여 강제로 현금화하여서 얻은 돈으로 채권의 변제에 충당하려고 하는 점에서 그 그 성질이 근본적으로 같으나, 강제집행은 사법상 청구권의 실현을 목적으로 하고 체납처분은 공법상 채권인 조세채권의 실현을 목적으로 하는 점에서 다르다. 따라서 양 절차는 각기 다른 법령과 집행기관에 의하여 별도의 독립된 절차로 진행되고, 그 때문에 동일한 목적물에 대하여 강제집행과 체납처분이 경합하는 경우가 생기게 된다.[3] 그리고 이러한 경합이 발생할 경우 먼저 매수

2 공매진행은 과거에는 부동산등기부에 기입등기 없이 진행하였지만 2011. 4. 4. 신설된 국세징수법 제67조의2 규정에 의거하여 이제는 공매공고 후 즉시 그 사실을 부동산등기부에 기입하도록 되어 있다.

3 법원실무제요 민사집행 Ⅱ.

대금을 납부하여 소유권을 취득한 자가 우선한다.

▶ **대법원 1989. 1. 31. 선고 88다카42 판결**

현행법상 국세체납절차와 민사집행절차는 별개의 절차로서 그 절차 상호간의 관계를 조정하는 법률의 규정이 없으므로 한 쪽의 절차가 다른 쪽의 절차에 간섭을 할 수 없는 반면 쌍방절차에서의 각 채권자는 서로 다른 절차에서 정한 방법으로 그 다른 절차에 참여할 수밖에 없는 것이어서 유체동산에 대한 가압류집행이 있다고 하더라도 국세체납처분에 의한 공매처분이 종결되면 위 유체동산가압류의 효력은 상실되며 국세에 충당하고 남은 환가금에 대한 채무자의 반환채권에 위 가압류의 효력이 미친다고 볼 수 없다.

이와 같이 양 절차는 별개로 운영되므로 민사집행법상 배당절차 규정은 체납처분에서의 청산(배분)절차에 관하여 이를 준용할 수 없고, 따라서 세무서장으로서는 국세징수법 제81조 제1항에 규정된 채권자에게 배분할 금액을 직권으로 확정하여 배분계산서를 작성하여야 한다(대법원 1998. 12. 11. 선고 98두10578 판결 참조).

4. 공매의 경우 선순위근저당권의 운명

압류재산의 공매절차에서 압류 이전에 등기된 근저당권은 공매로 인하여 소멸되는 대신에 그 근저당권자는 당연히 그 순위에 따라 배분을 받을 권리가 있을 뿐이다. 이 경우 선순위근저당권의 피담보채권은 그 채권최고액 한도에서 증감이 있을 수 있는데 그 피담보채권이 최종적으로 확정되는 시점은 공매에 낙찰된 사람이 '매수대금을 완납한 때'에 비로소 확정된다(대법 2001. 12. 11. 선고 2001두7329 판결).

XI. 전 주인이 나가지 않고 버틴다면?

경매로 집을 샀는데 전 주인이 집을 비워주지 않고 계속 그 집에 살고 있으면서 나가라고 해도 듣지 않는다면 법적으로 해결할 방법은 무엇이 있을까?

이런 경우 법원에 부동산 인도명령신청을 하면 채무자, 전 소유자 또는 점유자로부터 그 부동산을 회복할 수 있다. 인도명령의 신청은 매각대금을 낸 후 6개월 이내에만 할 수 있다. 보통 경매의 경우 법률문제가 큰 변동이 없는데 반해, 공매의 경우 그 대상 물건의 소유자(의뢰인)에 따라 명도책임, 대금납부방법, 유찰시 수의계약 여부, 명의변경 여부, 대금완납 전 점유사용 여부 등 여러 가지 상황이 세부적으로 다르기 때문에 유의해야 한다. 특히 공매는 인도명령제도가 없으므로 명도소송 비용까지 고려하여 입찰가를 정해야 한다. 통상적으로 경매나 공매로 부동산을 매수할 경우, 점유자에게 일정한 금액을 이사비용으로 지불하고 점유를 이전받는 경우가 많다.

판례색인

사항색인

저자 약력

고려대학교 법학과 졸업
미국 노스웨스턴 로스쿨(LL.M.) 졸업
제31회 사법시험 합격(사법연수원 제21기)
미국 뉴욕주 변호사 시험 합격

법무법인(유) 태평양 기업담당 변호사
부산지방검찰청 동부지청 검사
수원지방검찰청 여주지청 검사
서울중앙지방검찰청 특수부 검사
미국 듀크대학교 로스쿨 Visiting Scholar
울산지방검찰청 특수부 검사
법무부장관 최우수검사상 수상
수원지방검찰청 안산지청 검사
K&P 법률사무소 대표변호사
Wagners Law Firm 캐나다 근무
법무법인 이지스 대표변호사
대한변호사협회 전문분야등록(부동산, 형사법)
서울시 건설업청문주재자
분당경찰서 경우회 자문변호사
예스폼 법률서식 감수변호사
전자문서・전자거래 분쟁조정위원
TV로펌 법대법 출연(부동산법 자문)
현) 법무법인 진솔 대표변호사

저서) 뽕나무와 돼지똥(아가동산 사건 수사실화 소설)

핵심 부동산 분쟁 — 부동산전문 변호사가 말하는 법률필살기

초판인쇄 2015년 9월 1일
초판발행 2015년 9월 10일

지은이 강민구
펴낸이 안종만

편 집 김선민
기획/마케팅 임재무 · 박선진
표지디자인 홍실비아
제 작 우인도 · 고철민

펴낸곳 (주) 박영사
서울특별시 종로구 새문안로3길 36, 1601
등록 1959. 3. 11. 제300-1959-1호(倫)
전 화 02)733-6771
f a x 02)736-4818
e-mail pys@pybook.co.kr
homepage www.pybook.co.kr
ISBN 979-11-303-2786-0 93360

정 가 23,000원